環境政策のクロニクル

水俣病問題からパリ協定まで

新装版

吉田徳久

Tokuhisa Yoshida

早稲田大学出版部

はじめに

　水俣病をはじめ，激甚な産業公害によって多くの健康被害者を出すという手痛い失敗の後に，わが国の政府が本腰を入れて環境問題に取組み始めたのは，1970 年の「公害国会」以降のことで，環境庁が発足したのは翌年の1971 年です。それから今日まで，環境政策は公害防止から地球環境保全へと，守備範囲を拡大しながら半世紀の歴史を刻んできました。

　世界の環境への取組が始まったのも同じ時期です。1972 年にローマ・クラブが発表した『成長の限界』は，地球環境容量には限りがあり，人間社会は早期に均衡状態に到達する必要があると警鐘を鳴らしました。同じ年にストックホルムで開かれた，国連主催の環境に関する初の大会議「国連人間環境会議」では，同じく“環境”とはいっても，南北世界が抱えている問題は全く異なることが認識されました。その 20 年後の 1992 年にリオ・デ・ジャネイロで開かれた「地球サミット」では，“持続可能な開発”という旗印の下に，南北世界が協調して地球環境を保全しつつ，経済・社会開発を進めることが合意されました。

　国際社会はこの半世紀の間，あまたの外交交渉を通じ，持続可能な開発の理念に則って，数多くの環境条約・議定書等を採択してきました。それらがいまや環境保全の国際共通規範をなしています。実際，わが国の環境政策の新たな展開の相当部分は，国際環境法の進展に動機づけられてきました。例えば，わが国の地球温暖化対策はパリ協定の下に進められており，PCB 廃棄物の処理は POPs 条約に駆動されてきました。遺伝子組換え生物の生態影響評価も，生物多様性条約の下にあるカルタヘナ議定書に基づいて行われているものです。

　しかし，内外の環境保全への取組は必ずしも順調に成果を上げているわけではなく，ますます深刻化している問題もあります。気候変動（地球温暖化）による凄まじい影響がまもなく人間社会に及ぶことを承知しながらも，気候変動対策を決める外交交渉は難航してきました。すべての国が持続可能な開

発を謳って交渉に臨んでいながら合意が進まないのは，実は，持続可能な開発と環境保全との両立が難しいからです。

　環境政策における両者の関係性を私たちは誤解してきた向きがあります。また，持続可能な社会づくりが空念仏に終わってきた面もあります。わが国ではいま SDGs が大はやりですが，こうした持続可能な社会づくりに向けた国民的ムーブメントが，結実せずにあるいは政策的効果が評価されないまま，いつの間にか立ち消えるケースが多々ありました。

　持続可能な開発の実現のめどが立たない社会では，環境保全の努力も奏功しません。環境保全は持続可能な開発の必要条件であっても十分条件ではないからです。環境政策は，環境の立場から持続可能な社会づくりを担うものですが，環境政策に与えられた任務や権能はごく限られた部分なのです。時々の政治・経済・社会の体制の中で合意された範囲で，環境保全に努力してきたのが，環境政策の実際の姿だったように思えます。

　世界の多くの政治・経済・言論のリーダー達は，持続可能な開発を実現する目下の手段を，痛みが少ない技術開発による問題解決──技術的ブレークスルー──と，GDP で計る経済成長の二つだと考えているようにみえます。この二つの手段は，成長の限界が指摘した危険な陥穽だったはずですが，現世代の人々の欲望は，エコロジストたちが提唱するユートピアを受け入れるにはまだ強すぎるのかもしれません。

　わが国の環境政策も，旧公害対策基本法等からいわゆる「経済調和条項」が削除されたのを境に，一旦は経済と断絶したはずでしたが，持続可能な開発という理念の下に復縁したと思える場面がしばしばあります。経済と環境は好循環するといわれますが，逆に考えてみると，経済と好循環しない領域では環境政策は進展しないという意味にもとれるのです。

　環境保全を巡る議論はまるで鵺のような存在です。環境保全の思想的・理念的な発展から，環境保全の法制度の整備，環境保全のための科学技術の開発，そして，環境保全のための企業行動や市民のライフスタイルの変革に至るまで，異なる次元で多くの議論が重ねられてきました。でも，それらの努力の大部分は，技術的ブレークスルーを切り札にして経済成長を遂げるという，大目標に沿って進められていて，社会そのものを抜本的にエコロジカル

なものに変える力にはなれなかったように思えるのです。そのため，環境政策がジレンマに陥ることも少なくありませんでした。

　例えば，1997年の京都議定書の採択以来，四半世紀にわたって低炭素社会づくりが唱えられてきましたが，私たちは変化を実感できません。それは実際にはわが国で低炭素化が進んでいないからです。京都議定書の第一約束期間の目標を達成できたのは帳簿上のことにすぎません。また，水俣病問題への対応の失敗の後に，環境庁が発足して公害健康被害補償の業務を担ってきたことと，福島第一原発事故の後に，環境省が放射性物質で汚染された廃棄物の処理と除染の業務を担うことになった構図はよく似ています。あるいは，普天間基地の辺野古への移設など国家の重要事業については，環境アセスメントの役割がごく限られていることにも疑問がわきます。こうした側面に目を向けながら，私たちは，環境問題の属性と，環境政策が置かれてきた位置を，もっと突っ込んで考える必要があります。

　本書は，以上のような視点をもちながら，筆者が環境行政に携わった経験と，主に政府の公表資料に基づいて，約半世紀にわたる環境政策の軌跡を手繰ろうとするものです。わが国の環境政策が形成されてきた過程，現在の環境政策の見取り図，環境政策の論理と手法を紐解くとともに，環境政策の分野別の歩みと残された課題を，コンパクトに整理していきます。それを通じて，現代環境論の多様な姿，環境政策に作用してきた力の構造，そして，環境政策に付きまとうジレンマといった環境の実相を炙り出してみたいと考えています。

　本書は専門性が高い学術書ではありません。さりとて辞書や事典ほどの便利帳でもなく，格調高い評論でもありません。環境政策の歴史を多少の裏話を添えながら凝縮した，いわば環境史の副読本です。読者層として，これからの令和の時代の環境政策に携わり，あるいは見届ける立場にある方々，とりわけ大学や大学院の修士課程に在籍する方々を想定しています。環境クロニクルとしての機能のほかに，環境の基本的な知識も盛り込んで，環境リテラシー本としての役割も果たせるよう努めたつもりです。基礎情報の収集と説明には正確を期したつもりですが，筆者の知見や経験が限定的なために不備な点があるかもしれません。また，環境情報は"足が早く"，最新の情報

もやがては反故になりますから，読者の方々に適宜更新していただく必要が
あります。身勝手でひとりよがりの解釈がこぼれ出た箇所が多々あることは
否めません。環境政策の個別領域が持つ特性のために，章によって記述ぶり
が異なったり，濃淡が生じたりしたこともお許しいただきたいと思います。

　本書が，環境に関心をお持ちのすべての皆様に，わが国の環境政策の半世
紀を読み解くための，何がしかのヒントを提供できるものになることを心か
ら願っています。

　　　2019 年 6 月

　　　　　　　　　　　　　　　　　　　　　　　　　　　吉 田 徳 久

目　次

プロローグ:
最近の環境トピックスから

　新聞を読んでもテレビを見ても，毎日一つや二つは環境に関するニュースに出くわすものである。一口に環境といってもその内容は様々である。ここ数年の環境トピックスの中から，毛色がちがういくつかを取り上げ，環境政策とのつながりに着目して考えてみよう。

パリ協定の採択と発効を巡って

　長らく地球温暖化対策のキーワードだった「京都議定書」は，いまや「パリ協定」にとってかわられた。かれこれ10年もの困難な外交交渉を経て，南北世界のすべての国々が参加する，包括的で永続的な地球温暖化対策の新しい枠組として，COP21（気候変動枠組条約第21回締約国会議）の最終日，2015年12月12日にパリ協定が採択された。京都議定書の時代には米中両国はいつも温暖化対策に消極的だったが，パリ協定の交渉では一転して合意形成のけん引役を果たした。パリ協定が採択された後も，オバマ前大統領と習近平国家主席のイニシアティブが，パリ協定を異例の速さで発効に導くことになった。2016年9月に中国杭州で開催されたG20の直前に，揃ってパリ協定を批准したと両首脳が発表したことから，他の多くの国々も堰を切ったように相次いで批准した。パリ協定は採択から一年も経たない2016年11月4日に国際的に発効した。

　発効直後の11月7日からモロッコのマラケシュで開幕したCOP22は，祝賀ムードに包まれていたという。ところが，翌8日に行われた米国大統領選で，"温暖化問題はでっちあげで不公平なもの"と決めつけてきたトランプ候補の勝利が決まると，会場のムードは一変した。そして，トランプ大統領は就任後の2017年6月に，選挙公約どおりパリ協定からの離脱を表明した。温暖化対策に熱心な欧州諸国の首脳が思いとどまるよう説得しても一向に聞

く耳を持たない。中国に次いで世界第二位の温室効果ガス（GHG：Green House Gas）排出国である米国がパリ協定を離脱すれば，途上国の温暖化対策を支援する基金への拠出も停止されて，パリ協定に基づく地球温暖化防止の国際枠組は崩壊の危機に陥る。米国がパリ協定離脱の手続きを完了するには4年を要するので，次の選挙で大統領が交代することに望みをつなぐニュアンスの報道が流れるほど，環境保全派の人々にとって大きな痛手になった。思い起こせば，四半世紀にわたる地球温暖化対策の外交交渉は常に迷走し，対策のためのリードタイムを奪ってきた。1997年に採択された京都議定書を，2001年に離脱して片肺飛行させたのも，米国のブッシュ（ジュニア）大統領だった。

　地球温暖化対策の国際交渉は魑魅魍魎の世界で，真相はうかがい知れない。ただ想像できることは，どの国も外交上及び経済上の利害得失を，地球温暖化対策で得られるメリットと天秤にかけながら，時々の最高レベルの政治的な意思決定に基づいて動いていることである。とすれば，ナイーブな環境保全論が内発的な動機づけになどなりそうにない。

　しかしともかく，地球温暖化対策のモーメンタムを低下させないために，政治的な意思決定の場に，気候変動がもたらす人間社会への巨大な脅威を繰り返し伝えなくてはならない。IPCC（気候変動に関する政府間パネル：Intergovernmental Panel on Climate Change）の第5次評価報告書（2013〜14年）は，気候安定化の条件とされる，世界の平均気温の上昇を工業化以前に比べて2℃以内に抑えるためには，今世紀後半までに二酸化炭素（CO_2）の排出を実質的にゼロにする"脱炭素社会"を実現する必要があることを指摘した。

　パリ協定の長期目標として，「2℃より十分低く保つとともに，1.5℃に抑える努力を追求する」ことが明記されたのを受けて，IPCCはさらに検証作業を行い，2018年10月にいわゆる「1.5℃特別報告書」を発表した。この新たな報告書によれば，世界の平均気温は産業革命前からすでに1℃（可能性幅0.8〜1.2℃）上昇していて，このままの速度で上昇が続けば，2030〜2052年の間には1.5℃上昇に達すると予測される。1.5℃上昇に留めるためには，2030年までにCO_2排出量を2010年比で45%以上削減し，2050年頃までに実質ゼロにする必要がある。また，翌11月には国連環境計画（UNEP）が世界のGHGの

排出量等について新しいデータを発表した。それによると，過去1年間の世界のGHG排出総量は535億トン（CO_2換算）で，1970年の270億トンから倍増した。

　パリ協定の下で各国が約束した，2030年頃までのGHG削減が達成されても，気候安定化シナリオとの間には大きなギャップがある。しかも，その約束すら達成されるかどうか訝しい状況にあり，気候安定化への道はますます遠ざかりつつある。地球温暖化対策は窮地に追い込まれ，最近ではCCS（二酸化炭素回収貯留：Carbon Dioxide Capture and Storage）の活用が不可欠との声が強まっているほか，気候変動への適応策も真剣に議論され始めた。

　わが国はというと，COP22と同時期に開催された，パリ協定の第1回締約国会議（CMA1）に，オブザーバー資格で参加することになった。2016年9月26日から11月30日まで開会された臨時国会の審議日程の調整で，政府・与党は環太平洋経済連携協定（TPP）の承認を優先させた。10月19日までに批准すれば，計算上はCMA1に正式メンバーとして参加できたが，パリ協定締結を政府が閣議決定したのは10月11日で，国会が承認したのは11月8日だった。

　これを巡って三大新聞の社説での政府への評価が割れた。ある新聞社は政府を「出遅れ危機の大失態」と強く批判したが，別の社の社説では，「出遅れたとの批判もあるが」と前置きして，「今回は顔合わせの意味合いが強く，実務的な協議は年明け」と政府を擁護した。パリ協定採択から2017年末までの日本の三大新聞の社説を比較分析して，修士論文を書いた学生が私の研究室にいる。その論文によると，パリ協定への政府の対応を高く評価する社ほど，原発再稼働を推進する政策への好感度が高い。また，わが国が，温暖化の外交交渉でリーダーシップを高め，国内での対策を強化すべきと訴える社説がある一方で，今後のGHG削減の主役は途上国であるとして，二国間クレジットの積極的な活用に期待を寄せる社説もある。しかし，いずれの社説でも，脱炭素社会の実現に向けての刮目するような新しい提案は出てこない。いまやマスコミも論評の方針を定め切れないほど，地球温暖化問題は難しい局面に立ち至っている。

　パリ協定の採択から3年が経過した2018年12月，ポーランドで開催された

COP24 は，最終日の日程を延長して 15 日深夜に，協定の運用ルールをようやく採択した。GHG の削減目標や達成への道筋に関する情報を提出して説明する義務が，先進国と途上国に共通のものとされたことは大きな成果と新聞が報じている。

豊洲新市場の地下水・土壌汚染騒動

　2016 年夏に小池東京都知事が誕生してから，東京の台所，築地市場の移転計画と絡んで，一つの環境問題が浮上した。移転予定地である豊洲新市場で地下水の汚染がみつかった。都知事選以来の政治的なしこりが強く残っていた時期でもあり，かねてから移転に反対してきた人々と新市場への早期移転を望む人々の確執が続いてきた中で，新生小池知事は新市場の開場を延期する方針を打ち出した。マスコミが連日詳報する中で喧々諤々の議論が展開されたが，終わってみれば，地下水汚染問題はほんの刺身のツマのようなものだった。さりながら，ある時に突然に大騒動が起こり，やがて急速に潮が引くように収まり，忘れ去られるある種の環境騒動の典型的なパターンを，私たちは参観することができた。

　環境史に残る類似の問題として，ダイオキシン騒動や環境ホルモン騒動がある。いずれも公害又は化学物質の環境安全管理に属するもので，地球大のスケールの温暖化問題の対極にあるミクロなスケールの問題である。"PPM 行政"と呼ばれるほどわずかな量の有害物質による健康リスクを，実験的に得られる毒性データに，環境中での挙動などに関する推論を重ねて，厳密に論じないと結論が出ないのが，この問題の特徴である。有害物質自体も，健康への悪影響も，截然と目に見えないという点では，放射性物質による健康リスクの論議と似ている。そのため社会的な不安が起きる。

　豊洲新市場の地下水汚染騒動では，何回か行われた調査の結果，環境基準を大幅に超過するような有害物質の汚染が見つかったことから，不安の種が芽をだした。名前が挙がった有害物質はベンゼンやヒ素などだった。報道を聞いていると，環境基準とか健康リスクといった用語が飛び交っていて，有害物質による環境影響を論じる場合の一定のルールがあることが伺える。有害物質に関する環境基準は，健康被害の発生を防止するために十分に安全率

を見込んで設定された行政上の目標である。ベンゼンは発がん性物質で，大気汚染についても水質・土壌系汚染についても環境基準が設定されている。環境基準の性格からすれば多少超過しても問題はないという説明もあり得るが，基準値を 100 倍以上も超過すれば安全率の論理ではなかなか説得できない。また，汚染度は時間とともに変動するし，特異的に高濃度汚染のポイントで試料を採取した可能性もあるから，代表性をもつ地点で繰り返し測定して時間経過をみる必要がある……といった議論も登場した。

　土壌にしみ込んだ汚染は溶出して地下水を汚染するが，その逆に地下水が土壌汚染をもたらすこともある。表流水とちがって地下水の挙動はつかみにくい。河川水の汚染とちがって土壌汚染は移動せずにいつまでも残留する。いったんは浄化されたはずの土壌や地下水に，いつの間にか汚染が戻っている例が全国で多く観測されてきた。そのため土壌―地下水系の汚染は環境基準論争の中でも特に取り扱いが厄介なものになる。

　豊洲の問題では，行政的に定着した科学論に基づく"安全"の論理と，市民感情としての"安心"とはちがうという論争に収束した。つまり，地下水が飲用に供されるわけではないから環境基準を超えても健康影響は心配ないとするのが安全論で，生鮮食品を扱う場所なのだから大気，地下水，土壌に汚染があれば不安だというのが安心論である。地下水と土壌の汚染を完全に除去できれば安全と安心の乖離はなくなるが，現実には不可能であることは誰もが認めざるを得なかった。結局，追加工事によって地下空間や地下水の汚染を管理する措置を講じることになり，小池知事が 7 月末に安全宣言をしたのち，2018 年 10 月 11 日に新市場が開場している。この事件の経過を聞いていると，科学的であるはずの環境保全のルールの解釈が，論じる人によって，曖昧になったり反転したりすることがわかる。

　開場後も地下水汚染のモニタリングは継続されるであろうが，追加工事が効果を持たずに，再び高濃度のベンゼンやヒ素が検出される可能性は否定できない。

生物多様性にまつわる話題

　2017 年の夏に，中国広東省から神戸港などに入港した貨物船内のコンテ

ナに紛れ込んで，特定外来生物であるヒアリが陸揚げされていたことが確認された。他の港からも陸揚げされている可能性もあり，国内で繁殖していくおそれがあると報道され，懸念が高まった。アライグマやカミツキガメのように，最初はペットとして輸入されて飼われたものの，飼いきれずに捨てられたり逃げたりして，今では手に負えなくなった特定外来生物もたくさんある。旅客や貨物の国際流通は益々増大しているから，外来生物の問題はこれからも頻繁に起こるに違いない。

　同じく生物や生態系保全に関する問題であっても，性格が異なるものがある。環境変化や狩猟の減少によって全国の里地里山ではシカ，イノシシ，サル，クマなどの野生動物の出没が急増し，農作物に被害が生じたり人身被害が起こったりしている。一方，野生絶滅したトキや絶滅危惧種であるコウノトリを保護・再生する努力が実を結びつつある。これらの生物に関連する様々な問題への対処は，生物多様性の確保あるいは自然環境保全と呼ばれる，環境政策の大課題の一つである。

　水産資源の枯渇問題も生物多様性に関連する重大な課題である。太平洋クロマグロやニホンウナギなどの水産資源の激減や絶滅への危惧が最近しばしば報道される。クロマグロの刺身もウナギの蒲焼きも次第に値上がりして，日々の食卓のことばかり気にかかるが，世界の食料の安定供給や水産業の存続に関わる地球大の問題である。最近のニュースによれば，ニホンウナギの捕獲量を持続的にするために，資源回復の見通しに応じて，関係国の毎年の漁獲枠を増減させる方式が，日本，韓国，中国，台湾の間で協議されている。世界の人口圧力が高まっている上に，食生活の高級化などが加わって，海洋生物資源の枯渇がどんどん深刻になっている。いまではトラフグもタイもアユもほとんどが養殖もので，マグロの養殖も始まっているし，ウナギの完全養殖技術の開発も進められている。高級魚が養殖で賄われる時代に入ってきた。海洋生物資源だけでなくて，世界の木材資源の持続的な生産と使用を確保することも，同様に重要な課題になっている。

　生物資源は再生可能な資源であるため，再生産される範囲内で消費するか，人工的に増産すればしのげる可能性はあるが，化石エネルギーや鉱物資源は可採埋蔵量が限られているためそれができない。化石エネルギーを再生可能

なエネルギーにおきかえ，鉱物資源は再使用（リユース）と再生利用（リサイクル）を繰り返して枯渇を防がなければ，将来の世代が使う資源がなくなる。資源の枯渇は深刻な問題であるが，環境問題というよりも有限な地球上で人類がどうやって持続可能な生存と発展を確保するかという命題の中で扱われてきた。

　とはいえ，資源の持続可能な利用を議論する場合にも，環境保全はその基盤である。例えば，地球温暖化で気候が変化すれば，生態系が大きく改変され，食料生産に大打撃が及ぶ。水産資源の枯渇を防ぎ，持続可能な利用を図ること自体は資源問題であるにしても，その前提となる生物多様性という地球システムの恒常性を維持することは，環境政策の重要な任務である。また，鉱物資源の再使用や再生利用の促進は，廃棄物処理と背中合わせの関係にあり，廃棄物・リサイクル政策，3R 政策，資源循環政策などと呼ばれる。これも環境政策の重要な一分野になっている。

現代環境論のすがた

　このほかにも環境のトピックスはたくさんある。例えば，省エネや節水への心がけ，ごみの分別排出など，日常生活での環境行動をどう促進するかも頻繁に登場する環境のトピックスである。最近は海洋プラスチックごみ問題に関連して，レジ袋の有料化の議論が再び盛んである。これは市民の環境意識の高まりの反映でもあるが，環境問題の解決には一人一人の努力が重要として，政府・地方公共団体が進めてきた普及啓発政策の影響を受けている。1980 年代から市町村の清掃部局が，地域住民に協力を求めてきたごみ分別は，いまではすっかり定着して，循環型社会政策の基盤になっている。クールビズは，民生部門の GHG 排出量を抑制する対策として，京都議定書が発効した 2005 年から環境省が提唱してきた。

　スローライフ，LOHAS（Lifestyle of Health and Sustainability）などライフスタイルの変革論や，途上国で生産された原料・製品を適正な価格で購入するフェアートレード（公正取引）などの倫理に根差した運動も，環境保全と一脈通じていて市民の共感を得てきた。また，昨今は，地方公共団体等による環境保全を織り込んだ地域振興策である，再生可能エネルギー導入促進プ

ロジェクトや，里地里山の保全活動の推進プログラムなどもしばしば話題になる。具体的な行動を通じて環境に貢献しようとするこうした運動は，馴染みやすいので行政機関や学術団体が主催するシンポジウムのテーマになり，大学生の卒業論文のテーマとしても取り上げられて，次第に議論が深まり，環境政策にも影響を与えてきた。

　企業の環境取組が一世を風靡したことも何回かあった。コアになるコンセプトがキーワード化されて広まるのが特徴で，かつては環境マネジメント仕様を定めた ISO14001 の認証取得が話題になった。その後，CSR（企業の社会的責任：Corporate Social Responsibility），社会的責任投資（SRI：Socially Responsible Investment），ESG（Environment, Social, Governance）投資なども，環境と関連を持つため話題にされてきた。そしていまは，SDGs（国連持続可能な開発目標：Sustainable Development Goals）がブームになっている。

　環境政策の新展開に呼応して興るビジネスは，環境ビジネスと呼ばれる。成功の秘訣を指南する図書がたくさん上梓されて，環境ビジネス論も一時期流行した。企業は環境保全のもっとも重要なプレーヤーだが，企業の環境取組や環境ビジネスの動機は，単純なものではなく，自社の存続のための戦略や戦術でもあることに留意する必要がある。

　科学技術にイノベーションを起こしながら，環境保全の力を増すことは常に重要である。環境に直接，間接に関わる科学技術の進展は，新たな環境政策を立案する場合の前提条件であり，政策の実施段階においては支持基盤になる。昨今では，革新的な省エネ技術，再生可能エネルギーや水素エネルギー利用拡大に関連した技術，CCS の実用化に関連する技術など，脱炭素化に向けた技術論がしばしば話題になる。これまでの環境問題の多くが，技術的ブレークスルーによって解決されてきたことを考えれば，環境保全に関わる科学技術の動向は見逃すことのできない重要なトピックスである。

　これらすべてが現代環境論を構成する要素であり，したがって現代環境論は複雑多様である。現在の環境政策がこうした要素の全部をカバーしているわけでもないが，だからといって，環境政策と無縁ともいいきれない。それは，環境政策に委ねられた守備範囲が，時代時代の環境保全への認識やニーズによって大きく変わるからである。

第1章

環境問題への気づきと環境政策の形成

1.1 環境問題への気づき

　奇をてらった言い方に聞こえるかもしれないが，環境問題は"気づき"から始まる。気づくまでは環境問題にならない。産業革命以来の急速な生産技術の発展と，人口及び自然資源消費の幾何級数的な増加が環境問題のおおもとにある。人間社会は常に科学技術の発達を梃子に経済・社会開発を突き進めてきたが，環境悪化による人の健康や生活環境への影響，自然環境の破壊などへの気づきは，看過できない状況に立ち至ってからようやく生まれ，その後にこれを食い止める仕組みが用意される。環境政策の歴史にはこうしたパターンが多く登場する。

　しかも，健康や生活環境への影響，自然生態系への影響のメカニズムを解明するための科学の力が弱いのが，環境政策の弱点になっている。いまや，人工衛星を打ち上げて予定通りに地球の静止軌道に乗せることはもとより，小惑星に探査機を送ることもできるようになった。人工知能（AI）が発達して自動運転の自動車が公道を走る日も近いと期待される。しかし，人間活動がもたらす環境への悪影響を予測し，有効な対策を見出す環境科学は，多くの不確実性を抱えている。かつて大量に使用されたアスベスト（石綿）やPCB（ポリ塩化ビフェニル）の健康影響を予め察知できなかった。気づいた後でも，

いったん普及した物品の社会的便益を排して使用を制限するまでには，環境保全の論理的な組立てと因果関係の科学的立証にかなりの時間を要する。

　環境政策の形成過程のかなりの部分は，苦い経験に基づく気づきの積み重ねによっているが，幸いなことに，時代が下るとともに環境の状況を監視する技術が向上して，環境の異変への気づきの感度が高まってきた。また，異変がどのような悪影響をもたらすかを予知する能力も高まってきた。その結果，当初は対症療法的だった環境政策が，次第に未然防止あるいは予防的措置と呼ばれる体制を整える方向にシフトしてきた。その一方で，環境問題のスケールは地球的な規模に拡大して，有効な対策の実施がますます難しくなっている面もある。地球温暖化の進行と生物多様性の消失がその典型的な例である。

　気づきの進化という観点からみると，環境問題への気づきの積み重ねは三つの段階に区分できそうである。第1段階の気づきは経験に基づく気づきであり，第2段階は，科学的調査・観測や理論的予測に基づく気づきである。そして，第3段階の気づきは，人間社会の環境を考える視座（環境観）の変化による気づきである。環境観の変化は，環境問題として捉える範囲を広めたり深めたりするだけでなく，環境問題と環境保全を統合的に理解するための理念形成ともつながってくる。

　図1-1に示したのは，環境政策の議論でしばしば登場する環境問題である。内側の楕円①上に書いた単語は，環境問題の直接的な原因になる物質や人間の行為である。その外側の楕円②上に書いたのが，事象としての環境問題である。そしていちばん外側の楕円③上に示したのが，目下のところ講じられている環境保全のための国際的規範と国内対策の仕組みである。これら環境問題の個別の発生機構や環境対策の詳細については，次章以降で随時触れることにして，ここでは図1-1に掲げた項目を中心に，わたし達が環境問題に気づいてきた経過を振り返ってみよう。

1.1.1　経験を通じた気づき

　わが国をはじめ多くの国々で環境政策を推進する大きなけん引力になってきたのは，経験を通じた環境問題への気づきである。予兆を見逃したために重大な健康被害が発生したことも数多くあった。

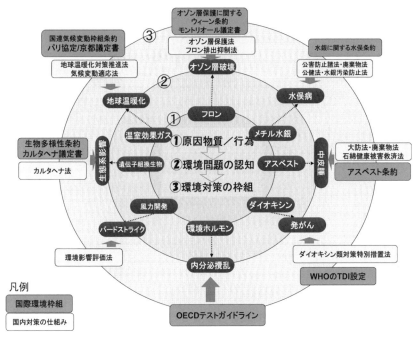

図1-1 様々な環境問題の原因と国際的・国内的な対応

（1） 公害による健康被害への気づき

図1-1の中の，メチル水銀の摂取による水俣病とアスベストによる中皮腫の発症の二つが，公害による健康被害への気づきである。熊本水俣病の公式発見の日とされる1956年5月1日は，チッソの附属病院長から原因不明の中枢神経疾患の患者が水俣保健所に報告された日である。公式発見の数年前から似たような症状が地域の人々の中に認められていたし，多数の猫が狂い死にするなどの異常も知られていた。

公式発見の後の初期対応のまずさが，発症機構の解明と補償問題の両面で尾を引き，水俣病問題の解決をとことん遅らせてきた。公式発見から国が公害病と認定するまでに12年もの歳月を費やし，その間に，新潟水俣病（第二水俣病）を生むことになった。その後で，水銀の環境への排出が厳しく規制されるようになった。加えて，2013年に「水銀に関する水俣条約」が採択されたことから，水銀の採掘から流通，使用，廃棄に至る全過程にわたる管理と排

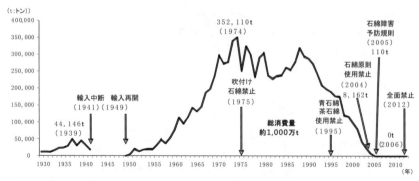

（出典）（独）環境再生保全機構「石綿健康被害救済制度10年の記録」

図1-2　わが国のアスベスト輸入量の推移と使用規制

出抑制が，一層厳格に行われることになった。

　比較的最近の気づきとして，大気中のアスベストによる健康被害がある。その有用性から魔法の物質と呼ばれたアスベストであるが，有害性も古代から知られていた。アスベストの健康被害は極めて特異的で，肺や腹腔を包む中皮に中皮腫という悪性腫瘍を発生させる。中皮腫は，暴露から30年〜40年を経て発症する遅発性のもので，いったん発症すると進行が早く，致死率が高い。アスベストの高濃度曝露の可能性があるのは，アスベストを取り扱う工場や作業場の労働者であるため，アスベスト禍は主に労働衛生上の問題になってきた。

　米国では1980年代に，アスベストを取り扱う事業場の労働者が健康被害の賠償を求める訴訟が相次ぎ，判決で下された膨大な補償費が大きな社会問題になった（広瀬弘忠，1985）。国際的にも，1986年にILO（国際労働機関）のもとで労働衛生の観点から「石綿の利用における安全に関する条約」（いわゆる「アスベスト条約」）が採択されている。わが国のアスベストの輸入量と使用規制の推移を図示すると図1-2のようになる。国内ではアスベストを殆ど生産しないので，輸入量と消費量はほぼ同じである。累積消費量は約1,000万トンで，使用量の最盛期は1960年代から2000年代まで続いた。一方，米国と英国では，1960年代から80年代までが使用量のピーク期で，1990年には激減している。このため，わが国の労働衛生の分野でのアスベスト対策が欧米先進国に比べると遅れてきたといえる。

　2005 年 6 月，大手機械メーカークボタが，昭和の時代に大量にアスベストを取り扱っていた尼崎市内の工場周辺に居住し，中皮腫を発症した住民に，見舞金を支払うと発表した。これがいわゆる "クボタショック" である。この事件で環境大気中の暴露で中皮腫が発症していることが明らかになり，アスベスト対策はにわかに前進した。国は翌 2006 年に「石綿による健康被害の救済に関する法律」を制定して救済制度を用意した[1] ほか，2005 年に労働安全衛生法と関連規則，2006 年には大気汚染防止法と廃棄物処理法の政令を改正して規制の強化を図った。2012 年 3 月にアスベスト及びアスベストを含有するすべての物の製造，輸入，譲渡，提供及び使用が禁止された。さらに，2014 年には大気汚染防止法に基づく規制が強化されて，建築物の解体前にアスベストの有無の確認が義務付けられた。なお，わが国がアスベスト条約を批准したのは，クボタショックの直後の 2005 年 8 月のことである。

　遅発性であるために中皮腫による毎年の死亡者数はいまも増加し続けている。厚生労働省が統計を取り始めた 1995 年には 500 人だった中皮腫による死亡者数は，2016 年には約 1,550 人に達した。今後もアスベストを使用した建築物の解体に伴って環境中に飛散するおそれがあり，大気汚染防止とともに廃棄物処理の厳しい監視がこれからも長く必要になる。

　公害の分野には，水俣病やアスベスト禍以外にも，気づきが遅れたために健康被害を大きくした例がいくつもある。四日市市では石油コンビナートが本格的に稼働し始めた 1960 年頃から，大気汚染による呼吸器疾患（いわゆる四日市喘息）が多発した。それ以前から全国の大都市や工業都市では四日市と同じレベルの大気汚染が発生していた。被害の拡大に対策が追い付かないまま，全国各地で大気汚染訴訟が起こされ，その法廷闘争が大気汚染対策をけん引してきた。1972 年に確定した四日市訴訟判決では，大気中の硫黄酸

---

1)　この救済制度に関する政府の説明によれば，石綿の発生源は建築物や自動車など多岐にわたるため，個人の健康被害の因果関係を立証するのは困難で，民事法に基づく補償制度が用意できない。そのため，石綿救済法は，国が迅速にしかも隙間なく健康被害者を救済する行政措置を講じて，被害者の経済的負担を軽減するために制定された。救済給付の費用は，国からの交付金，地方公共団体からの拠出金，労働保険料を納付している事業主からの拠出金，石綿との関係が深い事業主からの拠出金等により「石綿健康被害救済基金」を設けて賄われる。

化物（SO_X）濃度と喘息等の呼吸器疾病発症の法的因果関係は，疫学調査によって立証すれば足りるとされたほか，複数の企業の責任を個別に割り出さなくても，共同不法行為の法理に基づいて，損害賠償が認められることになり，被害者の挙証責任が軽くなった。四日市訴訟判決を契機に，過失がなくとも賠償責任を負うという，無過失損害賠償責任の考え方が法定化され，政府による公害健康被害の補償制度の検討も始まった。

　光化学スモッグへの気づきは突然のことだった。1970年7月18日に杉並区の立正高校で，ソフトボール練習中の女子学生四十数人が目や喉の痛み，呼吸困難を訴えて救急車で搬送されるという事件が起こった。それに先立つ6月末に千葉県木更津地域でも類似の事件が起きていたことが報告されている（福岡，2000）。米国のロサンゼルスは光化学スモッグのメッカであるが，健康被害は目のチカチカ，のどのイガイガといった言葉で表現される，軽い症状である。その後，立正高校以外にも，わが国では何回か集団で重症被害が発生する事件が報告されたが，その原因は今日に至るまで定かでない。

　ともかく，この事件は光化学スモッグによるものとされ，原因物質（窒素酸化物（NOx）と炭化水素（VOC））の排出抑制対策が進められ，光化学スモッグを計る指標として光化学オキシダント（Ox）の環境基準が設定され，注意報と警報の発令レベルも設定された。Oxが高濃度になる夏の日中は，学童の屋外での活動を制限して被害の発生を防止する体制がとられた。近年では光化学スモッグ注意報の発令回数が減ったこともあり，熱中症予防への注意喚起に紛れて，光化学スモッグ報道はあまり聞かなくなった。

（2）　化学物質の有害性への気づき

　予兆を見落として環境上の重大な事態に至った事例には，有害化学物質にまつわるものが多い。欧州環境庁（European Environment Agency）が2001年に公表した，*Late lessons from early warnings: the precautionary principle 1896-2000* と，2013年に公表した *Late lessons from early warnings: science, precaution, innovation* には，気づきの遅れによる苦い経験の事例が収録されている。それらの中には，水俣病，アスベスト，ベンゼン，PCB，有機スズ化合物，人工女性ホルモンのDES，殺虫剤のDDTなどが含まれている。

　その中の一つPCB（ポリ塩化ビフェニル）は，熱に安定で電気絶縁性が高い油状の物質で，開発された当初は夢の化学物質と呼ばれていた。ところが，環境中で分解されにくいうえに，食物連鎖を通じて動物体内に高濃度に蓄積される性質をもっている。有害性は，1968年に発生したカネミ油症事件で知ることになった。この事件は，カネミ倉庫（北九州市）の食用油（米ぬか油）の製造工程で熱媒体として使用されていたPCBが，製品に混入して起きた。同じころ，1966年に北欧の化学者イェンセンが，食物連鎖の上位にあるオジロワシの体内から高濃度のPCBを検出し，他の研究者達も野生動物の繁殖力の低下などを指摘して，PCBの全球的な汚染への懸念が生まれた。

　図1–1には化学物質汚染の例としてダイオキシンと環境ホルモンを掲げた。ダイオキシンは人工化学物質ではもっとも毒性が強いものの一つとされ，PCBとも深く関わっている。ダイオキシンの有害性の気づきは，2,4,5-トリクロロフェノール（2,4,5-TCP）に接触して生じる塩素挫創（えんそざそう：にきび様の吹出物）が，実は2,4,5-TCPそのものでなく，不純物として含まれるダイオキシンの一種である2,3,7,8-TCDDによることを，1957年にドイツの皮膚科医シュルツが突き止めたのが発端である（森田，2005）。同じ1957年に，米国南東部から西部で数百万羽のブロイラーが死亡する事件（ヒナ水腫事件）が発生し，餌への混入物が原因と推定されたが，原因物質は特定できなかった。後に有機塩素化合物を高感度で検出できる，ECD装備のガスクロマトグラフが実用化されて，1966年になって原因物質がダイオキシンと推定された（中南，1999）。環境問題の気づきには，測定・分析技術が非常に重要な役割を果たしている。

　1961年から10年続いたベトナム戦争の枯葉作戦で使用されたエージェント・オレンジ（Agent Orange）[2]にも，2,3,7,8-TCDDが不純物として含まれていて，ベトナムで多数の奇形が発生した。枯葉作戦に従軍した米兵にも健康被害が生じ，後に大規模な訴訟が米国で起きている。1976年にはイタリアのセベソにあった農薬工場で2,4,5-TCP製造工程が爆発し，多量の2,3,7,8-TCDDが環境中に放出されるという事故も起こった。

　1977年になってオランダのオリエらが，都市ごみ焼却場の焼却灰と排煙

2）　エージェント・オレンジは2,4-Dと2,4,5-Tという二つの成分が混合された除草剤。

にダイオキシンが含まれることを指摘し，これ以降，欧米諸国の調査で発生が確認された。わが国でも1983年に愛媛大学の立川涼教授がごみ焼却場の焼却灰からダイオキシンを検出している。これ以降わが国では，ダイオキシン問題は廃棄物焼却場の問題と捉えられるようになっていく。

　もう一つの化学物質問題に，1990年代末に話題になった，内分泌かく乱作用を有する物質群（いわゆる「環境ホルモン」）の環境汚染がある。人工的に合成された化学物質の中に女性ホルモン（エストロゲン）と似た構造をもつものがあり，野生動物や人の体内に入ると内分泌をかく乱して，さまざまな悪影響を引き起こすと考えられた。

　当時，内分泌かく乱の可能性があるとされた物質には，DDT，アルドリン，エンドリン，ディルドリンなどの農薬や，ダイオキシン，PCB，有機スズ化合物などがあった。これらの農薬は毒性や残留性が強いためにすでに使用が中止されていたし，ダイオキシンやPCBもすでに環境保全上マークされていた有害物質だった。

　しかし，新たに名前があがった化学物質に，プラスチック可塑剤として使用されるビスフェノールAやフタル酸エステル類，界面活性剤であるノニルフェノールが含まれていた。その後，内分泌かく乱作用や生態影響を確認する調査研究が世界中で重ねられる中で，確かにこれら新顔の物質のいくつかが，次第に化学物質の環境安全管理の対象に加えられていくのである。ただし，わが国では，内分泌かく乱作用を環境政策上どう取り扱うべきかについて，まだ明快な結論がでていない。それについては第5章で述べる。

（3）　生態系破壊への気づき

　地球上の野生生物の絶滅速度はかつてないほど早まっている。IUCN（国際自然保護連合）のレッドリストでは，世界の絶滅危惧種は26,000種以上にのぼる。また，環境省が作成している，環境省版レッドリスト（絶滅のおそれのある野生生物の種のリスト）の第4次レッドリストの四訂版（2019年1月）では，日本に生息又は生育する野生生物のうち，3,676種が絶滅危惧種とされている。その半数は開発にともなう生息環境の悪化が原因とされ，次いで多い原因は過剰な捕獲・採取である。

　野生のトキは 1998 年に絶滅したが，中国から提供を受けた個体を，環境省と新潟県・佐渡市が協力して人工繁殖させてきた。佐渡島内の生息環境が整えられ，2008 年には野生復帰をめざして放鳥が開始された。やがて野生への定着が進み，現在では 350 羽ものトキが佐渡の空を舞っている。上述のレッドリストの 2019 年 1 月改定で，環境省はトキを「野生絶滅」から「絶滅危惧ⅠA」（数は少ないが野生で持続的に生息するとの判断）へと 21 年ぶりに見直した。中国政府の厚意と，全ての佐渡市民と新潟県・環境省の関係者の長年の尽力の賜物である。トキのほか，兵庫県豊岡市でもコウノトリの人工繁殖と野生復帰の努力が進められているし，富山でもニホンライチョウの人工繁殖が開始されている。

　国際法の世界では，野生生物の絶滅を防ぐため 1973 年にワシントン条約（CITES）が採択され，絶滅のおそれのある生物種の国際的な取引が規制されてきた。クロマグロやニホンウナギのように，数が減っている水産資源を持続可能に利用するためには，捕獲制限が必要である。しかし，捕鯨禁止問題にみられるように，資源量の見込みの不確かさや各国の食文化の違いなどによって，国家間の主張に大きな隔たりがあり合意形成が難しいことも多い。

　そんな中で，日本政府が捕鯨問題で国際社会を敵に回しかねない行動に出た。2018 年 12 月 25〜26 日の新聞報道によれば，わが国政府は国際捕鯨委員会（IWC）から脱退し，2019 年 7 月から，日本の排他的経済水域（EEZ）で商業捕鯨を 30 年ぶりに再開することを表明した。官房長官は記者会見で，「鯨資源の持続的な利用の立場と保護の立場の共存が不可能であることが明らかになり決断した」と語っている。

　IWC は 1982 年から商業捕鯨のモラトリアムをしき，わが国は 1988 年からは調査捕鯨を続けてきた。しかし，これは事実上の商業捕鯨であると国際社会から非難され続けてきた。南極海でのわが国の調査捕鯨が国際捕鯨取締条約に違反するとの豪州の訴えを受けて，国際司法裁判所（ICJ）は 2014 年に調査捕鯨の中止を命じる判決を言い渡している。この判決でわが国は南極海での調査捕鯨の継続が困難になり外堀を埋められた。今回の政府決定の直接の引き金は，2018 年 9 月の IWC 総会で，わが国が提出した商業捕鯨の再開提案が，またしても否決されたことにあるが，日本政府の強硬な姿勢に対する国際社会からの反発は一層高まることが懸念されている。戦後まもなくの食料

難の時代ならいざ知らず，飽食の時代の日本国民のどれほどがクジラ肉を欲しているであろうか。無意味に国際協調を破断するこの政治決定はいささか時代錯誤である。パリ協定からの離脱を表明したトランプ大統領と選ぶところがないと，世界は見ることだろう。

（4）　海洋汚染への気づき

　陸上動物である人間にとって，海洋環境の変化は気づきにくい。沿岸域の海洋汚染は陸上から流入する汚染の影響が大きいが，沖合海域では船舶起因の汚染や廃棄物の影響が大きくなる。船舶による海洋汚染の中でも油濁事件は重大で，1954年にすでに海洋油濁防止条約[3] が採択されている。しかし，石油タンカーが大型化するのに伴って，大規模な油流出事故が発生し，沿岸域が広範囲に汚染され，野生動物が大量に斃死するといった事件が起こるようになった。1967年にトリー・キャニオン号が英国南西部の浅瀬で座礁した事故では，10万トン以上の石油が流出した。1989年にエクソン・バルディーズ号がアラスカのプリンス・ウィリアム湾で座礁した事故では，多数のアザラシやラッコが斃死した。1997年にはロシア船籍のナホトカ号が日本海の隠岐島沖で船体が二つに折れ，島根県から秋田県までの広い範囲の日本海沿岸に油が漂着する事故も発生している。

　トリー・キャニオン号の事故をきっかけに，1969年に油濁民事責任条約が採択され，1971年には油濁補償基金条約が採択されている。エクソン・バルディーズ号の事故によって，多くの野生動物が油濁で斃死したのをきっかけに，米国の環境保護団体 CERES（セリーズ）が環境保全に関して企業が守るべき10の倫理項目[4] を公表して共感を得た。国際法の整備もさらに進め

---

3)　この条約は，1973年に，油類に限らず船舶からの有害物質，汚水，廃棄物の排出を規制する「船舶による汚染の防止のための国際条約」（MARPOL条約）に代わった。現在では船舶に起因する大気汚染の規制もカバーしている。
4)　当初はバルディーズの原則と呼ばれたが，現在は「セリーズの原則」。10項目の原則とは ① 生物圏の保護，② 天然資源の持続的な利用，③ 廃棄物処理と削減，④ 持続的なエネルギー利用，⑤ 環境リスクの低減，⑥ 環境保全型製品・サービスの提供，⑦ 環境修復，⑧ 市民への環境情報の公開，⑨ 環境問題担当取締役の配置，⑩ 年次監査報告書の作成と公表。

られ，1990 年には大規模油流出事故時の準備体制を整え，国際的に協力して汚染拡大防止と危被害の軽減・除去のための行動をとることを定めた OPRC 条約[5] が採択され，1992 年には MARPOL（マルポール）条約が改正されて，タンカーを二重船殻構造にする規制も導入された。

　海洋汚染の分野で 2018 年に入って取りざたされ始めたのが陸上から流入する海洋プラスチックごみの問題である。プラスチックは微生物で分解されにくく，海に流入すると波や紫外線などの物理的な作用で次第に破砕され，マイクロプラスチック（径が 5 mm 以下のもの）になる。廃プラスチックは海水中の有害物質を吸着して，海洋動物になお悪い影響を及ぼすとの指摘もある。さらに，洗顔料や歯磨き粉に研磨剤として用いられるマイクロビーズは，下水処理施設で捕捉できない厄介なプラスチックごみである。

　海洋プラスチックごみ問題については以前から，ウミガメなどの海洋動物が餌と間違えて飲み込むなどが問題視されてきた。2009 年に議員立法で「海岸漂着物処理推進法」[6] が制定され，基本理念を定め，行政と事業者の責務を謳い，基本方針や地域計画を定めて，国の補助金によって海岸漂着ごみの回収・処理が行われてきた。しかし，回収が追いつかない状況にある。この法律は 2018 年 6 月に改正・強化されて，マイクロビーズの使用抑制や廃プラの再利用を産業界に求める条文が盛り込まれた。

　人類の海底資源を求める開発活動は，今後本格化すると予想されるし，二酸化炭素（CO_2）を海底に圧送して貯留する CCS が地球温暖化対策として注目を集めているが，環境科学の海洋に関する知見は陸上に比べれば不足している。海域環境保全のための予防的な仕組みの整備は，これからの重要な環境政策の課題である。

---

[5]　正式な条約名は，「油による汚染に関わる準備，対応及び協力に関する国際条約」（International Convention on Oil Pollution Preparedness, Response and Co-operation）。

[6]　正式な法律名は「美しく豊かな自然を保護するための海岸における良好な景観及び環境の保全に係る海岸漂着物等の処理等の推進に関する法律」。

1.1.2　科学的な推論による気づき

　実際に環境への被害や影響が顕在化する以前に，環境への悪影響が科学的に推定されて，警鐘が鳴らされることもある。図1-1に掲げた項目のうち，地球温暖化（気候変動），オゾン層の破壊のほか，遺伝子組換え生物の使用による生態影響が，科学的推論による気づきの例である。

（1）　気候変動問題への気づき

　気候変動問題は科学的な推論が気づかせた環境問題である。化石燃料の燃焼に伴う二酸化炭素（CO_2）の排出によって地球が温暖化する可能性については，19世紀末から指摘されていた。1940年代から1970年代にかけては，地球が寒冷化に向かっているとみる専門家も多かったが，1980年代半ばの気候学者らの指摘で科学的な推論が反転した。地球温暖化の国際的な議論の端緒については，竹内敬二氏の『地球温暖化の政治学』に詳しいが，1985年のオーストリアのフィラハでの会議が始まりとされている。

　化石燃料の大量消費に伴うCO_2の大気中への排出が最大の原因で，気温上昇や海面上昇，異常気象の頻発等の気候変動が起こり，食糧生産や生態系に甚大な影響が及ぶと予測されている。気候変動問題については，1988年に設立されたIPCCによる評価報告書が，1990年以来5次にわたってまとめられ，地球温暖化に関する幅広い科学的な知見が固められてきた。ようやくいま，"人為的活動によって地球温暖化が進行しつつあることはほぼ間違いない"との見解が世界に受け入れられた。世界気象機関（WMO）の発表によれば，2015年に世界の大気中のCO_2濃度はすでに400ppmを超え，2017年には405.5ppmまで上昇している。最近では，世界各地で極端な気象現象が頻発して，科学的な予測の正確さを議論する前に，日々の生活の中で地球温暖化の進行が実感されるようになっている。

　プロローグで触れたように，パリ協定では国際社会が気候安定化に向けた努力を進めると約束しているものの，世界のCO_2の排出量は増加の一途をたどっていて先行きが見えない。

（2） オゾン層破壊への気づき

オゾン層は，地上 10〜50km の成層圏に広がるオゾン濃度が高い層で，中心は高度 20km 付近にある。オゾン層破壊への気づきは，1974 年に二人の化学者モリナとローランドが，フロンガスによるオゾン層破壊の可能性を科学的に指摘したことに始まる。この研究で 1995 年に二人はノーベル化学賞を受賞している。米国，旧ソ連，欧州の超音速旅客機（SST）の開発競争に絡んで，SST が成層圏中を飛行する際に排出する窒素酸化物がオゾン層を破壊するとの議論が背景にあった。

フロンガスは化学的に不活性で直接的な健康影響の心配がないため，当初は潜水艦の冷媒として用いられ，エアコンや冷蔵庫の冷媒として普及したほか，スプレーの噴射ガス等の広範な用途に使われてきた。化学的に安定なため対流圏では分解されずに成層圏に到達し，太陽の強い紫外線を受けて塩素原子を放出する。これが触媒となってオゾンを減少させる化学反応が進むと説明されている。オゾン層が破壊されると地上に到達する紫外線量が増加し，皮膚がんや白内障が増加すると懸念されている。

オゾン層破壊問題については，1985 年に枠組条約である，「オゾン層保護に関するウィーン条約」が採択された。フロン規制に反対するメーカーなどの抵抗があったが，南極で毎年春期にオゾンが減少するいわゆるオゾンホールに関する論文が，1985 年のネイチャー誌に掲載されて世界の認識が変わり始める。当初は，フロンの使用が北半球で多いのになぜ南極でオゾンホールが生じるかについて疑問も呈された。しかし，1987 年にフロン製造の特許を持つデュポン社が，フロンの代替物質の合成に成功して，交渉の流れが急速にかわった。科学的な仮説が迫真性をもったことと，代替品が利用可能になったことが追い風になり，同年にモントリオール議定書が採択されている。1991 年にモントリオール議定書が発効した後にも，規制対象物質が追加され，使用を全廃する時期を早めるなど，対策を加速するために議定書の改正が何回か行われてきた[7]。

---

7) モントリオール議定書の規制対象物質は多岐にわたっている。特定フロンやハロンのほか，臭化メチル，そして第 4 章，第 5 章にも登場する，有機塩素化合物の四塩化炭素と 1,1,1-トリクロロエタンも含まれている。

　フロンの代替品の実用化で解決を目指したオゾン層破壊問題は，当初はかなり単純な構造に見えた。ところが気候変動問題とオゾン層破壊問題が相互に絡まっているために軌道修正が必要になった。全廃に向けて使用規制が進められてきたフロンガス自体も強い温室効果ガスであるが，悪魔のいたずらのように代替フロンの多くも強い温室効果をもっている。特に HFC（ハイドロフルオロカーボン）は，冷凍空調機器用の冷媒として使用量が急増していて，排出抑制が急務になった。これまでは温暖化対策の枠組の中で HFC の削減に対処してきたが，2016 年のモントリオール議定書の改正（キガリ改正）を受けて，これからはオゾン層保護対策と温暖化対策の両方の枠組で，HFC の削減が進められる。先進国は 2036 年までに，HFC の生産・消費を 85％削減する必要がある。わが国の現在の HFC の排出量は，温室効果ガスとして CO_2 量に換算した場合に約 4,000 万トン-CO_2 で，米国，中国に次いで世界第 3 位である。なお，キガリ改正は 2019 年 1 月 1 日に発効した。

　気象庁のホームページの「オゾンホールの経年変化」と題する記事によれば，オゾンホールは 1980 年代から 1990 年代にかけて急激に規模が拡大したが，2000 年以降は増減しながらも緩やかな減少傾向を示している。オゾン層破壊物質の大気中濃度も，1990 年代をピークに緩やかに減少している。また，世界気象機関（WMO）と国連環境計画（UNEP）の最新版の「オゾン層破壊の科学アセスメント」（2018 年 11 月）によれば，モントリオール議定書の下に実施された対策によって，成層圏オゾンの回復が始まっている。オゾン層が 1980 年のレベルに回復するのは 21 世紀半ばで，南極のオゾンホールの回復はもっと遅れるとみられている。

（3）　遺伝子組換え生物の使用に伴う生物多様性影響の防止

　新たに開発された科学技術や新しい製品の利用がもたらす環境への影響が懸念されることがしばしばあり，その一つに遺伝子組換え生物の使用がある。1970 年代に遺伝子組換え技術や細胞融合といった新しいバイオテクノロジーが開発され，それによって生み出された生物の使用に当たって，生態学的な安全性をどう確保するかが議論されてきた。その論拠は，外来生物による生態系攪乱のアナロジーである。重大な生態影響が発生した事例はまだないも

のの，生物多様性条約の交渉過程でも大きな議論になり，条約第19条3項に，「バイオテクノロジーにより改変された生物であって，生物の多様性の保全及び持続可能な利用に悪影響を及ぼす可能性のあるものについて，その安全な移送，取扱い及び利用の分野における適当な手続（特に事前の情報に基づく合意についての規定を含むもの）を定める議定書の必要性及び態様について検討する。」との宿題を残した。

　その結果，生きている遺伝子組換え生物（LMO：Living Modified Organism）の取扱いに関するカルタヘナ議定書[8]が2000年に採択されている。この議定書は，開発と環境に関するリオ宣言の原則15に規定する予防的な取組方法に則って，特に国境を越える移動に焦点を合わせて，生物多様性の保全と持続可能な利用に悪影響を及ぼす可能性のあるLMOの安全な移送，取扱い及び利用の分野において十分な水準の保護を確保することを目的にしている。

　わが国は2003年に国内対応法（いわゆる「カルタヘナ法」[9]）を制定して，カルタヘナ議定書を締結した。開放系の使用（第一種使用）については，使用しようとする申請者が事前に生物多様性影響評価書を作成し，それに基づいて国が在来種との競合，在来種との交配，有害物質の産生等を審査する。一方，実験室・工場等の閉鎖系での使用（第二種使用）については，環境への拡散防止設備が適正であるかを確認して安全を確保する。なお，LMOの環境安全性に関する議論は，当初から欧州諸国と米豪との間に大きな隔たりがあり，米国，カナダ，豪州などはカルタヘナ議定書を批准していない。

（4）　化学物質の環境リスクのスクリーニング

　経験に基づく気づきの積み重ねが土台になっているものの，科学的な方法に基づいて環境への悪影響を予測・評価する仕組みが用意された分野として，有害化学物質の環境安全管理がある。PCBの環境汚染性への気づきから，PCBと類似の性状をもつ化学物質の製造・使用を規制する動きが生まれた。1973年に制定された「化学物質の審査及び製造等の規制に関する法律」（化学物質審査

---

8)　正式な議定書名は「生物多様性条約のバイオセーフティに関するカルタヘナ議定書」。
9)　正式な法律名は「遺伝子組換え生物等の使用等の規制による生物の多様性の確保に関する法律」。

規制法又は化審法）は，新規化学物質が上市される前にその安全性を審査して，PCB と類似の性状をもつ物質の製造等を規制する。PCB と類似の性状とは，有害性があり，環境中で分解されずに長く残留し，しかも，食物連鎖を介して生物体に濃縮されるという 3 点である。それ以降，化学物質の環境リスク評価（環境リスク・アセスメント）と安全管理の体制は充実し，現在では人の健康への影響だけでなく動植物や生態系への影響防止までが環境保全の目標になり，新規化学物質だけでなく既存化学物質の環境リスクの評価も進められている。

　とはいえ，化学物質の安全管理はいまでも万全ではない。労働安全行政の領域では，労働環境での特定の有害化学物質の暴露によって，特異的な疾病が労働者に集団的に発生したことが時折報じられる。2012 年には大阪の印刷工場で，印刷機のインキ洗浄に使用された 1,2-ジクロロプロパンとジクロロメタンに暴露された 16 人が胆道がんを発症したことが判明し，2018 年 10 月には全国 7 カ所の事業所で建築資材の防水材（ウレタン硬化剤）の原料として使われる MOCA（モカ）の吸引で計 17 人がぼうこうがんを発症していたことが報道された。発がん性が疑われながらもなお使用されている有害物質がいくつもある。環境保全の分野でも化学物質の安全管理には，より正確な毒性情報を取得する努力と，入念な環境汚染モニタリングが常に欠かせない。

1.1.3　環境観の変化による気づき

　地球観の進化に伴って環境観に変化が生まれ，それが今日の世界の環境保全の思想的なバックボーンをなしている。持続可能な開発と生物多様性の確保という二つの理念が，これを支える大きな力になっている。環境観の変化による気づきは第 3 段階の気づきといえる。

　第 2 章で詳しく触れるように，人口と資源消費量の急激な増大が続けば，21 世紀中には成長の限界がくると警鐘を鳴らしたのは，1972 年に発表された『成長の限界』が最初である。次いで，地球の有限性を踏まえて，南北世界が経済・社会の発展をどうかじ取りしていくべきかについて，調和のとれた回答を用意したのが，1987 年に公表された，環境と開発に関する世界委員会（WCED）の報告『我ら共有の未来』である。この報告書に掲げられた持続可能な開発の理念は，1992 年の地球サミット（UNCED）で世界各国によっ

て受け入れられ，持続可能な開発の理念の下に 27 項目からなる原則，「環境と開発に関するリオ宣言」が採択された。

　持続可能な開発とともに世界に定着した環境保全に関するもうひとつ重要な概念に生物多様性の確保がある。これは 1992 年に採択された生物多様性条約に啓発されて発展してきたもので，熱帯林の遺伝子資源の保護，絶滅危惧種の保護，外来生物種の侵入や遺伝子組換え生物の導入による生態系の撹乱防止，生物資源の持続的な利用など，生物・生態系に関連する多種多様な問題を違和感なく包摂できる。また，地球上の生態系が有する 4 つの機能（支持基盤，供給機能，調整機能及び文化的機能）が，人間の福利にもたらすサービスは「生態系サービス」と呼ばれるが（図 2-1 参照），生物多様性確保の目的は，生態系サービスの低下を防ぎながら持続的に利用することにある。

　環境保全は持続可能な社会づくりと同義ではないが，人類生存のための共通目標である，持続可能な開発の理念や原則と関連づけてながめることで，環境問題への気づきが広範なものになり，環境問題への予防的な対応を重視し，より良好で安全な環境を創出しようとする意識を高揚させてきた。また，生態系サービスの概念は，人間以外の地球上の生物その他の自然構成物の全てと共生しながら生きるべきであるという環境観を醸成してきた。

　鶏が先か卵が先かの議論になるが，こうした環境観の深化が，持続可能な開発や生物多様性保全の理念を深め，その下での環境と開発に関する国際原則や環境条約・議定書といった国際環境法の枠組を構築する力になっている。

　1993 年に制定されたわが国の「環境基本法」では，環境の保全は「環境負荷が少ない健全な経済の発展を図りながら持続的に発展することができる社会が構築されることを旨として行う」とされていて，環境保全と持続可能な発展とが関連づけられている。また，「生物多様性基本法」を頂点とする自然環境の保護及び生物多様性の確保に関連する政策メニューは，すべて生態系サービスの維持と増進に向けられている。

　人類の活動はなお膨張を続けている。新たな技術を手に入れながら，これからも地球上の開発は進み，深海，地底，宇宙など未知の空間の開発も進むに違いない。環境破壊への予知能力をどのようにして高め，環境への配慮をどこまで徹底させるかが，これから一層重要な課題になる。

⁂⁂⁂⁂⁂【コラム1】環境問題の時空間スケール ⁂⁂⁂⁂⁂

　環境問題は，人間の活動が環境容量を超えた場合に発生する。環境容量に正確な定義があるわけではないが，人為的な活動で生じた環境の歪を回復させる能力の大きさといった意味である。大気汚染や水質汚濁を移流・拡散・吸収・除去する物理・化学的な能力，有機汚濁物質を微生物が分解し，改変された生態系を修復し，採取された生物資源を再生産する生物的な能力などがある。環境容量は地域レベルと地球レベルでは異なってくる。公害は地域レベルの環境容量に関わる問題で，気候変動，オゾン層の破壊，海洋汚染などは地球レベルの環境容量に関わる問題である。このように，環境問題には固有の時間的なスケールと空間的なスケールがある。

　図C1は，さまざまな環境問題を，ごく大雑把な時空間スケールの上に模式的にプロットし，フロン，POPs物質（例示としてPCB及びDDT），アスベストの世界の累積使用量や，水俣湾への水銀排出量などを書き込んだものである。

　人為的な原因による土壌汚染は数十mから数百m程度の小さな空間スケールのものが多いが，気候変動，オゾン層破壊，POPs物質による全球的な汚染などの地球環境問題となると，空間スケールは地球の直径のオーダーの10,000kmになる。

　時間的スケールを考えてみると，騒音・振動のように発生源を止めれば直ちに解消するものもあるが，オゾン層破壊問題のように，フロンガスの排出を停止してから回復するまで50～100年を要するものもある。IPCCの評価報告書によると，気候変動の影響の中でも海面水位の応答がもっとも時間スケールが長く，1,000年を超すとみられている。

　大気汚染や水質汚濁など流体の中を移動するフロー型の汚染は，空間スケールが大きければ大きい程，問題が顕在化するまでの時間も長いが，対策の効果が現れるまでの時間も長くなる。かつて首都圏で大気汚染が深刻だったころ，年末年始に工場とオフィスが活動を停止すると，数日で都心から富士山が望めるほど空気はきれいになった。数千kmスケールの酸性雨となると時間スケールもかなり長くなる。

　土壌汚染は空間スケールが小さいわりに時間スケールが長い。重金属等による土壌や水底の汚染はストック型の汚染と呼ばれる。ストック型は人為的に除去しない限り汚染場所に長くとどまるタイプの汚染である。ストック型汚染の対策例として，水俣湾内の水銀を含む底泥の浄化事業（水俣湾公害防止事業）がある。1977年から1990年まで13年の歳月と約485億円の事業費をかけて行われた。

　この事業では，水底の約209haに堆積した，総水銀含有濃度が25ppm以上（環境庁が定めた「底質の暫定除去基準」）の汚泥約151万㎥を，浚渫又は封じ込めました。工事に先立ち，1974年から湾口に仕切り網を張り，汚染魚を閉じ込

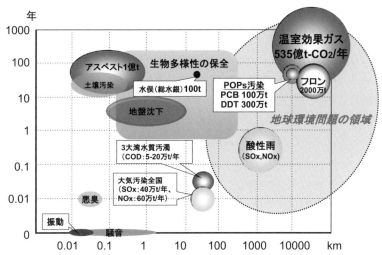

(注)　1)　空間スケールは環境汚染等と認識された事案から広がりを推定したもの。　2)　時間スケールは環境負荷を取り去ってから環境が回復するまでの時間を推定したもの。　3)　SOx，NOx は全国の年間排出量。COD は東京・伊勢・大阪湾の水域ごとの年間排出量（環境省他）。　4)　総水銀は水俣湾への排出量（環境省，2013）。うちメチル水銀の累計排出量は、西村ら（2001）によれば約 600kg。　5)　PCB，DDT，フロン，アスベストについては世界の累積生産量をオーダーで示したもの（各種文献）。　6)　温室効果ガス量（CO$_2$ 換算）は 2018 年 11 月時点での過去 1 年間の世界の排出量の速報値（UNEP）。

図 C1　環境問題の時空間スケール（概念図）

めるとともに，市場にも流通しない措置が講じられた。仕切り網が撤去されたのは，国が定めた「魚介類の水銀の暫定的規制値」（総水銀で0.4ppm 以下，メチル水銀で0.3ppm 以下）を，すべての魚種で3年連続して下回ったことが確認された1997年のことで，これ以降，水俣湾の漁業が再開された。チッソ水俣工場からのメチル水銀の排出が止まってから約30年後のことである。

　生物多様性の確保に関する諸問題の空間スケールは，絶滅危惧種の狭い生息域から，地球温暖化に伴う全球的な生態系影響に至るまでの幅広い範囲に跨る。時間スケールは「生物多様性国家戦略2012-2020」で，100年先を見通した生物多様性のグランドデザインと森林づくりが謳われているので100年オーダーを上限にしたが，住宅の庭の植生は1年単位で遷移するし，植物プランクトン（赤潮）は数日で大増殖するなど，時間スケールにも相当の幅がある。

1.2　環境問題の属性と政策形成

1.2.1　環境問題の属性

前節では事象としての環境問題への気づきの過程をみてきたが，本節では人間社会の活動から環境問題が生まれる根源的な原因と，その結果として環境保全が帯びがちな属性や環境政策につきまとうジレンマについて考えてみよう。

環境の入門書の多くが冒頭で「環境とは何か？」を問いかけてくる。おおかたは，"人間社会を取り巻くあらゆる自然的な要素"，つまり，大気，水，地圏，生物圏が環境であるというのが答えである。ただし，環境の議論は良好な環境が損なわれるか，またはそのおそれがある場合に行われるので，環境本で語られる環境というのは，環境問題であるとか環境の危機といった，ネガティブなニュアンスをまとっている場合が多いことは否めない。

自然的な要素の環境（自然的環境）に対するものとして，人為的な環境がある。都市環境，情報環境，教育環境，労働環境などは人為的環境であり，社会的環境といいかえてもよい。人類は宇宙を統べる原理——物理・化学・生物学的な摂理——を習得して，科学技術を発展させ，さまざまな資源を自然的環境から採取して利用し，経済・社会活動を営んできた。また，人間の感性や心情や思考が，人間社会に多種多様な文明や芸術を育んできた。それらすべては社会的環境の構成要素である。都市環境のように姿形を持つフィジカルな社会的環境もあれば，政治的イデオロギーや宗教上の戒律や社会慣習のようにメンタルな社会的環境もある。大部分の人間が求めるのは，物質的に豊かで，より便利・快適で，天災によりレジリエントな社会的環境である。それとともに，あらゆる差別がなく公正で公平で平和な社会的環境を求めてもきた。

こう考えてみると，環境問題とは，人間が社会的環境を拡張し発展させる過程（＝社会開発又は人間開発）で，自然的環境に及ぼした何らかの"歪"が，社会的環境にもたらす不都合なしっぺ返しであるといえそうである。それが例えば，健康や生活環境への悪影響としてあるいは生態系サービスの低下と

して現れる。このしっぺ返しをどうかわすかが環境保全のミッションであり，環境保全の制度的な体系として環境政策が形成されることになる。環境政策を構成する要素としては，法制度があり，政府・地方公共団体の財政・税制・融資等の経済的措置があり，緑地，下水道，廃棄物処理施設など環境保全を目的とする社会インフラの整備や，道路，鉄道，空港等の交通インフラの環境保全性能（例えば，防音対策等）の向上といった公共事業がある。そのほかにも環境倫理の高揚や環境に優しい社会慣習・ライフスタイルへの誘導のための普及・啓発が政策に含まれることもある。

　ところが，環境政策の方針は社会開発の方針と利益相反になることが少なくない。人間の管理下にある自然的環境をどこまで原生のままに残し，社会開発のためにどこまで自然的環境を改変するかは，人間社会の選択の問題であるが，そこにジレンマが生じる。環境問題のスケールが大きくなればなるほど，社会開発の重要事項との関わりが増すからなおさらである。そのため，公害対策から地球環境保全に至るまで，環境政策は他の政策を担当する様々な行政機関との調整や協力が必要になる。また，民主化された国々における政策方針の決定には，関連情報を公開してパブリックコメントを求めるなど，国民の意見をできるだけ反映させるための手続きが必要になる。環境問題への対処方針づくりが難航したり，時間を要したり，ときには失敗したりするのは，人間社会の内部における環境保全と社会開発との意見調整が難しい場合である。

　環境政策の合意形成に立ちはだかる大きな壁の一つに科学的な不確実性がある。人為活動に対する自然のレスポンスは，宇宙の摂理によって即座に決まるはずであるが，人間の英知が及ばないために，環境への影響予測は不確実性を伴っている。水俣病のような深刻な被害が生じる前に，環境科学がどこまで精確に影響を予測できるかが重要である。しかし科学的な知見の信頼度が高まっても，それだけで政策の方針は決まらない。

　世界の国々の時々の政治・経済・社会のリーダー達は，環境問題が社会開発に及ぼすマイナスの影響と，環境政策が社会開発に及ぼすマイナスの影響を比較考量する。環境政策を前進させたり停滞させたりする作用力は，社会的環境の福利を最大化しようとする人間社会の様々なセクターのせめぎあいによって決まる。結局のところ，社会開発を一層進める！という大命題のも

とに，人間社会で合意された範囲で自然的環境の歪をできるだけ効率的に解消するのが，環境政策に委ねられた任務ということになる。国民的な環境思潮や環境言説が高まれば環境政策は前進するから，個人，企業・団体，マスコミ，政治・行政のすべてのセクターの環境意識の高揚が，環境政策の重要な手段になってくる。それは，先に述べた第 3 段階の気づきの感度を高めるための方法である。

　一方，社会開発の立場からみれば，環境保全は多くの課題の一つであって，社会開発全体の理想的な姿が持続可能な開発であるということになる。持続可能な開発の理念については第 2 章で詳しく見ていくが，2015 年の国連総会で採択された 2030 アジェンダでは，持続可能な開発に到達するためには，環境的側面と経済的側面と社会的側面の不可分な 3 つの中核的な要素を，統合的かつ調和的に向上させる必要があるとされている。

　したがって，環境保全は持続可能な開発のための必要条件であるが十分条件ではない。しかし，このように割り切ってみても環境政策と社会開発とのバランスをどのように調整し，どのように統合するべきかの判断は，想起する環境問題によっても異なり，その時代時代の人間社会の環境観によって異なってくるなど，非常に込み入ったものになる。

1.2.2　環境政策の形成過程

　環境保全と社会開発の関係性を考えると，環境問題への気づきが生まれても，ただちに環境対策が進み，問題が解消するわけではないといえそうである。公害問題を例にとれば，大気汚染物質や水質汚濁物質の排出削減技術や，土壌汚染の除去技術が利用可能でなければならないし，すでに社会に普及した有用な化学物質が有害であることがわかっても，代替品がなければにわかに使用を禁止することができない。技術開発のための時間と対策導入のコストが必要になるのが普通である。その結果，環境の悪化を見過ごすことになったり，環境の規制の実施が遅れたりすることはしばしばある。では，環境対策が一般的にどのようなプロセスを経て形成されるかを考えてみよう。

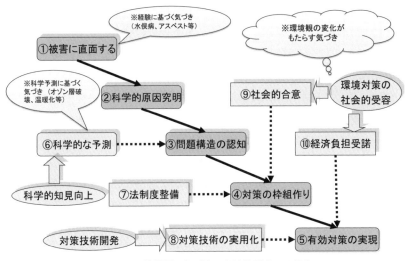

図1-3　環境問題の気づきから政策形成への流れ

（1）　気づきから機構解明へ

　環境問題への気づきから対策実施までの一般的なプロセスは図1-3のようなものになる。例えば，水俣病などわが国のかつての激甚な公害は，もっぱら経験的な気づきに基づいているので①のステップから始まった。オゾン層破壊と地球温暖化問題は，科学的な観測と科学的な予測に基づいて警告が発せられてきたので，⑥から始まったことになる。

　いずれのケースでも，環境問題が発生する機構の科学的な信ぴょう性と，その問題がもたらす影響の重大さと確からしさが，社会的に認知されるまでは環境政策は動き出せない。

　人為活動を制限して環境容量の範囲内に収めようとする場合，どの程度の社会的負担が必要になるのかを明確にするように，環境政策を立案する側は求められる。そのため，環境問題の発生機構を科学的に解明し，もたらされる悪影響をできるだけ正確に把握することが環境政策の最初の任務になる。発生メカニズムに関する不確実性が大きければ大きい程，その後の対策の検討の敷居は高くなる。また，制限を受ける側の費用負担が大きければ大きいほど，対策技術の利用困難性が高ければ高い程，厳密な説明が求められる。

　原因となる環境汚染物質を同定し，その物質の発生源に関する情報を収集し，過去の類似事例と比較検討し，懸念される影響の種類と程度を推定する必要がある。さらに，原因物質等の環境中での移動・拡散によって影響が及ぶ地理的範囲を推定し，環境中の物理的・化学的・生物的な変化による原因物質の消滅の過程などを明らかにすることが，機構解明の範疇に含まれる。機構解明の作業では流体力学，分析化学，生物学といった自然科学や，医学，毒性学，公衆衛生学などの知見を動員する必要がある。

　具体例で考えてみると，水俣病問題では，患者の公式発見の後も行政的な対応は何度か後手に回ってきた。原因企業による情報の隠ぺいが行われ，水銀以外の原因によるのではないかといった“他因説”が一部の学識者によって流布されたことで，機構解明が遅れた。前述のように，オゾン層保護に関するモントリオール議定書の交渉が加速されたのは，南極のオゾンホールの発見と代替フロンの登場によって，抵抗勢力の構図が変化したからである。地球温暖化問題は，しばしば懐疑論によって攪乱されてきたが，2006年制作のアメリカ映画「不都合な真実」ではアル・ゴア元米国副大統領が主演し，2007年にアル・ゴアとIPCCがノーベル平和賞を受賞するといった政治的プロパガンダの中を進んできた。2013年から2014年にかけて公表されたIPCCの第5次評価報告で，気候系に危険のないレベルで大気中のGHG濃度を安定化するために許容される排出量は，あと30年分もないことが示された。こうした科学的知見がパリ協定の採択を後押しした。

　②の科学的原因究明や影響の重大性の判断や，⑥の環境問題の発生に対する科学的な予測のような科学性が支配するべき場面であっても，その環境問題にどのような経済的利害関係をもち，どのような戦略に立って問題を受け止めるかによって，関係者の主張が異なってくる。それを乗り越えて，環境問題の存在と対策の必要性について大方の合意が得られてからようやく政策の議論が始まる。

(2)　問題構造を認知するステップ

　③は，問題構造について関係者の認識を共通化し，問題解決に向けて検討を開始するステップである。この段階では，汚染や生態影響といった，事象

としての環境問題の直接的な原因だけでなく，その背後にある現在の人間社会の構造的な欠陥を考える必要がある。例えば，経済活動の傾向，社会的な慣習，国民のライフスタイルあるいは現行の法制度とどのような関係をもっているかなどである。また，どのような業界や団体がどのような立場で対策の実施に参加すべきなのか，対策費用と対策技術は用意できるのか，すでに健康被害が発生した場合や，農林水産業などに財産被害を与えてしまった場合には，どのような損害賠償の仕組みを用意すべきなのかといった点も検討されることになる。

これまで経験してきた環境問題の多くは，公衆が健康や生活環境に影響を受ける形で顕在化するため，③のステップにおいては，政策立案者（政治，行政）の役割がもっとも重要になる。その場合，問題によって主に対応する行政機関も異なってくる。環境条約の締結に伴って国内法が整備される場合は国が主体になる。その他，重大で全国的な問題である場合も国が主体になる。地方公共団体が対応する地域的な問題のうちでも，都道府県が対処すべき問題と，市町村が対応するのが適当な問題がある。

すでに政策体系が確立している問題については，関係法令の中で役割分担が整理されている。水俣病のように対応する行政主体があいまいなまま，初期の政策立案が混乱したために，長らく裁判闘争が続き，司法が政策のレール敷設に強く作用してきたケースもあった。

また，地球温暖化問題に典型的に見られるように，環境問題の構造の同定に関してずいぶんと入り組んだ議論が行われ，それが対策の実施に大きな影響を与えることもある。気候変動枠組条約の前文や第3条の原則に関する規定には，GHG排出抑制に関する先進国と途上国の立場の違いが，極めて細々と長文で書き綴られている。第7章で詳しく述べるように，この前文に表出された多くのデリケートな原則論が，2015年に採択されたパリ協定の中でも厳格に踏襲されている。一方，これまでの温暖化対策では，温室効果ガス（GHG）の排出削減（緩和策）が国際的な対策の中心的な課題となってきたが，その実施困難度が高いため，京都議定書では京都メカニズムや森林吸収量を日本など一部の国に認める特別に寛容な措置が導入された。これらは科学的・合理的な論理というよりも，議定書の採択交渉において各国の歩み寄りを引き

出す手段になってきた。

(3)　具体的な対策枠組の設計と実施

　環境問題の構造の認知が定まった後，あるいはそれと並行して，④の具体的な対策枠組の設計が進められる。環境汚染のモニタリング・データや，汚染物質の発生源に関する情報，環境基本法に基づく環境基準の設定といった，すでに確立された行政手法の要素が組み合わされ，関係法令の制定や改正，税制措置や財政支援措置などの枠組が用意されるのが④のステップである。しかし，環境対策の実施においては，規制を受ける側（被規制者）は，それまでの活動を制限されるため，一般的に抵抗勢力になる。発生機構の解明の中で，科学的に不確定なポイントを突いて，規制の根拠が薄弱であると主張することもあれば，被規制者間に不公平があることを挙げて反対することもある。あるいは問題構造に照らして，そもそも規制的な手段は効率が悪いという主張を掲げることもある。とりわけ地球温暖化対策には規制的手段がなじまないとされ，経済的手法の有効性が環境経済学のサイドから指摘されてきた。これまでのところ，温室効果ガスの排出削減対策では厳格な発生源規制によらずに，産業界の自主的な取組を尊重しながら，エネルギー消費機器の省エネ性能を高め，再生可能エネルギーの導入を誘導するために「固定価格買取制度」（FIT：Feed in tariff)[10] などの政策が採用されてきた。無論，自主的な取組が実際に効果を持つためには，事業者側が社会から高い信頼を得ている必要があり，そのため取組状況や目標を国民に公表して透明性を高める必要がある。

　対策技術がどこまで利用可能であるかも，対策の枠組づくりに大きな影響を与える。わが国の環境政策の中では費用が高すぎるから対策をしないという議論は表向き登場しないが，実際には対策技術の実用可能性という言葉の中で対策コストが勘案され，費用便益効果の高い施策が選択されることにな

---

10)　一般的に発電コストが高くために普及しにくい再生可能エネルギーで発電された電気を，一定期間，買取価格を固定して電気事業者に買い取りを義務付ける制度。再生可能エネルギーの発電者の投資リスクを減らすとともに，普及促進による発電コストの低減効果を狙うもの。

る。規制側と被規制側との交渉の結果，対策技術が広く利用可能になるまでの間は，暫定的に緩い規制値を設定することもある。また，技術開発を促すような政府の努力が表明され，それを前提に規制が導入されることもある。環境関連の法令をみると，政府が技術開発を促進するという条文が頻繁に登場するし，政府の支援を明記した条文もたくさんある。具体的には被規制者の対策コストの負担を減らすために，補助金や低利融資制度が用意されることもあれば，税制上の優遇措置が講じられることもある。当該問題への理解と協力を求めるために国民への普及啓発活動が政府によって熱心に展開されることもある。このようにして，いまでは多様な施策の適切な組み合わせ（ポリシーミックス）の重要性が強調されるようになっている。

　環境政策に限ったことではないが，政策立案のプロセス自体が国民に対して透明性の高い手続きで進められなくてはならない。わが国では政府は重要な政策審議の場を傍聴する機会を提供し，政令や省令等を定めようとする際には，行政手続法に基づいて広く国民から意見を求めるパブリックコメントの手続きが踏まれる。どの行政分野でも情報の積極的な公開が求められているが，第2章でみるように，特に環境の分野では意思決定への市民の参加の機会や情報へのアクセスを十分に保障することが重要とされてきた。

　以上のようなプロセスを経由して，⑦の必要な法制度が整備され，⑧の対策技術が利用可能な状態になり，⑨の社会的な合意が形成され，⑩の経済負担の適切な配分が確定して，いよいよ有効な対策の実現⑤に到達する。そして，政策が実施された後も，それが有効に機能しているかどうかを常に点検・評価する必要がある。実際，わが国では，法の施行後一定期間を経過した場合，その施策の施行状況を検討し，必要な見直しが行われている。

1.2.3　環境クロニクルという視点

　わが国の半世紀の環境の歴史を遠望してみると，さまざまな力がさまざまな方向から，環境政策に作用してきたことに気づく。確かに人々の環境の認識は向上し，環境保全のための科学・技術も著しい発展を遂げた。国連やOECDなどの国際機関が設定する，共通の環境保全のルールと，学術研究が生み出す環境保全に係る新たな知見は，多くの場合，環境政策の追い風になってき

た。一方で，国の利害得失に強く関わる政治的な判断や，産業界の経済的利害を重視する主張は，時として環境政策を翻弄したり前進を妨げたりする。また，ジャーナリズムが打ち出す環境報道と，その影響を受けて形成される国民の環境世論は，流行り廃れがあり移ろいやすいものであるが，ダイオキシン騒動や環境ホルモン騒動のように，時にはつむじ風となって環境政策を突き動かすこともある。

　そして何よりも不可思議なのは，持続可能な開発と環境保全との関係性である。第2章で詳しく見ていくように，持続可能な開発の理念は，人間社会に存在するあらゆる不公平や格差を是正し，しかも自然資源の持続的な利用を確保しようとするもので，博愛主義に満ちている。そのため，持続可能論は環境と親和性があるように見えるが，両者は同義ではない。"環境側面からの持続可能性"の確保を担う環境政策は，経済・社会的なサイドからの持続可能性の要求にブロックされてジレンマに陥る。それが環境保全の理想と実際を乖離させる理由になっている。世界の国々もわが国もそして企業も個人も，環境至上主義で諸問題を解決できないのは，持続可能な開発と環境のバランスが必要なためである。

　持続可能論と環境保全の乖離が顕著に表れているのが地球温暖化対策である。冗談めいて聞こえるが，環境問題に関連づけてしばしば引用される，人間社会の行動心理を表現した三つの寓話のいずれもが，地球温暖化によくあてはまる。世界の温室効果ガス（GHG）排出総量が一向に減らないわけは，「共有地の悲劇」が指摘するとおりである。「救命ボートの倫理」が投げかける命題は暗喩だが，温暖化に伴う海面上昇で海に沈みかけている島嶼国をどのように救うかが現実の問題になっている。そして，GHG削減に係る外交交渉のプロセスは，ゲーム理論に基づく「囚人のジレンマ」の寓話そのままである。

　環境対策の難度がある一線を超えれば，国家も企業も市民もみんな環境に非協力的なエゴイストになる。"脱炭素社会の形成に向けていまこそ大イノベーションを！"とストイックに叫んでみても，人間の倫理観だけでは解決できないし，環境経済学がしきりに唱える経済的手法にしても，現在の世界の経済システムがひっくり返るほど強力で，非持続的な方法でなければ奏功

しないところまできている。

　環境政策を取り囲んで国民的なムーブメントが起きたこともあった。温暖化防止は一人一人の心がけからと，環境大臣が打ち水大作戦に参加したのは2004年で，環境省がクールビズを打ち上げたのは2005年である。その後の2007年から2010年にかけては，エコブームが大ブレイクした。当時の新聞記事を検索すると，風呂敷，湯たんぽ，マイ箸，マイバック，マイカップ，自転車などがキーワードとしてヒットする。レジ袋の使用節減が大議論になったのもこの時期である。このシャローなエコブームに疑問や苦言を投げかけた識者も大勢いたが，それが少しでも環境負荷軽減の足しになればと，あながち否定もできない。

　また，この時期に東大，京大などわが国の主要な大学が連携して，現状の縦割りの環境学ではなく，分野横断的で新たな学術領域として"持続可能学（sustainability science）"を樹立しようと，IR3S（サステイナビリティ学連携研究機構）が発足している。同じ時期に，地球温暖化懐疑論が噴出したこともあって，環境論は一時期，百花繚乱，百家争鳴の様相を呈した。しかし，2011年の東日本大震災によってエコブームはピリオドをうち，環境論は下火になった。IR3Sの活動はその後も東大を中心に続けられてきており，2019年度からは新組織「未来ビジョン研究センター」を発足させ，学術研究機関として国境を越えた持続可能な世界づくりの課題に取り組んでいくことを決めた。こうした学術的な活動の今後の推移に注目したい。

　環境の歴史は，しがらみの中を駆け抜けながら，これからも流転と紆余曲折を繰り返しページを増していくことになる。そうであれば，環境というもののエッセンスをコンパクトに凝縮して俯瞰する術が欲しくなってくる。その際に，時間軸に沿って環境の変遷を追尾したクロニクルが有用であろうと思われるのである。環境のクロニクルから，年月の経過の中で変わらない真理や恒久的に重要なものと一過性のものとの区分が見えてくるし，かつての経験から再び学ぶことがあるかもしれない。

　そして，環境クロニクルを描くには，政策の軌跡を手繰っていくことが見落としが少なく有効な方法に思える。本章で繰り返し述べたように，環境政策の歴史には多くの失敗があり，政策が常に正しかったわけではない。しか

し，良くも悪くも環境の歴史を回してきた主役だったことは確かである。また，政策に着目した環境クロニクルは単に環境の歴史年表ではなく，環境が置かれてきた位置と環境保全に付きまとうジレンマを理解するための重要なヒントを与えてくれるに違いない。環境のレジームを読み解く視座を持ちながら環境クロニクルを追うことで，見過ごしてきた環境保全の別の姿を発見できる可能性もある。

第2章
持続可能な開発の理念と 環境保全の国際枠組

2.1 地球システムと人類

2.1.1 地球システムの進化と人類の発生

　地球システム科学の教科書に書かれているように，137億年前にビッグバンによって宇宙が誕生し，星々は世代交代を繰り返してきた。最初の宇宙は水素とヘリウムからなっていたが，恒星の核融合がより重い元素を生み，恒星の終末期にあたる超新星がさらに重い元素を作り出す。超新星が爆発して宇宙空間に散って，やがてそのガスとチリから次の世代の恒星や惑星が誕生する。その何世代目かに当たる我々の太陽系は約46億年前に誕生した。

　地球は新品ではなく前世代の星が作った元素のリユース品らしい。原始地球は集積エネルギーの放出によって岩石が融解するマグマの海だったが，やがて冷えて40億年前に固化し，原始海と原始大気が形成された。この時期の大気中の二酸化炭素（CO_2）濃度は極めて高く数十気圧もあったが，酸素（O_2）はほとんど存在しなかったと考えられている。最初の生命の誕生は38億年前で，27億年前にはシアノバクテリアが誕生して光合成を営むようになった。

　シアノバクテリアの光合成が海水中の酸素濃度を高め，そのために海水中の鉄分は海底に沈殿して縞状鉄鋼床が形成されていく。カンブリア紀には生物の多様化が進んで光合成を営む生物活動が増大し，大気中のCO_2濃度が減

表2-1　地球システムの進化と人類の発生

137億年前	宇宙の誕生（ビッグバン）
46億年前	太陽系と地球が誕生（前世代の星の残骸をリユース）
40億年前	地球表面が固化し原始海と原始大気（CO_2濃度は数十気圧）を形成 この時期に地磁気が形成される
38億年前	最初の生命が誕生
27億年前	シアノバクテリアが誕生して光合成を開始し，海水中のO_2濃度が上昇
7〜6億年前	大気中のCO_2濃度減少で，何度かスノーボールアース（雪玉地球）となる
5.4億年前〜	カンブリア爆発（生物が多様化）
5億年前〜	大気の成分組成が現在のレベルに近づき，4〜3億年前にオゾン層を形成
4〜3億年前	大気中の酸素濃度は現在の1.5倍あり，CO_2濃度は現在レベルに低下 石炭紀に大量の石油・石炭を形成
6500万年前	恐竜の絶滅（地球上の過去5回の生物大量絶滅の中では最近のもの）
250万年前	ホモ属が誕生
数万年前	ホモ・サピエンスが世界各地に移住
現　在	人類の繁栄
数億年後	太陽放射が強まり地球上の水が全て水蒸気に
50億年後	太陽は赤色巨星になり，さらにその後に，惑星状星雲と白色矮星になる

（出典）「進化する地球惑星システム」（2004年）等から作成

少する。一方，O_2が大気中に放出されて増加し，やがてオゾン層が形成されていった。上空のオゾン層が陸上への紫外線の到達強度を弱めたことで，陸上での動物の生息が可能になった。3〜4億年前に生息した動植物の遺骸が大量に地下に埋設されて石油・石炭が生成されていく。このように，地球システムの物理・化学及び生態学的な進化の中で，陸上動物である人間が発生し，現在の高度な文明を築くために好適な条件が整えられた（表2-1）。

2.1.2　人類の生存を支える絶妙な地球環境

地球が太陽から約1.5億kmの距離にあること，半径約6,400kmとほどほどの大きさで大気層を保持できる質量をもっていること，膨大な量の水が液体で存在していることなどの好条件が揃い，誕生から46億年を経て多種多様な生物を育む水と緑の惑星になった。現在，地球に降り注ぐ太陽放射の量は342W/㎡で，年間を通じた地表面の平均気温はおよそ15℃であるが，主に大気中の水蒸気（H_2O）とCO_2がもたらす温室効果によって+33℃も地表気温が高く保たれている。大気中に温室効果ガスがなければ，地球の平均気温は−18℃になる。さらに，海洋は大きな熱容量によって気候変動を緩和し，全球的な海洋

表2-2 人類の生存を支える絶妙な地球環境の条件

太陽からの平均距離	約1.5億km
半 径	約6,400km
全質量と平均密度	$6×10^{24}$kg 5.51g/㎤
太陽エネルギー照射	太陽定数は1,400W/㎡で全球年平均値では342W/㎡
主要な構成元素	酸素（O），珪素（Si），鉄（Fe），マグネシウム（Mg）等に富む
地磁気の存在	地球コアの流動が磁場を形成し宇宙線を防御
大気圏の特徴	窒素78%と酸素21%からなり，上空にオゾン層が存在して紫外線を防御
地表の平均気温	15℃（大気中の水蒸気（H_2O）と二酸化炭素（CO_2）の温室効果で33℃昇温）
水圏の特徴	多量の水が液体で存在し気候を緩和，コンベアベルトが高緯度地域に熱輸送
生物圏の特徴	水圏，陸上に多種多様な生物が生息，人間も生物圏の構成員の一つ

（出典） 理科年表などを参考に作成

　のコンベアベルトが高緯度地域の気候を穏やかなものにしている。地球コアの流動が作り出す地磁気が，太陽から吹き付ける太陽風（極めて高温で電離したプラズマ粒子）や宇宙線から，地上の生命を保護してくれる（表2-2）。

　物理化学的な条件だけでなくて，生物圏は地球システムの恒常性を保持するうえで重要な役割を担っている。地球上の多種多様な生物活動が織りなす生態系は，人類の生存に不可欠な各種のサービスを提供している。2001年から2005年にかけて国連が実施したミレニアム生態系評価プロジェクトでは，「生態系サービス」を図2-1のように整理している。この報告によれば，栄養塩の循環や土壌形成といった「基盤サービス」，食料，飲み水，木材，燃料などの各種資源の「供給サービス」，気候の変動を緩和し，森林が洪水を調節するなどの「調整サービス」，癒し・自然教育・レクリエーションなどの「文化的サービス」からなっている。このように，人類の誕生と文明の発達を支える上で，地球のシステムが天の配剤とも思えるほど巧みにでき上がっていることに驚愕させられる。

　地球環境が整った段階で，250万年前に人類の先祖であるホモ属が誕生した。ホモ・サピエンスがアフリカから世界各地に移住したのは数万年前のことで，農業と牧畜の技術を獲得したのはわずか1万年前，そして，四大文明はたった5千年前のことである。18世紀以降の人類は化石燃料を梃子に工業化を進め，人口を急速に増加させながら，金属とプラスチックの文明を作

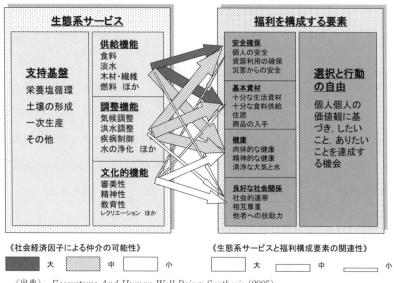

（出典）*Ecosystems And Human Well Being: Synthesis* (2005)

図2-1 生態系サービスと人間の福利との関係

り上げてきた。しかし，あまりにも肥大した人為活動が，これまで絶妙に制御されてきた地球システムの恒常性を破壊しかねない状況に立ち至っているという認識が，現在の私たちに地球環境問題への気づきをもたらした。

2.2 持続可能な開発の理念的な発達

2.2.1 国連人間環境会議以前

第二次世界大戦後のまもない時期から先進国の復興が始まり，植民地は独立国家となり開発が進んでいった。1960年代は「国連開発の10年」とされ，60年代から70年代の初めには，世界中で社会・経済開発が推し進められた。米ソの冷戦が宇宙開発競争を加速し，ソ連の宇宙飛行士ガガーリンが地球周回軌道から眺めた印象を“地球は青かった”と語ったのは1961年のことで，米国がアポロ11号で月面に宇宙飛行士を着陸させるのに成功したのは1969年である。人工衛星や月面からの，ぽっかりと宇宙空間に浮かぶ，美しいながらも心細い地球の映像が，TVの普及でお茶の間でも見られるようになっ

て，人間の宇宙観と地球観が大きく変化したのもこの時期である。

　人口の増大，工業生産とエネルギー消費の指数関数的な増加で，環境破壊もまた世界各地で顕在化していくことになる。1962 年にレイチェル・カーソンが著した『沈黙の春』が，1970 年の米国環境保護庁（USEPA）が誕生する契機になった。その前年の 1969 年に米国で制定された国家環境政策法は，世界の環境政策法の源流になった。また，環境政策を専門に取り扱う行政組織が先進各国で整備されたのも 1970 年代の初頭である。欧州経済協力機構を改組して 1961 年に発足した経済協力開発機構（OECD）は，先進国間の自由な意見交換・情報交換を通じて，1）経済成長，2）貿易自由化，3）途上国支援に貢献することを目的としているが，OECD に環境問題を取り扱う環境委員会が発足したのも 1970 年である。

　世界が高度経済成長を享受しつつも，環境破壊への懸念が強まる中で，有限な地球上で人間社会はどこまで成長を続けることができるのか？を問いかけたのが，1972 年 5 月に公表された『成長の限界』(The Limits to Growth) である。ローマ・クラブの委嘱で MIT（マサチューセッツ工科大学）のデニス・メドウズが 16 人の研究チームを指揮して執筆した成長の限界は，システム・ダイナミックスの理論とコンピュータ・モデルを用いて，人口，食料需給，資本投資，天然資源，環境汚染の 5 つの要素が，相互作用しながら将来どのように変化するかを分析したものである。そこで得られた結論は，もし現在（1972 年当時）のままで人間社会の活動の規模が続けば，100 年以内に地球上の成長が限界に到達するであろうこと，そうした成長の趨勢を変更し，長期の将来にわたって生態学的にも経済的にも持続可能な安定性を打ち立てることは可能であること，この"均衡状態"は，地球上のすべての人の基本的な物質的ニーズが満たされ，個人としての人間的な能力を実現する平等な機会をもつように設計しうることを指摘した。

　そして，この均衡状態に到達するための行動を起こす時期が早ければ早いほど，それに成功する機会は大きいことも繰り返し述べられている。世界規模の均衡を実現するためには，資本設備と人口の規模が一定で，出生・死亡率や投資・消耗率は最小限に保持される必要があるが，社会の価値観と技術進歩によって人口と資本のレベルが定められる。技術進歩は環境・エネル

ギー・医療などの分野でのサービスを向上させ，生活の質の向上が可能であるから，均衡状態が成長の停滞を意味するものではないといった趣旨を述べている。また，富の公平な分配を阻害する大きな要因は人口増加にあるとしていて，断定的ではないものの，均衡状態では成長する世界よりも不平等を緩和させる可能性が高まるとみている。これが今日まで続く，持続可能な開発の議論の始まりである。

2.2.2 国連人間環境会議

1972年6月にスウェーデンのストックホルムで，"かけがえのない地球（only one earth）"をキャッチフレーズに開催された，「国連人間環境会議」（United Nations Conference on the Human Environment）が，国連主催の環境保全に関する最初の会合である。この会合の初日が6月5日だったことにちなみ，国連は6月5日を「世界環境デー」としている。わが国も環境基本法の10条で「環境の日」と定め，「環境保全への関心と理解を深め，環境保全活動への意欲を高めるための日」としている。

国連人間環境会議の開催は1968年に提唱され，1970年3月からは準備会合が始まった。この準備会合を通じて，南北の環境問題に対する認識の大きな違いが明らかになっていく。成長の限界に代表される，"宇宙船地球号"の思想は世界に共有されたものの，公害や生態破壊の防止を環境保全の優先課題とする先進諸国と，低開発から生じる食料，居住，教育，健康・衛生が最大の環境問題であり，貧困の克服のために経済・社会の開発を進めることが優先課題であるとする途上国の立場が鋭く対立した。また，多くの資源を使って先行して開発を進めてきた先進国にこそ，世界の環境破壊の責任があり，途上国が抱える環境問題に対処するために，先進国は途上国の開発を援助しなくてはならないという途上国の主張もこの時から登場した。これが後に述べる，"共通だが差異のある責任論"の原点である。

「環境」と「開発」をめぐる南北世界の主張の隔たりを残したまま，「人間環境宣言（ストックホルム宣言）」が採択されている。「人間環境宣」は，7項目の前文と26項目の原則からなっている。前文では環境悪化への懸念を強く表現しつつも，途上国の開発における環境保全への配慮，先進国の途上国と

の格差是正の努力，すべてのセクターが責任を公平に分担して共通の努力を
行うことなどが書き込まれ，南北世界が主張する両論が併記された形になっ
ている。26 項目からなる原則では，第 1 原則で人は自由・平等・十分な生
活水準を享受する基本的な権利のもとで，将来にわたって環境を保護・改善
する責任を負うことを謳い，第 21 原則では各国が自国の資源を環境政策に
基づいて開発する主権を有するとともに，他国や国家主権を越えた地域の環
境に損害を与えないよう措置する責任を負うことを掲げている。環境と資源
の保全に関しては，大気・水・土地・生態系といった天然資源の保護，再生
可能な資源の持続的な利用，野生生物の保護，枯渇性資源への備えとその公
平な分配，有害物質の排出規制，海洋汚染防止などの原則論が並んでいる。
その後に，経済社会開発の必要性，途上国への開発支援の必要性，一次産品
価格の安定化といった，途上国への支援に関するいくつかの原則が盛り込ま
れている。また，環境政策が開発を阻害するものであってはらないこと，環
境と開発が両立するような総合計画や居住・都市化計画の立案，政府による
適切な人口政策や環境教育の必要性などについても原則が立てられている。
国際協力の必要性を述べた第 24 原則と，国際機関の役割に関する第 25 原則
は，環境保全に関する国際問題は，国家間に平等で協調的に取り扱われるべ
きこと，そのために国際機関の役割が重要であることを謳っている。

　ストックホルム会議は，「環境と開発」に対する南北世界の立場の違いを
抱えつつも，地球上の環境悪化に目を向けたもので，国連を中心とする環境
外交の出発点になった。

2.2.3　国連人間環境会議の前後に採択された環境条約等

　国連人間環境会議において，環境を担当する国連の組織として「国連環境
計画」（UNEP：United Nations Environment Programme）設立に向けた動きが
具体化し，1972 年 12 月の国連総会の決議によって，正式に UNEP の発足
が決まっている。また，1946 年の国際捕鯨取締条約，1958 年の漁業及び公
海の生物資源の保存に関する条約，1954 年の海洋油濁防止条約など，環境
保全に関わる国際条約は以前からいくつか採択されていたが，国連人間環境
会議の前後には，環境に関する条約が多く採択され，第一期の環境条約ラッ

シュになった。例えば，湿地保護のための「特に水鳥の生息地として国際的に重要な湿地に関する条約（ラムサール条約）」(1971年)，船舶起因の海洋汚染を防止するための「MARPOL（マルポール）条約」(1973年)，陸上発生廃棄物の船舶，海洋施設，航空機からの海洋投棄や洋上での焼却処分を厳に規制する「廃棄物その他の投棄による海洋汚染の防止に関する条約（ロンドン条約）」(1972)，「世界遺産条約」(1972年)，「絶滅のおそれのある野生動植物の種の国際取引に関する条約（ワシントン条約（CITES））」(1973年)[11] などが採択されている。

2.2.4　環境と開発に関する世界委員会（WCED）

　ストックホルム会合から現在に至るまで，西暦年の下一桁が2の年を開催年として10年ごとに環境と開発もしくは持続可能な開発に関する国連主催の大規模な会合が開催されてきた。1972年から10年後の1982年には，UNEPの管理理事会の特別会合がケニアのナイロビで開かれている。ナイロビ会議は環境史の中で言及されることが少ない地味な存在であるが，1992年の地球サミットでの合意形成に向けた布石が打たれる会議になった。それは，ナイロビ会議で日本政府が，国連による「環境に関する賢人会議」の設置を提案したことに端を発する。この日本の提案が1984年の「環境と開発に関する世界委員会」（WCED：World Commission on Environment and Development）の発足につながっていった[12]。WCEDは国連の独立した特別会合とされ，南北世界のバランスを考慮して選定された21人の世界の賢人が個人の資格で参加した。元ノルウェー首相のグロ・ハーレム・ブルントラント女史が委員長を務めたことからブルントラント委員会ともよばれている。WCEDは3年余

---

11)　ワシントン条約（CITES：Convention on International Trade in Endangered Species of Wild Fauna and Flora）の附属書Ⅰに該当する，「絶滅危惧種であって国際取引によって影響を受ける種」に指定されると，商業目的の貿易及び公海での漁獲物の水揚げが禁止される（条約上，公海上で捕獲した野生動植物を陸揚げすることも国際取引に含められる）。現在，鯨類（ミンククジラ等），ウミガメ類，シーラカンス類等が附属書Ⅰに掲載されている。

12)　WCEDの運営費の相当部分をわが国が拠出しており，持続可能な開発の理念の樹立に貢献した。また，わが国からはWCEDのメンバーとして大来佐武郎氏が参加している。

りにわたり世界各地で 8 回の会合を開催して，政府関係者，専門家，産業界，NGO 等の様々なセクターの人々からの意見を聴取しながら，1987 年 3 月に報告書『我ら共有の未来』(*Our Common Future*) を取りまとめた。現在に至るまで環境と開発を論じる際の基本理念になっている「持続可能な開発」は，この報告の中で命名された。

　我ら共有の未来の PartI Common Concerns の 2 Towards Sustainable Development の冒頭では，持続可能な開発を次のように説明している。

　"Sustainable development is development that meets the needs of the present without compromising the ability of the future generations to meet their own needs."《将来の世代のニーズを充足する能力を損なわずに現在のニーズを満たすような開発》

　なお，ここでいうニーズとは，豊かな先進国の欲望がおもむくままの必要物ではなく，世界の貧困層が必要としている，食料，水，住居といった人間として生きるための基本的なニーズを意味する。我ら共有の未来が提起した「持続可能な開発」は，経済成長，社会的平等，環境保全のすべてを含んだ統合的な政策理念の必要性を謳ったものである。

　この報告における基本的な認識は，地球上の人間活動の規模が桁違いに肥大して地球システム自体を改変させ，人類の生存を危うくしているという点にあり，成長の限界と同様である。また，環境と開発を巡る南北世界の意見の対立を埋めることに腐心している。この報告では，すべての重要な課題は相互に深く結びついていて個別に解決を図ることができず，環境問題と開発問題を切り離すこともまた不可能であると指摘する。また，経済的な国際相互依存とともに，生態的な国際相互依存度も高まっているとし，貧困と不平等が自然資源の過酷な利用をもたらして，途上国の環境を一層悪化させるという悪循環が生まれているとも述べている。

　『我ら共有の未来』は，こうした状況を解消するためには，国際協力の強化・改善をはかるとともに，南北世界のより公平な経済・社会への改革を進める政治的な意思が必要であるとしている。我ら共有の未来に描き出された南北世界の経済・社会発展の格差が，多くの地球環境問題を生じたり加速されるメカニズムを図示すれば図 2-2 のようになる。先進国の資源多消費型社会が

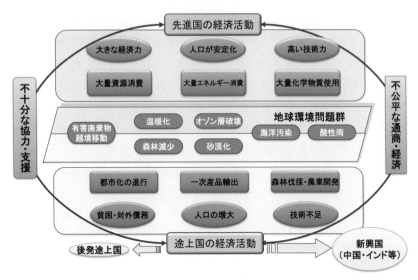

(注) 1)　地球環境問題群のうち，上半分は先進国主因，下半分は途上国主因の問題を意味する。しかし，現在では温室効果ガス（GHG）排出量は，途上国が先進国を上回っているので，上下の境界線上におくべきかもしれない。

　　 2)　途上国の中にも，中国，インドのような新興国と後発途上国とがあり，両者の経済格差は現在もいっそう拡大している。このため南北格差に加えて南南格差が地球環境問題の構図をいっそう複雑なものにする。

図2-2　「我ら共有の未来」に沿って考える地球環境問題の構図

環境負荷を高め，途上国の貧困が自然資源を劣化させる。これを是正するためには，国際的なルールと各国の政策の改革が必要であり，先進国から途上国への資金・技術的援助の強化が必要になる。

2.2.5　環境と開発に関する国連会議（地球サミット）

　1980年代後半には国際政治が環境に関心を寄せる条件が整っていくことになった。80年代末に東西冷戦は終結に向かい，ソ連は1991年に崩壊した。旧ソ連圏での環境汚染が極めて深刻だったことが判明して，"公害は資本主義がもたらす弊害"といったかつての固定観念が崩れ，環境汚染はイデオロギーを超えた人類共通の課題として認識されるようになっていく。時期をほぼ同じくして，オゾン層破壊，地球温暖化のほか，野生生物の絶滅や熱帯雨林の減少を始めとする生物多様性の喪失への懸念など，数多くの地球環境問

題が一挙にクローズアップされ，環境は急速に国際政治の最重要な議題になっていった。地球環境問題の解決には，南北世界の協力が不可欠であることから，南北の格差是正を目指す国連にとっても，環境は好適なアジェンダだったといえる。

　このような世界政治の状況下で登場した「持続可能な開発」の理念は，南北世界と東西世界の架け橋でもあり，環境保全を図るとともに，経済・社会開発の進め方を改革して，地球の破綻を乗り越えるための政治的スローガンに相応しいものになった。「持続可能な開発」という茫漠とした理念は，抱えている環境問題の構造が異なる先進諸国と途上諸国のいずれにとっても，また，環境保全に対する思想や信条を異にする様々なグループにとっても受け入れ可能な，融通無碍なものであるために環境政治を動かす力をもった。

　「持続可能な開発」の基本理念が，国連外交の場で世界に定着したのは，1992年6月の「環境と開発に関する国連会議」（UNCED：United Nations Conference on Environment and Development（通称「地球サミット」））においてである。ストックホルム会合から20年を期して，1992年にUNCEDをブラジルのリオ・デ・ジャネイロで開催することが決定されたのは，1989年の国連総会でのことで，それ以降2年半にわたって4回の準備会合が重ねられた。UNCEDでは，「持続可能な開発」が全体を貫くテーマになり，世界の環境史上もっとも多くの成果を生み出す会議になった。

　採択された国際文書としては，27項目からなる「環境と開発に関するリオ宣言」（The Rio Declaration on Environment and Development）と，その行動計画である「アジェンダ21」がある。なお，「国連気候変動枠組条約」（UNFCCC：United Nations Framework Convention on Climate Change）と「生物多様性条約」（CBD：Convention on Biological Diversity）は，地球サミットまでの採択を目指して交渉が進められ，開催前月の5月に採択されて，各国代表が集まるUNCEDの場で署名のために開放された。

　そのほか，世界の森林の保護と持続的な利用を謳った「森林原則声明」の採択がある。森林の中でも特に熱帯林の破壊は，地球環境保全への関心が高まった初期の段階から重要な地球環境問題の一つとされてきた。熱帯雨林は生物多様性に富み，農作物の品種改良や医薬品の開発に不可欠な遺伝子資源

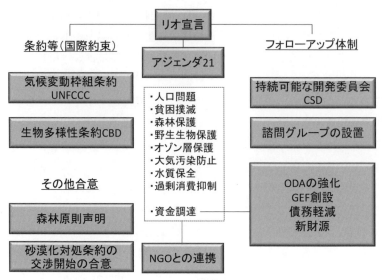

（出典）　世界を読むキーワードⅢ　1992.10 臨時増刊世界（岩波書店）

図2-3　地球サミット（UNCED）の主要な成果

の宝庫と呼ばれてきた。「森林原則声明」は森林の経営，保全，持続可能な開発のための原則を示したものである。また，砂漠化防止条約の交渉を開始することも UNCED で合意された。砂漠化は乾燥地域において人為活動や気候変動によって土地が荒廃する現象である。地球環境問題に対処する途上国を支援するための資金メカニズムである地球環境ファシリティ（GEF：Global Environment Facility）の創設や，地球環境問題の分野の政府開発援助（ODA）増額などの議論も進められた。そのほか，「アジェンダ 21」の実施状況をフォローアップする「持続可能な開発委員会」（CSD：Commission on Sustainable Development）を，国連経済社会理事会の中に置くことなどが合意されている。

　しかし，米国は気候変動枠組条約にも生物多様性条約にも消極的で，旧ソ連圏からも目立った貢献はなかった。米国は気候変動枠組条約には加盟したものの京都議定書を受諾せずに，2001 年に離脱を表明した。また，生物多様性条約には署名せず加盟もしていない。当時のわが国は環境立国を標榜していた時代で，1兆円規模の資金援助を表明している。宮沢首相（当時）がリオの会議場で参加できず，ビデオでの演説にとどまってプレゼンスを欠く結果

表2-3　環境と開発に関するリオ宣言の主要な原則（抜粋）

［第1原則］　人類は持続可能な開発の中心にある。人類は，自然と調和しつつ健康で生産的な生活を送る資格を有する。

［第2原則］　各国は，国連憲章及び国際法の原則に則り，自国の環境及び開発政策に従い，自国の資源を開発する主権的権利を有し，その活動が他国及び管轄権を越えた地域の環境に損害を与えないようにする責任を有する。（環境と開発に関する国の権利）

［第3原則］　開発の権利は，現在及び将来の世代の開発及び環境上の必要性を公平に充たすよう行使されなければならない。

［第4原則］　持続可能な開発を達成するため，環境保護は，開発過程の不可欠の部分とならなければならず，分離しては考えられないものである。（持続可能な開発と環境保護）

［第6原則］　発展途上国，特に最貧国及び環境の影響を最も受けやすい国の特別な状況及び必要性に対して，特別の優先度が与えられなければならない。環境と開発における国際的行動は，すべての国の利益と必要性にも取り組むべきである。（途上国への配慮）

［第7原則］　各国は，地球の生態系の健全性及び完全性を，保全，保護及び修復するグローバル・パートナーシップの精神に則り，協力しなければならない。地球環境の悪化への異なった寄与という観点から，各国は共通のしかし差異のある責任を有する。先進諸国は，彼らの社会が地球環境へかけている圧力及び彼らの支配している技術及び財源の観点から，持続可能な開発の国際的な追及において有している責任を認識する。（共通だが差異のある責任）

［第10原則］　環境問題は，それぞれのレベルで，関心のあるすべての市民が参加することにより最も適切に扱われる。国内レベルでは，各個人が，有害物質や地域社会における活動の情報を含め，公共機関が有している環境関連情報を適切に入手し，そして，意思決定過程に参加する機会を有しなくてはならない。各国は，情報を広く行き渡らせることにより，国民の啓発と参加を促進し，かつ奨励しなくてはならない。賠償，救済を含む手法及び行政手続への効果的なアクセスが与えられなければならない。（情報公開）

［第15原則］　環境を保護するため，予防的方策は，各国により，その能力に応じて広く適用されなければならない。深刻な，あるいは不可逆的な被害のおそれがある場合には，完全な科学的確実性の欠如が，環境悪化を防止するための費用対効果の大きな対策を延期する理由として使われてはならない。（予防的方策）

［第16原則］　国の機関は，汚染者が原則として汚染による費用を負担するとの方策を考慮しつつ，また，公益に適切に配慮し，国際的な貿易及び投資を歪めることなく，環境費用の内部化と経済的手段の使用の促進に努めるべきである。（汚染者負担原則）

［第17原則］　環境影響評価は，国の手段として，環境に重大な悪影響を及ぼすかもしれず，かつ権限のある国家機関の決定に服す活動に対して実施されなければならない。（環境影響評価）

［第19原則］　各国は，国境を超える環境への重大な影響をもたらしうる活動について，潜在的に影響を被るかもしれない国に対し，事前の時宜にかなった通告と関連情報の提供を行わなければならず，また早期の段階で誠意を持ってこれらの国と協議を行わなければならない。（通告・情報提供義務）

になった。なお，地球サミットの成果をまとめると図2-3のようになる。

　リオ宣言の27原則から主なものを列挙すると表2-3のようになる。第7原則の共通だが差異のある責任（differentiated responsibilities）は，気候変動枠組条約の第3条原則において明文化されたほか，附属書Ⅰ国（先進国及び経済移行国）とその他の国とで，責務に差異を設けていること，京都議定書に

基づき温室効果ガス（GHG）削減義務を負う国が付属書Ⅰ国のみであること
などに反映されている。第6原則にいう脆弱国への影響は，気候変動枠組条
約の前文にも縷々述べられているが，パリ協定の目標で"2℃を十分下回り
1.5℃を目指す"としたのも温暖化の影響を強く受ける脆弱国への配慮であ
ろう。第10原則は情報公開と国民参加を得て環境保全を推進するべきこと
を謳ったもので，わが国は参加していないが，欧州諸国が採択したオーフス
条約とPRTR議定書[13]はこの趣旨に則ったものとなっている。

　第15原則の予防的取組（precautionary approach）に則った例としては，
第1章でも述べた，カルタヘナ議定書に基づく遺伝子組換え生物（LMO）の
使用に伴う生物多様性への影響をチェックする仕組みがある。第16原則は
1972年以来OECDが提唱してきたPPP（汚染者負担原則）が盛り込まれたも
のである。また，第17原則は環境影響評価（環境アセスメント）の実施を各
国に義務付けたものである。これらの原則がわが国の環境政策にどのように
取り込まれているかは，第3章以下でみていくことにする。

2.2.6　地球サミットの前後に採択された環境条約等

　UNCED開催前後にも，重要な環境条約が相次いで採択されていて，1972
年の国連人間環境会議の前後とともに，第二期の環境条約採択ラッシュに
なった。この時期に採択された条約としては，有害廃棄物の越境移動と処分
を規制する「有害廃棄物の国境を越える移動およびその処分の規制に関する
バーゼル条約（バーゼル条約）」(1989年)，油汚染事故の的確な対応を定めた
「OPRC条約」(1990年)，UNCEDで交渉開始が合意された砂漠化防止条約は，
名称を「砂漠化対処条約」(1994年)として採択された。さらに，アジェンダ
21に根拠を置く二つの条約が，1990年代末から2000年代の初めにかけて採
択された。途上国への有害化学物質の輸出に先立って事前通報を義務付けた

---

13)　正式名称は「環境に関する，情報へのアクセス，意思決定における市民参加，司法へのア
　　クセスに関する条約」(Convention on Access to Information, Public Participation in
　　Decision-making and Access to Justice in Environmental Matters)。なお，オーフス条約
　　の下に2003年に採択されたPRTR議定書は，加盟各国に第5章で述べるPRTR制度の
　　導入を義務付けている。

「PIC条約」(1998年) と，PCB等の残留性有機物質の製造等を制限する「POPs
条約」(2001年) である[14]。下って2013年には，「水銀に関する水俣条約」も
採択されている。

　気候変動枠組条約のもとに，先進国に温室効果ガス（GHG）の削減義務を
定めた京都議定書が採択されたのは1997年のことである。しかし，途上国
にGHG削減義務がないことへの不満などから，ブッシュ政権下の米国が離
脱したために，発効条件を満たせるか危ぶまれた。2004年にロシアが批准
したことで，2005年2月に京都議定書は発効にこぎつけたものの，第一約
束期間（2008〜2012年）以降に，すべての国々が参加する枠組を構築する交
渉は難航してきた。最終的には2015年にパリ協定が採択され，2018年には
運用ルールが決定されたが，再びトランプ政権下の米国が離脱を宣言して先
行きが危ぶまれる状況にある。

　生物多様性の保全については，条約採択時の宿題になってきた，遺伝子組
換え生物の使用に伴う生物多様性への影響を防止するための法的拘束力のあ
る措置として，カルタヘナ議定書が2000年に採択され，2003年に発効して
いる。その後，第10回締約国会議（COP10）が2010年に名古屋で開催され
た際に，遺伝子資源の利用に伴う利益の公平分配のための名古屋議定書が採
択された。この議定書は2014年に発効した。

　国連を中心に構築されてきた国際環境枠組とならんで，OECDの環境政
策委員会[15]が，特に先進諸国間の環境保全の規範作りに果たした役割も重要
である。1970年に発足したOECD環境委員会は，化学物質の安全管理のた
めの技術的なガイドラインの作成，1972年から1989年まで3次にわたって
だされたPPP（汚染者負担原則）に関する理事会勧告，1985年と1986年の
開発援助プロジェクト・プログラムの環境影響評価に関する2度の理事会勧

---

14) バーゼル，PIC，POPsといった有害物質の安全管理に関する条約は，途上国の有害
　物質の管理能力の不足を，国際社会が補う仕組みをもっている。第5章，第6章で適宜
　触れていく。
15) OECD環境政策委員会（EPOC）は，1960年代以降，経済成長に伴った産業公害が
　顕在化する中で，OECDにおける環境問題に関する分析作業の重要性の高まりを受け，
　1970年にその前身である「環境委員会」が設立された。1992年には，各国の政策対話
　を促進する観点から，「環境政策委員会」に改称され，現在に至っている。

告，1996 年の PRTR 制度（化学物質排出移動量届出制度）の導入に関する理事会勧告，2001 年の拡大生産者責任（EPR）に関するガイダンス・マニュアルの作成などがあり，いずれも環境保全の規範として大きな役割を果たしてきた。

2.2.7 地球サミット以降の2回の国連会議と SDGs

　地球サミット以降も，持続可能な開発への世界の取組をフォローアップし，加速するために大規模な国連の会議が 10 年ごとに開催されてきた。2002 年にヨハネスブルグで開催された「持続可能な開発に関する世界サミット」（WSSD：World Summit on Sustainable Development）では，「アジェンダ 21」を具体的な行動に結びつけるための「実施計画」と「ヨハネスブルグ宣言」が採択された。また，わが国が国内 NGO の提言を受けて提案した「国連持続可能な開発のための教育の 10 年」(UNDESD：United Nations Decade of Education for Sustainable Development）の設定もこの実施計画に盛り込まれ，その後，国連総会で採択されている。2005 年から 2014 年までの 10 年間が UNDESD とされた。

　WSSD 以降，「持続可能な開発」の国連文書における捉え方が変化している。地球サミットでは環境と開発を包摂する形で持続可能な開発の理念が樹立されたのに対して，WSSD では経済開発，社会開発と環境保全とが明確に並置されるようになった（矢口，2010）。実際，ヨハネスブルグ宣言の第 5 項では，「我々は，持続可能な開発の，相互に依存しかつ相互に補完的な支柱，即ち，経済開発，社会開発及び環境保護を，地方，国，地域及び世界的レベルでさらに推進し強化するとの共同の責任を負う。」と記されている。

　さらに 10 年後の 2012 年には，再びリオ・デ・ジャネイロで「国連持続可能な開発会議（リオ＋20)」が開催された。リオ＋20 では，持続可能な開発に向けた政治的コミットメントを再確認し，国際社会では環境保全と経済成長の両立を目指すグリーン経済への移行が重要であるとの共通認識が合意されている。また，SDGs の交渉開始などを盛り込んだ成果文書「我々の求める未来」が採択された。1972 年以降の 5 回にわたる国連の持続可能な開発に関する会議の概要をまとめると表 2-4 のとおりである。

表2-4 持続可能な開発に関する5つの国連会議の開催

会議名	開催時期	開催都市	参加国数	成果など
国連人間環境会議	1972年6月5日〜16日	ストックホルム	114か国，1,300人の代表，大石環境庁長官出席	国連人間環境宣言，行動計画 UNEP設立の契機
ナイロビ会議（UNEP管理理事会特別会合）	1982年5月10日〜18日	ナイロビ	105か国，国家元首3名，環境大臣70名が参加，原環境庁長官出席	ナイロビ宣言，わが国がWCED設立提案
地球サミット（環境と開発に関する国連会議）	1992年6月3日〜14日	リオ・デ・ジャネイロ	172か国，首脳102名が参加，宮沢総理ビデオ・メッセージ	リオ宣言，アジェンダ21，森林原則声明等
ヨハネスブルグ・サミット（リオ＋10）	2002年8月26日〜9月4日	ヨハネスブルグ	191か国，首脳104人が参加，小泉首相出席	ヨハネスブルグ宣言，実施計画
国連持続可能な開発会議（リオ＋20）	2012年6月20日〜22日	リオ・デ・ジャネイロ	188か国，首脳97名が参加，玄葉外務大臣出席	「我々が求める未来」を採択し，今後の取組を明示

　これら会合の成果として，宣言・原則の採択や，相前後して採択された環境条約が注目されてきたが，もうひとつの重要な成果は，持続可能な開発のための各国の行動指針が取りまとめられてきたことである。1972年の国連人間環境会議では「行動計画」（Action Plan for the Human Environment）と題され，1992年の地球サミットでは「アジェンダ21」（Agenda 21）と題され，2002年のヨハネスブルグ・サミットでは「実施計画」（Plan of Implementaion）と題されている。これらは持続可能な開発への道標になっていて，貧困の撲滅，人口問題への対処，衛生の向上，自然資源の管理など人類社会が抱えるすべての重要な課題への対処方針が示されている。ただし，文書そのものは冗長・退屈で強いインパクトを持たない。

　開発分野における国際社会共通の課題を整理し，目標レベルと目標年次を具体的な数値として示し，その達成に向けた各国の努力を鼓舞する仕組みが導入されたのは，「国連ミレニアム開発目標」（MDGs：Millennium Development Goals）（2001年策定）が最初である。MDGsは，2000年の「国連ミレニアム・サミット」（United Nations Millennium Summit）で採択された「国連ミレニアム宣言」と，1990年代の主要な国際会議で採択された国際開発目標を統合した，開発分野における国際社会共通の目標である。MDGsは途上国の開発目標として設定されたもので，2015年を目標年次としていた。貧困と飢餓半減，

初等教育の完全普及，男女格差の解消，乳児死亡率の引き下げ，HIV・マラリ
ア等のまん延防止とともに，安全な飲み水の確保や衛生施設普及といった環境
の持続可能性の確保等の8ゴールの21ターゲットが設定された。目標年次で
あった2015年の7月に，国連が公表したMDGsの達成状況の最終評価では，
多くの途上国地域で目標に向けた一定の改善が図られたとしている。

　同じ2015年の9月に，「持続可能な開発のための2030アジェンダ」を採択
する国連サミットがニューヨークの国連本部で開催され，各国首脳が多数参
加した。このサミットで採択された2030アジェンダには，MDGs設定以降
の国際社会の状況変化を踏まえ，かつ，先進国を含む国際社会全体の開発目
標として，2030年を目標年次とする「国連持続可能な開発目標」(SDGs : Sus-
tainable Development Goals) が盛り込まれている。2030アジェンダの前文で
は，「すべての国及びステークホルダのパートナーシップの下に，人類を貧
困の恐怖及び欠乏の専制から解き放ち，地球を癒やして安全にし，世界を持
続的かつ強靱（レジリエント）な道筋に移行させるために緊急に必要な，大
胆かつ変革的な手段をとることを決意する。誰一人取り残さない。」と表明
されている。また，「SDGsのゴールとターゲットは，統合され不可分なも
ので，持続可能な開発の三側面，すなわち経済，社会及び環境の三側面を調
和させるものである。」としていて，これが現在の持続可能な開発の定まっ
た解釈になっている。

　SDGsは先進国を含めたすべての国々の統合的な目標として設定されてい
るため，MDGsよりも一層包括的で，より多くの目標が掲げられた。MDGs
が国連の専門家主導で策定されたのに対して，SDGsはすべての国連加盟国
の交渉を通じて決定された。SDGsは構成上，17ゴールの169ターゲットか
らなっている。17ゴールには貧困，飢餓，男女差別の解消，国家間・国内
の不平等の是正，平和，教育レベルの向上といった基礎的なニーズの充足に
関する目標，水・衛生，エネルギー，気候変動，海洋資源，陸上資源といっ
た環境の持続可能性に係る項目，経済成長と雇用，レジリエントなインフラ
の整備や持続可能な産業，持続可能な都市，持続可能な消費と生産といった
社会・経済的な側面からの持続可能な開発目標が掲げられた。持続可能な消
費と生産と題されたゴールにも，自然資源の効率的な使用，廃棄物の減量・

再使用・リサイクルの促進，化学物質と汚染物質の環境排出の削減などの環境的な持続可能性に関わるターゲットが盛り込まれている。2030 アジェンダではSDGs のフォローアップが規定されているほか，ゴールとターゲットの達成度を測る 244 ものインディケーター（指標）が国連統計委員会を中心に設定された。国際 NGO の SDSN（Sustainable Development Solution Network）は，この指標を用いて各国の SDGs の進捗状況を，17 ゴールのタイルごとに色分けして公表するなどして取組を促している。

　わが国は 2016 年 5 月に SDGs に係る施策の実施について，関係行政機関相互の緊密な連携を図り，総合的，効果的に推進するため，内閣総理大臣を本部長とする「持続可能な開発目標推進本部」を内閣に設置し，同年 12 月には 17 ゴールをわが国にとっての 8 つの優先課題に再整理した政策方針を，「SDGs 実施指針」として定めている[16]。その序文には，「我々は，これまでと異なる決意を持って，国際協調主義の下，国際協力への取組を一層加速していくことに加え，国内における経済，社会，環境の分野での課題にも，またこれらの分野を横断する課題にも，国内問題として取組を強化するのみならず，国際社会全体の課題としても取り組む必要がある。」と述べられ，「本実施指針は，日本が 2030 アジェンダの実施にかかる重要な挑戦に取り組むための国家戦略である。」とも記されている。具体的施策を整理した付表では個別施策ごとに担当省庁が明記されていて，すべての省庁がいずれかの施策項目に登場する。「SDGs 推進本部」という形ではじめて，政府の全省庁が連携する「持続可能な開発」の受け皿が用意されたことになる。その後も，推進本部は SDGs アクションプランを公表してきたほか，2017 年からは「ジャパン SDGs アワード」と呼ばれる顕彰制度を設け，優れた取組を行っている企業・地方公共団体・大学等を表彰している。

　以上みてきた持続可能な開発の理念の発展と環境保全に関する諸原則及び

---

16)　8 つの優先課題は，① あらゆる人々の活躍の推進，② 健康・長寿の達成，③ 成長市場の創出，地域活性化，科学技術イノベーション，④ 持続可能で強靱な国土と質の高いインフラの整備，⑤ 省・再生可能エネルギー，気候変動対策，循環型社会，⑥ 生物多様性，森林，海洋等の環境の保全，⑦ 平和と安全・安心社会の実現，⑧ SDGs 実施推進の体制と手段，である。もっともこれら優先課題は，目下のわが国政府の重点政策の既定項目上に，SDGs の 17 ゴールを再編集して配置したものともいえる。

表2-5　持続可能な開発の理念・環境原則と環境条約の成立過程

年	主なできごと	備　考
1961	国連開発の 10 年スタート	途上国の経済成長支援
1961	ガガーリン「地球は青かった」（地球周回軌道へ）	有限な地球認識が強まるきっかけ
1969-72	米国アポロ計画で人類が月面に着陸	
1962	レイチェル・カーソンの『沈黙の春』刊行	農薬の過剰な使用に警告
1969	米国で「国家環境政策法（NEPA）」制定	先進諸国の環境政策のはじまり
1969	油濁民事責任条約採択	油濁事故タンカー所有者に無過失損害賠償責任
1971	ラムサール条約採択→ 1975 発効	特に水鳥の生息地として重要な湿地の保全
1972.5	『成長の限界』（ローマ・クラブ）発表	"有限な地球"認識の普及
1972.5	OECD 汚染者負担原則（PPP）等の環境指針原則	PPP 関連原則は 1972, 74, 89 年に理事会勧告
1972.6	国連人間環境会議（ストックホルム）→人間環境宣言採択（会議初日6月5日が環境の日）	先進国（公害問題，農薬問題）と途上国（居住環境，人口，貧困）の"環境"の意識に大きな差異
1972	海洋投棄規制条約（ロンドン条約）採択→ 1975 発効	航空機，船舶，海洋構築物からの廃棄物の海洋投棄を規制
1972	UNEP が発足	本部をナイロビに置く（途上国重視の姿勢）
1973	ワシントン条約（CITES）採択→ 1975 発効	絶滅のおそれのある野生動植物の国際取引規制
1973	MARPOL 条約採択	1954 年の海洋油濁防止条約を継承し規制対象拡大
1974	フロンガスのオゾン層破壊説（モリナ，ローランド）	→1980 年に EC 閣僚理事会でフロン生産制限を決定
1982	国連海洋法条約（UNCLOS）採択	海洋秩序を定め，全ての国に海洋環境保全を義務付け
1982	UNEP 管理理事会特別会合（ナイロビ）	この会合で日本は賢人会議設置を提案→ WCED 発足
1984	環境と開発に関する世界委員会（WCED）発足	南北のバランスを考慮した21人の賢人で構成
1985.3	オゾン層保護のためのウィーン条約採択→1988 発効	環境保全に関する最初の枠組条約
1985.10	フィラハ会議（オーストリア，科学者会議）	以後，温暖化問題が世界政治の最重要課題に
1986	チェルノブイリ原発事故	東西の融和が進むきっかけ
1987.9	モントリオール議定書採択→ 1989 発効	オゾン層破壊物質の全廃スケジュールの設定
1987.10	WCED 報告『我ら共有の未来』刊行	「持続可能な開発」の理念が樹立される
1988	気候変動に関する政府間パネル（IPCC）発足	温暖化問題への政府間の取組みのスタート
1989	G7 アルシュサミット	経済宣言の大半が地球環境対策に向けられた
1989	バーゼル条約採択→ 1992 発効	有害廃棄物の越境移動等を規制
1990	油汚染事故への準備・対応・協力に関する OPRC 条約	エクソン・バルディーズ号事件（1989）が契機

1991	ソ連の崩壊	環境を世界の政治アジェンダにした要因の一つ
1991	GEF（途上国向け資金メカニズム）が暫定的に発足	1994 年に GEF が正式に発足
1992.6	環境と開発に関する国連会議（UNCED）開催→「持続可能な開発」の理念が定着、「リオ宣言」と「アジェンダ 21」、「森林原則声明」等の成果	5 月に，国連気候変動枠組条約（UNFCCC）及び生物多様性条約（CBD）を採択
1993	わが国で環境基本法を制定	持続可能な発展の理念を基本法に取り込み
1996	OECD が PRTR 制度の導入を勧告	有害物質対策と情報提供・国民参加の両義性
1997	京都議定書採択	温室効果ガス（GHG）削減目標を設定
1998	PIC 条約採択→2004 発効	有害化学品の輸出入に事前合意制を導入
2000	カルタヘナ議定書採択→ 2003 発効	遺伝子操作生物（LMO）の生物多様性影響防止
2000	国連ミレニアム・サミット→「国連ミレニアム宣言」→「ミレニアム開発目標（MDGs）」採択	MDGs は 2015 年を目標年次とし貧困，教育，平等，保健，環境等 8 ゴール・21 ターゲット
2001	京都議定書の運用ルール決定（マラケシュ合意）	同年，米国が京都議定書から離脱を表明
2001	POPs 条約採択→2004 発効	残留性有機物質（POPs）製造・使用原則禁止
2001	OECD が EPR（拡大生産者責任）を提唱	EPR ガイダンス・マニュアルの公表
2002	持続可能な開発に関する世界首脳会議→「ヨハネスブルグ宣言」、「実施計画」を採択	2005-2014 年を「国連持続可能な開発のための教育の 10 年（UNDESD）」とする
2005	京都議定書が発効	第一約束期間に附属書 I 国は GHG5% 強を削減
2010	生物多様性条約の COP10 開催（名古屋）	名古屋議定書および愛知目標の採択
2010	カンクン合意	途上国も参加し 2020 年までの GHG 削減目標
2012	リオ+20 開催	グリーン経済，制度的枠組，SDGs 等が議題
2013	水銀に関する水俣条約採択→2017 発効	水銀の産出・使用・環境排出を厳しく規制
2015	「持続可能な開発のための 2030 アジェンダ」を採択する国連サミット→持続可能な開発目標（SDGs）採択	SDGs の目標年次は 2030 年で，貧困，教育，保健，気候変動，海洋・陸上資源等 17 ゴール・169 ターゲット
2015	パリ協定採択	2020 年以降の温暖化対策の新たで包括的枠組
2016	パリ協定発効	2017 年 1 月に米国トランプ大統領就任で翳り
2018	パリ協定の運用ルールに合意	二国間クレジットの詳細ルールは未決

主な国際環境法の形成の過程を時系列的にまとめてみると，表 2-5 のようになる。

2.2.8　持続可能な開発のための様々な取組

　地球サミット以降の持続可能な開発への各般の取組みについていくつか補足しておきたい。

（1）アジェンダ21のフォローアップとローカルアジェンダ21

　わが国の政府は1993年に地球環境保全に関する関係閣僚会議において「アジェンダ21」行動計画を決定し，CSD事務局に提出している。また，「アジェンダ21」の第28章では，1996年までに各国の地方公共団体が，地域住民と協議して当該地域のための「ローカルアジェンダ21」を策定するよう奨励されている。これを受けてわが国では，環境庁が地方公共団体に呼び掛け，1995年には「ローカルアジェンダ21策定ガイド」も提供している。わが国では，国と地方公共団体の繋がりも縦割りになっているため，環境庁が呼びかけたローカルアジェンダ21の策定の役回りは，地方公共団体の環境部局が担うことになった。

　2003年に環境省は，わが国の地方公共団体におけるローカルアジェンダの策定状況を調査している。それによれば，47都道府県と12政令指定市のすべてと，300余の市町村で策定されている。しかし，ローカルアジェンダ21とはいっても，その大部分は環境基本条例等に基づく地方公共団体の環境基本計画や，温暖化対策計画を充当したもので，本来の意味での持続可能な開発のための包括的な計画にはなっていない。このように，わが国では「持続可能な開発」が，環境保全という枠内に押し込まれて矮小化された一時期があった。現在ではローカルアジェンダという名称の計画やプランはまったく見返られなくなった。

　持続可能な開発の正しい意味解釈がなされ，わが国の政策にあるべき姿に投影されたのは，2016年にSDGs推進本部が実施指針を決定した時点以降のことである。

（2）企業行動に関する国際規格の整備

　地球サミット以降，企業等の環境管理や社会貢献を促すための国際規格の整備が進められてきた。国際規格づくりのきっかけは，世界の主要な国々の経済

人の組織である WBCSD（The World Business Council for Sustainable Development）の前身 BCSD が，1991 年に国際標準化機構（ISO：International Organization for Standardization）に規格の作成を要請したことにある。1996 年の ISO14001 の発行以来，環境マネジメント（EMS：Environmental Management System）に関する一連の規格が発行され，ISO14000 シリーズと呼ばれてきた[17]。この中には，LCA（Life Cycle Asessment）[18] に関する規格，環境ラベリング（環境ラベル）に関する規格，マテリアルフローコスト会計（環境会計）[19] などがある。また，CSR は性格がやや違うために，ガイダンス規格として ISO 26000 が 2010 年に発行された。わが国では，これらの ISO 規格に対応して，JIS 規格が制定されてきている。

　ISO14001 では PDCA（Plan-Do-Check-Action）と呼ばれる評価システムが導入されていて，定期的に EMS を見直しながら取り組みのレベルアップを図る仕組みになっている。また，この評価システムは外部の認証機関のチェックが必要で，企業が EMS 体制を維持するのに少なからずコストがかかる。これが中小の企業や組織には重い負担になるため，わが国では環境省が ISO14001 に沿って作成した，「エコアクション 21」と呼ばれるガイドラ

---

17)　ISO 14000 シリーズには，ISO 14000〜14009 の「環境マネジメント・システム」，ISO 14010〜14019 の「環境監査と関係する環境調査」，ISO 14020〜14029 の「環境ラベル」，ISO 14030〜14039 の「環境パフォーマンス評価」，ISO 14040〜14049 の「ライフサイクルアセスメント（LCA）」，ISO 14050〜14059 の「用語と定義」，ISO 14063 の「環境コミュニケーション」，ISO 14060〜14066 の「温室効果ガス」などがある。

18)　LCA とは，各種製品の生産，輸送，使用，廃棄，再利用・再生利用に至るまでの生涯を通じた環境負荷を明らかにする手法。LCA 手法を用いた CO_2 排出量の算出はカーボンフットプリントと呼ばれ，低炭素化技術の優劣判定（例えば，燃料電池自動車（FCV），電気自動車（BEV），ハイブリッド車（HV）等の CO_2 排出量の比較）などに用いられる。また，LCA はタイプⅢの環境ラベルの手法にもなっている。

19)　環境会計（EMA：Environmental Management Accounting）は，企業が環境保全への取組を推進していく際に，事業活動における環境保全のためのコストとその活動により得られた効果を認識し，できるだけ定量的に貨幣単位などに換算して伝達する仕組みとされている。環境会計の導入に関する政府の役割が議論され始めたのは，地球サミットを契機に発足した持続可能な開発委員会（CSD）の 1998 年会合においてである。その後，2001 年に「環境管理会計の手続きと原則」（Environmental Management Accounting Procedures and Principles）と題する報告書が国連持続可能開発部から公表されている。環境省は 2002 年に環境会計ガイドラインを公表し，2005 年に改訂版をだして，企業の環境会計の実施を支援してきた。

インに基づいて認証・登録を行う簡易な EMS も普及している。

　環境ラベルは，市民にわかりやすい環境情報を提供することによって，市場での製品流通や市民の購買行動などを，より環境に配慮されたものに誘導するための手段である。1998 年に国際標準化機構の規格 ISO14020「環境ラベル及び宣言——一般原則」が発行され，環境ラベルとは "製品又はサービスの環境側面を示す主張" であるとされている。ISO の規格が順次整備され，現在では環境ラベルは3つのタイプ[20]に分類されている。わが国では，日本環境協会が運営する環境負荷の少ない製品を示すエコマークや，リサイクル可能な容器包装などに表示されるメビウスループ，資源有効利用促進法に基づく指定表示製品への表示ラベル（第6章参照）などが普及している。

　そのほかに持続的な資源採取を標榜する認証マークも考案されてきた。持続的な経営が行われている森林から産出された木材資源に認証マークを与える森林認証制度や，海洋環境と水産資源の持続的な管理のもとに捕獲された水産物に認証マークを与える水産物認証制度などがある。木材資源については 1994 年に発足した FSC（Forest Stewardship Council：森林管理協議会）と，1999 年に欧州で始まった PEFC（Programme for the Endorsement of Forest Certification Schemes：PEFC 評議会）の二つの制度が国際的に普及している。天然の海産物に対しては MSC（Marine Stewardship Council：海洋管理協議会）の認証マークが，養殖漁業に対しては ASC（Aquaculture Stewardship Council：

---

20)　環境ラベリングには第3者機関による認証（TypeⅠ），自己宣言による環境主張（TypeⅡ）及び環境負荷量の定量的なデータの表示（TypeⅢ）の三つのカテゴリーがある。タイプⅠ環境ラベルは，第三者認定機関が特定の商品分類の中で，製品のライフサイクル全体を考慮して，他の同様の製品に比べて環境負荷が小さいことを判断基準として認証される。認証製品にはあらかじめ定められたマークを使用することができる。わが国の（公財）日本環境協会が 1989 年に始めたエコマーク事業がわが国では唯一のタイプⅠ環境ラベルである。なお，エコマーク認定商品は，原則としてグリーン購入法の環境物品の判断基準にも適合している。タイプⅡ環境ラベルは，事業者自身が製品の環境への配慮を宣言する自己宣言型のもので，説明文，シンボル，図表をもって主張するものである。民間の企業や業界団体が用いる環境ラベルの識別マークの多くはこれに属する。いわゆるリサイクルマーク（メビウスループ）もタイプⅡに属し，リサイクル可能な製品であることまたはリサイクル材料含有率を主張する場合にのみ用いることができる。タイプⅢ環境ラベルは，資源採取から製造，使用，廃棄，リサイクルに至るまでの製品のライフサイクル全体を通じての環境負荷を数量的に表示するタイプの環境ラベルである。日本では（一社）産業環境管理協会が運営するエコリーフ環境ラベルの制度がある。

水産養殖管理協議会）の認証マークが運営されている。これらも，関係事業者の持続可能な資源管理努力を底上げする役割を果たしている。

（3）わが国の企業の自主的取組

わが国では ISO14001 が発行された後の一時期，ISO14001 の認証取得を環境取組への熱意を示す証とみなす社会風潮が生まれ，民間事業者に限らず行政機関・大学・各種団体が競って取得に走ったが，2009 年以降は認証数が減少に転じた。次いで普及した CSR も一時期は環境取組の代名詞になったこともある。毎年公表される報告書も，当初の環境報告書から，CSR 報告書・サステナビリティレポート・統合報告書などと名称が変更されてきた。また，企業倫理を巡る議論も屋上屋を重ねながら続いてきた。かつては社会的責任投資（SRI：Socially Responsible Investment）が注目を集め，共通価値創造（CSV：Creating Shared Value）も話題になり，いまでは ESG（Environment, Social, Governance）投資が流行語になっている。

企業の取組を総括してみると，当初の環境保全への取組から，企業のモラルやコンプライアンス（法令遵守）の向上，社会貢献活動の活発化へと進み，さらにガバナンスや財務などの評価軸を加えて，総体として健全で持続的な企業経営への評価を的確に行うことに軸足を移してきた。政府の肝いりもあって，いまは SDGs への取組に重点を移している企業・地方公共団体が多いが，上述のような企業等の自主取組の大きな流れの中でみれば，SDGs は CSR に組み入れられてもよいものである。

こうした企業や各種団体の取組の高進は，環境政策と持続可能な社会づくりを前進させる大きな力になる。しかし，自主的な取組が時として市場シェア拡大のための，競合他社との差別化の手段になり，企業イメージを高める広告塔になり，政府の規制介入を避けるための防衛戦略になることもある。極めて皮肉っぽく見れば，CSR とは世間の価値評価に適応して，自己組織の持続的な発展の可能性を高めるための行動である。

関連して，1999 年の世界経済フォーラム（ダボス会議）で当時のアナン国連事務総長が提唱し，2000 年に発足した「国連グローバル・コンパクト」（UNGC：United Nations Global Compact）がある。企業や団体が，責任ある創

造的なリーダーシップを発揮することによって社会の良き一員として行動し，持続可能な成長を実現するための世界的な枠組み作りに自発的に参加する仕組みで，UNGC に署名する企業・団体は，人権保護，不当な労働の排除，環境への対応，腐敗の防止に関わる 10 の原則に賛同し，その実現に向けて努力を継続する。2015 年 7 月時点で，世界約 160 カ国の 13,000 を超える企業・団体が署名しており，わが国からの参加企業は約 300 である。

2.3　持続可能な開発と環境保全

2.3.1　持続可能な開発の二つの解釈

「持続可能な開発」の理念は世界に定着したが，改めて持続可能性（sustainability）の意味を，特に環境保全との関係性に着目して眺めると，どうやら二つの解釈ができる。

　一つは，自然環境に与える影響が度を過さずに，汚染物質や廃棄物に対する自然の浄化能力の範囲内に環境負荷を抑制し，天然資源の利用は持続的に行えるような速度の範囲内で，人間活動が管理された社会を実現すると理解することができそうである。言い換えれば，地球環境容量内で人類が生活するという意味である。成長の限界が提起したのもこうした物理的な意味での限界であって，それを回避するための人類社会の歩み方として総人口と物質フローの総量が一定の状態である "均衡状態" に到達すべきことが提唱された。

　1980 年に国際自然保護連合（IUCN）が，UNEP の委託をうけ，世界自然保護基金（WWF）等の協力を得て作成した「世界保全戦略」は，持続可能な開発の概念の嚆矢とされ，世界保全戦略の改訂版として「新・世界環境保全戦略」が 1991 年に公表されている。ここでは持続可能な開発は，生態系の収容能力の範囲内で生活することを必要条件としていて，そのために生物多様性の確保，再生不可能な資源消費の最小化が求められること，個人のライフスタイルの変革や国際的な協力が重要であると指摘されている。

　そして，WCED 報告『我ら共有の未来』に記された「持続可能な開発」の説明も，外面上は一致しているようにみえる。今日の私たちの多くが地球環境の保全からイメージするのも，地球の環境容量をはみ出さずに人類社会

が発展を続けることである。

　ところが，成長の限界が唱える均衡状態と，WCED 報告で提唱された「持続可能な開発」とはかなり視点が異なっている。前者は，環境的な持続可能性をとりわけ重視しているのに対して，後者は，環境的な持続可能性とともに，あるいはそれ以上に，社会・経済的な持続可能性を実現する必要性を訴えている。WCED 報告をみると，地球環境問題を解決するためにも，社会・経済的格差が是正され，平和で公平な世界を実現することが必要であるという立場に立つ。地球サミットで採択されたアジェンダ 21 も，ヨハネスブルグ・サミットで採択された実施計画も，環境と開発の対立を越えて，持続可能な開発への道を進むためには，環境と社会・経済的な発展を一体的に取り扱う必要があるとしている。

　2015 年に刊行された『環境と開発への提言─知と活動の連携に向けて』（*Environment and Development Challenges：The Imperative to Act*）に収録された，ブルントラント氏の寄稿「回復力のある人々，回復力のある地球」の中に次のようなくだりがある。

　"*Our Common Future* は，経済成長や社会的な平等，環境持続可能性の新たなパラダイムとして，持続可能な開発のコンセプトを国際社会に紹介しました。このコンセプトはこれらの三本柱すべてを含んだ統合的な政策枠組みによって実現可能だと同報告書は解いています。…(中略)…重要なのは，持続可能な開発は「環境保護」と同義ではない点です。持続可能な開発の根本は，経済や社会，自然環境間の相互関係を認識・理解し，それに対して行動することです。持続可能な開発とは，食糧・水・土地・エネルギー間の重要な関連性といった全体像を見ることです。そして，現在の我々の行動と我々が求める未来とを一致させることです。"

　WCED の委員長自身のこの言葉に沿って考えてみれば，相互に深く結びついて発生してくる，世界のすべての重要な課題を解決するための包括的な道標が「持続可能な開発」である。そして，環境という色合いを含む課題を，国連憲章に沿って，国連の任務の中に埋め込んだものが「持続可能な開発」であると解釈することができそうである。

　国連憲章の目的規定の趣旨は，国際平和及び安全を維持すること（第 1 項），

同権及び自決原則を尊重した諸国間の友好関係を発展させること（第2項），経済的，社会的，文化的または人道的性質を有する国際問題の解決並びに人種・性・言語・宗教の差別なく人権と基本的自由の尊重を促進するために国際協力を達成すること（第3項），これらの共通の目的の達成に当たって諸国の行動を調和するための中心となること（第4項）にある。国連憲章には環境という2文字は登場しないが，第3項の解決するべき国際問題に該当する。この国連憲章の目的規定からわかるように，国連のもっとも重要な責務の一つが，南北世界の経済格差の是正や不平等の解消にある。

　なぜ環境保全が持続可能な開発の理念の発達に特別に近い距離にあるのかを考えてみると，1972年の国連人間環境会議以来ずっと対峙されがちだった「環境」と「開発」を，逆に南北世界の架け橋として調和させて前進させる努力が定着したためであろう。すでに1982年のUNEPの管理理事会特別会合では，人間―資源―環境―開発の相互関連性と相互補強的な総合政策の必要性についての認識ができあがっている（矢口，2010）。その後の1984年に設置されたWCEDの活動が進められた時期は，オゾン層の破壊や温暖化の進行など，人為活動が地球システムを揺るがしかねないほどの作用力をもったことを証明するように，多くの地球環境問題が顕在化した時代だった。

　WCED報告では，南北社会の経済的・社会的な格差が地球環境問題を増幅させていることや，地球環境問題を解決するためには南北世界の協力が不可欠であることを指摘している。温室効果ガスの途上国からの排出量の比率が高まることは当然予想されていたし，生物多様性条約の採択の前後にしばしば議論されたように，途上国は生物多様性に富み，多くの遺伝子資源を抱えている。地球環境問題が，南北を分かちがたい関係で結びつける形で，「持続可能な開発」を描き出したことから，持続可能性の議論は，環境問題と特別に親和性が高いものとして受け止められるようになった。地球環境問題が，いわば南北世界のバインダーの役目を担ってきたと考えられるのである。

　持続可能な開発の理念的な発展の系譜をさらに追うと，地球環境問題への国際法の枠組の構築と，持続可能な開発への到達の努力は，特に2000年を過ぎてから分流してきたように見える。リオ宣言やアジェンダ21における持続可能な開発は，「環境と開発」の二項対立を解消して，南北世界の協調の枠組

を形成することに主眼が置かれているようにみえるが，環境に縛られずにもっと広く持続可能な開発を妨げる，社会・経済的な要因を網羅的に取り上げることもできたはずである。

　このようなより広い意味での「持続可能な開発」の実現に向けた国連の努力の別の動きとして，1990 年代から始まった国連開発計画（UNDP）の“人間開発”の概念がある。そして，UNDP が導入した「人間開発指標」（HDI：Human Development Index）は，教育水準，経済水準，健康（寿命）水準の 3 つの要素の総合点から社会開発の成熟度を計る指標である。地球サミットから 3 年後の 1995 年に開催された社会開発サミット（WSSD：World Summit for Social Development）で採択された「コペンハーゲン宣言」では，相互に依存しあう経済発展，社会開発，環境保護を強化しつつ，すべての人々の生活の質の向上を図る努力の枠組が，持続可能な開発である旨が記されている。この人間開発という概念から発し，社会正義，平和と安全保障，人権と基本的自由を重視する「持続可能な開発」の理念と，環境と開発の二項対立から生まれたもう一つの「持続可能な開発」とを合流させる努力が，その後に国連の中から生まれてきた。

　社会開発サミットで形成された共通認識が，前述のように 2000 年の「国連ミレニアム・サミット」でのミレニアム開発目標（MDGs）の採択につながっていった。MDGs に掲げられた目標は，主に途上国の開発を念頭に置いた目標であり，わが国で MDGs が注目されることがなかった。その後，2012 年に開催された「リオ + 20」では，この国連内における二つの流れを統合することが合意されている。その結果，二頭立てになっていた国連主導の「持続可能な開発」への取組は，2015 年の SDGs の採択によって統合された。

2.3.2　持続可能な開発のための政策

　持続可能な開発は，人間―資源―環境―開発という文脈の中に浮上するすべての課題の緩和と解決に向けて，世界が協力して取り組むことを鼓舞する理念になった。前節までに見たように，地球サミット以降，持続可能な開発という旗印のもとに，様々な取り組みが様々なセクターで進められてきた。そして，持続可能な開発の理念の発展の過程で，とりわけ地球環境問題との

関わりが深かったために，持続可能な開発と環境保全とが，ごく近しい関係にあるものと理解されてきた。

　しかし，持続可能な開発の課題のすべてが，環境保全の領域にすっぽり収まるものではない。環境保全は持続可能な開発の担い手の一つであるものの，持続可能な社会づくりを一手に背負うことはできない。その理解がいまわが国でも浸透しつつある。先に述べたSDGs実施指針が，わが国での持続可能な開発の当面の国家戦略であり，持続可能な開発に係る政策全体の受け皿として位置づけられた。その実施責任は国のすべての省庁にまたがり，もちろん，地方公共団体も，民間企業も，国民もそれぞれの責任を担っている。

　とはいえ，SDGs実施指針が，すべての政策分野を統括でき，持続可能な社会づくりを推進するためのマスタープランであるとまではいえない。そのため，わが国における持続可能な開発の政策目標と手段は，いまでも個別政策の中に分散配置されていることになる。

　逆説的に聞こえるかもしれないが，もしも，わが国に「持続可能な開発のための政策」という政策分野が存在するなら，そこに移し替えて実施するのが適切な，環境政策の課題がいくつもありそうである。それが，環境政策のジレンマを解消する上でも有効であると思える。気候変動対策と生物多様性の確保はその筆頭であるが，そのほかにもある。第3章で述べる戦略的環境アセスメントは，環境から解放して，持続可能な開発のための政策調整手段として位置づけるのが適当と思われる。環境教育は，環境というくびきの中での倫理観のお仕着せや，教育の方法を巡る議論から脱して，持続可能な社会開発のための全人教育として位置づけるべきものであろう。つまり，これらの政策課題は，環境から持続可能性の実現を目指すべきものでなくて，持続可能性の視点から環境に目配りする政策体系に組み替えるのがよいと思えるのである。

||||||||||||||||||||| **【コラム 2】エコロジカル・フットプリント** |||||||||||||||||||||||||||||||||||||||||||||||

　人類の活動が成長の限界にどこまで迫っているのか，持続可能な開発に向けて順調に歩んでいるのかを判断するための指標の開発がいくつか試みられてきた。例えば，1990年代にカナダのブリティッシュ・コロンビア大学の研究グループによって開発されたエコロジカル・フットプリント（EF：Ecological Footprint）や，最近では，国連大学等が開発してリオ＋20に提出されたIWI（包括的豊かさ指標：Inclusive Wealth Index）がある。EFは，地球の生物的生産能力（バイオキャパシティ（BC：Biocapacity））を環境容量と考え，人間活動の地球負荷がBCを上回っているかどうかを測ろうとするものである。IWIは，長期的な人工資本（機械，インフラ等），人的資本（教育やスキル），自然資本（土地，森，石油，鉱物等）を含めた国の資産全体を数値化して評価し，各国の持続可能性を測ろうとするものである。

　EFは，人間の感性に訴えてわかりやすいこともあり，環境保全論や持続可能論でしばしば引用されてきた。2000年から世界自然保護基金（WWF）がホームページ上で隔年に公表するLiving Planet Report（LPR）には，毎回，更新された新しいデータに基づくEFの世界と各国の値が収録されている。EF及びBC算定の元になるデータ・パッケージは，現在ではGlobal Footprint NetworkのHPに公表され，ダウンロードもできる。最近のデータ・セットには，EFとBCの1961〜2014年の世界値の推移と，2014年の国別の値が収録されている。

　EFは，① 食料・林産物等の生物起源の資源を得るのに必要な，生物的生産力ある地球上の地域・水域の面積と，② 住宅・生産設備・道路などの社会インフラを配置するために必要な土地面積（生産能力阻害地），そして ③ 化石燃料の燃焼に伴って人為的に発生する二酸化炭素のうち，海に吸収されずに大気中に増加する分を吸収するのに必要な森林面積（仮想的に森林に換算した面積）を積み上げたものである。③は「炭素（carbon）」と命名されていて，化石燃料をバイオマスに置き換えた場合に必要な森林面積に相当する。

　また，①の生物起源の資源の生産に必要な生物生産力をもつ面積は，さらにア）作物栽培に必要な耕作地，イ）家畜飼育に必要な牧草地，ウ）水産資源の生育に必要な漁場及びエ）林産物の生育に必要な森林地の4つに区分される。

　一方，人間活動を支える地球のバイオキャパシティ（BC）は，農地，牧草地，森林，海面や内水面などの生物生産力の大きな土地の面積を，それぞれの土地利用区分ごとの生物生産力の全球平均的な値で重みづけして合算したものである。EFもBCも計測単位は面積（ha）であるが，生物生産力がある土地・水域面積に換算したことを示すためにgha（グローバルヘクタール）と命名されている。BCはバイオマスの生産技術の高まりや耕地面積の増減などによって年々変わる。1961年のBCは100億gha弱だったが，現在のBCは122億gha程度に増加した。これは地球の実表面積の約4分の1に相当する[(補注)]。

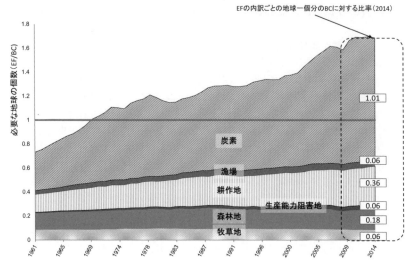

（出典）*National Footprint Accounts 2018 Edition*, Global Footprint Network

図 C2-1　エコロジカル・フットプリントが示唆する地球環境容量

　EF という指標が主張するのは，EF/BC が1以下であれば，地球の生物生産力の範囲内で持続的に食料や木材資源の利用が可能であるが，1を超えれば地球1個では賄いきれないということである。精緻な算定が行われていて，土地や水面の利用区分別に EF/BC が1を超えるかどうかといった分析もできるし，国別に EF を算定することも可能である。国別の EF の算定においては食料や工業製品の輸出・輸入を考慮できるように設計されている。また，EF を人間の活動の種類別（例えば，交通，食事，居住）に区分して算出することもできる。なお，国別の BC/EF の値は，その国の EF の自給率を示している。

　1961年から2014年までの世界の EF/BC の経年推移を示したのが図 C2-1 である。世界人口が BC の向上を上回る速度で増加しているため，1961年には3.13gha だった一人当たりの BC が，2014年には1.68gha まで減少した。一方，世界の EF の合計は1961年には約70億 gha だったが，2014年には206億 ghaへと三倍に増大した。この間，一人当たりの EF は2.29gha から2.84gha に増加している。世界の EF は1970年代初頭に地球1個分を超え，その後も増加し続けて2014年には EF/BC が1.69に増加した。今の世界の人間活動を支えるためには，地球約1.7個分の生物的生産能力が必要であるということになる。

　国別の EF の大きさは生物資源や化石エネルギーの消費量が大きいほど大きくなり，国の土地の広さや生物生産力によって BC にも大きな差がある。日本についてみると，2014年の一人当たり EF は4.7gha で，同年の BC は一人当たり0.6gha と算定されている。もし世界中が日本人並みに生物資源を使い，化石

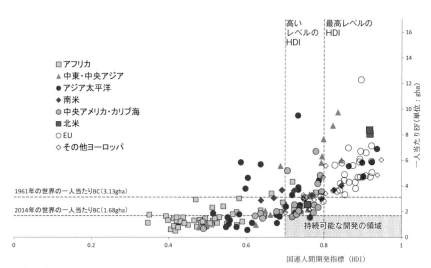

(出典) 一人当たり EF：*National Footprint Accounts 2018 Edition*, Global Footprint Network
人間開発指標：*Human Development Report*, UNDP 2016

**図 C2-2　世界の国々のエコロジカル・フットプリント（EF）
―人間開発指標（HDI）の分布（2014年）**

　燃料を多量に使用すれば，地球2.8個分が必要になる。また，日本の EF の自給率は13％と世界の国々の中でもかなり低い。日本以上に自給率が低いのは，都市国家のシンガポールや，国土の生物的生産能力が低いイスラエル，クエート，レバノン，サウジアラビアなどである。なお，先進国の中でも，米国・カナダ，豪州は飛びぬけて一人当たり EF が大きく，欧州と日本がその半分程度で同程度になる。中国の一人当たりの EF 値は近年急激に増大していて，2014年段階では3.7gha で日本の8割に迫っている。

　図 C2-1で EF の内訳をみると，二酸化炭素（CO_2）の吸収に必要な森林面積（「炭素」）が全体の6割と大きな比率を占め，これが地球一個分を超える理由になっている。どの先進国も一人当たり EF の大部分が「炭素」で占められており，米国・カナダが飛びぬけて大きく，日本と欧州諸国が同程度である。つまり，EF の全体傾向を支配するのはCO_2排出である。地球一個分では賄えないほどの過剰な人間活動のつけ（赤字分）が，大気中のCO_2濃度の毎年の上昇という形で表れていると解釈できる。

　EF に関する話題を二つ紹介したい。『成長の限界』には，その後の世界の成長をフォローアップした続編がある。1992年に出版された『限界を超えて』と2004年の『成長の限界―人類の選択』である。成長の限界の三部作を手掛けてきたデニス・メドウズらのグループは，2004年に出版した『成長の限界―人類の選択』の中で EF の算定結果を受容して，

　"成長の限界を世に問うた1972年の段階では，まだ，地球の環境容量には余裕があった。1992年段階には容量の限界を超えたが，まだ引き返せば間に合うと思っていた。ところが，その後もEFが増大して，人類の成長が制御不能に陥る危険性が増している。"
との趣旨を述べている。

　EFを用いた解析でもうひとつ明確なことは，国連開発計画（UNDP）が考案し国別数値を公表しているHDI（人間開発指標）と相関が強いことである。HDIは国民の寿命，GDP及び教育率という，比較的計測しやすい3つの指標を用いて，これを0～1の範囲で相対化して各国に当てはめたものである。0.8以上が世界でもっとも開発レベルが高い国々とされている。ちなみにわが国の現在のHDIは0.9である。EFとHDIを平面上にプロットしてみたのが図C2-2である。この図が示すように，人間開発の視点が生み出したHDIを十分に高め，環境保全の視点が生み出したEFを環境容量内に収め込むことを，ふたつながら実現できている国は，現在のところ存在しない。

　EFの算定方法と意味解釈の妥当性については，細かなことにこだわれば多くの議論や疑問もあるかもしれないが，環境側面から持続可能な社会との距離を測ろうとする場合，大きな啓発効果を持っている。

（補注）　BCとEFの算定方法は少しずつ改良されていて，詳細な算定方法を知るにはガイドブック（*Working Guidebook to the National Footprint Accounts*）に当たる必要がある。最新版のガイドブックは2016年版をアップデートしたもので2018年に公表されている。

第3章

わが国の環境政策の見取り図

3.1 環境政策の大まかな流れ

　わが国の公害の原点は，明治年間を含めれば足尾鉱毒事件になるが，戦後では 1956 年 5 月 1 日の水俣病の公式発見とされている。それより前の 1949 年には東京都が工場公害防止条例を全国に先駆けて制定していて，戦後 4 年にしてすでに東京の産業公害は深刻だった。水俣病，新潟水俣病，イタイイタイ病，四日市喘息（いわゆる四大公害）を始め，多くの激甚な産業公害の発生が政策の失敗によるものであることは，政府も認める歴史的事実である。

　「国土総合開発法」が制定されたのは 1950 年のことで，1955 年の経済白書に書かれた「もはや戦後ではない」は当時の流行語になり，わが国の経済は復興から成長へと進んだ。池田内閣が 1960 年に策定した所得倍増計画では工業開発が重視され，他の地域の開発の遅れを憂慮する声が高まった。このため，公共投資の配分の地域的偏りを是正する政策が検討され，1962 年に地域間の均衡ある発展を目指す「全国総合開発計画」が閣議了解されている。その後，日本列島改造論を掲げて 1972 年に発足した田中内閣のもとで，全国各地で大規模な開発計画が進められていく。太平洋ベルト地帯の工業開発によって日本経済をけん引する政策が著しい公害を生んだ一方で，都市部と中山間地域との格差を埋めようとする観光のための乱開発が，しばしば良好

な自然環境を破壊していった。

3.1.1　環境政策の２つのステージ

　1967年の「公害対策基本法」の制定と，1970年の公害国会での14本もの公害関係法令の制定や改正を経て，ようやく環境重視の政策基盤が確立された。翌1971年7月1日には，環境保全を一元的に担当する組織として環境庁が発足した。初年度の予算額は40億円弱，定員502名の小さな組織だった。わが国の環境政策の歴史は，水俣病の公式発見から起算すれば60年余り，環境庁の発足から起算すればおよそ半世紀である。ちょうどその真ん中あたり，1993年の「環境基本法」の制定を境に，環境政策の歴史は前半と後半に区分される。

（1）環境政策の歴史の前半

　環境政策の前半は，1992年までの公害対策基本法の時代で，とりわけ産業公害対策が進められた時期にあたる。1970年代には国民的な反公害・自然保護運動が高まった。環境庁は，発足間もない1971年8月に，懸案だった二つの案件に対して，新生環境政策を印象づける強い行政決定を下している。一つは，当時の大石環境庁長官が，水俣病の認定について，「疑わしきは認定して救済せよ」の方針を打ち出し，8月7日に熊本県知事らの認定申請棄却処分を取り消す裁決を下した。もう一つは，すでに5年前から始まっていた尾瀬自動車道路の建設工事の中止である。工事による自然破壊と工事完成後の利用者増による自然破壊への懸念から，工事中止を求める陳情を受けた大石長官が，現地視察を行った上で方針を固め，環境庁は8月27日に工事中止を閣議決定に持ち込んでいる。こうした発足当初の果敢な行動によって，環境庁は，当時の世論には歓迎される一方で，霞が関界隈では煙たい存在になり，経済界とは距離を置いて対峙する時期が続くことになる。

　環境庁が発足した当初は，公害対策と自然保護（国立公園・野生鳥獣保護・温泉行政）が政策の二本柱になった。そのほかに，農薬による環境汚染の防止のための農薬取締法に基づく一部の業務，廃棄物の最終処分に関する廃棄物処理法に基づく一部の業務といった，公害対策の延長線上にある環境の規

制基準づくりを所管することとされた。しかし，農薬行政の本体は旧農林省が，廃棄物行政の本体は旧厚生省が所管していて，環境庁に委ねられた業務はかなり限定的なものだった。

環境庁の発足以降，産業公害対策は急速に発展した。1970 年代には規制手法の細緻化が進み，例えば，硫黄酸化物（SOx）の K-値規制や総量規制など，多くの複雑な規制方式が実施された。また，公害健康被害者への補償制度の充実が図られた。水俣病等の水質汚濁系の公害病と，喘息等の大気汚染系の公害病の，両方についての患者の認定基準づくりと，大気汚染系疾病の認定患者の医療費・補償費に充てるための賦課金の徴収方式を案出する業務が，重要な行政課題になった。1973 年には「公害健康被害補償法」が制定されている。水俣病の補償問題は，大石長官によって広く患者を救済する方針が示されたものの，1977 年の通知で認定範囲が狭められたことや，申請者の増加によって認定作業が遅れるなど，多くの問題が生まれた。特に熊本水俣病では，認定を棄却された人々による訴訟が続発し，やがて国や熊本県の行政責任を追及する訴訟が 1980 年代から起こってきた。こうして水俣病問題は，環境政策の後半期に入っても収拾できない状況が続いてきた。

前半の環境政策には，基本理念の議論がなく，長期的な政策ビジョンを持てないまま，環境基準の設定と達成・維持を目標にして突き進んだ時代だった。1973 年に設定された，大気汚染に係る二酸化窒素（NO_2）の環境基準値（日平均値 0.02ppm 以下）は，達成が不可能なレベルとの批判があがり，1978 年に公衆衛生学の知見を裏打ちとして，0.04～0.06ppm のゾーン内以下と改定された。しかし，国民世論はこれを環境政策の後退と受け取り，環境庁にとっては改定 NO_2 環境基準を達成することが至上命令になった。また，石油危機以降に産業公害が沈静化したこともあり，経済・開発官庁の巻き返しと，産業界の規制緩和の要求が高まっていく。その中で，自動車排出ガス規制の分野では，欧米に先駆けて 1978 年に窒素酸化物（NOx）の厳しい規制を達成して「日本版マスキー法」の名で称賛され，公害対策の失敗の汚名をいささか返上した。

それから 10 年ほどの間に，SOx 汚染は顕著に改善され，ほとんどの地域で環境基準が達成された。ところが，大気汚染が改善されても「公害健康被害

補償法」に基づく指定地域を解除しない限り，大気汚染による公害病の認定患者が増加し続けるという，制度上の矛盾が生じた。事業者にとってはSOx排出量の削減対策を講じても，補償に充てるために徴収される賦課金額が増加する。このため，昭和年間の最後の1987〜1988年に一連の制度改正が行われ，指定地域がすべて解除されて，これ以降，新たに大気汚染による公害病患者は認定されなくなった。SOx汚染は十分改善されたものの，NOx及び浮遊粒子状物質（SPM）の環境基準が達成できず，そのために，健康被害への損害賠償と大気汚染物質の排出差止めを求める大気汚染訴訟が，大阪，名古屋，東京といった大都市で起こされていく。この一連の法廷闘争は，2007年の東京大気汚染訴訟の和解終結まで続くことになった。

　化学物質対策では，1971年に農薬取締法の改正によって農薬規制の強化が進み，DDTはじめ毒性の強い農薬の登録が失効して，次第に使用されなくなっていく。一般化学品に対しては，1973年に新規化学品の上市前の審査を義務付けた「化学物質の審査及び製造等の規制に関する法律」（化学物質審査規制法又は化審法）が制定されて，PCBの製造・輸入がまず禁止された。化審法は1986年の改正で，生物濃縮度が低い化学物質を規制対象に加えてすそ野を広げていく。

　一方，自然保護の分野では，自然環境保全の理念と基本方針を掲げて，自然環境の基本法的な性格をもつ「自然環境保全法」が1972年に制定された。翌1973年には自然環境保全基本方針が策定されて，原生自然地域，農林水産業が営まれる二次的な自然地域，都市地域の自然を，それぞれの地域にふさわしい姿で保全しようとする考え方が示された。自然環境保全基本方針はその後も改正されずにいまでも残っている。そこに盛り込まれた思想は，現在の生物多様性基本法に謳われた基本原則と非常に近いものであるが，策定当時は省庁間の壁を超えることができなかった。そのため，自然保護行政は，自然公園地域，自然環境保全地域，鳥獣保護区といった，特定の価値づけされた自然環境区域の保全にとどまっていた。

　わが国の環境政策の国際化はかなり遅れてきた。1972年のストックホルム会議前後に第一期の環境条約の採択ラッシュが起こったが，わが国の批准の動きは鈍く，1971年採択のラムサール条約と1973年採択のワシントン条

約（CITES）はともに 1975 年に国際的に発効したが，わが国が両条約を締結
したのは 1980 年である。CITES の受諾にあたって，国内での条約義務の履
行を担保する措置は，外国為替及び外国貿易管理法（外為法）に委ねる水際
規制のみで，絶滅危惧種を保全するための包括的な法律として，「絶滅のお
それのある野生動植物の種の保存に関する法律」が制定されたのは 1992 年
のことである。なお，世界遺産条約も批准が遅れてきた条約の一つである。
採択は 1972 年のことであるがわが国が締結したのは 1992 年で，屋久島と白
神山地が最初の世界自然遺産に登録されたのは 1993 年である。

　開発事業と環境保全との調整を図るツールとして 1970 年代の早い時期から
期待されてきた，環境影響評価（環境アセスメント）制度の法制化も遅れて
きた。1972 年 7 月の四日市公害裁判の判決で，事前に環境影響を総合的に
調査研究して立地を判断する注意義務を怠ったことが，被告企業の立地上の
過失とされたことを契機に制度の検討が始まった。

　国のレベルでは 1972 年に「各種公共事業に係る環境保全対策について」の
閣議了解がなされて以降，法制化が検討されてきた。しかし，一部の事業は
公有水面埋立法や港湾法などの個別法に基づいて，また，発電所の立地計画
については旧通産省の省議決定に基づいて環境アセスメントが行われ，整備
5 新幹線については旧運輸大臣通達によるなど，ばらばらに行われることに
なった。当時は，開発事業が目白押しの時代でもあり，事業実施の遅延を懸
念する事業官庁や産業界の強い抵抗で，環境影響評価法の制定は長らく頓挫
してきた。

　産業界からは，国民の意見を聴取するなどわが国の風土に馴染まない，と
いった意見も飛び出し，発電所の温排水の環境影響を客観的に評価できる方
法がない，といった技術論も絡めて反対の論陣を張った。旧建設省などの事
業官庁も，行政運用での実施はまだしも，法制化には反対の姿勢を貫いてき
た。旧環境庁は 1981 年に，環境影響評価法案の国会提出までこぎつけたが，
法案は採決されないまま，1983 年の衆議院解散に伴い審議未了で廃案になっ
ている。

　その代替措置として，翌 1984 年に「環境影響評価の実施について」と題す
る要綱が閣議決定され，これ以降，要綱に基づく変則的な環境アセスメント

（「要綱アセスメント」）が実施された期間がある。要綱アセスメントの対象事業は国が決定し又は国が許認可を行う事業（ダム，道路，飛行場，鉄道，埋立・干拓，工業団地等）で大規模なものとされ，民間事業である発電所は対象外とされた。一方，地方自治体では条例・要綱に基づく環境アセスメントが，国に先行して実施されてきた。そのため手続きに重複や不整合が生じるなど，環境アセスメントの現場はその後もさらに混乱することになった。

　地球環境保全への国際社会の取組は，1980 年代後半から急速に進み，環境関連の条約や議定書が相次いで採択され，第二期の環境条約ラッシュを迎える。わが国の環境政策が国際的な動向と並走するようになるのはこの時期からである。オゾン層保護のためのウィーン条約（1985 年採択）とモントリオール議定書（1987 年採択）を受けて，国内対応法として 1988 年にはフロン類の規制を行う「オゾン層保護法」[21] が制定された。バーゼル条約の採択は 1989 年のことで，地球サミット開催直前，1992 年 5 月に国際的に発効した。わが国が国内対応法（いわゆる「バーゼル法」[22]）を制定して条約に加盟したのは翌 1993 年のことである。

　同じころ，1988 年には IPCC が発足して 1989 年には気候変動枠組条約（UNFCCC）の交渉が開始された。世界が 1992 年の地球サミットに向けた準備を急速に進める中で，わが国の環境政策も，古い時代の公害防止と自然保護から脱皮して，経済大国にふさわしい国際貢献を果たしながら地球環境保全に取組むための改革が求められていくことになる。

　政府は，1989 年 5 月に「地球環境保全に関する関係閣僚会議」を設置し，同年 7 月には環境庁長官に特命事項として「地球環境問題担当」の辞令が発せられ，形の上では全省庁が一体的に地球環境問題に対応する体制が作られた。環境庁長官／環境大臣が，地球環境問題担当大臣を発令されたのは，1989 年 7 月の宇野内閣から 2008 年 8 月の福田内閣までであり，地球環境問題に特に政治的関心が高まった時期だったことを象徴している。

21）　正式な法律名は「特定物質の規制等によるオゾン層の保護に関する法律」。
22）　正式な法律名は「特定有害廃棄物等の輸出入等の規制に関する法律」。

（2）環境政策の歴史の後半

地球サミットの翌年の 1993 年に「環境基本法」が制定された。環境基本法の基本理念には「環境保全が損なわれるおそれが生じていることに鑑み」（第 3条）との認識が掲げられ，地球環境システムの恒常性の維持が難しくなっていることへの懸念が反映された。環境基本法は，今日みるような環境政策の課題の大方を視野におさめて歩み始めることになった。これ以降が環境政策の歴史の後半である。

環境基本法のもとに，地球環境の保全が環境政策の守備範囲として明確に位置付けられた。1997 年の京都議定書の採択を受けて，翌 1998 年には「地球温暖化対策推進法」が制定された。2001 年の中央省庁再編に伴って環境庁が環境省に組織替えされた際に任務が再整理され，「地球環境保全，公害の防止，自然環境の保護及び整備その他の環境の保全（良好な環境の創出を含む。）を図ることを任務とする」（環境省設置法第 3 条）とされた。所掌事務のうち，廃棄物対策，公害規制，自然環境保全，野生動植物保護等については自ら一元的に実施する（専管事項）とともに，地球温暖化，オゾン層保護，リサイクル対策，化学物質対策，海洋汚染防止，森林・緑地・河川・湖沼の保全，環境影響評価等の施策を他の府省と共同して実施する（共管事項）ことになった。また，環境基本計画などを通じ政府全体の環境政策の企画・立案・調整を図るほか，環境大臣は，関係行政機関の長に対し，環境の保全に関する基本的な政策に関する重要事項について勧告する権限を有する。こうして，環境政策は環境基本法とそれに基づく環境基本計画の下に，ビジョンと目標を掲げて推進される時代に入っていく。

しかし，重要な政策ビジョンの一つである低炭素化社会の形成については，京都議定書の第一約束期間（2008〜2012 年）の目標を，森林吸収と京都メカニズムクレジットの活用というバーチャルな方法で達成したものの，国内の温室効果ガス（GHG）排出量の削減は進まなかった。その間，2011 年 3 月に発生した東日本大震災と福島第一原発事故は，わが国の地球温暖化対策の切り札だった原発推進政策に修正を迫り，それ以降の世論を被災地復興支援と脱原発に向かわせた。その結果，民主党政権下の 2012 年の夏から秋にかけて，長年の懸案だった再生可能エネルギーの導入を促進するための固定価格買取

制度（FIT）と地球温暖化対策税が実現されるいう進展があった。

　環境基本法の制定に際して，環境の保全に関する基本的施策の一つとして同法第 20 条に環境影響評価の推進が明記され，再び環境影響評価の法制度化の議論が関係省庁の間で進むことになった。この時期までに，都道府県・政令市の大部分が条例もしくは要綱を制定して，独自の環境アセスメントが実施され，国の行政指導ではすでに統率できない状況に陥っていた。環境アセスメント制度のあり方について，中央環境審議会への諮問が行われたのは，1996 年 8 月であるが，それは環境庁長官からではなく，政府一体の姿勢を堅持し答申に重みを増すために，当時の橋本内閣総理大臣が諮問する形をとっている。

　この段階でも，なお産業界からは規制緩和の時代にそぐわない，発電所を法対象事業にすることは反対などの抵抗が続いたが，ともかく，1997 年 2 月には中央環境審議会の答申が出された。答申では，「法律による制度が必要であること」，「環境基準等の行政目標をクリアするにとどまらず，環境影響をできる限り回避し低減する観点から評価するべきこと」，そして，住民等の関与の位置づけについては，「環境を配慮した合理的な意思決定のための情報交流を促進する手段であって，政府の意思決定そのものに住民等が参加する制度ではないこと」などが記され，政府内で法制化が合意されるとともに，法律の基本的な性格が規定された。この答申に沿って，1997 年に「環境影響評価法」が制定され，1999 年に完全施行された。最終的には発電所建設も対象事業とされている。こうして，わが国の環境アセスメントは，OECD 諸国中もっとも遅れて法制化された。

　公害行政はといえば，環境政策の前半の産業公害対策中心の時代から，都市生活公害対策に重点が移ってからは，改善がはかばかしくなく苦戦が続いてきた。しかし，2010 年以降になって改善の傾向が見えてきている。大気系では自動車一台当たりの排ガス量を規制する単体規制の段階的な強化に加えて，1992 年には「自動車 NOx 法」が制定され，首都圏と関西圏に総合的な自動車排出ガス低減対策が導入された。2001 年には粒子状物質（PM）対策を加えた「自動車から排出される窒素酸化物および粒子状物質の特定地域における総量の削減等に関する特別措置法（自動車 NOx・PM 法）」に改正され，中京圏も対象地域に加えられた。東京都の「ディーゼル NO 作戦」の効果も

あいまって，2010年以降はNOx-SPMの環境基準の達成率が顕著に向上している。また，水質汚濁対策の分野で残された課題になってきた内湾・湖沼（閉鎖性水域）での富栄養化は，瀬戸内海などで改善がみられるようになった。

化学物質対策では，ダイオキシン汚染問題に加えて，内分泌かく乱化学物質（いわゆる環境ホルモン）による環境汚染への懸念が高まり，社会不安が起こった。1999年には「ダイオキシン類対策特別措置法」と，「化学物質排出把握管理促進法」（PRTR法）が制定されている。2003年以降，2009年及び2017年に化審法が改正され，人の健康影響だけでなく生態影響の防止を視野に入れ，既存化学品を含めたリスク評価が実施されるなど，審査の充実が図られてきた。また，第2章で触れたPIC条約，POPs条約，水銀に関する水俣条約に基づく締約国の義務が，国内の化学物質対策に織り込まれて，化学物質対策は充実してきた。

1991年にバブル経済が崩壊してから，大量生産・大量消費・大量廃棄型の物質・エネルギー消費，都市建設及びライフスタイルに批判的な風潮が生まれた。発生する廃棄物をひたすら処理するそれまでの行政から，廃棄物の発生を抑制し，資源循環を促進しようとする政策への転換がこの時期に始まった。それは1991年の廃棄物処理法の改正で，目的規定に「廃棄物の排出を抑制」と「分別」「再生」の文字が加えられたことに象徴される。それ以降，廃棄物行政は廃棄物・リサイクル政策，循環型社会政策または3R政策などと呼ばれるようになった。

この政策が，循環資源市場に経済的なインセンティブを与え，資源循環ビジネスを育成しながら発展してきた。法制的には2000年に制定された「循環型社会形成推進基本法」を中核にして，従来からの廃棄物処理法に，1991年制定の「再生資源の利用の促進に関する法律」，1995年から2012年にかけて制定された「容器包装リサイクル法」[23]を始めとする6本の個別リサイクル法，そして，2000年制定のいわゆる「グリーン購入法」[24]による環境物品の購買促進策をあわせて，循環型社会形成のための法律群ができあがった。

自然共生社会を目指す自然保護の分野では，生物多様性の保全と持続的な利用への国際的な取組が強化され，生態系サービスの低下が国内でも様々な

---

23) 正式な法律名は「容器包装に係る分別収集及び再商品化の促進に関する法律」。
24) 正式な法律名は「国等による環境物品等の調達の推進等に関する法律」。

形で顕在化する中で，2000 年以降急速に進展してきた。それは法制度整備を追ってみるとよくわかる。失われた良好な自然の再生の基本理念を定め，自然再生施策を総合的に推進することを目的とする「自然再生推進法」(2002年)，カルタヘナ議定書に対応して，遺伝子組換え生物による生態系影響を予防するために制定された「カルタヘナ法」(2003 年)[25]，外来種による生態系攪乱を防止するための「特定外来生物による生態系等に係る被害の防止に関する法律」(2004 年)，そして「エコツーリズム推進法」(2007 年) といった具合に，多彩な方面で法制化が進んでいる。

　また，2008 年に「生物多様性基本法」が制定されたのを契機に，2009 年には「生物多様性の確保」が自然公園法と自然環境保全法の目的規定に追加され，生物多様性の確保は自然保護政策の最上位の理念に据えられることになった。そうした流れが，生態系サービスの多面的な恵沢に依存する他の政策分野との横のつながりを生むことになり，農林水産行政，文化行政，河川，海岸等の国土開発行政にも影響を及ぼしている。2010 年に名古屋で開催された生物多様性条約の第 10 回締約国会議 (COP10) で，議長国として「名古屋議定書」と「愛知目標」を採択に導いたのは日本の大きな国際環境貢献の一つである。

　その他，2000 年以降の政策の発展の方向として目立つのは，環境意識と行動の国民的な高揚を図るためのソフトな法令の整備が行われたことである。「環境教育促進法」(2003 年制定：2011 年改正)[26]，独立行政法人等の政府系機関に環境報告書の作成・評価及び公表を義務付けるなどを規定して，環境マネジメントの促進を目指した「環境配慮活動促進法」(2004 年)[27]，そして国等の契約において温室効果ガス排出の削減への配慮を促す「環境配慮契約法」(2007 年)[28] がある。

---

25)　正式な法律名は「遺伝子組換え生物等の使用等に規制による生物の多様性の確保に関する法律」。

26)　現在の正式な法律名は「環境教育等による環境保全の取組の促進に関する法律」。なお，2003 年制定当初の法律名は「環境の保全のための意欲の増進及び環境教育の推進に関する法律」。

27)　正式な法律名は「環境情報の提供の促進等による特定事業者等の環境に配慮した事業活動の促進に関する法律」。

28)　正式な法律名は「国等における温室効果ガス等の排出の削減に配慮した契約の推進に関する法律」。

　2011 年 3 月の東日本大震災に伴う福島第一原発事故の発生によって，エネルギー政策の躓きを環境政策がカバーするという図式が案出され，環境政策の体系に大改編がおこった。環境省設置法第 3 条の任務に，「原子力の研究，開発及び利用における安全の確保」が追加され，第 4 条の所掌事務に，「原子炉の運転等に起因する事故により放出された放射性物質による環境の汚染への対処に関する」事務が加えられて，「放射性物質汚染対処特別措置法」[29)] に基づく除染，放射性物質で汚染された廃棄物の処理も環境政策が担うこととなった。さらに，国家行政組織法第 3 条第 2 項に規定する委員会として原子力規制委員会が発足し，環境省の外局になった。

　これにも関連して，ある一連の法改正が行われている。環境政策の発足以来，放射性物質による大気，水質，土壌の汚染防止の措置は原子力基本法その他の関係法令に委ねるとして，環境基本法，循環基本法をはじめ環境関係法令に，適用除外の規定が置かれていた。ところが，震災後の 2012 年に環境基本法，循環基本法が改正されて，この適用除外規定が削除された。次いで 2013 年には，大気汚染防止法，水質汚濁防止法，環境影響評価法，南極地域の環境の保護に関する法律についても，一括法によって同様に除外規定が削除されている。これに伴い，大気汚染防止法と水質汚濁防止法では，放射性物質による大気汚染及び水質汚濁に係る常時監視の規定が加えられ，2014 年度から常時監視が開始された。環境影響評価法と南極地域の環境の保護に関する法律については，環境アセスメントの評価項目に一般環境中の放射性物質が追加された[30)]。しかし，この改正の政策効果はいまだに見定め難い。

　東日本大震災から丸 8 年が経ったいま，放射性物質で汚染された廃棄物と除染から出た汚染土の処理の応急手当の任務は終えたものの，環境政策はこ

---

29)　正式な法律名は，「平成二十三年三月十一日に発生した東北地方太平洋沖地震に伴う原子力発電所の事故により放出された放射性物質による環境の汚染への対処に関する特別措置法」。
30)　放射性物質を取り扱う病院や研究所，核燃原料関連施設，福島第一原発事故に伴う放射性物質で汚染された廃棄物の最終処分，除染事業については別の法律で対処することとされている。このため実際に環境アセスメントの対象になるのは過去の放射性物質の廃棄，漏洩による汚染の可能性がある場所での開発事業である（環境省「環境影響評価技術ガイド（放射性物質）」2015 年）。

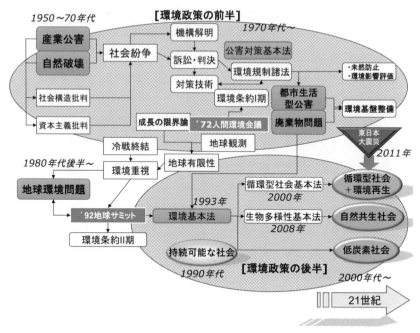

図3-1　わが国の環境問題と環境政策の軌跡

れからも被災地の環境再生という重い業務を引き続き担っていく。

　以上の半世紀にわたる環境政策の軌跡の概略と，そこに作用してきた内外の事情を模式的に示すと図3-1のようになる。

　なお，参考までに付記すると，2018年度段階の環境省の機構は，内部部局が大臣官房と4局（地球環境局，水・大気環境局，自然環境局及び環境再生・資源循環局）・1部（環境保健部）のほか，総合環境政策統括官グループが1局に相当する組織をなしている。地方事務所として北海道・東北・関東・中部・近畿・中国四国・九州の基幹7か所のほかに，東日本大震災後の再生・復興を担うために，特別に福島地方環境事務所が置かれている。施設等機関として環境調査研修所がおかれ，その中に国立水俣病総合研究センター（熊本県水俣市）がある。また，外局である原子力規制委員会の事務局として原子力規制庁がある。職員総数は約3,100人（うち原子力規制庁が約1,000人）である。

3.1.2　環境政策の5つの分野と横断的な手法

　環境問題への気づきと，前節までにみてきたような時間経過を経て，環境政策の守備範囲は格段に拡がり，現在のわが国の環境政策のスコープはというと，図3-2に示したような5つの分野と分野横断的な政策手法として描くことができそうである。3.1.1で述べてきた政策の発展経過の記述とやや重複する部分もあるが，ここで環境政策の主要な分野と横断的な手法について簡単に整理しておきたい。

（1）公害対策

　水俣病問題を原点とする公害対策は，政策の失敗への反省から，経済成長との妥協を許さない厳格な排出規制を建前にして進められてきた。公害対策の中心課題である大気汚染と水質汚濁防止に関しては第4章で詳しく触れるが，公害対策の基本的なパターンは，環境保全上維持されることが望ましい環境の質として「環境基準」を設定し，それを達成・維持するために，汚染物質の排出規制や工場の敷地境界線上での騒音レベルの規制を実施するというものである。当初の規制体系は産業公害の中でも点源（工場・事業場）から排出される大気汚染物質や水質汚濁物質への対処を前提にしていたために，

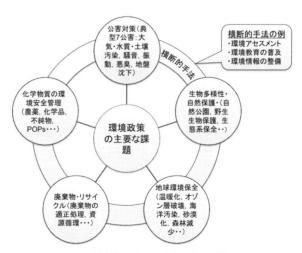

図3-2　環境政策の5つの分野と横断的手法

重点課題が産業公害から都市生活型公害にシフトするなかで規制体系の改造が進められてきた。大気汚染及び水質汚濁防止対策の領域では，規制対象項目のすそ野が広がるとともに規制手法も変化し，厳格なものから事業者の自主取組を重んじた柔軟性をもつものまで多様になってきている。

（2）化学物質対策

化学物質対策の歴史は，1962 年にレイチェル・カーソンが著した『沈黙の春』で指摘された，農薬の過剰使用への懸念から始まった。わが国でも 1960 年代には農薬の安全性の確保が重要な課題となった。一般化学品の中で最初に浮上した問題は，1970 年代初めの PCB 汚染である。第 5 章で触れるように，化学物質対策の基本形は環境リスク評価と環境リスク管理と呼ばれる手法で，化学物質の使用がもたらす社会的効用と環境影響の防止をバランスさせるという考え方に立っている。OECD の環境保健安全プログラム（EHS）を中心に，化学物質の有害性評価や環境リスク評価の方法を国際共通化する努力も重ねられてきた。

現在の農薬及び一般化学品の製造・流通・使用・廃棄を通じた環境安全管理は，農薬取締法，化学物質審査規制法及び化学物質排出把握管理促進法（PRTR 法）の三本の法律を軸に進められているほか，大気汚染や水質汚濁等の公害対策の領域と廃棄物対策の領域でも規制対象物質の範囲が拡大され，環境政策の 3 分野間で相互補完的に行われている。

（3）廃棄物・リサイクル対策

廃棄物処理は，戦後まもない時期には清掃行政として家庭ごみとし尿（一般廃棄物）の処理からスタートした。高度経済成長とともに事業活動に伴って発生する産業廃棄物処理への対応が重要な課題となった。産業廃棄物の不適切な処理や不法投棄による環境汚染の防止は公害とも隣り合わせの問題になってきた。廃棄物対策は，廃棄物焼却場や最終処分場などの社会インフラ整備の顔も持っているが，これらは市民が近隣への立地を忌避する施設（NIMBY）でもある。加えて，わが国は狭い国土に多くの人口を抱えているため，最終処分場がひっ迫する状況が長らく続いてきた。廃棄物処理の行き詰まりを打

破するとともに，有限な資源の持続可能な利用を促進するという政策的な論理を添えて，1990年代以降は廃棄物対策と資源リサイクル対策を統合した，循環型社会形成のための政策が開始された。また，東日本大震災以降も，地震や風水害の被害が多発し，自然災害に伴って発生する災害廃棄物対策の充実も重い業務である。第6章で詳しくみていくことにする。

（4）生物多様性・自然保護対策

　自然保護政策は当初は国立公園，自然環境保全地域といった，傑出した自然景観地の保護と適正利用を主な政策課題としていた。環境基本法の制定に伴って同法第14条第2項で「森林，農地，水辺地等における多様な自然環境が地域の自然的社会的条件に応じて体系的に保全されること」，第14条第3項で「人と自然との豊かな触れ合いが保たれること」が施策の指針として明示されて以降，国際条約の整備と相まって大いに発展してきた。

　現在では，絶滅危惧種の保護，鳥獣の適正な管理，サンゴ礁などの脆弱な生態系の保全，海域の干潟・藻場の保全など多面的な自然・生態系の保全及び適正な利用を所管して，「自然共生社会形成」と呼ばれ，低炭素社会形成及び循環型社会形成と並んで環境政策の3本柱の一つに位置付けられてきた。

　なお，自然保護・生物多様性に関する環境政策には，人間の原風景としての自然造形美への憧憬，畏敬あるいは慈しみといった内発的な動機が強く作用するため，科学的論理や社会的合理性を前面に押し立てて進められる他の環境政策とは，やや性格を異にする面がある。

（5）地球環境保全対策

　地球環境保全は環境政策の5つ目の分野である。環境基本法第2条では，地球環境問題とは「地球全体または広範な部分の環境に影響を及ぼす事態」と定義されていて，例示として地球温暖化，オゾン層の破壊，海洋の汚染，野生生物の種の減少が挙がっている。そのほかにも，第2章の図2-2に示したように，有害廃棄物の越境移動，酸性雨，熱帯雨林の減少，砂漠化などは地球環境問題とされている。

　地球環境保全は，環境条約や議定書等の国際法の枠組の中で，誠実に締約

国の責務を果たすことを基本として推進されてきた。また，環境基本法第5条では，わが国の経済力や科学技術力に相応しいレベルで国際社会に貢献することによって行われるものとされている。国際貢献の具体策としては，政府開発援助（ODA）を通じて途上国の環境保全の取組を支援するほか，国連環境計画（UNEP）への拠出，5つの環境関連条約[31]の資金メカニズムである「地球環境ファシリティ」（GEF）や気候変動対策に特化した資金メカニズムである「緑の気候基金」（GCF：Green Climate Fund）への拠出などが重要な施策である。地球環境問題のうち，気候変動（地球温暖化）の科学と政策に関しては第7章で詳しく触れる。

（6）横断的な手法：環境アセスメントと環境教育

　環境政策の課題からみれば，以上のような5分野に分けられるが，分野に横断的に機能する環境政策の「手法」も，環境政策論にしばしば登場する重要な論点である。環境基本法に基づく環境基本計画でも，環境政策の手法は環境原則とともに毎回取り上げられてきている（コラム3参照）。

　政策手法に関する当初の議論は，規制的手法は公害対策としてはふさわしいが，地球温暖化対策にはカーボンプライシング（炭素の価格付け）などの経済的手法がより有効であるといった，政策課題の特性と手法とのマッチング論から始まったように記憶している。その後，地球環境保全や循環型社会政策の台頭で政策課題の範囲が広がったことと，公害対策分野ですら厳格な規制がそぐわないケースもあり，行政効率が悪いなどの欠陥が見えるようになって，環境政策の手法のメニューは多様化してきた。現在では，多くの手法を効果的に組み合わせてもっとも有効な政策を作る，ポリシーミックスが唱えられるようになった。

　規制的手法と経済的な手法のほかに，第2章でみたように，エコマークを始めとする環境ラベルや環境認証制度など，環境情報を普及することで環境保全を推進する手法は，情報的手法と呼ばれている。政府・地方公共団体の

---

31)　5つの条約は，気候変動枠組条約，生物多様性条約，砂漠化対処条約，POPs条約，水銀に関する水俣条約。

普及啓発活動もこれに含まれる。また，政府の指示や介入を受けずに，企業が環境保全行動を自主的に進める手法も，自主的取組とよばれて，いまではれっきとした環境政策の手法に加えられている。日本経団連の自主行動計画（コラム9参照），個別企業の環境マネジメント取組，環境レポートの作成・公表などがその例である。

各種の横断的手法の中でも，もっとも重要な環境政策の手法の一つとされてきたものに，環境影響評価（環境アセスメント）制度と，環境教育の促進がある。環境アセスメントは，手法の分類からすれば手続的手法の一つであるが，長い紆余曲折を経て法制化されたことからみても，環境クロニクルの中で特別な存在である。環境アセスメントの制度化の経過は，一章を割いて論じるほどの価値があるものであるが，本書の構成上，他に適当な配置場所がないので，ややすわりは悪いが本節で触れることにしたい。なお，本節では，環境教育の促進についても併せて触れておきたい。

ア）環境影響評価（環境アセスメント）と SEA（戦略的環境アセスメント）

環境影響評価（環境アセスメント：EIA：Environmental Impact Assessment）の起こりは，1969年に制定された米国の国家環境政策法（NEPA：National Environment Policy Act）にある。NEPAでは，連邦政府が提案する政策立案や計画策定や事業の実施が，環境に重大な影響を及ぼすことがないか検討するために，計画・事業の代替案を含む環境影響報告書（EIS：Environmental Impact Statement）を作成し，国民に公表することを義務付けている。環境規制の基準を設定してそれに合致させるという手法とは違い，一定の手続きを踏むことを通じて，環境保全への配慮を高めようとする法的な手法である[32]。

環境アセスメントは環境保全のための国内制度であるだけでなく，国際法

---

32) 環境の話題にはしばしば「アセスメント」という用語が登場する。第2章で紹介したLCA（ライフサイクルアセスメント），第5章で述べる環境リスク・アセスメント（環境リスク評価）のほか，わが国の環境政策上は位置づけられていないが，新しい技術が社会にもたらす良い影響，悪い影響を評価するテクノロジーアセスメントという概念もある。その他，個別法に基づいて許可が必要な事業について行われる環境アセスメントがいくつかある。例えば，瀬戸内海環境保全特別措置法に基づいて，瀬戸内海に排水を排出する施設の設置許可に先立って行われるもの，廃棄物処理法に基づいて，廃棄物処理施設・最終処分場の設置許可に先立って行われるもの，海洋汚染防止法に基づいて，CCSや船舶からの廃棄物の海洋投入処分の許可に先立って行われるものである。

の文書等にも登場する。1972年の国連人間環境宣言では，「各国は，自国の活動が他国又は国家の管轄権の範囲を越えた地域の環境に損害を与えないよう措置する責務を負う」（第21原則：環境に対する国の権利と責任）とされ，1992年のリオ宣言でも，第2原則にこれと同趣旨が掲げられたほか，第17原則には「環境影響評価は，国の手段として，環境に重大な悪影響を及ぼすかもしれず，かつ権限のある国家機関の決定に服す活動に対して実施されなければならない。」とされた。さらに，アジェンダ21では森林保護，大気環境，エネルギー利用，生物多様性，有害物質管理等の各章で，環境影響評価の実施が言及されている。

　1970年代にはフランスと韓国で法律に基づく環境アセスメント制度が導入され，1985年にEC指令が発出されて以降は，欧州各国で法制化が加速した。途上国でも環境アセスメント制度の導入はかなり早い時期から進められてきたが，2003年には中国で戦略的環境アセスメントを含む制度が法制化されている。

　国際的，国内的な発達の系譜を整理すると次のような4つのカテゴリーに区分できる。① 1970年以降，先進国・途上国を問わず各国の国内制度としての整備が進み，② 1980年代からは世界銀行やOECDによって，途上国への開発援助事業における環境配慮ガイドラインが整備され[33]，③ 国際環境条約（国連海洋法条約，南極条約環境保護議定書，生物多様性条約等）における条約目的の達成の手段として組み込まれ，④ 国内の環境アセスメントの国境を越えた適用と，国家間連携を目的とした地域条約（北欧環境保護条約（1974年），ECE越境環境影響評価条約（エスポー条約，1991年）[34]）が採択されてきた。

　環境アセスメントの具体的な手続きや技術的な方法は国によって異なるものの，一般的には開発事業や計画等の実施に先立って，環境への影響を調査・

---

33)　わが国の国際協力機構（JICA）も，早い時期からガイドラインを策定してきたが，組織の統合等を経て現在では「国際協力機構環境社会配慮ガイドライン」(2010年) が策定されている。このガイドラインでは，事業実施段階の環境アセスメントとともに，マスタープラン段階で戦略的環境アセスメントを実施する方針が示されている。

34)　国連ヨーロッパ経済委員会（ECE）で1991年に採択されたエスポー条約の下に「戦略的環境影響評価に関する議定書（SEA議定書）」(2003) が採択され2010年に発効している。

予測し，代替案や環境保全対策を検討し，その検討過程を公表して，公衆参加のもとに事業に環境配慮を組み込むという一連の手続きである。

わが国の「環境影響評価法」では目的規定に，「土地の形状の変更，工作物の新設等の事業を行う事業者が，環境影響評価を行う際の適切・円滑な手続きを定め，環境影響評価の結果を事業内容に反映させる措置をとることによって，事業が環境保全に適正に配慮して行われることを確保する」と記されている。対象事業は，一定規模以上の道路や鉄道，飛行場や港湾といった交通インフラの整備，ダムの建設や湖沼開発事業，海面の埋立や干拓，工業団地や宅地造成などの面的な開発事業，発電所建設等であって，国の免許等が必要な事業，補助金・交付金等が交付される事業，独立行政法人が行う事業，国が自ら行う事業である。対象事業は規模によって二種類に区分され，環境アセスメントの実施を必須とする規模が大きい第一種事業と，事業計画を勘案して環境アセスメントを実施するか否かを個別に判断（スクリーニング）する第二種事業がある。

環境アセスメントの手続きは，ア）計画段階の環境配慮書[35]の作成，イ）スクリーニング作業，ウ）方法書の作成（スコーピング（個別の対象事業に応じて，環境影響の調査，予測，評価を実施すべき項目の絞り込み）），エ）環境影響についての調査・予測・評価・環境保全対策検討（環境影響評価の実施），オ）環境影響評価準備書の作成，カ）環境影響評価書の作成，キ）事業を実施した後の事後調査報告書の作成など，多段階の煩雑なものである。

また，それぞれの段階で，定められた方法によって，関係図書を関係都道府県知事・市町村長に送付して意見を聴き，また，1か月間公告・縦覧（方法書，準備書及び評価書はインターネットによる公表（電子縦覧）も義務化）するほか，説明会を開催して国民が意見を述べる機会が用意される。これらの意見を考慮して，最終的にカ）の環境影響評価書が作成される。

---

35) 環境影響評価法の第52条に適用除外規定が2つ置かれている。一つは計画段階の配慮書に関するもので「国の利害に重大な関係があり，かつ，災害発生その他特別の事情により緊急の実施を要すると認められる事業として政令で定めるものには適用しない」（法第52条第2項）とされている。もう一つは，災害時の復旧事業で一定の要件を満たす事業への環境アセスメント手続き全般への適用除外（法第52条第1項）である。

　この一連のプロセスの中で，計画段階の環境配慮書，方法書，環境影響評価書及び事後調査報告書に関しては，環境大臣が必要に応じて事業免許等を行う者に，環境保全上の意見を述べることができる。その場合，免許等を行う者は，環境大臣意見を踏まえて事業者に意見を述べる。そして，事業免許等の審査においては，環境アセスメントの結果を踏まえ，環境保全に適正な配慮がなされているかどうかを審査しなければならない旨が規定されている。

　1997年の法制定以降に行政課題になってきたのは，「戦略的環境アセスメント」（SEA：Strategic Environmental Assessment）の導入である。SEAは欧米で先行して導入が進められてきた制度で，環境に影響を与える個別事業の上位にある，政策（policy），計画（plan），プログラム（program）の3つの「P」に対して実施される環境アセスメントである。SEAは，政策決定や事業計画の早い段階で，環境への配慮を組み込む手段として重要と考えられてきた。わが国では，環境影響評価法の2011年の改正で，上述の環境アセスメント手続きのうち，計画段階の環境配慮書の作成が加えられ，それ以前の実施段階の環境アセスメントから計画段階へと若干引き上げている。しかし，環境アセスメントの多くの専門家は，この計画段階の配慮書作成の仕組みを，欧米諸国で導入されているSEAと同格とはみなしていない。また，環境省が作成した環境アセスメント制度を紹介するパンフレットでも，戦略的環境アセスメントという用語は使われていない。わが国の環境アセスメントの制度は，SEAの導入に関しても諸外国に比べて遅れをとっている。

　法律に基づく国の環境アセスメントとは別に，地方公共団体の条例や要綱に基づいて行われる環境アセスメントもある。すべての都道府県とほとんどの政令指定都市は環境アセスメントに関する条例をもっている。条例では，法対象以外の事業や法対象よりも小さな規模の事業が対象になることもあり，法律の規定にはない公聴会の開催を義務づけている例もある。

　地方公共団体の中には，国に先駆けてSEAをすでに導入したところがいくつかある。埼玉県はもっとも早く，2002年に「埼玉県戦略的環境影響評価実施要綱」を制定し，県が実施する事業を対象にSEAが行われてきた。この要綱では，環境に著しい影響を及ぼすおそれのある道路，鉄道，廃棄物処理施設などの計画等の案を作成する段階で，計画策定者が，社会経済面の効

果や環境面の影響を予測評価した内容を県民等に開示し，情報交流をすることにより，幅広く環境配慮のあり方を検討することを目指すとしている。環境側面に限らず，地域全体の持続可能な発展を図るためのツールと位置付けている点が重要である。

　これからわかるように，実施段階アセスメントよりも視野が広い SEA は，経済―社会―環境の三側面を調和させつつ持続可能な社会開発を進めるための手段である。もし，“環境が圧殺されない”という保証があるなら，SEA でことさら環境を掲げるべきではない。環境アセスメントの研究者が指摘するように，SEA から「環境」を削除して，持続可能アセスメント又は総合アセスメントといった名称で呼ぶのがふさわしい（原科，2011）。

　SEA はさておき，わが国の環境アセスメントの現場では，半世紀を経てもまだ開発と環境保全の板挟みから脱却できずにいる。国策に関わる重要案件で国民の間に鋭い意見対立がある案件の合意形成は，法律の位置づけから考えても，環境アセスメントが取り持てる性格のものではない。逆に，地域の合意が得られていて，環境影響がさして問題にならない案件の環境アセスメント手続きは，事業者にとっては無用の負担になる。いずれの場合も環境アセスメントは形骸化しアリバイづくりになりかねない。また，緊急に事業実施が必要な時にも環境アセスメントは邪魔られる。東日本大震災後の復興事業の環境アセスメントは，法令に基づいて手続きが簡素化された。無論これはやむを得ないことであるが，緊急時に厄介な代物になるのも，環境アセスメントが抱える本質的な属性の一つである。

　最近の環境アセスメントの話題として，風力発電事業がある。風力発電の立地計画が急増する中で，環境影響への懸念が高まり，2012 年 10 月から法の対象事業に加えられた。1 万 kW 以上の風力発電所が第一種事業，7,500 kW～1 万 kW の風力発電所が第二種事業である。その結果，現在では法に基づく環境アセスメントの対象事業の相当数が風力発電所である。良好な自然環境地域での立地計画も多いため，懸念される環境影響として野鳥が風車に衝突死するバードストライクや景観の悪化等がある（図 1-1 参照）。一方で，風力発電は温暖化対策のひとつの切り札でもあり，導入を急ぐ必要もある。環境省はアセスメントに必要な期間を，従来の 3 ～ 4 年から半減する方針を掲げ，

事業者に対する環境基礎情報の提供システム（EADAS）を整備し，環境的にセンシティブな地域であるかどうかをゾーニングして示して事業者のサイト選定を適正化するなどの努力を進めている。

イ）環境教育と持続可能な開発のための教育

　わが国の環境教育は1970年代に公害教育と自然保護教育を二本柱にして始まった。国際社会では，UNESCO（国連教育科学文化機関）を中心に環境教育が検討され，1975年にベオグラード憲章を採択して以降，環境教育の理念や方法について議論が重ねられてきた。21世紀に入ってからは，2005年から2014年までの10年間が「国連持続可能な開発のための教育の10年」（UNDESD）とされた。国際社会全体を見渡せば，初等教育すら満足に提供できない国々が多く存在しており，教育は持続可能な開発を実現するための重要で基礎的な要件である。そのため，環境教育ではなく「持続可能な開発のための教育」とされたものであろう。

　UNDESDを契機に，わが国では2003年に「環境の保全のための意欲の増進及び環境教育の推進に関する法律」が議員立法によって制定された。この法律は，2011年に「環境教育等による環境保全の取組の促進に関する法律」と名称が変更された。環境省は改正の背景として，①環境を軸とした成長を進める上で，環境保全活動や行政・企業・民間団体などの協働がますます重要になっていることと，②UNDESDの動きや，学校における環境教育の関心の高まりなどを踏まえ，自然との共生の哲学を活かし，人間性豊かな人づくりにつながる環境教育をなお一層充実させる必要があることを挙げている。主な改正内容として，法目的に協働取組の推進を追加し，基本理念の規定に生命を尊ぶことを掲げ，地方自治体による推進枠組みの具体化，学校教育における環境教育の充実，自然体験の機会の提供，NPO活動への国の支援等の規定が強化された。

　環境教育の促進は，環境への第3段階の気づきを進める上で重要なツールであることは間違いない。しかし，SEAと同様に，わが国では「環境教育」と「持続可能な開発のための教育」とが明確に整理されないまま歩んできたことは否めない。

3.2 環境保全の三つの基本法

「環境基本法」はいまでも環境政策を俯瞰するためのよい教科書になっている。環境基本法制定の議論は，1991年12月に，当時の環境庁長官から中央公害対策審議会及び自然環境保全審議会に「地球化時代の環境政策の在り方について」と題する諮問が行われて始まった。翌年に地球サミットを控えた時期で，地球環境問題の台頭や環境問題の複雑多様化を踏まえ，公害対策と自然環境保全を二本柱とする旧弊な環境政策を改革する必要性が認識された。その結果，環境基本法が1993年に制定され，地球サミットで定着した持続可能な開発の理念を織り込み，公害対策基本法（1967年制定）と自然環境保全法（1972年制定）の理念的な部分が統合された。さらに，地球環境保全を新たに環境政策の領域に含めるとともに，公害防止と優れた自然環境地域の保全という限られた範囲の環境政策から，よりよい生活環境と自然環境を創造するという，積極的な環境保全の姿勢が打ち出された。

当初の環境基本法の狙いのひとつは，「環境への負荷」の概念を導入して，公害対策と自然保護のほか，廃棄物対策や地球環境保全をも守備範囲に加えて，多様な政策手法で社会開発から生じる歪に対応することにあったと思われる。しかし，環境基本法の制定から7年後の2000年には「循環型社会形成推進基本法」（循環基本法）が制定され，さらに8年後の2008年には議員立法によって「生物多様性基本法」が制定された。環境基本法が上位の基本法であり，その基本理念の下に他の2つの基本法があるとされてはいるが，現在の環境政策は，"基本法のトロイカ体制"によって牽引されている。そして，環境政策の方針やビジョンはこれら3つの基本法と，そのもとに策定される基本計画の中に示されている。

3.2.1 環境基本法

第1章の総則では目的，用語の定義に関する規定に続いて，環境政策の3つの基本理念と国，地方公共団体，事業者，国民の環境保全への責務が包括

的に示されている。毎年6月5日を「環境の日」とし，「環境白書」[36] を毎年
国会に提出することも規定されている。

　目的規定には，「環境の保全について，基本理念を定め，並びに国，地方
公共団体，事業者及び国民の責務を明らかにするとともに，環境の保全に関
する施策の基本となる事項を定めることにより，環境の保全に関する施策を
総合的かつ計画的に推進し，もって現在及び将来の国民の健康で文化的な生
活の確保に寄与するとともに人類の福祉に貢献することを目的とする。」と
ある。また，環境の保全に関する三つの基本的な理念が，第3条〜第5条に
おいて以下のように記述されている。

① 　環境の恵沢の享受と継承（基本法第3条）：環境の保全は，環境を健全
　　で恵み豊かなものとして維持することが人間の健康で文化的な生活に欠
　　くことのできないものであること及び生態系が微妙な均衡を保つことに
　　よって成り立っており人類の存続の基盤である限りある環境が，人間の
　　活動による環境への負荷によって損なわれるおそれが生じてきているこ
　　とにかんがみ，現在及び将来の世代の人間が健全で恵み豊かな環境の恵
　　沢を享受するとともに人類の存続の基盤である環境が将来にわたって維
　　持されるように適切に行われなければならない。

② 　環境負荷の少ない持続的な発展が可能な社会の構築（同第4条）：環
　　境の保全は，社会経済活動その他の活動による環境への負荷をできる限
　　り低減することその他の環境の保全に関する行動がすべての者の公平な
　　役割分担の下に自主的かつ積極的に行われるようになることによって，
　　健全で恵み豊かな環境を維持しつつ，環境への負荷の少ない健全な経済
　　の発展を図りながら持続的に発展することができる社会が構築されるこ
　　とを旨とし，及び科学的知見の充実の下に環境の保全上の支障が未然に
　　防がれることを旨として，行われなければならない。

---

36)　環境に関する3本の基本法の全てに，政府が年次報告（白書）を国会に提出する規定
　　が置かれているために，現在「環境白書」と呼ばれるのは，環境白書，循環型社会白書
　　及び生物多様性白書の3つの白書が合本されたものという建前になっている。なお，循
　　環型社会白書は2001年度版から2006年度版までは単独で，2007年度版及び2008年度
　　版は環境白書との合本として刊行されていた。

③　国際的協調による地球環境保全の積極的な推進（同第5条）：地球環
　　境保全が人類共通の課題であるとともに国民の健康で文化的な生活を将
　　来にわたって確保する上での課題であること及び我が国の経済社会が国
　　際的な密接な相互依存関係の中で営まれていることにかんがみ，地球環
　　境保全は，我が国の能力を生かして，及び国際社会において我が国の占
　　める地位に応じて，国際的協調の下に積極的に推進されなければならな
　　い。

　次いで，第2章の環境の保全に関する基本的施策には，政策の基本骨格が
描き出されている。第1節に3項目の施策の指針（① 健康保護，生活環境保全
及び自然環境保全，② 生物の多様性の確保，③ 人と自然との豊かな触れ合いの保
持）をおき，第2節には，政府は「施策の総合的かつ計画的な推進を図るため」
の基本的な計画（「環境基本計画」）を定めるべきことを規定している。環境基
本計画は，1994年の第一次基本計画の策定以降6年ごとに改定され，2018年
には第五次基本計画が策定されている。第3節では公害対策の目標とされる
環境基準，第4節には特定地域の公害防止（「公害防止計画」の規定）がおかれ，
第5節には国が講ずる環境の保全のための施策等と題して，政策を進めるた
めの基本的な仕組み（政策手法）が列挙されている。第19条では国の施策の
策定と実施の全般に当たって環境の保全に配慮すること，第20条では環境
影響評価を推進するため必要な措置を講じるとの規定がある。前述のように，
環境影響評価は1997年に法制化された。

　以下，規制的手法，経済的措置，再生品の利用促進，環境保全に関する教
育・学習の振興，民間団体の自発的活動の促進や環境情報の提供，調査や環
境の状況の監視，科学技術振興，公害紛争処理と被害の救済などが網羅的に
織り込まれている。さらに第6節では地球環境保全における国際協力の進め
方の枠組や配慮についての規定，第7節以降では，地方自治体の施策，費用
負担についての規定もおかれている（表3-1参照）。

　ここで「環境への負荷」と「環境の保全上の支障」について特に触れてお
きたい。「環境」の法律上の定義を探しても，環境基本法には見当たらない。
定義されていない理由が『環境基本法の解説』（環境庁，1994）の逐条解説の
第1条（目的）の項で次のように説明されている。

表3-1　環境基本法第2章に示された環境保全の基本的な施策の概略

---

(1)　施策の策定に関する指針
　1) 人の健康保護，生活環境の保全，自然環境の適正な保全のため，環境の自然的構成要素が良好に保持されること
　2) 生物多様性，野生生物の種，森林，農地，水辺が地域の条件に応じて体系的に保全されること
　3) 人と自然との豊かな触れ合いが保たれること
(2)　環境基本計画（策定経過：1994年第一次環境基本計画策定，2000年第二次環境基本計画策定，2006年第三次環境基本計画策定，2012年第四次環境基本計画策定，2018年第五次環境基本計画策定）
(3)　環境基準（表現に若干変更はあるが旧公害対策基本法から継承したもの。）
(4)　特定地域の公害の防止（公害防止計画：地域主権改革に伴い，2011年から国が策定指示を行わず都道府県の自主性に委ねた。）
(5)　国が講じる環境保全の施策
　1) 国の施策の策定に当たっての環境配慮　2) 環境影響評価の推進　3) 環境保全上の支障防止のための規制　4) 環境保全上の支障防止のための経済的措置（負荷低減のための① 助成措置，② 経済的負担の措置）　5) 環境保全に関する施設の整備・事業の推進　6) 環境負荷が少ない製品の利用促進　7) 環境教育・学習　8) 民間団体の自発的な活動促進　9) 情報の提供　10) 調査の実施　11) 監視体制　12) 科学技術の振興　13) 公害紛争処理及び被害の救済
(6)　地球環境保全等に関する国際協力
　1) 地球環境保全に関する国際協力　2) 監視観測における国際協力　3) 地方自治体・民間団体の活動促進　4) 国際協力の実施にあたっての配慮
(7)　地方自治体の施策　国の施策に準じた施策，自然的社会的条件に応じた自治体の施策
(8)　費用負担
　1) 原因者負担　2) 受益者負担　3) 地方自治体の財政措置　4) 国と地方自治体の協力

　"「環境」，「環境の保全」といった用語は，そもそも包括的な概念を指すものであり，諸法令において，また，さまざまな文献において，多様な意味に用いられている。環境基本法の対象とする「環境」の範囲についても，環境施策に関する社会的ニーズや国民的意識の変化に伴って変遷していくものといえる。この点について，「環境基本法制のあり方について」の審議会[37] 答申においては，次のように記載されている。
　　環境基本法が対象とすべきいわゆる環境の範囲については，今日の内外の環境問題の国民的な認識を基礎とし，社会的ニーズに配慮しつつ，施策の対象として取り上げるべきものとすることが適当である。そもそ

---

[37]　この時期には「中央公害対策審議会」と「自然環境保全審議会」の二つの審議会がおかれていた。

も環境は包括的な概念であって，また，環境施策の範囲は，その時代の
社会的ニーズ，国民的意識の変化に的確に対応し，健康で文化的な生活
に不可欠な環境の保全のために必要な施策が講じられるようにすべきで
あること。

　こうした観点から，環境基本法制定の時点における「環境の保全」の考
え方を整理すれば，それは大気，水，土壌等の環境の自然的構成要素及び
それにより構成されるシステムに着目し，その保護及び整備を図ることに
よって，これを人にとって良好な状態に保持することを中心的な内容とす
るものであるということができる。"

　つまり，環境の範囲は時代とともに，社会の環境認識とともに変化してい
くものだから，「環境」の定義を置かないことにしたというのである。これ
では環境の議論のきっかけがなくなってしまいそうだが，環境基本法の第2
条に定義されている三つの用語を辿っていくと，環境問題と環境保全の概念
が浮かび上がってくる。

　定義されているのは「環境への負荷」と「地球環境保全」と「公害」の3
つの用語である。「環境の負荷」とは「人の活動により環境に加えられる影
響であって，環境の保全上の支障の原因となるおそれのあるものをいう。」とさ
れている。環境負荷という概念が興味深いのは，これを導入することで，公害
対策と自然環境保全という一見異なる政策課題を統一的な視点でとらえるこ
とを可能にし，廃棄物処理と循環型社会政策，国際的課題である地球環境問
題も加えて，現在の環境政策の守備範囲を矛盾なく説明できることである。

　具体的には以下のようなものが環境への負荷になる。人の活動は鉱物，化
石エネルギー，食糧，木材等の天然資源を採取して各種の生産活動を行い，
また，自然を改変して道路・港湾・空港などのインフラとオフィスビル・住
宅・商業施設などの都市施設を整備し，企業と行政は様々なサービスを提供
し，環境中に不要な物質や廃熱を排出している。こうした自然資源の投入，
その生産・加工・流通・消費，そして廃棄に至るまでの一連の活動が，日頃
から環境にさまざまな形で負荷を与える。例えば，環境への汚染物質の排出，
騒音や振動の発生，廃棄物の埋立空間の占有，土地の形状の変更，良好な自
然景観の改変，自然の動植物の損傷，温室効果ガス（GHG）の排出などはい

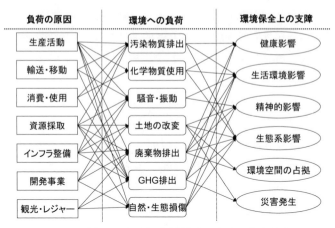

図3-3　環境への負荷と環境保全上の支障の関係（例）

ずれも環境への負荷である。環境への負荷の概念は，エコロジカル・フットプリント（EF）と似ているが，EFが生物生産力を基礎としているのに対して，環境の負荷には生物生産力に直接関係しない，大気汚染物質，騒音・振動といった物質やエネルギーのフローに関わるものもある（図3-3）。現在では環境保全に関する議論のあちらこちらで，「環境への負荷」や「環境負荷」の用語が頻繁に用いられるようになった。

　環境への負荷のすべてが環境政策上の問題になるわけではない。環境への負荷は，希釈拡散，吸収，減衰，遮蔽など物理化学及び生物的な作用によって回復される可能性がある。自然的な環境によって修復され，支障が生じない範囲内の環境負荷であれば，環境保全上の問題は発生しないということになる。過去に経験してきたような，四日市を始め工業都市・大都市で多くの人々が呼吸器疾患を患うほどの大気汚染が生じた段階が環境保全上の支障であり，閉鎖性水域の富栄養化によって淡水ではアオコ，海域では赤潮や青潮（貧酸素水塊）が発生して漁業被害を生じ，レクリエーション活動に悪影響が及べば支障である。アライグマやアルゼンチンアリなどの外来生物の侵入によって在来種の生態系のバランスが脅かされ，健康や生活環境に支障が及ぶこともある。これらは"環境への負荷が限度を超えて，環境の保全上の支障を生じている"例である。「環境の保全上の支障」は，環境保全のための規

制措置などを講じる目安になるレベルの環境の質的な劣化のことであるが，要すれば環境問題が生じている状況を意味する。

　環境への負荷とならんで環境基本法第2条で定義されている「公害」は，1967年に制定された公害対策基本法の定義をほぼそのまま継承していて，大気汚染等の典型7公害[38] を指すとしているが，環境基本法では「「公害」とは，環境の保全上の支障のうち，事業活動その他の人の活動に伴って生ずる相当範囲にわたる大気の汚染，水質の汚濁……（中略）……によって，人の健康又は生活環境に係る被害を生じること」としていて，環境上の支障の一部分であることを明示している。公害以外の環境保全上の支障としては，開発事業によって自然環境が劣化する場合や，必要な自然環境の整備がなされない場合などがある。人間活動は多かれ少なかれ，環境への負荷を伴いながら行われているが，国民の権利や義務を制限するほどの強い行政的対策が必要と判断される事態になった場合が“環境問題が発生している”ということになる。「環境への負荷」と「環境保全上の支障」の概念は，公害対策から廃棄物対策，自然環境保全，そして地球環境保全に至るまでのあらゆる形態の環境問題と環境保全を統合的に取り扱うことを可能にした点で重要である。

　ただし，環境政策は環境保全上の支障が生じたときのみ発動されるものではない。『環境基本法の解説』によれば，環境基本法では「環境保全上の支障の防止」と「環境の保全」とを区別している。環境の保全には，支障の防止にとどまらずに，環境基準を上回る良好な大気や水質や静謐さ，規制基準の目いっぱいまで環境汚染物質を排出せず，より環境負荷が少ない事業活動をすることが求められる。したがって，環境保全の政策には，環境保全上の支障を発生しないために人間活動を制限する政策と，それを超えた良好な環境を実現して維持するための政策がある。前者は公害規制法による規制が代表的な例であり，後者には環境教育や環境情報の提供による環境意識や環境行動の高揚，事業者の自主的な環境行動の励起，グリーン購入等の国や地方

---

38)　環境基本法第2条第3項の「公害」の定義は，およそ「環境の保全上の支障のうち，事業活動その他の人の活動に伴って生じる相当範囲にわたる大気の汚染，水質の汚濁，土壌の汚染，騒音，振動，地盤沈下及び悪臭によって，人の健康又は生活環境に係る被害を生じること。」とされている。

自治体による環境配慮行動の率先垂範，環境保全上の支障の発生を未然に防止するための科学技術の向上などが含まれうる。

なお，環境基本法の用語の定義のうち「地球環境保全」とは，「人の活動による地球全体の温暖化又はオゾン層の破壊の進行，海洋の汚染，野生生物の種の減少その他の地球の全体又はその広範な部分の環境に影響を及ぼす事態に係る環境の保全であって，人類の福祉に貢献するとともに国民の健康で文化的な生活の確保に寄与するものをいう。」とされている。

3.2.2　循環基本法と生物多様性基本法

環境政策の領域の3つの基本法には序列があり，環境基本法は最上位に位置する基本法である。循環基本法は「"環境基本法の基本理念にのっとり"，循環型社会の形成について基本原則を定める等により，循環型社会形成に関する施策を総合的かつ計画的に推進」することを目的に掲げる。生物多様性基本法は，「"環境基本法の理念にのっとり"，生物の多様性の保全及び持続可能な利用について基本原則を定める等により，生物の多様性の保全及び持続可能な利用に関する施策を総合的かつ計画的に推進」することを目的に掲げている。

（1）循環型社会形成推進基本法（循環基本法）の概要と背景事情

循環基本法と循環型社会づくり政策については，第6章で詳しく述べるので，ここでは循環基本法の概要だけにとどめたい。

循環基本法では，廃棄物の発生抑制と環境保全上適正な廃棄物の処理・処分が行われることを前提に，第7条で「循環資源の循環的な利用及び処分の基本原則」と題して，循環資源（廃棄物となったもののうち循環利用が技術的に可能な資源）の循環的な利用に際しての優先順位が示されている。優先順位は①廃棄物の減量，②再使用（リユース），③再生利用（リサイクル），④熱回収，⑤処分の5段階に設定され，技術的，経済的に可能な範囲で循環的な利用を進めるとの考え方を示している。また，第11条には，事業者の責務として製品，容器等が廃棄物となることを抑制し，循環的な利用を促進する措置を講じるなどを規定して，拡大生産者責任の考え方が盛り込まれている。

　資源の循環的な利用を促進する政策に舵を切った背景の一つに，廃棄物処理行政の行き詰まりがある。廃棄物の焼却施設の立地は以前から近隣住民の反対で難航するケースが多かったが，1980年代からはダイオキシン汚染への市民の不安がそれに拍車をかけた。また，国土が狭隘なために最終処分場を確保することもますます困難になっていた。廃棄物の発生量をできるだけ抑制し，廃棄物となった資源をできるだけ再使用又は再生利用して，天然資源の消費を抑制することの必要性が認知された。最初の動きとして，廃棄物処理法の目的規定に廃棄物の発生抑制，分別，再生を加える1991年の改定があり，同年に資源の再生利用の基本ルールを整理した「再生資源の利用の促進に関する法律」（再生資源利用促進法）が制定された[39]。これ以降，1995年に「容器包装リサイクル法」，1998年に「家電リサイクル法」が，2000年には循環型社会の理念的基礎と原則を示した「循環基本法」が制定されたほか，「建設リサイクル法」，「食品リサイクル法」，そして国が率先して再生品などを調達することを定めた「グリーン購入法」の4本の法律が制定されて，"循環型社会元年"と呼ばれるようになった。その後も，2002年に「自動車リサイクル法」が，2012年には「小型家電リサイクル法」が制定された。現在では，循環基本法のもとに廃棄物処理と循環型社会成のための法体系がピラミッドをなしている（図6-1参照）。

　環境基本法と同様に循環基本法にも「政府は施策の総合的かつ計画的な推進を図るための基本的な計画を定めなければならない」旨の規定が置かれていて，「循環型社会形成推進基本計画（循環型社会基本計画）」が策定されてきた。循環型社会基本計画は2003年に第一次基本計画が策定され，それ以降5年ごとに改定されて，2018年には第四次基本計画が策定された。第一次循環型社会基本計画では，わが国の物質フローをより循環型にするための3つの指標（資源生産性，資源の循環利用率，廃棄物の最終処分量）を導入するとともに，それらの指標が到達すべき目標年次と目標値を設定し，その達成に向けた施策を推進するという政策方針をとっている。

---

[39]　この法律は2000年に「資源の有効な利用の促進に関する法律」（資源有効利用促進法）に改正された。

(2) 生物多様性基本法の概要と背景事情

　現在みるような生物多様性の保全とその持続的な利用に関連する環境政策は，1992年に採択された生物多様性条約によって駆動されてきた。生物多様性条約は，熱帯雨林が急激に減少していること，人類活動の影響によって地球の生命にかつてないほど急速な種の絶滅が進行していること，人類の生存に欠かせない生物資源の消失への危機感などを動機としている。条約の目的には ① 生物多様性の保全，② 生物多様性の持続可能な利用のほか，③ 遺伝資源から得られる利益の公正かつ衡平な配分を掲げている。奥田（2014）によれば，生物多様性条約は当初，野生生物保護を目的とするワシントン条約やラムサール条約などの上位に立つ包括条約として提案されたが，法技術的に難しいことから，他の条約から独立した枠組条約とされた。

　わが国が生物多様性条約を締結したのは1993年5月であるが，条約が国際的に発効したのは1993年11月のことである。発効以降の締約国会議（COP）での交渉を経て，条約の下に3つの議定書が採択されてきた。条約採択当初からの懸案となってきた，遺伝子組換え生物（LMO）の使用による生態系への悪影響を回避するための措置については，カルタヘナで開催されたCOP特別会合（1999年）の2000年の再開会合（モントリオール）で，「カルタヘナ議定書」が採択された。また，遺伝資源へのアクセスの確保とその利用から生じた利益の衡平な配分（ABS：Access and Benefit-Sharing）に関する措置を定めた「名古屋議定書」と，遺伝子組換え生物が環境に放出されて損害が生じた際の対応措置を定めた「名古屋・クアラルンプール補足議定書」が，2010年に名古屋で開催されたCOP10で採択されている。また，生物多様性条約の第6条は締約国に「生物の多様性の保全及び持続可能な利用を目的とする国家的な戦略若しくは計画（「生物多様性国家戦略」）を策定する」ことを求めている。

　生物多様性条約では生物多様性を「すべての生物の間に違いがあること」と定義し，多様性には「生態系の多様性」，「種間の多様性」，そして「種内（遺伝子）の多様性」の3つのレベルがあると説明されている。現在の国家戦略である「生物多様性国家戦略2012-2020」によれば，生態系の多様性とは干潟，サンゴ礁，森林，湿原，河川などの構成要素が多様であることをさす。生態

系の多様性は，それぞれの地域の環境に応じて，時間をかけて形成されてきた。また，里地里山のように人為的な働きかけがあって形成された二次的な生態系もある。種間の多様性とは様々な動植物，菌類，バクテリアなどが生息していることで，地球上の生物種は 3,000 万種にものぼるといわれる。日本の国土は南北に長く複雑な地形をもち，湿潤で降雨量が多く四季の変化があるため，生物種は豊富で 9 万種以上が確認されており，固有種の比率が多いとされている。種内（遺伝子）の多様性は，同じ種であってもアサリの貝殻が個体によって異なり，メダカやサクラソウが地域によって集団の遺伝子が異なっていることなどをさす。そして，3 つのレベルの多様性が長い進化の歴史において受け継がれて，現在の個性ある多くの種類の生物をはぐくみ，しかもそれらが食物連鎖などの関係を通じてつながっている。地球環境を支える生物多様性は，人間を含む生命の長い歴史の中でつくられたもので，人間にとっての目下の利用価値と切り離して，それ自体に価値があり保全すべきという考え方が，生物多様性保全の根本におかれている。

　第 2 章で触れたように 2000〜2005 年にかけて国連主導で行われた「国連ミレニアム生態系評価」(2005 年) は，世界の生態系の損失が進んでいることを報告するとともに，生物多様性が人間社会にもたらす「生態系サービス（ecosystem service)」の概念を広く普及させることになった（図 2-1 参照)。

　生物多様性がわが国で重要な課題として認識されるようになったのは，1995 年に生物多様性国家戦略が初めて策定され，次いで 2002 年のヨハネスブルグ・サミットで生物多様性が主要議題の 1 つとなり，同年に新・国家戦略が策定された頃からである。これを機に「自然再生推進法」が制定され，環境省と他省との連携も進んでいく。さらに，2008 年に生物多様性条約の第 10 回締約国会議（COP10）が 2010 年に愛知県名古屋で開催されることが決定され，同年に生物多様性基本法が議員立法によって制定された。2008 年に制定された生物多様性基本法では，法目的に「生物多様性の保全と持続可能な利用の施策を総合的，計画的に推進して，豊かな生物多様性を保全し，その恵沢を将来にわたって享受できる自然と共生する社会の実現を図り，地球環境保全に寄与する」との趣旨が記されている。また，生物多様性の保全の基本原則を定めた第 3 条では，① 健康で恵み豊かな自然の維持が生物の多

様性の保全に欠くことができないものであり，野生生物の種が保存され多様な自然環境が地域の自然的社会的条件に応じて保全されるべきこと，② 社会経済活動によって生物の多様性が損なわれてきたことや自然資源の利用が生物の多様性に影響を及ぼすおそれがあるため，影響が回避され最小となるような国土及び自然資源を持続可能な方法で利用するべきこと，③ 生物多様性は微妙な均衡を保つことによって成り立っており，科学的に解明されていない事象が多いことと一度損なわれた多様性を再生することが困難であるため，多様性を保全する予防的な取組を行い，事業等の着手後にも状況変化を監視し，その結果を踏まえて順応的な取組方法で対応すべきこと，④ 生物多様性の保全と持続可能な利用は，生物多様性から長期的，継続的に多くの利益がもたらされることにかんがみ，長期的な観点から生態系等の保全・再生に努めることを旨とすること，⑤ 地球温暖化が生物の多様性に深刻な影響を及ぼすおそれがあるとともに，生物多様性の保全と持続的な利用が地球温暖化の防止に資するとの認識のもとに，生物の多様性の保全と持続的な利用を行うべきこと，といった原則を謳いあげている。

　生物多様性基本法では特に予防的な取組を重視していて，第25条では生物多様性に影響を与える事業計画の立案段階での環境影響評価を推進する旨が規定されている。2011年の環境影響評価法の改正で，計画段階での環境配慮書の作成手続きが加えられたのも，この規定の反映とされている。生物多様性基本法の制定によって，従来の自然保護，野生生物の保全に係る行政分野が，「生物多様性の確保」という概念の下に包摂された。そのことは2009年に自然環境保全法と自然公園法が改正され，目的規定に生物多様性の確保が強く位置づけられたことに表れている。その他，絶滅の危機に瀕する野生生物の保全法，自然再生法，外来生物法，カルタヘナ法，鳥獣保護法などの個別法も生物多様性を頂点とする「自然共生社会」形成に向けた政策の大きな領域を占めている。また，狭い意味での自然環境保全の分野だけでなく，森林法，漁業法等の農林水産行政，海岸法，河川法，国土利用計画法等の国土行政，都市公園法，都市計画法等の都市行政，古都保全法，文化財保護法等の文化行政といった広い政策分野で生物の多様性の確保が求められるようになった。

　生物多様性基本法の第11条では，政府が「生物多様性国家戦略」を定めな
ければならないとされ，第13条では都道府県及び市町村が「生物多様性地域
戦略」を定めるよう努めなければならないと規定された。生物多様性条約の
規定に基づいて1995年以降策定されてきた生物多様性国家戦略はこれ以降，
法定計画になり，環境基本計画及び循環型社会基本計画とともに現在では環
境政策のもっとも基本となる計画である。なお，2010年には「地域における
多様な主体の連携による生物多様性の保全のための活動の促進に関する法
律」が制定され，地方公共団体の「生物多様性地域戦略」を促進する仕組み
も用意されたことで，生物多様性の保全は市町村レベルにまで浸透してきた。
　2010年に愛知県名古屋市で開催されたCOP10では，前述の名古屋議定書
と，「戦略計画2011-2020」が採択され，主催国としてのわが国のリーダーシッ
プが高く評価された。「戦略計画2011-2020」は，2002年にCOP6で採択さ
れた「2010年までに生物多様性の損失速度を顕著に減少させる」とされて
いた2010年目標が達成できなかったことを受けた，後継目標を含む計画で
ある。戦略計画2011-2020は，2050年を目標年次として「自然と共生する世
界（a world of living in harmony with nature）」を実現すること，「生物多様性
が評価され，保全され，回復され，賢明に利用されて，生態系サービスが保
持され，健全な地球が維持される世界」を実現する長期目標と，生物多様性
の損失を止めるために2020年までに効果的で緊急の行動を実施するとして
5つの戦略目標と20の個別目標を盛り込んだ短期目標（通称「愛知目標」）か
らなっている。
　このように自然環境政策は，生物多様性条約にもとづく国際的な対応に同
期しながら，生物多様性基本法の目的規定に示された「自然との共生」を目
指して，2000年代後半以降に大きな政策ビジョンとして「自然共生社会」を
新たに形成した。

3.3　環境基本計画等にみる環境政策

　環境基本法に基づいて策定される「環境基本計画」は，環境保全の政策方
針に関する包括的な行政計画である。基本法が環境基本計画に定める事項と

して規定しているのは，① 環境保全に関する総合的で長期的な施策の大綱，
② その他，環境保全の施策の総合的で計画的な推進に必要な事項とされてい
て漠としたものである。最初の環境基本計画が閣議決定を経て策定されたの
は1994年のことで，その後は2000年，2006年，2012年，2018年と6年ごと
に改訂され，現在の環境基本計画は第五次計画である。一方，循環基本法に
基づく循環型社会基本計画は2003年に第一次計画が策定され，その後2008
年，2013年に改正され，2018年に第四次循環型社会基本計画が策定された。
生物多様性国家戦略は当初は生物多様性条約に基づいて1995年に策定され，
その後2002年と2007年に改定された。2008年に生物多様性基本法が制定
され，法律に基づく国家戦略として2010年に一部改正されたのち，2020年を
目標年次とする「生物多様性国家戦略2012-2020」が2012年に策定され，
現在にいたっている。基本法が環境政策の領域を三分割し，それぞれに定石
のように基本的な計画の策定を義務付ける規定があるため，3つの基本計画
が併存している。しかも，策定時期にずれがあって計画間の整合性が欠けが
ちである。

　また，循環型社会形成と生物多様性にそれぞれ基本計画があるのに，同様
に重要な政策課題になっている地球温暖化対策（低炭素化政策）については，
「地球温暖化対策の推進に関する法律」に基づく対策計画があるだけである。
余談ながら，地球温暖化対策基本法を制定しようとする動きもかつてあった。
民主党政権下の2010年に「地球温暖化対策基本法案」が閣議決定され，国
会に提出されたが政治的な理由で成立しなかった。この幻の基本法案には，
地球温暖化対策に係る基本計画を策定するとの規定も盛られていた。この基
本法案が閣議決定された際に環境省が公表した資料はいまでもネット上でみ
ることができる。

　本節では5次にわたる環境基本計画の遍歴を追跡しながら，環境政策の基
本的性格や政策課題，政策手法などをみていくとともに，適宜，循環型社会
基本計画や生物多様性国家戦略2012-2020にも触れていく。

3.3.1　環境基本計画の変遷

　5次にわたる環境基本計画はいずれも概ね，① 環境政策をとりまく内外の

環境・社会・経済の現状認識，② 当面する環境保全の諸課題，③ 政策を推進するための基本原則や手法，そして，④ 環境課題ごとの施策の体系についての網羅的な記述で構成されている。それに加えて，改定のたびに蘊蓄を傾けて記述されるのが，環境政策が目指すべき社会のビジョン，社会経済状況が変化する中で環境政策が果たすべき役割や機能，持続可能な社会づくりと環境政策の関係性，あるいは重点課題への取組の戦略・方針といった概念整理を伴った特集的な記述である。

　環境基本計画は中央環境審議会の審議を経る手続きの中で委員の意見を反映させ，すべての省庁が合意した範囲内で，パブリックコメントを容れ，閣議決定を経て策定される。官庁文学の粋を極めた行政計画ではあるが，多くの市民にとっては読んで面白いものではない。環境基本計画には目標年次と定量的な目標が明確に設定されていないが，本文をよく読むと，施策の実施期間や計画の見直しのタイミングが向こう 5 年程度と記載されており，実際に 6 年ごとに改定されてきた。ただし，温暖化対策のスキームはパリ協定とリンクしているため 2030 年，2050 年を射程に入れており，生物多様性の確保も生物多様性条約の COP10 で採択された「戦略計画 2011-2020」の下では，2020 年までの短期目標（狭義の「愛知目標」）と，2050 年までの長期目標までを射程に入れているといった具合になる。

　目標については第一次基本計画において，目標年次を定めずに「長期目標」として「循環」「共生」「参加」「国際的取組」の 4 つを掲げた。それから四半世紀の間に環境論が進化して，現在では影も薄く，掲げた目標の意味合いが曖昧になった。第一次基本計画策定当時は，"大量生産・大量消費・大量廃棄型" と象徴的に語られるバブル景気は崩壊し，かつての産業公害や乱開発による自然破壊とは異なる，都市生活型公害や温暖化，オゾン層破壊，熱帯林の減少，生物多様性の喪失といった地球環境問題への懸念が高まった時期だった。

　そのため，第一次基本計画では，「環境問題は通常の事業活動や日常生活に伴うものであり，広範な主体による自主的・積極的な環境取組が必要」であること，環境基本法に地球環境保全が明記されて「国際的な連携のもとに地球環境保全への予防的な取り組みが必要」であることが強調され，全員の

「参加」と「国際的取組」の推進が政策への取り組み姿勢の目標とされた。一方，「循環」と「共生」は環境政策が目指す社会ビジョンを示している。「循環」は，循環型社会形成推進基本法が示した概念よりも広く，「環境への負荷が少ない循環を基調とする経済社会システムの実現」を意味している。廃棄物・リサイクル対策のほか，現在の第五次基本計画で「環境リスクの管理」というカテゴリーで括られている，公害や化学物質対策までの広い分野をカバーする政策ビジョンとされていた。そして「共生」は，自然や野生生物の保護，自然とのふれあい政策が目指すべきビジョンとされていた。

　累次の基本計画に記された，環境政策が目指すべきビジョンと，持続可能性との関係性については改定のたびに手が入れられていて紆余曲折を感じさせる。第一次基本計画では「生産と消費のパターンを持続可能なものに変えていく」，「持続可能な森林経営」，「持続可能な形で環境を賢明に利用する」など，政策の個別要素の持続可能性に触れているだけで，持続可能な社会づくりを真っ向から論じていない。

　しかし，「理念から実行への展開」をモットーに，21世紀の環境政策の展開を描いた第二次基本計画（2000年策定）では，本文中に“持続可能な”のフレーズが112回も登場するほど持続可能性に言及した。「持続可能な社会の構築に向けた進展は順調であったとはいえない」とし，「持続可能な社会を構築していくためには，環境問題の根本にある社会のあり方そのものを転換していくことが不可欠で，経済的側面，社会的側面，環境の側面という社会経済活動の各側面を統合的にとらえ，環境政策を展開していく「統合的アプローチ」を環境政策の基本的な考え方として採用する。」と記している。

　第二次計画策定時は，ダイオキシン・環境ホルモン騒動を経て，京都議定書が採択された後であり，「戦略的プログラムの展開」と題して掲げた11の重点政策課題では，地球温暖化対策を筆頭に，化学物質対策，生物多様性保全など6分野の環境問題と，環境教育や環境配慮の仕組みの構築など3項目の横断的な政策手法と，地域と国際という2つの取組レベルを挙げている。また，同じ2000年に，循環型社会形成推進基本法が制定され，「循環」政策の一部を循環型社会基本計画に委ねていくことになる。

　第三次基本計画が策定されたのは2006年で，前年に京都議定書が国際的

に発効し，温暖化対策に拍車がかかり始めた時期にあたる。第三次計画でも
持続可能な社会と環境との関係性については「本計画で目指すべき持続可能
な社会を，多様化する国民の期待が実現する社会の基盤としての環境が適切
に保全されるとともに，経済的側面，社会的側面も統合的に向上することが
求められる。」と，第二次基本計画を踏襲している。重点政策課題について
も第二次計画を踏襲したほか，環境・経済・社会的側面の統合に加えて，持
続可能な国土・自然の形成，技術開発・研究の充実による不確実性を踏まえ
た取組，国—地方公共団体—国民の新たな参画・協働の推進など，新しい切
り口から環境政策の展開の方向性を示した。

　第三次基本計画の策定の翌年の 2007 年 6 月に中央環境審議会の意見具申
を受けて，「21 世紀環境立国戦略」が閣議決定されている。環境立国戦略は
法律的な根拠をもたない一回限りの政策方針文書であるが，環境政策の青写
真をわかりやすく示したことで有名になった。その発端は，わが国が主催す
る G8 洞爺湖サミットを翌年に控えた 2007 年 1 月に，安倍総理大臣（当時）が
施政表明演説で「国内外挙げて取り組むべき環境政策の方向を明示し，今後
の世界の枠組み作りに貢献する上での指針として「21 世紀環境立国戦略」
を 6 月までに策定する」と表明したことにある。環境立国戦略では，冒頭に
地球規模の環境問題の三つの危機として，① 地球温暖化の危機，② 資源の
浪費による危機，③ 生態系の危機を掲げる。そのほか，予防的な取組方法の
考え方に基づく対策を実施し，技術や社会のイノベーションを進めて，環境
上の制約を緩和することによって，「成長の限界」論を超えた社会経済活動
を発展させることが重要である，などとしている。

　第 7 章で詳しく述べるように，この時期は京都議定書の第一約束期間終了後
の温暖化対策の国際枠組（ポスト京都）が議論され始めた頃で，2007 年から
2009 年までの 3 回の G8 サミットで，気候変動枠組条約の第 2 条に掲げられた
「気候系に対する危険な人為的干渉を防止する水準で大気中の温室効果ガス
（GHG）の濃度を安定化する」という「究極目的」に定量的な解釈（2050 年まで
に世界の GHG 排出量を半減させる）を与え，G8 諸国の GHG 削減目標（共通だが
差異のある責任を踏まえて 2050 年までに 70%削減（洞爺湖サミットでの合意）～80%
削減（ラクイラ・サミットでの合意））に合意することが目指された。このような

背景の中で，重要施策と目された地球温暖化対策のほか，生物多様性・自然保護対策と廃棄物・リサイクル対策の3課題に語呂のよいネーミングが行われた。

　それが，「低炭素社会」，「自然共生社会」及び「循環型社会」である。21世紀環境立国戦略では，持続可能な社会づくりへの妨げになっている，この三つの環境課題を解決するための統合的な取組が標榜されている。公害を克服した経験を途上国に移転促進し，学校，社会，職場での環境教育の充実などにも触れているが，なによりも低炭素，自然共生，循環型の3つの社会ビジョンが強いアピール力をもって国民には印象深いものになった。それと同時に3つの政策の実現によって，持続可能な社会が構築されるとも受け取れるため，環境政策と持続可能性との位置関係と距離の理解を若干変更することになった。その翌年に制定された生物多様性基本法の目的規定に「自然と共生する社会」が記されたこともあって，自然環境政策は「自然共生社会形成」というフレーズで象徴的に語られるようになっていく。

　第四次環境基本計画が策定されたのは2012年のことである。2011年3月の東日本大震災と，それに伴う福島第一原発事故によって，被災地域の環境インフラと生態系は大きな打撃を受けた。また，全国の原発が運転を停止する事態に発展して，温暖化対策は切り札を失った。廃棄物行政は，震災にともなう約2,000万トンの震災廃棄物と1,000万トンの津波堆積物に加え，「放射性物質汚染対処特別措置法」に基づく除染作業，対策地域内廃棄物及び指定廃棄物の処理業務を担うことになった。そのほかにも，アスベストの飛散や被災工場からの有害物質の漏出による環境汚染への対応が重い環境政策の課題になっていく。この激変が第四次環境基本計画に強い影響を与えた。被災地の復興，生態系の回復，自然エネルギーの重点的な普及，災害に強い国土の形成が，第四次計画の大きな比重を占め，社会ビジョンとして，地域経済・文化・住民の繋がりに着目した「地域循環圏」の重要性が打ち出された。

　この結果，第四次環境基本計画では「21世紀環境立国戦略」でのワーディングを踏襲して，前述の3政策を鼎立させたものの，原発の安全確保やレジリエントな国土復興などの意味あいを含めた「安全」が横串として加えられた。そして「第四次環境基本計画において目指すべき持続可能な社会とは，人の健康や生態系に対するリスクが十分に低減され，「安全」が確保される

ことを前提として，「低炭素」・「循環」・「自然共生」の各分野が，各主体の参加の下で，統合的に達成され，健全で恵み豊かな環境が地球規模から身近な地域にわたって保全される社会であるといえる。」とされた。なお，第四次計画でも社会経済システムに環境配慮が織り込まれ，環境・経済・社会の3つの側面を統合的に向上させながら，政策領域の統合のもとに持続可能な社会の構築を図る必要があるとしている。

これに関連して，2012年に策定された「生物多様性国家戦略2012-2020」では，経済社会活動の一極集中の弊害を緩和するために地域の自立分散を進め，生態系サービスの需給関係にある都市地域と農村地域の連携・交流を深める重要性を指摘した，「自然共生圏」と銘打たれた社会ビジョンが案出された。また，2013年に策定された第三次循環型社会基本計画でも，自然共生圏の考え方を取り入れながら，震災廃棄物処理と地域の低炭素化の連携を図る「地域循環圏の高度化」が政策方針として盛り込まれた。さらに2018年策定の第四次循環型社会基本計画では「地域循環圏」と「自然共生圏」の考え方が統合されて「地域循環共生圏」が唱えられることになる。

こうした三つの計画・戦略の相互作用の中で，2018年に策定された第五次環境基本計画では，目指すべき持続可能な社会について，以下のように記述されている。

　"自然の摂理と共に生きた先人の知恵も受け継ぎつつ，新たな文明社会を目指し，イノベーションをあらゆる観点から積極的に生み出す取組を強化することにより，SDGsを踏まえた持続可能なものへと変えていくことが求められている。自然に対する畏敬の念を持ち，自然に順応し，自然と共生する知恵や自然観を培ってきた日本人の伝統も踏まえ，科学技術も最大限に活用しながら，経済成長を続けつつ，環境への負荷を最小限にとどめ，健全な物質・生命の「循環」を実現するとともに，健全な生態系を維持・回復し，自然と人間との「共生」や地域間の「共生」を図り，これらの取組を含め「低炭素」をも実現することが重要である。このような循環共生型の社会（「環境・生命文明社会」）が，我々が目指すべき持続可能な社会の姿である。本計画では，環境政策を通じ「持続可能な社会」を構築し，わが国こそが先んじて「課題解決先進国」になるという，未来志向の捉え方により，山積する課題の解決

目指すべき社会の姿

1.「**地域循環共生圏**」の創造。

2.「**世界の範となる日本**」の確立。
※　① **公害を克服した歴史**
② 優れた**環境技術**
③「**もったいない**」など循環の精神や
自然と共生する伝統
を有する我が国だからこそできることがある。

3.これらを通じた，持続可能な循環共生型
の社会（「**環境・生命文明社会**」）の実現。

地域循環共生圏

○各地域がその特性を生かした強みを発揮
→地域資源を活かし，自立・分散型の社会を形成
→地域の特性に応じて補完し，支え合う

本計画のアプローチ

1.SDGsの考え方も活用し，**環境・経済・社会の統合的向上**を具体化。
○　環境政策を契機に，あらゆる観点からイノベーションを創出
→経済，地域，国際などに関する諸課題の同時解決を図る。
→将来にわたって質の高い生活をもたらす「**新たな成長**」につなげていく。

2.地域資源を持続可能な形で最大限活用し，経済・社会活動をも向上。
○　地方部の維持・発展にもフォーカス　→　環境で地方を元気に！

3.より幅広い**関係者と連携**。
○　幅広い関係者とのパートナーシップを充実・強化

（出典）　環境省「第5次環境基本計画の概要」

図3-4　第五次環境基本計画（2018）に掲げられた環境保全のビジョン

に取り組んでいく。"

　その上で，目指すべき社会の姿として，①「地域循環共生圏」を創造し，②「世界の範となる日本」の確立を通じて，③「持続可能な循環共生型の社会（環境・生命文明社会）」を実現するという，極めて難解なビジョンを掲げた（図3-4）。

3.3.2　生物多様性国家戦略の策定経過

　生物多様性国家戦略の策定経過は概ね次のようになる。環境基本法が制定され，第一次環境基本計画が策定された後も，「自然環境保全」と「生物多様性」とは境目がはっきりしないまま両用語が用いられていたが，「生物の多様性」が法律の条文に登場したのは環境基本法第14条第2項が最初である。前述のように2008年に生物多様性基本法が制定され，目的規定に掲げられた「生物多様性の確保と持続可能な利用」という概念のもとに，自然環境保全に係る施策が統合，整理されてきた。

　生物多様性条約の第6条に基づく，わが国の最初の「生物多様性国家戦

略」は，1995 年に策定された。当初計画は国内の関係省庁の取組を網羅的に整理したものにとどまったが，2002 年には大幅に見直して新・生物多様性国家戦略が策定された。新・国家戦略では，わが国の生物多様性の現状を 3 つの危機（① 生物の過度の採取，生息地の破壊・劣化に伴う生物・生態系の減少・絶滅・消失，② 地域社会の衰退によって里地・里山地域など自然と人間社会の動的な均衡の上に成立している生物多様性が崩壊しつつある危機，③ わが国の生態系に従来存在しなかった移入種や人工的な化学物質による攪乱の危機。）として整理し，理念と優先すべき施策が明確にされた。

　この過程で，自然再生と里地里山の保全などの施策が打ち出されている。「21 世紀環境立国戦略」の 8 つの戦略の 2 番目に，「わが国の自然観と自然共生の知恵と伝統を活用した自然共生づくりの提案」として “SATOYAMA イニシアティブ” が登場する。その後，2007 年 11 月には新たに第三次生物多様性国家戦略が策定された。ここでは第 4 番目の危機として「地球温暖化による危機」を加えるとともに，エコロジカルな国土管理の長期的な目標像を示し，地球規模の生物多様性との関係の記述を強め，さらに，行動計画の目標や指標も盛り込まれて実行に向けた道筋が示された。

　2008 年に生物多様性基本法が制定され，生物多様性国家戦略は同法に基づく法定計画になった。2010 年に策定された「生物多様性国家戦略 2010」は COP10 に向けて修正したもので，長期目標として自然共生社会づくりを謳っている。最新の生物多様性国家戦略の策定は 2012 年のもので，標題は「生物多様性国家戦略 2012-2020〜豊かな自然共生社会の実現に向けたロードマップ〜」と題され，新戦略計画（通称，愛知目標）[40] の達成に向けたわが国のロードマップとされている（図 3-5）。このほかに環境省が 2011 年に策

---

[40]　2050 年までに「自然と共生する」世界を実現するとのビジョン（中長期目標）を持って，2020 年までにミッション（短期目標）及び 20 の個別目標の達成を目指すもの。中長期目標については，「2050 年までに，生態系サービスを維持し，健全な地球を維持し全ての人に必要な利益を提供しつつ，生物多様性が評価され，保全され，回復され，賢明に利用される」ことが合意されている。個別目標のうち，生物多様性保全のため地球上のどの程度の面積を保護地域とすべきかという目標 11 に関しては，最終的には「少なくとも陸域 17％，海域 10％」が保護地域などにより保全されるとの目標が定められた。その他に「森林を含む自然生息地の損失速度を少なくとも半減，可能な場所ではゼロに近づける」といった目標（目標 5）が採択されている。

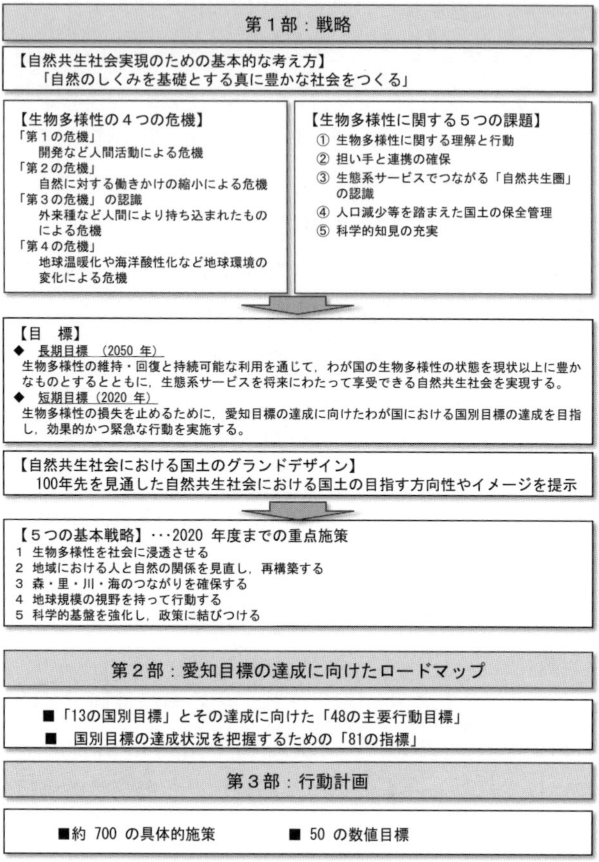

第1部：戦略

【自然共生社会実現のための基本的な考え方】
「自然のしくみを基礎とする真に豊かな社会をつくる」

【生物多様性の4つの危機】	【生物多様性に関する5つの課題】
「第1の危機」 　開発など人間活動による危機 「第2の危機」 　自然に対する働きかけの縮小による危機 「第3の危機」の認識 　外来種など人間により持ち込まれたもの 　による危機 「第4の危機」 　地球温暖化や海洋酸性化など地球環境の 　変化による危機	① 生物多様性に関する理解と行動 ② 担い手と連携の確保 ③ 生態系サービスでつながる「自然共生圏」 　の認識 ④ 人口減少等を踏まえた国土の保全管理 ⑤ 科学的知見の充実

【目　標】
◆　長期目標　（2050年）
　生物多様性の維持・回復と持続可能な利用を通じて，わが国の生物多様性の状態を現状以上に豊か
　なものとするとともに，生態系サービスを将来にわたって享受できる自然共生社会を実現する。
◆　短期目標（2020年）
　生物多様性の損失を止めるために，愛知目標の達成に向けたわが国における国別目標の達成を目指
　し，効果的かつ緊急な行動を実施する。

【自然共生社会における国土のグランドデザイン】
　　100年先を見通した自然共生社会における国土の目指す方向性やイメージを提示

【5つの基本戦略】…2020年度までの重点施策
1　生物多様性を社会に浸透させる
2　地域における人と自然の関係を見直し，再構築する
3　森・里・川・海のつながりを確保する
4　地球規模の視野を持って行動する
5　科学的基盤を強化し，政策に結びつける

第2部：愛知目標の達成に向けたロードマップ

■「13の国別目標」とその達成に向けた「48の主要行動目標」
■　国別目標の達成状況を把握するための「81の指標」

第3部：行動計画

■約700の具体的施策　　　■50の数値目標

図3-5　生物多様性国家戦略2012-2020の構成

定した「海洋生物多様性保全戦略」があるが，これは，愛知目標に掲げられ
た海洋における保護水域を10％に高めることを目指した計画になっている。
　生物多様性国家戦略のシナリオでは，COP10を契機に生物多様性の危機
に対する意識が高まり，愛知目標として国際合意が形成されたのを受けて，
わが国がめざす多くの具体的な数値目標が明示的に設定されている。
　生物多様性国家戦略は"生物多様性の保全と持続可能な利用"に関わる極
めて広い政策分野——例えば，農林水産政策，都市・国土政策，文化政策等

——に影響を及ぼしていくことになる。そのことが，環境基本計画がこれまで一貫して目指してきた，環境的・経済的・社会的側面の統合を図りつつ持続可能な社会を構築するという究極目標に向けて，環境政策が前進することを期待させる。

【コラム3】環境政策における原則と手法

　環境政策の原則と手法が累次の環境基本計画には決まって登場する。第一次環境基本計画では，第3部の施策展開の第4章で「環境保全に係る共通的基盤的施策の推進」として施策手法が列挙された。現在のように原則と手法がセットで整理されるようになったのは，第二次基本計画以降のことで，多少の変更が加えられたものの，第五次基本計画に至るまで基本形は変わっていない。
　第五次基本計画において環境政策の原則として掲げられているのは，①環境効率性，②リスク評価と予防的な取り組み，③汚染者負担の原則の3項目である。これ以外にも，環境政策史上語り継がれてきた「経済調和条項」の削除の重要性に鑑みて，環境を経済に優先するとの原則を掲げてもよさそうだし，地球環境保全と国際協力に当たっては，リオ宣言の第7原則の「共通だが差異のある責任」を原則に加えてもよさそうな気がするが，環境基本計画には登場しない。
　一方，環境政策の実施手法として，第二次基本計画以来，①直接規制的手法，②枠組規制的手法，③経済的手法，④自主的取組手法，⑤情報的手法，⑥手続的手法の6つが掲げられてきたが，第五次基本計画で⑦事業的手法が加えられている。これ以外にも計画的手法，合意的手法などを挙げる環境政策の専門家もいる。倉阪秀史著『環境政策論』には，環境政策の原則と手法が詳しく論じられていて参考になる。

環境政策の原則
　(1)　リスク評価と予防的取組方法：予防的取組はリオ宣言の第15原則に基づくものである。予防的アプローチを環境政策の原則に据えるのは，気づきの遅れから多くの健康被害や生態系破壊をもたらしてきた人間社会の痛い経験があるからである。この原則は，環境負荷による環境保全上の支障が発生する蓋然性を，科学的な方法によって予測する環境リスク評価の考え方と，リスク評価に基づいて予防的な姿勢で環境リスクを管理することの重要性を示している。しかし，予防的な措置を発動することによって生じる経済的な負担を負う側からは，リスクの十分な証明を求められるため，実際に環境対策を講ずるまでには交渉が難航することも多い。
　第1章で述べたように，オゾン層保護のために特定フロンの製造・使用の規

制措置を規定したモントリオール議定書の前文には，これが予防的な措置であることが謳われている。気候変動枠組条約（UNFCCC）も採択された当時は，地球温暖化対策はまだ予防措置とされていた。遺伝子組換え生物の使用の安全管理の手順を規定したカルタヘナ議定書もまた，予防的な取組と位置づけられている。なお，国内法で，予防的取組という言葉が明示的におかれたのは，生物多様性基本法の第3条（基本原則）の第3項が最初である。

　（2）　汚染者負担原則：汚染者負担原則（PPP：Polluter Pays Principle）は，1972年から3次にわたって OECD 理事会が勧告したもので，リオ宣言でも第16原則に盛り込まれている。環境汚染防止のコストを価格に内部化して市場に反映することで，環境資源の合理的・効率的な利用を促進し，また，国際的な貿易や投資に歪を生じないためのルールとされ，経済学的視点に立ったものだった。しかし，PPP は，環境汚染と非汚染との境界が，政策上あるいは社会認知上明確になっている場合は作用するが，気づかない環境負荷にまで有効にはならない点や，産業公害のように原因者が明白な場合はまだしも，自動車公害のようにどこまでを原因者の範囲に含めるのか，費用負担の分配を具体的にどう適用するかなど不分明な点もある。PPP に関しては，環境基本法の第37条（原因者負担）に，公害，自然環境保全の支障の防止のために国等の公的主体が実施する事業において，事業費の全部又は一部を負担させるものとするとの規定が置かれている。

　なお，わが国では，OECD 勧告には含まれていなかった ① 汚染された環境の復元費用と，② 被害救済費用にも PPP が適用されてきており，これは公害対策の正義と公平の原則と捉えられてきた（大塚，2010；倉阪，2014）。例えば，「公害防止事業費事業者負担法」では，公害の原因物質で汚染された汚泥が堆積する港湾，河川，湖沼の底質の浚渫など，公共事業である環境回復事業において，汚染原因者が一部を負担することとされ，事業の範囲や負担の算定に必要な事項を法令で定めている。「公害健康被害補償法」もわが国では PPP を踏まえたものと説明されてきた。しかし，公害による健康被害の救済・補償問題は，PPP を引き合いに出す以前に損害賠償の問題であり，被害補償の場面で殊更に PPP に言及することに不自然さを覚える。

　PPP の発展型として1990年代に OECD が打ち出した拡大生産者責任（EPR：Extended Producer Responsibility）がある。EPR は，製品の生産者が物理的，財政的に製品のライフサイクルにおける使用後の段階まで一定の責任を果たすという考え方である。EPR は循環型社会形成を促進する上で特に重要で，循環基本法に EPR の考え方が事業者の責務として盛り込まれた。また，家電リサイクル法，自動車リサイクル法など個別リサイクル促進法では，EPR に則って製品の製造者に一定の責任を課している。それが製品の原材料の調達から製法，解体に至る全プロセスで，環境負荷が少ない製品の設計と製造に，事業者等を誘導すると考えられている。ただし，第6章でみるように，わが国の個別

リサイクル法では EPR が必ずしも徹底されていない。

　（3）　環境効率性の向上：これは原則というよりも，環境負荷軽減対策の妥当性を議論する際の論理であるといえる。しかも，少しトリッキーな面がある。一単位当たりの製品の製造やサービスの提供から生じる環境負荷を低減させることで，生産・消費活動が拡大しても環境負荷総量の増大をきたさない（デカップリングさせる）ことを目指すのが環境効率性の向上である。環境保全を確保しながら，経済発展を遂げる方法として重視されてきた。環境効率性の議論がしばしば登場するのは，循環型社会形成政策や地球温暖化対策である。資源循環については，投入する自然資源に対して，得られる GDP が大きいほど資源効率性が高いといい，温暖化対策では排出される CO_2 量に対して得られるGDP が大きいほど低炭素化が進んでいるという。

　しかし，資源消費が環境効率の向上を上回る速度で伸びれば，環境負荷の総量は増加する。例えば，省エネ性能が高まっても家電品が大型化し，家電品の総数が増えあるいは付加される機能が増えれば，消費電力を押し上げる可能性がある。乗用車のクラス別の燃費基準が強化されても，3ナンバー車が増えれば燃料の総消費量は増加する可能性がある。また，電力の自由化が進む中で，発電コストが安い石炭火力の新増設が盛んであるが，石炭専焼火力発電所でも発電効率を高めれば温暖化対策として有効かどうかを巡って，しばしば論争が起こる。なお，パリ協定の採択前に各国が提出した約束草案では，先進国がGHG の排出量の絶対量の削減を約しているのに対し，中国・インドは環境効率率の向上（CO_2／GDP）を約している。これは差異のある責任論の反映でもあり，CO_2／GDP は経済発展に箍をかけるものではないからでもある。

環境政策の手法

　政策の手法については第二次環境基本計画で初めて整理して示され，現在まで引き継がれている。規制的な手法は，公害規制，自然環境保全のための土地利用規制・行為規制などの直接規制的手法と，到達目標や一定の手順や手続きを踏むことを義務付けて，環境保全上の目的を達成しようとする枠組的規制に区分されている。後者の例としては，PRTR 法による化学物質の排出量・移動量の届出制度や大気汚染防止法に基づく有害大気汚染物質対策などがある。

　市場メカニズムを前提に，経済的インセンティブを介して関係者の経済合理性に沿った行動を誘導し，政策目的を達成しようとするのが経済的な手法である。補助金等の財政的支援，課税・税制優遇，GHG 削減における排出量取引，再生可能エネルギー導入促進策としての固定価格買取制度等がある。その他，エコラベルやグリーン購入制度など環境性能の認定・表示といった環境情報の普及を通じて，環境意識と行動の高揚を図る情報的手法や，環境アセスメント，PRTR 制度など一定の手続きの実施を通じて環境配慮を促す手続的手法，事業者の自主的取組手法，環境保全施設（下水道，一般廃棄物処理施設，高速道路

の騒音壁，自然公園内施設）を整備する事業的な手法などに区分されている。
　ちなみに，わが国の環境政策の姿を3つの基本法，重点3施策，主要5政策
分野に着目して整理し，それに一般的な施策手法のメニューと環境施策を推進
する手順を加えて模式的に図示すると図C3のようになる。

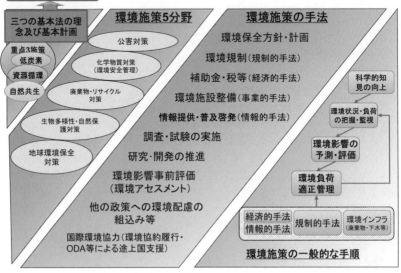

図C3　環境政策の理念−重点3施策−5施策分野−手法−手順の模式図

3.3.3 環境政策の統合と離散

　環境基本計画は，第一次計画の策定段階から，環境政策の諸課題が相互に密接不可分で複雑に絡み合っている点を強調し，環境課題を生み出す人間社会のより根源的な原因に迫り，環境への配慮を社会のあらゆる面に浸透させ，持続可能な社会づくりに向けて社会・経済・環境がバランス取れた形で統合的に向上させる必要があることを唱道してきた。また，多くの課題が複雑に入り組んだ構造を包摂できる，戦略的なプログラムを提示することも試みられてきた。

　しかし，環境基本法に加えて2つの基本法が制定されたことで，廃棄物・リサイクル対策と生物多様性・自然保護対策が独立性を強め，現在の環境政策には離散傾向がみえる。この統合と離散の綱引きは，環境政策の領域が中心性を欠いた形をしているために起こると考えられる。環境政策の諸課題は，原因において相互に強い関連性をもち，解決策にも共通性は多々あるものの，問題の発生形態も発生時期も異なり，対策の立案も個別に進められてきた。政策を支える学術的な基盤にも大きな違いがあり，政策の論理と手法も自ずと異なったものになる。

　この離散傾向は，廃棄物・リサイクル対策と生物多様性・自然保護対策にとどまるものではないように思われる。緩和策を中心に進められてきたこれまでの地球温暖化対策は，エネルギー政策との一体性が強いものだったが，新たに「気候変動適応法」が制定されて，今後は国土の強靭化のためのインフラ整備や農林水産業における適応策など，別の政策領域との接近を強めていく。すると，地球温暖化対策もまた環境政策の重心点から一層離れていくことが見込まれる。

　環境基本計画は，常に環境政策全体の統合性を求め続けてきたが，5次にわたる環境基本計画を通してみると，地球規模の環境問題への国際政治の対応から，極めて専門性が高くしかも多様な分野の科学技術の変化への対応，そして地域や消費生活レベルのきめ細かな対応に至るまでの，あまりにも大きな時空間的スケールの隔たりと政策手法の落差を埋め得る，統一的な立ち位置を見出せない状況に陥った感がある。

　その一方で，近年のわが国の環境政策を前進させてきた原動力は，パリ協

定をはじめとする，多くの国際環境条約や議定書，OECD 理事会勧告といった外からの力だった。そのほか，次章以降で順次みていくように，先進的なEU 指令のいくつかはわが国の化学物質の環境安全管理に強い影響を与えてきたし，循環型社会政策の理論的な根拠になっている拡大生産者責任（EPR）にしても，再生可能エネルギーの固定価格買取制度（FIT）にしても，ドイツから学んだものである。温暖化対策として長らく待望されてきた炭素税や排出量取引のアイデアも，EU の先行事例にならって議論されてきた。つまり，わが国の環境政策の新展開は，もっぱら国際環境法もしくはそれに準ずる国際環境規範に由来する義務を国内で履行するためのもので，政策立案の議論に関しても欧州諸国の先進的な環境政策手法を模倣したものが多い。わが国オリジナルの政策理念や政策推進の工夫が，もっとあってよいはずである。

第4章

公害問題と対策の歩み

4.1 公害はおわったか

中国，インドをはじめ世界の多くの国々では大気汚染や水質汚濁が深刻な状況にあるが，幸いなことにわが国では「公害」はすでに死語になった感がある。日本社会で「公害」がさほど取りざたされなくなったのは環境基本法の制定以降である。公害に対する日本社会の受け止め方は，公害対策基本法が環境基本法に衣替えしたのを境にがらりとかわった。そして「公害」という言葉がまたたく間に「環境」に置き換えられた。環境担当の行政組織や研究所の名称にも，かつては「公害」の文字が軒並み使われていた。国の組織で公害の二文字を含む課ができたのは1963年の旧通産省の産業公害課が最初で，その翌年1964年に旧厚生省に公害課がおかれている。1971年に発足した旧環境庁には，発足当初から平成年間に入るまで「公害」の二文字を含む課名が存在したし，公害関係業務は大気汚染，悪臭・騒音・振動等を担当した大気保全局と，水質汚濁，土壌汚染，地盤沈下，農薬対策等を担当した水質保全局の二つの局にまたがるほど重要な環境行政の分野だった。

しかし，現在の環境省では公害担当は水・大気環境局に一局化され，公害の二文字を冠した課名もなくなった。国レベルの組織でいまでも公害の二文字を掲げているのは，公害等調整委員会くらいである。公害に現場で取り組

んできた都道府県と市町村では，いまも公害防止条例が存在するが，環境基本法制定以降はどの地方公共団体でも環境基本条例が制定され上位条例になった。基本条例のもとに各地域の環境保全の基本理念と方針が設定され，公害防止条例は公害規制のための手段になった。

　余談ながら 1974 年に発足した国立公害研究所が国立環境研究所に名称を変更したのは平成に入って間もなくの 1990 年のことであるが，日本語の名称が変わっても英語の名称は創設当時のまま変わらず，いまも National Institute for Environmental Studies である。命名者に先見の明があったに違いない。

　公害が環境に置き換えられ，人々の関心が薄れても，大気環境や水環境が比較的良好に保持されているのは，公害防止のための多くの法令と地方自治体の条例・要綱が整備されていることに加えて，多くの場合，大規模な工場・事業場と地元の地方自治体や市民との間で公害防止協定あるいは環境保全協定が締結されていて，それらが堅実に履行されているからである。これらの重層的仕組みが作動し，日本社会では公害防止の秩序が維持されてきた。

　しかし，環境基準を設定してその達成維持を図るという，公害防止の基本的な政策論理からみるとまだ残された課題もある。大気汚染の分野では光化学オキシダント（Ox）の達成率はほぼゼロであり，PM2.5 の達成にもまだ少し時間がかかりそうである。水質汚濁の分野でも，湖沼や閉鎖性海域の富栄養化対策は満足できる状況にはない。交通に起因する騒音問題（自動車騒音，新幹線騒音，航空機騒音）も改善されてきているものの，地域によってはまだ課題を残している。また，汚染状況は改善されても，過去の激甚な公害によって発生した，水俣病をはじめとする健康被害の補償問題はいまだ完全な解決をみていない。さらに，前章までにみてきたように，社会不安を招いたダイオキシン・環境ホルモン騒動にしても，アスベスト暴露による健康被害が未然に防止できなかった経験に照らしてみても，公害防止対策の網の目をかいくぐって，いつなんどき新たな公害問題が降ってこないとも限らない。水銀に関する水俣条約の例のように，公害対策の領域にも国際社会の動向が影響を与えることもある。ともかく，社会・経済・技術の変革に伴って，公害の質もまた変わっていくと予想され，未然防止のための監視は欠かせない。

4.1.1　公害対策の浮沈

　かつてわが国の政府は，産業公害を短時日のうちに克服でき，日本版マスキー法を世界に先駆けて実施したことをサクセスストーリーとして国民に伝えてきた。また，公害発生を未然に防止することで，対策費用をはるかに少なく抑えることができると説明してきた。

　公害史の語り方の定番に沿えば次のようになる。1970年7月に公害対策本部が政府に設けられて，ようやく国を挙げて公害対策に取り組む姿勢が明確になった。同年11月の臨時国会（公害国会）において，公害対策基本法から「生活環境の保全については，経済の健全な発展との調和が図られるようにするものとする」とのいわゆる経済調和条項が削除され，大気汚染防止法からも同様の趣旨の規定が削除されている。同じく公害国会で，水質汚濁防止法の制定など14本もの公害関係法令が一挙に制定・改正された。わが国の現在の公害規制の体系の基盤はこの年にできあがった。そして，1971年7月に環境庁が発足して，環境の保全に関する政府内の企画調整機能と勧告権をもつことになった。

　規制体系が整ったのちは，硫黄酸化物・ばいじんを中心とする産業公害型の大気汚染と，水銀，カドミウムなどの有害重金属による産業公害型の水質汚濁を解消するまでにはそれほど長い時間を要しなかった。環境汚染モニタリング・データの変化をみても，産業公害が危機的な状況を脱したのは1970年代半ばのことである。この時代の公害規制の特質は，1976～77年に行われたOECD環境委員会によるわが国の環境政策の最初のレビュー報告書「日本の経験」（*Environmental Policies in Japan*）の第8章結論の次の記述に凝縮されている。

　"日本の公害対策は強い道徳的な色彩が含まれ，費用と便益を調整することは試みられなかった。こうした施策は経済界から強く反対されなかった。なぜなら，経済界のイメージと日本社会における地位が危機に瀕していた。一般には達成不可能と考えられていた自動車排ガスのNOx規制や，苛性ソーダ製造での水銀規制などのような生産方式の禁止措置は，事実上技術の革新をもたらした。日本は膨大な費用を投じ，衝撃的な政策転換によって公害を克服したが，経済に悪影響を生じていない。"

　しかし，汚染改善が進んだあとも常に重い行政課題になってきたのは，公害健康被害の補償問題である。補償問題はサクセスストーリーの陰に隠されて，公害対策から区別して論じられてきたむきがある。公害で失った健康を完全に回復することは不可能であることが多く，金銭であがなうほかはない。しかし，政府は当初の公害対策の失敗を国家賠償法上の国の責任（水俣病訴訟については第1条の権力の行使（行政の不作為），大気汚染訴訟の一部については第2条の公の造営物の管理）として認めてこなかったし，PPPを拡大解釈し，汚染原因企業に賠償責任を負わせた上で，それを監督し財政的に支援する立場に立って，損害賠償問題に対処してきた。環境汚染の解消と健康被害補償の両方の行政課題をあわせて，日本の公害対策の成功と失敗を評価する必要がある。

　日本の公害対策の進展と経済発展の関係を考える際に忘れてならないのは，1973年に始まる二度の石油ショックが環境改善に及ぼした影響である。硫黄酸化物対策をとってみると，硫黄分の少ない良質な石油が低廉な価格で入手でき，重油脱硫装置の稼働によって低硫黄燃料の供給が急速に進んだのは石油危機の時期までで，その後の石炭利用が拡大する時期からは，排煙脱硫装置も硫黄酸化物（SOx）の排出削減に重要な役割を担うようになった。また，石油危機で経済が一時的にマイナス成長に陥り，その立て直しの中で，日本は重厚長大から軽薄短小への産業構造の大転換を図ってきた。それが産業公害の改善を加速することになった。この社会・経済的な発展の推移と公害対策技術の実用化のタイミングは日本の公害防止に大いに幸いした。

　いまからみると，激甚な産業公害の克服は公害の歴史の書き出しにすぎない。産業公害が沈静化していくなかで，やがて環境政策への追い風もまた弱まっていった。健康被害や生活環境影響との因果関係がはっきり証明できない環境汚染や，被害者と加害者を截然と区別できない都市生活型公害が台頭し，地球環境保全が重要視される時代に入ると，公害対策はある時期には停滞してきた。環境と開発の確執も常に存在した。

　それを象徴しているのは，環境破壊の未然防止の決め手とされ，開発と環境との調整の手段としても期待された環境影響評価制度の法制化が，開発事業を遅延させるとの開発官庁や産業界の主張に阻まれて，長らく頓挫してき

たことである。また，赤潮発生による漁業被害をバネに，1973年に制定された瀬戸内海環境保全臨時措置法に盛られた，埋立を厳に抑制するとの政策目標と，COD負荷を3年間で1970年レベルから半減するとの汚濁改善目標は十分に達成されなかった。もちろん，時間経過とともに政策目標の妥当性は適切に見直されるべきであろうし，いくつかの環境保全目標は環境偏重に過ぎたものだったかもしれない。しかしともかく，環境政策が経済成長に立ち向かう強い勢いを持ちえたのは，環境政策の半世紀の歴史の中でも，1970年の公害国会前後のつかの間のことだったといえる。

激甚な産業公害の規制に成功し，自然破壊に無頓着だった一時期から脱して，環境保全の国民的思潮が定着したころに，公害の焦点は都市生活型に移った。都市河川の汚濁，閉鎖性水域での富栄養化問題，自動車・新幹線・航空機騒音と幹線道路沿道の大気汚染といった交通公害がその代表的なものである。廃棄物焼却施設の整備が追いつかず最終処理場のひっ迫が大きな課題になったのも1970年代からである。1980年代半ば以降は地球環境問題が浮上する。それらの新しい問題への対応に共通しているのは，すべての企業の努力と国民一人ひとりの環境への心がけが大切であり，環境教育の推進，企業・団体の環境行動の促進，環境ビジネスの高揚が必要といった議論が盛んになったことである。

環境論がソフトなものに変質していく中で，時として社会に緊張が走り，国民の懸念を払しょくするために厳格な規制をモットーとする公害対策の手法が再評価されることもあった。公害規制が権威と力を求められるのは，国民の健康不安を引き起こす有害物質による環境汚染事件が勃発した場合（例えば，ダイオキシン，環境ホルモン，アスベスト等）である。しかも，市民や環境NPOが環境政策のアリーナに論戦を持ちこみ，マスコミがそれを支援するケースではことさらそうである。

4.1.2 公害の歴史の語られ方

そもそも公害の歴史の語られ方が正しかったのかどうかも振り返ってみる必要がありそうに思えてくる。一つには，水俣病をはじめ多くの健康被害を生んだ悲惨な公害の経験から，政府は公害対策重視へと政策の転換を図り，

国民意識の高揚と相まって，いまやゆるぎない環境保全の風土が根付いたのかという点である。1970年の公害対策の大転換をもって，わが国の産業界の環境への理解と協力度が一挙に高まったとはいいきれない。実際，その後も公害規制に限らず環境政策の歩みの一つ一つに対して，産業界は経済的利益を最大限確保するために，環境との闘いを展開してきたし，それがまた環境保全を担当する官庁と経済・開発官庁との政策論争にもつながってきた。

　日本が西ドイツを抜いて世界第二位の経済大国になったのは1968年であり，この前後に公害対策基本法が制定され，公害国会が開かれている。衣食足りて栄辱を知り倉廩満ちて礼節を知るの例えのとおり，環境保全は国家の品格に関わる。経済的な豊かさが増して環境を振り返る余裕ができたときに初めて，日本の公害対策は出番を与えられたと考えても矛盾はない。同じことがいま中国でも起きようとしている。2010年に日本を抜いて世界第二位の経済大国になった中国が，ようやく環境対策に本腰を入れ始めている。14億人を抱える人口大国である中国の現在の環境対策は，遅れてきた代わりに環境と経済と資源確保が統合され，持続可能な発展に向けてトップダウンで急速に進められている。再生可能エネルギーの導入促進にしても，電気自動車，燃料電池車などの新エネルギー自動車の普及のための断固としてゆるぎない対策にしても，公害対策や地球温暖化対策としてではなくて，自国の持続可能な発展を目指す統合的政策になっている。いまや，中国の政策の変化が，日本のエネルギー・経済政策にも，自動車産業の経営方針にも，強い影響を与える時代になった。

　視点を変えて1971年の環境庁の発足を考えてみよう。それは，環境政策の失敗のあとに公害健康被害補償問題の処理など，多くの過去の負債を背負っての出発だった。1956年の公式発見から60有余年を経た現在も，水俣病問題が完全には解決できない原因は，環境庁の発足以前に種まきされたものである。時代が下って，2011年の東日本大震災に伴う福島第一原発事故の発生の後，経産省の一機関だった原子力安全・保安院が，原子力規制庁に改組されて環境省に付け替えられ，また，環境省が除染業務を担当することになった。これは，公害対策が破綻して後に，環境庁が発足して補償問題処理にあたった経過とよく似ている。ある政策が失敗して社会が窮したときに，環境

政策に期待が集まるのも皮肉なことである。

ちなみに，除染作業から出た汚染土は1,400万㎥もの膨大な量で，現在は中間貯蔵施設に搬入され保管されているが，最終処分の見通しはまだ立っていない。全量を処分できる規模の最終処分場の立地は難しいとみられていて，汚染土の再利用計画も検討されている。放射性物質に汚染された廃棄物と汚染土への対応は，これからも長く続く大課題である。

4.1.3 環境基準

公害の議論ではPPMという用語がしばしば登場する。このため1970年代の公害行政は“PPM行政"と揶揄されたほどである。PPMは主に大気中のガス状汚染物質の濃度を表すときに使われる単位で，%（パーセント）が百分の1を意味するのと同様に，百万分の1を意味する[41]。そのPPM行政の中核にすわっているのが環境基準である。

環境基準は「人の健康を保護し，生活環境を保全する上で，維持されることが望ましい環境上の条件」として国が定めるものとされている。環境基準に関する規定は，かつては旧公害対策基本法の第9条に置かれた。この際に，環境基準にどのような性格を持たせるかが議論になった。最終的に「維持されることが望ましい基準」とされたのは，「維持すべき基準」とすれば，義務として行政を縛ることになるとの反対意見が政府内にあったからである。

現在は環境基本法の第16条に環境基準に関する条文があるが，旧公害対策基本法の規定ぶりがそのまま引き継がれている。環境庁が1971年に発足する前は，環境基準は閣議決定によって設定されていたが，環境庁が発足してか

---

41) 大気1㎥中に1㎤のガス状汚染物質があれば濃度は体積比（V/V）で1ppmであるが，分子と分母の次元が違うとppmでは表せない。例えば，粒子状物質の汚染濃度は大気1㎥中の質量（mg/㎥）で表示され，水質汚濁では1ℓ中の汚染物質の質量（mg/ℓ）が使われる。一方，土壌（kg）中の重金属類の含有量（mg）や，軽油（kg）中の硫黄含有量（mg）のように分母と分子が同じ次元であればppmが使える。もっとも，土壌の汚染物質の表示方法は複雑で，土壌1kg中の汚染物質の含有量で表示する場合はmg/kg又はμg/kgであり，土壌中の汚染物質を検液水中に溶出させて質量を計測した場合には，見かけ上水質汚濁と同じmg/ℓ又はμg/ℓとなる。汚染した土壌から放散されるガス量を計測する場合もある。なお，ppmと類似の単位に，10億分の1を意味するppbと，1兆分の1を意味するpptがある。

らは環境庁告示として，2001年に環境省に組織が再編されてからは環境省告示として設定される。典型7公害のうち大気汚染，水質汚濁，土壌汚染及び騒音の4分野について環境基準を設定することができ，すべての環境基準は数値として定められる[42]。

　行政目標としての環境基準が設定されると，これを達成・維持するために，総合的な公害対策が講じられる。公害が改善された現在では影が薄くなったが，環境基準の達成状況が芳しくない地域については，公害防止計画が策定され，国から地方公共団体への対策事業補助率の嵩上げ措置等を講じながら，総合的な公害防止対策が進められてきた。大気汚染防止法，水質汚濁防止法，騒音規制法等の個別の公害規制法に基づいて定められる規制基準は，環境基準の達成のための手段である。そのため，環境基準がどのような項目についてどのレベルに設定されるかに応じて，規制の枠組が新しく考案され，規制基準の強さが決まってくる。また，大気汚染に係る環境基準は，かつての高濃度大気汚染がもたらした健康被害に対する補償制度の仕組みを，決定したり変更したりする際の重要な判断尺度になってきた。さらに，環境アセスメントの対象となる開発事業の影響を評価する際にも，環境基準を維持できるかどうかは最低限の必要条件になる。

　環境基準の設定の経過をざっくりいえば，大気環境保全と水質・土壌環境保全の分野の環境基準は，1970年代に伝統的な項目からスタートし，1990年代には設定項目が大幅に追加されて，公害行政の守備範囲が第5章で述べる化学物質の環境安全管理の領域にまで拡張されてきたと表現することができる。水環境の分野では，2000年以降に水生生物と生態系を保全するための環境基準の設定に着手した。公害対策のクロニクルは，環境基準を追跡してみるとわかりやすい。

---

42)　ダイオキシン類の環境基準だけは設定根拠が異なっていて，1999年に制定されたダイオキシン類対策特別措置法第7条に基づくものである。ダイオキシン類の環境基準の性格の規定ぶりは環境基本法と同一であるが，環境基準を定めるべき媒体に大気，水質，土壌のほかに，水底の底質が特記されている点が異なる。なお，ダイオキシン類は環境政策に登場する汚染物質の中でも有害性が極めて強いので極低濃度での汚染が問題になる。そのためダイオキシンの質量を測る単位としてpg（ピコグラム）やng（ナノグラム）が使われることが多い。pgは1兆分の1gで，ngは10億分の1gである。

　本章では，大気環境保全でも水環境保全でも環境基準の説明を含んでいて
やや重複するが，環境基準の仕組みや運用がかなり異なるので，この点はお
許しいただきたい。

4.2　大気環境保全の歩み

　大気環境保全のクロニクルの本流は，① 1972 年の四日市大気汚染訴訟の
判決が出てから，硫黄酸化物（SOx）対策が重点的に進められた 1970 年代半
ばまでの第 1 期，② 二酸化窒素（NO₂）の環境基準設定（1973 年）からその改
定（1978 年）を経て，自動車排出ガスの単体規制と固定発生源に対する総量
規制において窒素酸化物（NOx）対策が重点的に進められた 1980 年代末まで
の第 2 期，③ 単体規制に加えて，自動車 NOx 法を梃子に大都市での NOx 環
境基準の達成を目指した 1990 年代の第 3 期，さらに，④ 2001 年に自動車 NOx
法が自動車 NOx・PM 法に改正され，NOx とともに SPM（浮遊粒子状物質：
Suspended Particulate Matter）の環境基準の達成を射程に入れた第 4 期に分
けることができる。

　これと平行して進められてきた大気汚染対策として，1996 年の大気汚染
防止法の改正で導入された有害大気汚染物質対策と，2004 年の同法改正で
導入された，Ox と SPM 生成の原因となる，VOC（揮発性有機物質：Volatile
Organic Compound）の排出抑制対策がある。その後，2009 年に PM2.5（微小
粒子状物質）の環境基準が設定されてからは，中国等からの大気汚染の越境
移流と大気中での二次生成物を含め，NOx-VOC-Ox-SPM・PM2.5 系大気
汚染の全体が視野に入るようになった。

　さらに，2013 年に採択された「水銀に関する水俣条約」を受諾するために
国内法の整備の一環として，2015 年に大気汚染防止法が改正された。この
改正で目的規定に「水銀に関する水俣条約の的確かつ円滑な実施を確保する
ため」が加えられ，水銀排出施設というカテゴリーを新たに設けて，石炭火
力や非鉄金属製造施設等に排出規制を行うとともに，鉄鋼製造施設のうち焼
結炉及び電気炉を要排出抑制施設とし，自主的な排出抑制のための努力を促

す措置が取られた[43]。

　大気汚染は化石燃料消費と関連する部分が大きいため，地球温暖化対策とも密接に関わるが，大気汚染対策と脱炭素化がつねに共進的に進むわけではない。例えば，かつて排ガスがきれいな低公害車は，燃費が悪くなるのが当然と思われていた時期がある。大気汚染では排煙脱硫装置，排煙脱硝装置，除塵装置といった排ガス処理装置を用いればエネルギー消費の増大以上に大気汚染物質は大幅に抑制ができるが，排煙脱炭装置というものはない。マクロにみると石油危機を境に，日本の生産消費部門でのエネルギー効率が飛躍的に高まるとともに排煙処理技術が発達し，大気汚染と経済成長（GDP）とのデカップリング（乖離）に成功した。特に，SOx による大気汚染は燃料の低硫黄化とあいまって，かなり速やかに改善された（図4-3）。

　地球温暖化防止対策でも同じように，エネルギー効率を高め，カーボン・フリーのエネルギー導入を促進して，経済とのデカップリングを図るのが基本的施策になっているが，こちらはいまだに成功していない。特に2011年の原発事故以降はゼロエミッション電源である原発が全面休止に追い込まれ，デカップリングへの道のりは迂回を迫られてきた。

　産業公害の代名詞である SOx による大気汚染は，第1期のうちにかなりの改善をみた。1980年代前半には全国的に環境基準が達成され，その後，エネルギー需要が増加し，省エネ努力が中だるみした時期もあり，エネルギーの供給構造も変化してきたが，環境基準は安定的に達成されてきた。したがって，それ以降の大気環境行政では，大都市部での NOx 及び SPM による汚染と，NOx-VOC-Ox-SPM・PM2.5 系の汚染への対策が重要課題に

---

43)　水銀に関する水俣条約は，水銀の供給，使用，排出，廃棄等の各段階で総合的な対策に世界が取り組み，水銀の人為的な排出を削減し，地球的規模の水銀汚染の防止を目指すものである。水俣病を体験した日本の環境政策は，水俣条約の採択に当たって特別の思いを込めた。2013年1月の第5回政府間交渉会議（ジュネーブ）で条約案文が合意された後に，同年10月に採択・署名のための外交会議が熊本市と水俣市で開催されている。また，条約の受諾に当たって国内法令の点検が行われ，① 水銀の採掘，水銀製品の製造，製造工程での水銀使用等を規制する「水銀による環境の汚染の防止に関する法律」（水銀汚染防止法）の制定，② 大気中への排出を極力抑制するための大気汚染防止法の改正，③ 廃棄物処理法政省令の改正の3つの措置を新たに講じ，既存の法令とあわせて条約上の責務を履行しうるよう措置された。

なってきた。一言でいうと，自動車排出ガスによる大気汚染の解消に手を焼いてきたのが，大気汚染対策の第2期以降である。

4.2.1　大気汚染に係る環境基準

　成人が一日に呼吸する空気の量は15〜20㎥で，四畳半ないし六畳間一間分の容積である。水俣病のような水汚染経由の健康被害は，汚染された飲料水や食物の摂取をきちんとブロックすれば防止できるが，人間はいっときも空気を呼吸せずにはいられない。そのため，大気汚染はもっとも厳格な管理が求められる公害対策の分野であり，人の健康を十全に保護することを目指して進められてきた。もちろん，大気汚染による建築物の劣化，洗濯ものが汚れるなどの被害もあり得るし，農作物の生育が阻害される可能性もある。ドイツでは酸性雨による森林の大規模な枯死が報告され，国内でもアルミ精錬やリン酸肥料製造工場等から排出されるフッ化物によって樹皮がはがれるなどの事案も過去にはあった。このように，大気汚染による生活環境影響もありうるが，わが国の大気汚染の環境基準は人の健康保護に係るものだけである。人の健康保護に係る環境基準は，生活環境保全に係る環境基準と違って類型区分がなく，全国一律に設定される。また，大気汚染に係る環境基準は，水質汚濁に係るそれよりも項目数が少なくシンプルである。大気汚染に係る環境基準は，設定された時期によって，大きく2つのグループ[44]にわけることができる。

（1）伝統的な大気汚染物質に係る環境基準

　環境基準の第1のグループは，硫黄酸化物（SOx），窒素酸化物（NOx），ばいじん（すす），一酸化炭素（CO）といった，化石燃料の燃焼や使用に伴って発生する汚染物質に関連する環境基準項目である（表4-1）。多くは高濃度汚染を経験し，健康影響についてもかなり確かな知見が得られたもので，伝統的な汚染物質と呼ばれることがある。

---

44)　このほかに，わが国ではダイオキシン類の大気環境基準が設定されている（表4-4参照）。ダイオキシン類の環境基準と排出規制の設定はダイオキシン類対策特別措置法に基づいて行われている。ダイオキシン類対策については第5章で説明する。

表4-1　大気汚染に係る環境基準①［伝統的項目］

汚染物質	環境基準値	現行の測定法	設定・改定の経緯
二酸化硫黄 (SO₂)	1時間値 0.1ppm 以下 1日平均値 0.04ppm 以下	溶液導電率法又は紫外線蛍光法	1969年に硫黄酸化物の基準を設定 1973年に二酸化硫黄の基準に改定
二酸化窒素 (NO₂)	1日平均値 0.04～0.06ppm のゾーン内又はそれ以下	ザルツマン試薬を用いる吸光光度法又は化学発光法	1973年に日平均値0.02ppm 以下と設定，1978年に現行の基準に改定
浮遊粒子状物質 (SPM)*	1時間値 0.2mg/㎥以下 1日平均値 0.1mg/㎥以下	濾過捕集法と直線的関係を有する光散乱法，β線吸収法等	1973年に設定
微小粒子状物質 (PM2.5)**	1年平均値が 15μg/㎥以下 1日平均値が 35μg/㎥以下	濾過捕集による質量濃度測定方法又はこれと等価な値が得られると認められる自動測定機による方法	2009年に設定
光化学オキシダント (Ox)***	1時間値 0.06ppm 以下	中性 KI 溶液を用いる吸光光度法，紫外線吸収法又はエチレンを用いる化学発光法	1973年に設定
一酸化炭素 (CO)	8時間値 20ppm 以下 1日平均値 10ppm 以下	非分散型赤外線分析計を用いる方法	1970年に設定

*　SPM は，粒径（空気動力学径）が 10μm以上の粒子が 100%カットされた粒子。
**　PM2.5 は，粒径 2.5μmの粒子を 50%の割合で分離できる分粒装置を用い，大きな粒子を除去して採取される微小粒子。
***　Ox の環境基準達成の目安として前駆物質である非メタン炭化水素（NMHC）について指針値が 1976年に設定されている。指針値は午前 6時～ 9時の 3時間平均値で 0.20～0.31ppmC（炭素換算値）以下。
(注)　環境基準は，工業専用地域及び車道その他一般公衆が生活していない地域・場所には適用しない。

　伝統的な環境基準項目について簡単にみておきたい。ややこしいことに，環境基準項目と規制対象の汚染物質との名称が一致していないことが多い。二酸化硫黄（SO₂）の環境基準は，当初 1969年に環境基準が設定された際には「硫黄酸化物」という名称だったが，1973年に強化・改正された際に，健康影響と汚染濃度との関係が SO₂ について明らかにされたために，環境基準の項目名が変更された。測定法との関係もあり，環境大気中の汚染濃度は常に SO₂ で表示されるが，工場・事業場への規制や排出量集計では硫黄酸化物（SOx）が用いられる。

　SOx に次いで環境基準が設定されたのは一酸化炭素（CO）で 1970年である。

現在では CO 汚染は問題にされないが 1950〜1960 年代にかけては，自動車排出ガス問題の中心は CO と鉛（Pb）だった。1958 年には東京都心の幹線道路沿いで平均値 20ppm レベルの CO 汚染を観測し，最初の東京オリンピックの開催年（1964 年）に霞が関で年平均値が 4.4ppm を観測した。自動車排出ガスの単体規制は CO について最も早く 1968 年に実施された。

一方，Pb 汚染は，アンチノック性を高めるためにガソリンに添加された四エチル鉛が原因である。1970 年に新宿区の牛込柳町交差点付近などで，大気中に高濃度の鉛汚染が検出され社会問題化したが，1976 年に中央公害対策審議会の専門委員会は，当時のレベルの大気中 Pb 濃度では，血中の Pb 濃度を上昇させて健康影響が生じるほどのものではないとの判断を下し，わが国では大気汚染の環境基準は設定されなかった。旧通産省が，行政指導で自動車エンジンの技術改良を進めながら無鉛化を図った。1974 年から始まった無鉛化が，プレミアムガソリンを含めて完全実施されたのは 1987 年である。

1973 年には SPM，NO_2 及び Ox の 3 項目の環境基準が加わった。窒素酸化物（NOx）の主要な発生源もまた化石燃料の燃焼である。工場・事業場のほか自動車排出ガスも大きな原因で，地表大気濃度への影響度でみると自動車が圧倒的に大きい。SOx と SO_2 の関係と同じように，汚染改善を見る場合には二酸化窒素（NO_2）の環境基準の達成率が引き合いに出されるが，排出量は一酸化窒素（NO）を含めた窒素酸化物（NOx）として集計される。

当初の NO_2 の環境基準値は日平均 0.02ppm 以下とされたが，1978 年に現在の 0.04〜0.06ppm のゾーン内以下に改定された。上限値の 0.06ppm を超える地域での達成期限も環境基準告示に明示され，原則として 7 年以内とされた。この改定は公害対策の後退と受け止められ，東京都の住民 15 名が環境基準は法律上の許容限度・受忍限度であり，環境基準の緩和は国民の健康上の諸利益を直接侵害するとして，改定告示の取消を求める行政訴訟が起こされている。判決では環境基準の告示は，公害対策上の達成目標ないし指針の設定であって，国民の権利義務に法的効果を及ぼすものではないとして原告の訴えは却下され，1987 年に判決が確定している。ただ，環境史的にみると，この NO_2 環境基準の改定が，その後の大気汚染対策の重心を強く NOx に傾けることになった。

　浮遊粒子状物質（SPM）の環境基準は，大気中に浮遊する粒径が$10\mu m$以下の粒子状物質の質量（重量）に着目したもので，粒子の化学的成分を考慮していない。四日市公害訴訟の判決では，SOx汚染と喘息や慢性気管支炎などの慢性閉塞性肺疾患との因果関係が疫学調査結果に基づいて認められたことから，産業公害を論じる場合にはSOxが特別に注目されてきた。しかし，SPMもSO$_2$及びNO$_2$とともに慢性閉塞性肺疾患の原因となる主要な原因物質である。SPMには大気中に排出された時点から粒子状である一次粒子と，ガス状で大気中に排出された後に化学反応等によって生じる二次粒子がある。工場・事業場から排出されるばいじん，ディーゼル自動車排出ガス中の粒子状物質（DEP：Diesel Exhaust Particulate）のほか，破砕等の機械的処理に伴って生じる粉塵も含まれる。ダイオキシンも上述のPbも，粒子状で存在するし，中国大陸からの黄砂や海塩粒子のような自然起因の粒子も含めて秤量している。多様な発生源をもつSPMはSOxやNOxに比べて汚染対策が難しい環境基準項目である。

　米国での研究の結果，粒径が小さい大気中の浮遊粒子による健康影響の可能性が指摘され，1997年にPM2.5の環境基準が米国で設定された。これを受けてわが国でも2009年に，SPMとは別に微小粒子状物質（PM2.5）の環境基準が追加設定された。微細な粒子が強い有害性をもつのは，肺の深部に到達して，喘息・気管支炎の原因になるほか肺がん・循環器系疾患による死亡リスクが増加するなどの健康影響があるからと説明されている。

　PM2.5はSPMよりも二次粒子の比率が高く，生成機構は複雑である。2009年にPM2.5の環境基準が設定された当初は，わが国ではあまり注目されなかったが，2013年1月中旬から月末にかけて，中国では北京市を中心に広範な地域で高濃度汚染が発生し，中国からわが国への移流を懸念する報道が多くなされてから日本でのPM2.5への関心が高まった。

　また，中国の大気汚染が話題になる際にPM2.5がとりわけ取り上げられる理由は，中国ではAQI（Air Quality Index：大気汚染質指数）が用いられているからである。大気汚染物質ごとの濃度を，健康リスクの高さを考慮したIAQI（Individual Air Quality Index）に換算し，全種類の汚染物質を通じてもっともIAQIが高い値を，その日のAQIとする大気汚染の総合評価方法で，

AQI の決定因子がどの汚染物質であるかが公表される。中国の北京市以北の寒冷地では，特に冬季には暖房用の燃料消費が増加することと，気象的な条件が重なって，大気汚染が深刻になるが，その際に PM2.5 が AQI を決定する日が圧倒的に多くなる。なお，2015 年の中央環境審議会の微小粒子状物質等専門委員会の報告では，中国など近隣諸国からの PM2.5 の移流が，わが国の汚染に及ぼす影響度は，九州地域で 7 割，関東地域では 4 割と推定されている。

　光化学オキシダント（Ox）は，光化学スモッグの原因となる酸化性物質の総称で，オゾン（O_3）が主成分である。光化学スモッグの原因物質（前駆物質）は，窒素酸化物（NOx）と揮発性有機化合物（VOC）で，眼や咽頭に刺激症状をもたらすが，一過性であって慢性的な健康影響を及ぼすとは考えられていない。他の環境基準項目は慢性影響を考慮して日平均値や年平均値で設定されているが，Ox は急性影響を防止する観点から 1 時間値で定められている。年間を通じて 1 時間でも 0.06ppm を超えれば環境基準は未達成と評価するルールであるため，達成率はほとんどゼロである。夏場には都市部を中心に光化学スモッグ注意報の発令レベル（0.12ppm）を超えることもままある。Ox 対策の基本は前駆物質である NOx と炭化水素類（VOC/NMHC）の排出を抑制することにある。大気環境行政では VOC と NMHC が同居していてわかりにくいが，NMHC（非メタン炭化水素）[45] については 1976 年に指針値が設定されていて，大気中の前駆物質の量は NMHC で計測される（表4-1）。一方，大気汚染防止法に基づく発生源対策は VOC に対して行われている。

　以上の伝統的な大気汚染物質は，大気中で相互に作用しあいながら物理・化学的に変化する。環境基準が設定されている大気汚染物質の発生源と，相互間の化学反応を概念的に示すと図 4-1 のようになる。SOx と NOx は次第に酸化され，やがて二次粒子を生成したり酸性雨をもたらしたりする。NOx と VOC の光化学反応によって Ox が生成され，さらに二次粒子が生成される。

---

45)　NMHC は大気中の炭化水素のうち，光化学反応性を無視できるメタンを除いたもので VOC の一部である。NMHC 以外の VOC としてアルコール類やアルデヒド類などの含酸素化合物質やハロゲン化合物などがある。

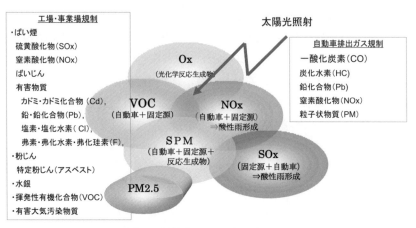

図4-1 伝統的な環境基準項目と大気汚染防止法の規制項目

　このうち SOx と CO はすでに解決をみており，NOx と SPM の環境基準も大方達成されてきた。Ox の先駆物質である NOx も NMHC も大気中濃度が低下しつつあるが，近年は Ox の環境中濃度がむしろ高まる傾向がみられる。しかし，Ox 濃度は毎年の天候に左右されるため単純には評価できない。また，PM2.5 については，2012 年度以降に測定局数が増加し，2016 年度には 1,000 局（一般局 800，自排局 200）を超え，全国的状況が把握できるようになった。環境基準の達成率も年々上昇し，2016 及び 2017 年度の全国の環境基準達成率は一般局でも自排局でも 90％程度に達している。なお，図 4-1 には参考までに大気汚染防止法に基づく工場・事業場（固定発生源）への排出規制項目と，自動車排出ガスの規制項目もあわせて示した。

（2）有害大気汚染物質の環境基準

　大気汚染に係る環境基準の第 2 のグループは，大気中の検出レベルと有害性から判断して，健康リスクが懸念される「有害大気汚染物質」のうち，特に優先度が高いものについて設定された一群である。「有害大気汚染物質」への対策は 1996 年の大気汚染防止法の改正によって導入されたもので，有害大気汚染物質の定義は「継続的に摂取される場合には健康を損なうおそれがある物質で，大気汚染の原因となるもの」とされ，対策の趣旨は「健康被

表4-2　大気汚染に係る環境基準値②

汚染物質	環境基準値	測定法
ベンゼン	年平均値　0.003mg/㎥	キャニスターもしくは捕集管で採取した試料をガスクロマトグラフ質量分析計で測定又はこれと同等の性能を有する方法
トリクロロエチレン	年平均値　0.13mg/㎥	
テトラクロロエチレン	年平均値　0.2mg/㎥	
ジクロロメタン	年平均値　0.15mg/㎥	

(注)　1)　ベンゼン～ジクロロメタンの4物質は，発がん性，神経系への影響などの有
害性を有する物質で，生涯暴露した場合の健康影響を防止する観点から設定。
ベンゼンは自動車排ガス，石油化学工場からの排出，トリクロロエチレン，テ
トラクロロエチレン，ジクロロメタンは金属脱脂，繊維洗浄剤，一般溶剤に使
用される。
　　　2)　IARCの発がん性評価の変更を踏まえ，2018年にトリクロロエチレンの環境
基準が0.2から0.13mg/㎥に改定された。
　　　3)　ダイオキシン類対策特別措置法に基づく環境基準は表4-4に一括して掲げた。

害を未然に防止することを旨」として実施するものとされている。有害大気
汚染物質対策は，抑制基準を定めたうえで，事業者の自主的な取り組みを主
体とする排出抑制を進める仕組みが設けられた。現在，抑制基準が設定され
ている指定物質はベンゼン，トリクロロエチレン及びテトラクロロエチレン
の3物質である[46]。一方，環境基準は1997年にベンゼン，トリクロロエチレ
ン及びテトラクロロエチレンの計3項目について設定され，2001年にジク
ロロメタンが追加された（表4-2）。なお，ベンゼンは閾値がない発がん性物
質とされ，他の3物質も低濃度での影響が十分には明らかになっていない物
質とされている。そのため労働環境における高濃度暴露から環境大気中の低
濃度暴露に健康影響度を外挿し，生涯を通じた健康リスクを推定して環境基
準が設定されている。

　これらの環境基準のうちベンゼンを除く3物質はいずれも有機塩素系溶剤
に属し，地下水汚染をもたらしやすい性状をもつ。このため大気汚染の環境

46)　有害大気汚染物質対策の仕組みは込み入っている。有害大気汚染物質に該当する可能
性のある物質として248物質，そのうち優先的に対策に取り組むべき物質（優先取組物
質）23種類がリストアップされている。また，環境基準に準ずるものとして，大気中
濃度について「指針値」も設定され，排出抑制対策を進める際の目安値とされてきた。
2003年に大気中の水銀，塩化ビニルモノマー等4物質に指針値が設定されたのを皮切
りに，その後に5物質について追加され，現在では9物質の指針値が設定されている。

基準よりもやや先行して，公共用水域の環境基準が1993年に設定され，その後，大気汚染，地下水汚染，土壌汚染の順に環境基準が設定されてきた。また，有害大気汚染物質の対策は第5章で述べる化学物質の環境安全管理の一環でもある。

4.2.2　大気環境保全の法的枠組

　戦後の日本での大気汚染の規制は1949年の「東京都工場公害防止条例」に始まるが，国のレベルでの大気汚染規制のための最初の法律は1962年に制定された「ばい煙の排出の規制等に関する法律（ばい煙規制法）」である。第1条の目的規定は「工場及び事業場における事業活動に伴って発生するばい煙等の処理を適切にすること等により，大気の汚染による公衆衛生上の危害を防止するとともに，生活環境の保全と産業の健全な発展との調和を図り，かつ，大気の汚染に関する紛争について和解の仲介の制度を設けることにより，その解決に資すること」とあり，ばい煙であるばいじんと硫黄酸化物のほか，「特定有害物質」として弗化水素，硫化水素，二酸化セレン等が規制対象とされた。規制地域も規制基準値も個別に指定する仕組みで，違反者への罰則規定も緩く，降下煤塵や黒煙の解消には効果をもったが石油化時代の大気汚染防止には無力なものになった。1968年に大気汚染防止法が制定されたが当初は不十分なものだった。1970年の公害国会で，ばい煙防止法時代のまま残されていた経済調和条項が削除され，規制の地域指定制も廃止された。また，違反に対しては直罰がかかる仕組みが導入され，規制対象に窒素酸化物と粉じんが加えられた。1972年には健康被害に限ってではあるが，無過失損害賠償責任の規定が同法第25条におかれた。

　現在の大気汚染対策の法体系はおよそ図4-2のようになる。環境基本法に基づく環境基準が設定され，これを達成・維持するために「大気汚染防止法」を中心とした規制が実施されてきた。大気汚染防止法に基づくターゲットは主に固定発生源（工場や事業場）からの大気汚染物質の排出である。当初はばい煙（SOx，ばいじん，NOxなど）と粉塵を規制対象としてきたが，1989年にアスベスト（特定粉じん）規制，1996年には有害大気汚染物質対策，2004年にはVOCの排出抑制策，2015年には水銀対策が追加された。

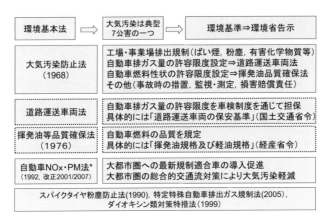

```
環境基本法  ⇒  大気汚染は典型  ⇒  環境基準⇒環境省告示
                7公害の一つ
```

大気汚染防止法 （1968）	工場・事業場排出規制（ばい煙，粉塵，有害化学物質等） 自動車排ガス量の許容限度設定⇒道路運送車両法 自動車燃料性状の許容限度設定⇒揮発油品質確保法 その他（事故時の措置，監視・測定，損害賠償責任）
道路運送車両法	自動車排ガス量の許容限度を車検制度を通じて担保 具体的には「道路運送車両の保安基準」（国土交通省令）
揮発油等品質確保法 （1976）	自動車燃料の品質を規定 具体的には「揮発油規格及び軽油規格」（経産省令）
自動車NOx・PM法* （1992, 改正2001/2007）	大都市圏への最新規制適合車の導入促進 大都市圏の総合的交通流対策により大気汚染軽減

スパイクタイヤ粉塵防止法(1990), 特定特殊自動車排出ガス規制法(2005),
ダイオキシン類対策特措法(1999)

＊正式名は「自動車から排出される窒素酸化物及び粒子状物質の特定地
　域における総量の削減に関する特別措置法」

図4-2　大気環境保全に関わる法令

　大気汚染防止法に基づく自動車排出ガス規制は，自動車一台あたりの排ガ
ス量に対する規制（単体規制）である。一定条件で運行する場合に発生する
自動車排出ガスの量の許容限度を環境大臣が定め，国土交通大臣が道路運送
車両法に基づく命令（保安基準）で，この許容限度を確保する仕組みをとっ
ている。自動車の構造や装置等と密接不可分な関係にある諸事項を考慮して，
道路運送車両法に実際の規制を委ねているものである。また，公道を走行し
ないため道路運送車両法の適用対象外である，バックホウ，コンバイン，
フォークリフト，ブルドーザ等の特殊自動車からの排ガスも無視できないほど
大きいことから，2005年に「特定特殊自動車排出ガスの規制に関する法律」
が制定され，規制が実施されている。こちらも大気汚染防止法と道路運送車
両法との関係と同じ仕組みで許容限度が担保されている。いずれの車両につ
いても規制物質はCO，HC（炭化水素），NOx，Pb化合物，粒子状物質（PM）
の5物質である。
　自動車排出ガス低減には，エンジンの燃焼方式の改善や排ガス処理装置に
よる除去性能の向上が必要であるほかに，自動車用燃料の品質の確保も重要
である。自動車燃料の質を確保するために，大気汚染防止法では自動車燃料
の性状や含有量の許容限度を定め，実際には「揮発油等の品質の確保等に関

する法律（品確法）」でこれを担保する仕組みがとられている。品確法に基づく
ガソリンと軽油に対する強制規格には，ガソリンの無鉛化，ディーゼル車の
NOx や PM の排出ガス規制を確保するための軽油の硫黄分の上限値の設定，
バイオ燃料のガソリン・軽油への混合率の設定などがある[47]

　「自動車から排出される窒素酸化物及び粒子状物質の特定地域における総
量の削減等に関する特別措置法（自動車 NOx・PM 法）」は，大気汚染防止法
に基づく単体規制だけでは，NOx，PM の環境基準の達成が芳しくない大都
市圏を対象に，総合的な対策を講じて自動車排出ガスの排出総量を抑制する
ことを狙った法律である。1992 年の制定当時は，NOx だけが規制対象とされ，
首都圏と関西圏が対象地域になった。その後，2001 年の改正の際に，PM を
総量削減の対象に加え，対象地域も中京圏まで拡大された。

　その他，スパイクタイヤ粉塵の発生を防止するためにスパイクタイヤ粉塵
防止法があり，ダイオキシン類による大気汚染の防止措置は，他の環境媒体
の規制とともに，ダイオキシン類対策特別措置法に基づいて行われている。
ダイオキシン類対策については第 5 章と第 6 章で詳しく述べる。

4.2.3　大気汚染状況の推移と政策

（1）硫黄酸化物（SOx）対策

　1960 年代に始まる SOx・ばいじんの激甚な汚染は，1973 年の石油危機ま
でに相当の改善をみた。この時期は大気環境政策の第一期で，もっぱら産業
公害との闘いに向けられたが，特に SOx 対策には重点が置かれた。SO_2 の
大気汚染状況の変化を，全国の 1,000 局以上の測定局の年間平均値で示すと
図 4-3，環境基準の達成率は図 4-4 のようになる。なお，1965-69 年までの
SOx 値は，まだ大気汚染測定網が十分に整備されていなかった時期で，東京，

---

[47]　自動車燃料へのバイオ燃料の添加は，カーボンニュートラルの考え方（第 7 章 7.3.3 参
　　　照）に基づいて，自動車走行に伴う CO_2 排出低減に有効である。わが国では揮発油等品
　　　質確保法の規格に基づいて，2012 年 4 月から E10（ガソリンにバイオエタノール（サト
　　　ウキビ，トウモロコシ等から製造されるエタノール）を 10%（体積比）混合した燃料）
　　　の使用が，E10 対応ガソリン車に限って認められている。

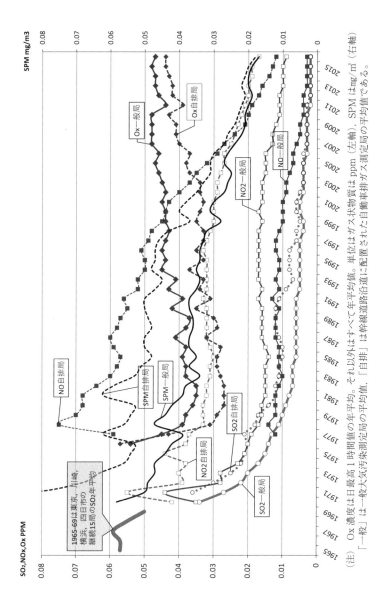

SPM mg/m3

SO₂,NOx,Ox PPM

NO自排局

1965-69は東京、川崎、横浜、四日市の継続15局のSO2年平均

SPM自排局

SPM一般局

NO2自排局

SO2自排局

SO2一般局

Ox一般局

Ox自排局

NO2一般局

NO一般局

（注） Ox濃度は日最高1時間値の年平均。それ以外はすべて年平均値。単位はガス状物質はppm（左軸）、SPMはmg/m³（右軸）。「一般」は一般大気汚染測定局の平均値。「自排」は幹線道路沿道に配置された自動車排ガス測定局の平均値である。

（出典） 環境省平成30年度版環境統計集・平成28年度大気汚染の状況・過年度の環境白書より作成

図4-3 大気汚染の長期的な推移（1965～2016年度）

川崎，横浜，四日市に配置された15測定局の平均値を示したものである[48]。

　四日市大気汚染訴訟が提訴された1967年当時はSO₂の15局平均値が年平均で0.06ppmにも達しており，これは環境基準レベルのおよそ3倍にあたる。SOx対策は，化石燃料の低硫黄化と，排出口を高煙突化して大気中での拡散を促し汚染を薄める方法の二本柱で進められた。

　大気汚染防止法に基づくSOxの排出規制は濃度規制でなく排出量の規制になっているのが特徴である。有効煙突高の二乗に比例して排出許容量が増える，いわゆるK-値規制は，高煙突化と集合煙突化を誘導してきた。K-値規制では，K-値を地域の汚染に応じて調整しながら適宜強化できる柔軟性を備えたものである。K-値が同じ地域では，排出量の大小によらずどの煙突から排出されるSOxの最大着地濃度も同一になるように排出許容量を設定するという，大気拡散の理論を織り込んだ規制手法として知られている。K-値規制に加えて，冬季の汚染を防止するため季節による燃料の硫黄分規制も実施されたほか，1974年の大気汚染防止法の改正で導入された総量規制の仕組みがSOxに最初に適用されている。総量規制は，地域内のSOxの排出総量を，数値シミュレーションに基づく地上濃度予測を根拠として，環境基準が達成できるレベルに抑制する仕組みでPPM行政の極みといえる。

　規制手法に着目したミクロな視点とは別に，SOx汚染対策はエネルギー需給構造のマクロな変化と関連付けて理解する必要もある。通産省の諮問機関である総合エネルギー調査会が低硫黄化計画をまとめたのは1969年で，この年に初めて硫黄分ゼロのLNG（液化天然ガス）が首都圏に供給され，LNG専焼火力が運転を開始している。石油精製過程で重油中に濃縮される硫黄分を，水素化して除去する重油脱硫技術も，この時期から稼働を開始している。石油危機の勃発前までは，低廉で良質な原油・石油製品の調達を進めたことで低硫黄化が進み，SOx汚染は大いに改善された。1973年からの二次にわたる石油危機によって，石炭利用が拡大したため，大気環境の悪化が懸念されたが，石炭利用施設への高性能の排煙処理装置が脱硫・脱硝・除塵のいず

---

48)　わが国で大気汚染測定局の整備が始まったのは1970年以降のことで，汚染物質別に測定局数が1,000を超えたのは，SO₂，NO・NO₂，SPMについてそれぞれ1973年，1976年及び1986年のことである。

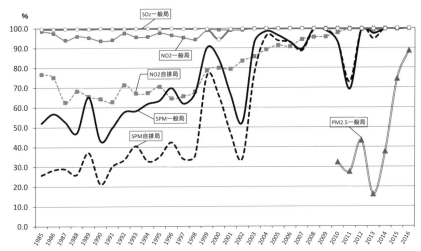

（注） PM2.5については年平均値及び日平均値の両方の環境基準が達成された場合に達成と見な
す。他の3汚染物質については長期的評価による達成率を示す。
（出典） 環境省平成30年度版環境統計集・平成28年度大気汚染状況・過年度の環境白書より作成

図4-4 全国のSO₂，NO₂，SPM及びPM2.5の環境基準達成率の推移（1985–2016年度）

れについても実用化され，悪化することはなかった。

　また，石油危機が省エネを後押しし，さらには重厚長大型の産業構造から，
軽薄短小の産業構造への大気汚染負荷が少ない方向に転換したことがSOx
汚染には幸いした。その後も燃料中の硫黄含有量の改善は進み，環境省の調
査によれば，大気汚染防止法でSOx排出規制の対象となっているばい煙発
生施設からの排出総量は，2000年以降2014年までは減少してきている。2014
年の排出総量は全国で40万トン程度と，1964年前後の最大量500万トンの
1割以下になった。

　こうした公害対策の強化と社会経済情勢の変化の中で，SO₂の環境基準は，
1970年代中葉から今日まで，経済状況やエネルギー供給事情に左右されず
に全国でほぼ100%達成されてきた。なお，2000年の達成率の低下は三宅島
の雄山の噴火が原因している（図4-4）。

　最近の大気環境対策に関連する硫黄の話題が二つある。一つは，ディーゼ
ル車への排ガス規制が強化されるなかで，軽油中の硫黄分が触媒を用いた
NOx除去装置や，PM除去装置（DPF）の運転の妨げになるために，軽油中

の硫黄濃度の低減が求められていることである。これについては次節以降で
詳しく述べる。もうひとつは，MARPOL 条約附属書VIに基づいて船舶起因
の大気汚染防止を防止するために，船舶燃料油の硫黄濃度の段階的な規制が
2008 年以来進められており，2020 年からは全ての海域で燃料油中の硫黄の
規制がこれまでの 3.5% 以下から 0.5% 以下に強化されることである。

（2）NOx・SPM 汚染解消のための自動車排出ガス対策

　SOx による大気汚染は比較的速やかに解消され，その後の大気汚染対策
の重点は NOx と SPM に移っていく。しかし，大都市部を中心に NO_2 と SPM
の環境基準は長らく達成できなかった。2010 年以降に環境基準の達成率が
高まり，いまようやく全国的に環境基準の達成の目途がたった。環境省は，
2020 年までに三大都市圏の自動車沿道を含め，全国くまなく NOx と SPM の
環境基準を達成することを目指している。

　NOx と SPM の汚染を考える際には，大気汚染測定局について知っておく
必要がある。わが国の大気汚染監視局には，一般大気汚染測定局（一般局）
と自動車排出ガス測定局（自排局）の二種類がある。一般局は大気汚染対策
の地域全体への効果を把握し，環境基準の達成状況を把握するために設置さ
れる。自排局は自動車排ガスの影響を把握するため，幹線道路の道路わきに
配置されるが，同じく環境基準の達成評価の対象になる。政策上の優先度の
高さによって測定局数は年々変動するが，2016 年度をみると，NOx と SPM
の測定局数はもっとも多く，ともに全国で一般局が 1,200 局以上，自排局が約
400 局配置されている。

　窒素酸化物はものの燃焼等に伴って，燃料中の窒素分または燃焼空気中の窒
素と燃焼空気中の酸素の化合によって発生する。NO と NO_2 が NOx の主要な
成分であるが，NO は排出された後に，次第に酸化されて NO_2 になる。図 4-3
でみるように，NO と NO_2 のいずれも一般局よりも自排局の濃度が高く，環境
大気中の NOx 汚染の主な原因が自動車排出ガスであることがわかる。全国で
1,000 局以上の測定局で継続的に測定されるようになった 1970 年代後半以降の
年平均値の推移をみると，NO，NO_2 とも着実に改善されてきた。図 4-4 から
わかるように，2001 年以降，NO_2 の環境基準は一般局では全国でほぼ 100% 達

成され，自排局でも 1990 年代半ばから，環境基準の達成率は着実に上昇を続けていて，2010 年以降はかなり安定的に環境基準が達成される状況になった。

　NOx ほど顕著ではないが，1970 年代には SPM 汚染濃度も自排局が一般局に比べて高く，自動車排出ガスの影響が強かったことがわかる。その後は自排局と一般局の汚染レベルが接近しながら低下し，今世紀に入ってから年平均値が 0.02mg/m³ レベルに収束しつつある。SPM の環境基準の達成率が年によって大きくばらつく理由は，大陸からの黄砂の飛来といった自然的な理由によることが多い。実際，環境基準の達成率が悪化した時期を見ると，2000 年～2004 年にかけては三宅島（雄山）の噴火活動が活発で，2007 年と 2011 年は中国大陸からの黄砂の飛来が多かった。そのほか，環境基準の評価方法が NO₂ と異なっていることも達成率を不安定にする原因と指摘されている。

　環境基準の評価方法は PPM 行政の全盛期のまま引き継がれていて，概略は次のようになる。年間を通じて環境基準が達成されているかどうかの判断は，日平均値（24 時間平均値）で設定された環境基準値に対して，測定時間が年間 6,000 時間以上である「有効測定局」についておこなわれる。しかも，日平均値が得られた測定日のうち上位 2％を除外した 98％の測定日の中での最大日平均値が環境基準を満たしているかどうかで判断される。一年の 365 日まるまる測定された測定局の場合，2％にあたる上位 7 日分のデータを除外して，上から 8 番目に高い日の平均値が環境基準値を満たすかどうかで判断することになる。

　なお，NO₂ の環境基準が日平均値 0.04～0.06ppm のゾーン内またはそれ以下と改定された際に，上限値の 0.06ppm を超えるほどの汚染があった地域では 0.06ppm の達成を目標とし，ゾーン内にあった地域では「非悪化」が目標とされた（環境基準告示）。

　一方，SPM については，98％値で環境基準の適合・不適合を評価するほかに，上位 2％除外値の中で二日間連続して環境基準を超えた日がない場合に限って，環境基準を達成したと判断することが慣例になっている。環境基準の達成率が高まってくると，98％値は環境基準を満たすものの二日連続があるために非達成となる測定局が目立つようになった。

　こうした点を考慮すると，2000 年以降は NOx については自動車排ガス対策によって，大都市圏の道路沿道の自排局を含めて，確実に環境基準の達成

率が高まり，全国で安定的に達成される状況になりつつある。SPM は自動車排ガス以外のさまざまな発生源や自然的な要因もバックグラウンド汚染として寄与するため，NOx ほど自動車排ガス対策と表裏一体とはいえないが，二日連続という判断条件を除けば，ほぼ全国で環境基準が達成される状況になっている。このように NOx と SPM の汚染状況が改善されてきた経過を，対策の面から眺めてみよう。

ア）　大気汚染防止法に基づく自動車排出ガス対策（単体規制）

　大気汚染防止法には工場・事業場に対する NOx とばいじんの排出規制の仕組みがあり，NOx も粒子状物質（PM）も自動車排ガス規制の対象になってきた。固定発生源に対する窒素酸化物規制は 1973 年 8 月に第一次規制が実施され，その後，平成年間の初めまで 5 次にわたって段階的に強化されたほか，1981 年には NOx についても総量規制が導入されている。ばいじん規制も大気汚染防止法の施行直後から，1998 年の廃棄物焼却施設に対する規制強化を内容とする第 4 次規制まで実施された。しかし，固定発生源に対する NOx とばいじんの排出規制だけでは，自動車沿道における NO_2 と SPM の高濃度汚染を解消できず，自動車排出ガス規制を強力に進める必要があった。

　自動車排ガス規制は，1966 年の CO 規制に始まるが，CO 削減は点火プラグの点火時期の調整であっさりとけりがつき，1970 年からは NOx 削減が中心的な課題になっていく。米国の 1970 年改正大気清浄法（マスキー法）の規制をわが国でも実施する方針を決めたことから，日本での本格的な自動車排ガス規制の議論が始まった。マスキー法の規制は，1975 年までに HC と CO を 1970 年型車の 10 分の 1 にし，1976 年までに NOx を 1971 年型車の 10 分の 1 にするとしたものである。わが国は，NOx については技術的な困難性から当初目標よりも 2 年遅れて 1978 年に達成したが，HC と CO については 75 年に達成している。これは「日本版マスキー法」と呼ばれてきた。最初の本格的な NOx の規制は，エンジンの燃焼改善と三元触媒を用いた排ガスの後処理装置[49] の開発によって実現され，わが国の公害対策の輝かしいサクセスストー

---

49)　白金，パラジウム，ロジウムを触媒に用いて，排ガス中の HC，CO，NOx を酸化・還元し，水（H_2O），CO_2 及び窒素（N_2）に変えて浄化する装置。

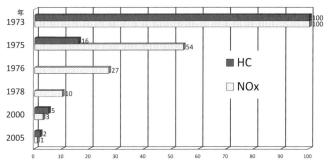

（出典）　中央環境審議会自動車排ガス規制に関する答申（1996-2017）等
から作成

図4-5(a)　ガソリン／LPG 車の NOx・HC 排ガス規制の推移
（規制開始前＝100）

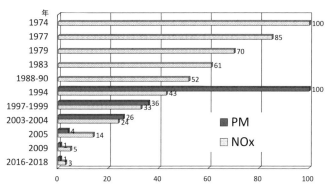

（出典）　中央環境審議会自動車排ガス規制に関する答申（1996-2017）等
から作成

図4-5(b)　ディーゼル重量車の NOx・PM 排ガス規制値の推移
（規制開始前＝100）

リーとして長く語り継がれてきた。

　日本版マスキー法と呼ばれるのは，ガソリン・LPG 乗用車に限った規制で
あったが，その後，規制対象車種が小型車から大型車へ，そしてガソリン・
LPG 車からディーゼル車，二輪車，特殊自動車へと拡大され，何次にもわ
たって規制が強化されてきた。先に触れた OECD による日本の環境政策レ
ビューでも高く評価された，日本版マスキー法のいきさつは，サンケイ新聞
記者として一部始終を取材した本郷滋著『ドキュメント 0.25　日本版マスキー

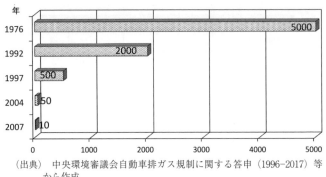

（出典）　中央環境審議会自動車排ガス規制に関する答申（1996-2017）等
　　　　から作成

図4-6　軽油中の硫黄含有量の許容限度の強化（単位：ppm）

法は成功したか』で詳しく知ることができる。NO$_2$の環境基準の改定と，自
動車排出ガス規制とが交錯して議論された時期に，しかも，1973年には石
油危機で経済が落ち込むという逆風の中で，誕生間もない旧環境庁が旧運輸
省とともに取り仕切った初の大仕事だった。わが国の二大自動車メーカーと
後発メーカーがそれぞれの思惑をもって，中央公害対策審議会の自動車公害
専門委員会の技術聴聞会に臨んだことなども興味深く書かれている。

　日本版マスキー法の規制実施から数えておよそ45年間が経過したが，単体
規制の強化の経過をみれば，一台当たりの排ガス量は2桁下がって100分の1
のオーダーにまで減少した（図4-5(a)，(b)）。前節で述べたように，軽油中
の硫黄含有量の規制も段階的に強化されてきた（図4-6）。排出量の削減がこ
のように画期的に進んだのは，燃焼改善技術の進展や触媒を用いた排ガスの
後処理装置の開発によるほか，電子制御技術の進歩に負っているとされる。
規制値が厳しくなると排ガスの後処理装置の性能を適切に維持することが重
要になってくるからである。2015年にフォルクス・ワーゲン社が，米国で
販売したディーゼルエンジン車に，排ガス規制を逃れるためのソフトウェア
を搭載していたという不正が発覚したが，自動車排出ガス管理は極めて精緻
な方法によって行われているらしいことが，この一事からもわかる。そして，
現在の排ガス規制が技術的な限界を追求していることを窺わせる事件でもあ
る。

　これまでの日米欧三極の自動車排ガス規制は，抜きつ抜かれつのシーソー

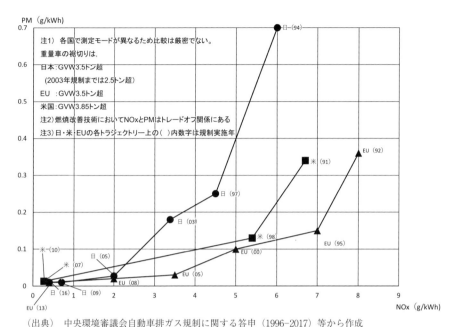

PM（g/kWh）

注1）各国で測定モードが異なるため比較は厳密でない。
重量車の裾切りは，
日本：GVW3.5トン超
（2003年規制までは2.5トン超）
EU ：GVW3.5トン超
米国：GVW3.85トン超
注2）燃焼改善技術においてNOxとPMはトレードオフ関係にある
注3）日・米・EUの各トラジェクトリー上の（　）内数字は規制実施年

日-（94）
EU（92）
米（91）
日（97）
日（03）
米（98）
EU（95）
EU（00）
米-（10）
日（05）
米（07）
EU（08）
EU（05）
EU（13）
日（16）　日（09）

NOx（g/kWh）

（出典）　中央環境審議会自動車排ガス規制に関する答申（1996-2017）等から作成

図4-7　日米欧三極のディーゼル重量車の NOx と PM 規制値の推移

ゲームを繰り返しながら，段階的に強化されてきた。図4-7は，排ガス量が大きく排ガス対策も技術的に難しい，車体総重量（GVW）が概ね3.5トンを超える重量ディーゼル車に対する，NOx と PM の排ガス規制値の推移を，日米欧3極で比べてみたものである。燃焼改善による自動車排出ガス対策においては，NOx 削減と PM 削減は技術原理的にトレードオフの関係にある。この点に注目して日米欧の NOx-PM 規制のトラジェクトリーを比較してみると，90年代までの日本の規制は NOx 削減を PM 削減よりも優先する傾向があったが，2000年以降は，日本の PM の規制も欧米と同等レベルになっていることがわかる。

　単体規制は，内燃機関（エンジン）を積んだ自動車を前提にした規制で，長らく自動車排出ガス規制の中核をなしてきた。単体規制は新車にのみ適用され，使用過程車には規制の強化は適用されないから，自動車の寿命を考えると，新たな規制に適合する車が十分に普及するまでには，規制の導入から

10〜15年もかかることになる。

　日本の自動車排出ガス規制はモータリゼーションが急速に進む中で実施されてきたため，単体規制の規制値が強化されても，保有台数が増加し総走行距離が増加すれば，排ガスの総量は規制強化の効果を上回って増大することになる。また，ガソリン乗用車に比べれば大型ディーゼル車の排ガス量は10倍にも達するから，大型トラック・バスの交通量が集中する都心部の幹線道路沿道，特に幹線道路が交差する地点では当然ながら高濃度汚染が出現する。大都市内の自動車交通の渋滞も大気汚染を一層高める原因になる。

　このため，大都市部で環境基準の達成を早期に実現するためには，単体規制の強化と並行して別の対策が必要になる。その際に，ディーゼル車の排ガスを抑止するために特別に配慮された仕組みが必要になる。そのほか，幹線道路沿いの局地的な高濃度汚染地点を避ける自動車交通流を生み出すとともに，自動車交通への依存度を減らすなど，都市内交通全体を大気汚染が改善される方向に誘導することも求められる。

　わが国の自動車の保有台数，貨物・旅客別の走行距離の推移をみると図4-8のようになる。4輪車以上の自動車の保有台数は1965年の720万台あまりから2015年には7,700万台にまで増加したが，2005年以降は横ばいで推移している。また，都市の自動車排出ガスによる大気汚染の主要な原因はディーゼル車にあるが，ディーゼル車は1980年代から大型化しつつ台数と走行距離を伸ばし，排ガス量の増大の原因になってきた。ディーゼル車の台数が減少に転じるのは1997年からである。総走行距離については，貨物が2000年以降減少に転じ，旅客もやや遅れて2003年から横ばいないし微増で推移している。この図には表示されていないが，貨物輸送量（トン・km），旅客輸送量（人・km）及び自動車用のエネルギー消費量のいずれについても，2000年以降は横ばいないし減少傾向にある。

イ）自動車NOx・PM法に基づく自動車排出ガス総合対策

　大気汚染防止法に基づく単体規制の効果を加速して大都市圏の環境基準が未達成な地域の解消を図ろうと導入されたのが，いわゆる「自動車NOx・PM法」である。1992年に制定された当初は，NOxの環境基準の達成だけを目的に掲げていたが，2001年の改正時にSPMの環境基準の達成も目的に加え

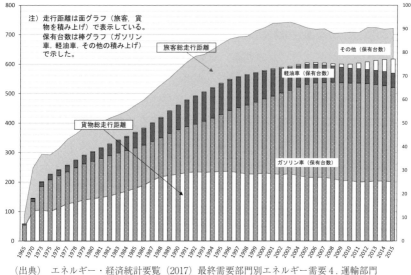

走行距離（10億km/年）　　　　　　　　　　　　　　　　　　　　　　　　　　　保有台数（百万台）

注）走行距離は面グラフ（旅客，貨物を積み上げ）で表示している。保有台数は棒グラフ（ガソリン車，軽油車，その他の積み上げ）で示した。

旅客総走行距離

その他（保有台数）

軽油車（保有台数）

貨物総走行距離

ガソリン車（保有台数）

（出典）エネルギー・経済統計要覧（2017）最終需要部門別エネルギー需要4. 運輸部門

図4-8　わが国の自動車車種別保有台数と貨物・旅客走行距離の推移

られた。この法律は，大気汚染防止法に基づく措置では，NOx と SPM の環境基準の早期の確保が難しいと見込まれる地域（対策地域）を対象に，国の総量削減基本方針に基づいて，対策地域を擁する都府県が自動車から排出される NOx と PM の総量削減計画を策定する。現在の対策地域は，首都圏の一都三県，愛知県及び三重県，大阪府及び兵庫県の三大都市圏（8 都府県）のうち，政令で指定された自動車交通が集中する市区町村の地域である。

　この法律の中核的な規制の仕組みは「車種規制」と呼ばれる。車種規制は，使用過程車を含めて，対策地域内を本拠地とするトラック，バス，ディーゼル乗用車と，これをベースに改造した特殊自動車を規制対象にして，NOx・PM の排出量がより少ない自動車への転換を図るための「排出基準」が設定されている。具体的には一定の猶予期間を設けて，ガソリン車への転換が可能な車両総重量 3.5 トン以下の中軽量車については，ガソリン車への転換を促すために，ガソリン車並みの排出基準を設定する。ガソリン車への転換が難しい3.5 トン以上の重量車については，基準設定時点での最新規制ディーゼル車の

排ガス規制基準に設定して，最新規制車への転換を促すというものである。

　国の総量削減基本方針と都府県の総量削減計画には，低公害車・次世代自動車の普及，滑らかな運転によって大気汚染物質の排出を減らすエコドライブやアイドリングストップの普及，自動車交通需要を抑制し交通流を円滑化するための総合対策が盛り込まれている。

　当初の「自動車NOx法」の総量削減基本方針と削減計画では，2000年度までにNO$_2$の環境基準をおおむね達成することを目標にしたが，この計画目標は達成されなかった。2001年にはNOx対策を強化するとともに，SPMの環境基準の達成も目的規定に加えて，法律名も自動車NOx・PM法に改正された。1990年代のSPMの発生源別の排出量内訳の情報は豊富でないが，環境省調査によると1994年段階の関東地域では，SPMの一般局への自動車排出ガスの寄与度は工場・事業場と同程度の20%強で，自排局への寄与度は40%以上になっている。また，自動車起因のSPM排出の相当部分が貨物車によるものとされている。

　今世紀に入ってから首都圏の幹線道路沿道のSPM汚染が急速に改善されてきた裏には，石原都政の急進的なディーゼル車対策がある。記者会見でディーゼル排気粒子（DEP）の粉末を入れたペットボトルを片手で振りながら，石原元都知事が陣頭指揮した東京都の「ディーゼル車NO作戦」は，1999年8月に開始された。このキャンペーンでは，国の諸政策がディーゼル車の増加を招き，EU諸国に比べて自動車PM対策が遅れてきたと批判しつつ，ディーゼル車のガソリン車への代替や，ディーゼル車の排ガス浄化装置の装着義務付け，そして軽油への優遇税制の是正などを訴えた。キャンペーンとしての「ディーゼル車NO作戦」は，2000年に公害防止条例を全面改正した「都民の健康と安全を確保する環境に関する条例（環境確保条例）」に基づく走行規制の実施，石油連盟による首都圏への低硫黄軽油の早期供給の開始などにつながり，DEPの汚染改善を大いに加速した。なお，走行規制はPMの排出基準を満たさないディーゼル車の走行を，都内全域で禁止するもので，使用過程車にもPM減少装置を装着して排出基準を満たすことを求めた。運行規制には隣接3県も呼応して一都三県で2003年10月から一斉に実施されたほか，兵庫県でも導入されている。

　使用過程車にも適用される走行規制は，自動車NOx・PM法に基づく車種規制の効果を前倒しするとともに，対策地域内に本拠地をもつ自動車にのみ適用される車種規制に対して，対策地域外から流入するディーゼル車にも適用されるため，国の対策効果を大幅に増幅することになった。

　こうした諸対策によって，今世紀に入ってからは，大都市圏のNO₂，SPM汚染にようやく改善傾向が見えるようになった。また，2007年に再度改正された自動車NOx・PM法では，NO₂及びSPMが局地的に高濃度に汚染されたホットスポット地区（重点対策地区）への重点的な対策の実施と，当該地区への流入車対策がポイントとなっている。改正法は2008年に施行されたが，重点対策地区の指定は現在までのところ行われていない。

　自動車排出ガス対策が進むにつれて，自動車NOx・PM法の目標は緻密に環境基準を達成することに向けられてきた。2011年に策定された2020年度を目標とする，国の第二期の総量削減基本方針と都府県の削減計画では，2015年度（中間目標年次）までにすべての監視測定局でNO₂とSPMの環境基準を達成し，2020年度（最終目標年次）までに，監視測定局の有無にかかわらず，すべての場所で環境基準を達成するべきことが目標に掲げられた。

　中間目標年次が到来した段階で行われた，中央環境審議会大気・騒音振動部会の自動車排出ガス総合対策小委員会の中間レビューが2017年3月に公表されている。それによれば，SPMの2日連続環境基準超えを容認して98%値のみで評価すれば，すべての監視測定局ですでにNO₂とSPMの環境基準は達成され，2020年度までには，監視局がない地点を含めて数値シミュレーションを用いて予測評価した汚染レベルは，環境基準を達成するものと見込まれている。

　また，この中間レビューによれば，自動車NOx・PM法の枠組に基づく各種の施策の中で，NOx及びPMの削減にもっとも効果を発揮したのは，自動車単体規制と車種規制であり，両者を併せてNOxについては約85%，PMについては約90%を占めている。次いで，次世代自動車・低公害車の普及による効果が10%程度となっている。もちろん，低公害車やゼロエミッション自動車に対する税制上の優遇措置や補助金は普及を加速する上で重要な役割を果たしているであろうが，経済的手法や普及啓発活動の効果は間接

的で，中間レビューには表向き登場しない。

(3) 低公害車から次世代自動車へ

　1970 年代から排ガス量が少ない自動車は低公害車と呼ばれ，政府による
率先導入や，税制上の優遇措置の実施，時には補助金の提供によって普及促
進を図ろうとする政策が講じられてきた。その後 1990 年代に入ってから地
球温暖化問題が台頭し，自動車に求められるのは単に排ガス性能だけでなく
なった。1998 年の省エネ法の改正に伴って，トップランナー方式による燃
費基準が導入されてからは，「低公害」である上に「低燃費（低炭素）」なこ
とが求められてきた[50]。そのため，いまでは環境性能の高い自動車は「次世
代自動車」と呼ばれ，具体的にはハイブリッド車（HV），プラグインハイブ
リッド車（PHV），電気自動車（BEV），燃料電池自動車（FCV），クリーン
ディーゼル車がこれに含まれる。2015 年の「日本再興戦略」の改訂（閣議決定）
の際に，次世代自動車の新車販売に占める割合を，2014 年度実績の約 24％か
ら 2030 年には 50〜70％に引き上げることが目指されている。

　なお，環境基本法の制定以降，環境政策への経済手法の導入の必要性が叫
ばれてきたが，2001 年から導入され，低公害車と次世代自動車の普及促進を
目指した自動車関連税（重量税，自動車取得税，自動車税）のグリーン化は，
環境保全に有効に作用した最初の経済的手法としてしばしば引き合いにださ
れる。現在も 2 年ごとに自動車関係税制の見直しが行われ，環境性能が高く
新しい自動車への軽課と，環境性能が低く古い自動車への重課を組み合わせ
て，税収の中立を図りながら実施されている。

(4) 大気汚染訴訟と大気環境政策

　1972 年 7 月の四日市大気汚染訴訟の判決では，SOx による大気汚染と喘
息等の呼吸器疾患との量—反応（dose-response）に関する疫学調査という科
学的知見を法的な因果関係の基礎として認め，故意・過失の有無にかかわら

---

50)　トップランナー方式は脚注 99）を参照。従来の燃費基準はエンジン搭載車のみを対
　　象としたが，2030 年度目標値（2019 年設定予定）では，well-to-wheel の考え方（脚注
　　95）を参照）を用いて BEV と PHV にも設定される。

ず受忍限度を超える生命・身体への被害を生じたことは違法であるとされた。この判決によって，公害健康被害者の損害賠償を請求する際に壁となってきた，加害行為と損害の因果関係の立証と，加害者の故意・過失の立証に関する挙証責任が軽減された。

　四日市大気汚染訴訟がその後の公害行政に与えた影響は二つある。一つには，故意・過失の有無にかかわらず人の生命・身体を害したときは，損害を賠償しなくてはならないとする，無過失損害賠償責任の考え方が，1972年の大気汚染防止法と水質汚濁防止法の一部改正によって盛り込まれた。もう一つは，無過失賠償責任制度が導入されても，被害者は訴訟によって賠償請求をしなくてはならないことから，民事責任を踏まえた損害賠償制度として，1973年に「公害健康被害補償法」が制定された。公害健康被害補償法は，1969年に制定されていた「公害に係る健康被害の救済に関する特別措置法」に基づく緊急措置としての医療費等の給付だけでは不十分として，疾病に罹ったことによって失われた利益を補てんする補償費の給付を得られる仕組みとされた。また，大気汚染による疾病が非特異的であるため，公害健康被害補償法は，一定の大気汚染レベル以上にある地域（指定地域）内に，一定期間以上居住または通勤して大気汚染に暴露されている（暴露要件）者が，指定疾病（喘息等の慢性閉塞性肺疾患）に罹った場合には，大気汚染との因果関係があると認めるという制度的な割り切りをした。

　地域指定の要件は，おおむねSO_2の年平均値が0.05ppm以上で，指定疾病の有症率が自然有症率の2〜3倍である場合とされ，1988年まで大気汚染に係る健康被害の補償制度が運用された。指定地域は当初の12から1978年には41に増加し，認定患者数は最大時10万人を超え，年間の補償給付総額が1,000億円を超えた時期もあった。

　この補償費用は，汚染原因者の寄与の程度に応じて分担するものとされ，当時のSOx及びNOxの排出状況を考慮して，工場・事業場（固定発生源）と移動発生源（自動車）の分担率は8：2とされた。固定発生源の負担額は算定方法の容易さを考慮してSOxの排出量に応じたものとして，一定規模以上のSOxを排出する全国の工場・事業場から負荷量賦課金が徴収されることになった。なお，指定地域内の賦課料率（一単位のSOx排出量当たりの賦

課金額）を，指定地域外の9倍に重みづけする方法がとられた。この負荷量
賦課金は補償給付金に充てるとともに，事業者にSOx排出削減のインセンティ
ブを与えるものと目されていた。一方，自動車の責任分とされた2割は自動
車重量税から引き当てられてきた。

　このように，大気汚染による健康被害補償制度では，健康被害の原因とし
てSOx，NOxが考慮されていたものの，地域指定に当たっても賦課料率の
設定に当たってもSOxだけが指標にされることになった。時代が下ってSOx
排出量が格段に減少し，SOxの大気汚染が著しく改善されたものの，認定の
仕組みから認定患者数と補償給付金額は増え続け，事業者がSOx排出削減の
努力をしても賦課金は増加し続けるという制度的な矛盾が顕在化していった。
その結果，1988年に補償制度が改正されることになった。

　1986年4月の中央公害対策審議会の「大気汚染と健康被害との関係の評
価等に関する専門委員会」の報告では，SOx，NOx，PMの3つの環境基準
設定項目と健康被害との関係について記載している。それによれば，当時の
総体としての大気汚染が慢性閉塞性呼吸器疾患に過剰な有症率をもたらす状
況にはないとしつつ，一般環境大気よりも汚染レベルが高い局地的汚染の影
響への考慮が必要であることや，感受性の高い人口集団への影響が見逃され
ている可能性がある点を指摘している。これを受けて1986年10月に中央公
害対策審議会は，大気汚染による健康被害補償の対象としてきた指定地域を
すべて解除し，新たな患者の認定を行わないことが相当であること，個人に
対する補償給付ではなく，総合的な環境保健のための施策を推進することが
適当であることなどを答申した。

　その後，公害健康被害補償法は1987年に「公害健康被害の補償等に関す
る法律」に改称され，大気汚染の影響による健康被害の予防事業の実施に関
する規定が加えられた。1988年3月に政令改正が行われ，指定地域はすべ
て解除されて，新たな患者認定を行わないこととされた。ただし，それ以前
に認定された患者には，指定疾病の症状が続く限り補償給付が継続される。
現在の補償給付総額は年間約400億円，認定患者数は約3万人である。

　この法改正と同時に，「公害健康被害予防基金」が（独）環境再生保全機構
（当時の公害健康被害補償予防協会）に創設され，その運用益で予防事業を実施

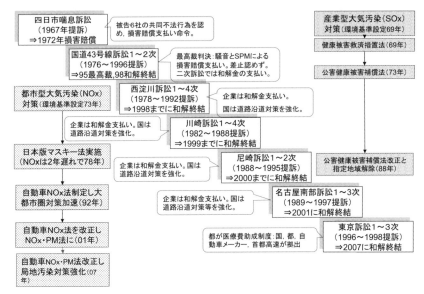

（出典）　環境法判例百選［第2版］（2011）等を参考に作成

図4-9　大気汚染訴訟と大気環境政策の変遷

することとされた。この500億円の基金のうち、産業界からの拠出が450億円（固定発生源からの拠出400億円と自動車等移動体発生源からの拠出50億円）、政府の出資が50億円である。

　SOxの大気汚染は改善されたものの、自動車NOx・PM系の都市型大気汚染の改善がはかばかしくない状況の中で、1970年代後半以降になると、産業型と都市型が複合した大気汚染による健康被害に対する損害賠償や排ガス差し止めを求める訴訟が各地で起こされていく。図4-9にはその中の主な訴訟事件を記載している。国道43号線1次訴訟は全国初の大規模な道路公害訴訟で、最高裁判決では自動車走行差止は棄却されたが、生活妨害による損害賠償が認められている。2次訴訟では和解金の支払いとともに国及び阪神高速道路公団と原告とが沿道環境に関する連絡会を設置している。西淀川訴訟（1-4次）、川崎訴訟（1-4次）、尼崎訴訟（1-2次）と名古屋南部訴訟（1-3次）は、いずれも地域内に立地する工場群と道路の複合大気汚染による健康被害の損害賠償と、汚染排出差止を求めた事件である。いずれも最終的に

は和解によって終結しており，被告企業は和解金を支払い，国及び阪神又は首都高速道路公団との間で沿道環境整備のための連絡会を設置することに合意している。また，和解に至る前の一審判決の中には，沿道の局地汚染とりわけディーゼル排ガス粒子（DEP）と健康被害との因果関係を肯定し，道路管理者に損害賠償支払いを認め，SPM の排出差止請求を容認したものもある。

　さらに，1996 年に提訴された東京大気汚染訴訟は，道路管理と排ガス規制の責任を負う国・東京都・首都高速道路公団のほか，ディーゼル車を製造・販売する自動車メーカー 7 社を相手取って，損害賠償と救済制度の新設及び汚染差止を求めた事件である。2002 年の一審では自動車走行の差止と自動車メーカーの責任は認められなかったが，健康被害と損害賠償を一部認め，道路管理者である国・都・首都高速道路公団の責任を認めている。

　その後，2007 年 8 月に，東京高等裁判所において，医療費助成制度の創設と環境対策の実施を約した最終的な和解が成立している。医療費助成制度は，都内に 1 年以上居住する気管支喘息患者で，非喫煙であること等の一定の条件を満たす者に，当該疾病の保険医療に係る自己負担額を助成するものである。この助成制度のために，東京都，国，自動車メーカー 7 社，首都高速道路株式会社（旧首都高速道路公団）が拠出して，2008 年 8 月に 200 億円規模の東京都公害健康被害予防基金が設置された。国は 60 億円を環境再生保全機構に予防基金から取り崩すことを指示し，自動車メーカーはそのほかに 33 億円，首都高速道路株式会社は 5 億円を拠出している。これに関して日本経団連は，環境省側の説明として，取り崩された 60 億円は 500 億円の公害健康被害予防基金のうち自動車業界の拠出分であること，60 億円の使途はあくまで予防事業であり一部マスコミ報道にあるような医療費助成ではないと解釈することなどを公表している（日本経団連タイムス NO.2876-07, 2007）。また，この和解において，国・都・首都高速道路株式会社は沿道環境対策を実施することとともに，国は PM2.5 の環境基準設定を検討することなども約している。

　このように複合型公害から次第に道路沿道の大気汚染が争点になってきた一連の大気汚染訴訟への対処を通じて，高濃度の局地的大気汚染の解消，特にディーゼル排ガス粒子対策は避けて通れない重要な大気環境政策の課題となっていった。そのことが，1999 年の東京都の「ディーゼル車 NO 作戦」

の展開や，2001 年の自動車 NOx 法の改正による PM 対策の追加，さらに，2007 年の同法の局地汚染対策の強化といった，きめ細かく，しかも強力な大気環境対策の実施を後から押すことになった。

(5) 大気汚染の残された課題

伝統的な大気汚染物質の環境基準は SOx，NOx，SPM の順で全国的な達成が実現してきた。SOx に比べて NOx，SPM の達成に時間を要したのは，自動車排出ガス対策が効果を発揮するのが遅れたからである。21 世紀に入ってから，自動車利用が頭打ちになり，そこに規制効果が追いついたとみることができる。最新の単体規制の効果を勘案すれば今後はさらに改善が見込まれる。

環境基準を厳格に達成するという，現在の大気環境政策の方針に従って考えると，残された課題は Ox と PM2.5 の汚染である。年によって変動はあるものの，Ox 濃度が環境基準を超過する時間数は年間を通じて 3 ～ 7 ％程度のものであり，光化学スモッグ注意報レベルである 0.12ppm を超えることはごくまれになった。PM2.5 についてもすでに述べたように 2016 年度段階での全国の環境基準達成率は 90％に達している。もっとも，Ox も PM2.5 も周辺諸国からのわが国への移流が無視できないこと，PM2.5 の発生源の多様性と二次粒子の生成メカニズムが複雑であることなどから，国際協力のもとに今後とも一層の調査研究が必要である。また，これまでの内燃機関自動車を念頭に置いた対策から，地球温暖化対策が求める脱化石燃料の輸送機関の実現に向けて，究極の都市大気汚染対策として CO_2 も大気汚染物質も出さない，ゼロエミッション自動車への切り替えを促進する必要がある。最近，欧州諸国のいくつかからは，2040 年頃までに内燃機関自動車の販売を禁止するとの方針表明が相次いでいることも注目される。

4.3 水環境保全の歩み

いうまでもなく水は飲料・生活用水，工業用水，水力発電の資源であり，農林水産業を支え，水上交通のための空間を提供する。水はまた生活に様々

な形で潤いを与え，歴史とともに文化をはぐくみ，人間社会に豊かな恵みを
もたらす自然環境の重要な媒体である。

　わが国の平均降水量は年間約 1,700mmで，世界平均（約970mm）の二倍近く
もあり，水質の点でも恵まれた国である。わが国の降水量を体積にすると年
間 6,400 億㎥で，うち 2,300 億トンは蒸発し，残り 4,100 億トンが理論的には
利用可能な水資源量である。しかし，2013 年に実際に使用された水量は約 800
億㎥で，内訳は農業用水が 540 億㎥，生活用水が約 150 億㎥，工業用水が約
110 億㎥となっている。地下水の利用は 110 億㎥で，上水道水源に占める地
下水の比率は低下しつつあるが，なお約 2 割をまかなっている。一人当たり
の生活用水使用量は，水洗トイレの普及に伴い 1965 年から 2000 年にかけて
倍増して 322ℓ／日に達したが，これ以降は節水対策が進んで減少に転じ，
2015 年には 280ℓ／日程度になっている。

　水資源に恵まれながらも，わが国では水に関連する多くの課題に直面して
きた。メチル水銀を含む排水で水俣病が発生したのは 1950 年代半ばである。
高度経済に伴う都市への人口集中と産業活動の急速な拡大に伴って，1960 年
代には水の需給がひっ迫し，水源を地下水に求めたことから，三大都市圏な
どで地盤沈下が急速に進行した。また，戦中から戦後にかけて大量の森林が
伐採されて，洪水が多発するといった防災上の問題を生み，植林と防災事業
が進められた。人口の増大に追いつけなかった都市の水インフラの整備も次
第に進んできた。高度経済成長時には 30％そこそこだった上水道の普及率
は現在では全国でほぼ 100％に達し，1970 年代なかばにはわずか 20％だった
下水道の普及率は 2016 年度には 80％近くに達している。下水道による汚水処
理人口のほかに，農業集落排水や浄化槽等による汚水処理人口を加えた「汚
水処理人口普及率」は，2017 年度には全国値では約 90％を超えている。

4.3.1　水環境保全のスコープ

　現在,「水環境保全」と呼ばれる行政分野は，1970 年の「水質汚濁防止法」
の制定から始まった。水質汚染といわずに水質汚濁という。この法律の第 1
条では水質の汚濁を,「水質以外の水の状態の変化（例えば温排水による水温

変化）と水底の底質の悪化を含む」としている。当初は公共用水域[51]の水質汚濁対策が中心課題だったが，水質汚濁防止法の定義では公共用水域を河川，湖沼，海域等に分けている。湖沼はまだしも，河川は地図上で一筋の線にすぎないので，河川の水質汚濁の等濃度線を地図に落とすのは無理なほど狭い。公共用水域の水質保全は水質汚濁防止法のほか，汚濁が進んだ特定水域に対しては，「瀬戸内海環境保全特別措置法」や「湖沼水質保全特別措置法」といった特別措置法に基づいて進められてきた。

　公共用水域には含まれず地図にも描かれないが，地下水は河川よりもはるかに広がりをもってゆっくり移動している。全国各地で地下水汚染が顕在化して，平成年間に入って水質汚濁防止法の改正で有害物質を含む汚水の地下浸透が禁止されて以来，水質汚濁防止法の守備範囲に含められた。地下水汚染の面的な広がりを把握するのは容易でなくて，限られた数の井戸から採水して得た汚染情報をマップ化するのは"針の穴から天を覗く"の例えに似たところがある。そのため，地下水の汚染モニタリングは概要把握と詳細な調査に分けて行われていて，公共用水域よりも汚染状況を把握するのに手間がかかる。

　地下水汚染と相互に作用しあうのが土壌汚染である。大気汚染や水質汚濁はフロー型の汚染で大気や水とともに移流・拡散されるのに対して，土壌汚染はストック型とよばれ，土壌を除去しない限り汚染は半永久的に残る。足尾鉱毒事件やイタイイタイ病の経験から，農用地の土壌汚染への対処は比較的早く1970年に「農用地土壌汚染防止法」が制定され，客土等の措置が進められてきた。しかし，市街地土壌汚染対策は遅れてきた。日本では1970年代にクロム鉱さいの埋立によって東京都江東区などで大規模な地下水と土壌汚染を経験し，1978年に米国ニューヨーク州で起きた「ラブキャナル事件」を契機に制定されたいわゆるスーパーファンド法への関心も一時は高まった。しかし，土地が私有財産であることや，汚染によって必ず健康影響

---

51)　公共用水域とは，「河川，湖沼，港湾，沿岸海域その他公共の用に供される水域及びこれに接続する公共溝渠，かんがい用水路その他公共の用に供される水路（下水道法に規定する公共下水道及び流域下水道であって，終末処理場を設置しているものを除く。）をいう。」（水質汚濁防止法第二条第1項）。

が生じるわけではないこと，使用中の土地に浄化工事を行うのは難しいといった理由で法制化が遅れてきた。市街地土壌汚染への対策ルールとして「土壌汚染対策法」が制定されたのは 2002 年で，これが公害対策諸法の中で最後の立法になった。

　地下水と密接にかかわるもう一つの公害に地盤沈下（地盤環境の問題）がある。地盤沈下も水環境保全と深くかかわっている。地下水の過剰な汲み上げによって粘土層が収縮して起きる現象で，全国のいくつかの地区で地下水汲み上げや天然ガス採掘といった人為活動による地盤沈下を経験してきた。かつて 1950–60 年代には工業用水やビル用水の過剰な汲み上げによる地盤沈下が濃尾平野，筑後・佐賀平野，関東平野北部で問題となり，1956 年には「工業用水法」が，1959 年には「ビル用水規制法」が制定され，大規模な地下水の採取が制限された。遅れて 1970 年代からは，新潟県の上越地域，長岡地域，南魚沼地域といった豪雪地域で，冬季に地下水をくみ上げて屋根や道路の雪を融かす融雪水として多量に用いられるようになり，一冬の沈下が 10 cm に達する地点もあり重大な環境問題になってきた。融雪用水の汲み上げによる地盤沈下には，地元の自治体が主になって対応してきている。熱だけを利用して汲み上げた地下水を還元する方法などが用いられてきたがいまも十分な解決をみていない。地盤沈下も水環境行政の守備範囲に含まれる。

　さらに，水底の底質の把握も水環境の守備範囲である。かつての水俣湾の水銀や PCB で高濃度に汚染された底質を，除去したり封じ込める措置が行われてきた。

　海域も水環境保全の対象領域である。海という目で眺めれば，東京湾，伊勢湾，大阪湾，瀬戸内海，有明海といった内湾・内海や外海に面した沿岸域もあれば，領海（沿岸 12 海里），排他的経済水域（沿岸 200 海里（EEZ）），そして公海までが海である。海域の環境保全には，かなり次元が異なった様々な課題が混在する。陸上起因の水質汚濁の防止，海洋生物・生態系の保全，マイクロプラスチック等の海洋浮遊ごみの処理，船舶起因の油濁や有害物質による汚染の防止，廃棄物の海洋投棄の規制など，環境管理上の課題が数多く存在するほか，漁業資源の持続可能な利用や，温暖化対策としての洋上風力開発や CCS 事業のように，資源利用や地球環境保全との調整問題も交錯

してくる。

海洋環境の保全は第2章でも見てきたように，数ある地球環境保全の分野の中でも，条約などによる国際環境規範の整備が，もっともはやく開始された。海洋環境保全のための施策は，これら国際条約を国内で実施するための国内法を整備して進められてきた。

このように，渓谷の清流から公海に至るまで，水でつながった広い空間が水環境保全の対象範囲である。資源としての水利用の結果として生じる水環境問題は，河川管理者，港湾管理者，上下水道管理者，農林水産業など多くの水資源管理に関わる者との調整が必要になる。

上水道水源の水質を守ることも水環境行政の役割であるが，都市・生活系排水による水質汚濁の改善には，活性汚泥法によるBOD，CODの除去を主目的とする下水の終末処理場での通常処理（二次処理）のほかに，富栄養化の原因物質である窒素（N），燐（P）まで除去できる高度処理（三次処理）化を促進する必要もある。また，水辺や海中の生態系の保全と再生によって自然の水浄化能力を高める努力も必要になる。一方で，ダム建設，干拓・埋立といった水環境に悪影響を与える開発事業を巡って，環境保全上の意見の対立も数多く発生してきた。人の健康保護は別にして，生活環境保全についてはどこまで保全すればよいのかが曖昧な"グレーゾーン"が水環境保全行政の分野には存在し，自然環境保全と同様に，国民の水環境保全への要求レベルが政策を決定する場合もある。

2010年代に入ってから水環境行政を取り巻く状況に変化が出ている。2014年には水循環基本法が制定され，健全な水循環を回復し維持するという視点から水環境保全の幅を広げ，水質，水量，水辺生態系を一体的に捉えた総合的な視点からの行政推進が重要になっている。瀬戸内海の水質も改善傾向にあり，2015年には瀬戸内海環境保全特別措置法が改正されて，それまで水質汚濁負荷量の削減を専一に進めてきた環境行政から，生物生息や生物生産の場として豊かな海を目指し，藻場・干潟の保全と回復を図るなど，保全と利用のバランスが行政に求められるようになり様変わりしている。同じく2015年には，琵琶湖を健全で恵み豊かな湖として保全・再生し，地域の産業振興を図りつつ自然と共生する社会の実現に資する旨を掲げた「琵琶湖の保全及

び再生に関する法律」が制定されている。これらの立法が水環境行政の方向
性や手法を変えつつある。

4.3.2　水系（公共用水域，地下水及び土壌）の環境基準

　水系の環境基準はやや複雑である。公共用水域の水質汚濁に係る環境基準，
地下水の水質汚濁に係る環境基準，土壌の汚染に係る環境基準の3つの環境
基準に分かれている。また，公共用水域と土壌汚染に関しては健康保護に関す
る環境基準（健康項目）と生活環境保全に係る環境基準（生活環境項目）が設
定されている[52]。健康項目に係る環境基準値は一律であるが，公共用水域の生
活環境項目に関しては，水域ごとの水利用の目的や汚濁源の立地状況に応じて
複数の類型が設けられ，それぞれに異なる値の環境基準値が定められる。
　このように水系の環境基準は煩雑であるため，すべての環境基準値の一覧
表は環境省のホームページなどをご覧いただくこととして，本書では主に環
境基準の設定の経過と環境基準設定の行政的な論理について少し説明してお
きたい。

（1）健康保護に係る環境基準

　健康項目の環境基準の設定は，水俣病やイタイイタイ病の経験から，水質
汚濁が水生態系の食物連鎖を通じて魚介類に高濃度に濃縮され，それを人間
が摂取する可能性を考慮し，また，水道原水を浄化せずに飲用しても健康影
響が生じないことを目安に設定されている。
　最初の公共用水域の環境基準は，1970年に閣議決定されたものが，翌1971
年に若干変更されて環境庁告示として設定された。当初の項目はカドミウム，
シアン，六価クロム，ヒ素，アルキル水銀等で，1975年にPCBが追加された。
時代が下って1993年～2009年代にかけては，世界的に問題になった有機塩
素系溶剤やベンゼンと，いくつかの農薬成分，硝酸性窒素等が追加されて，

---

[52]　地下水汚染に係る環境基準はすべて健康項目として設定され，公共用水域の環境基準
　　と項目も基準値もほとんど同じである。土壌汚染に係る環境基準は一見すると健康項目
　　に思えるが，一部の項目は農作物の生育を阻害しないことも考慮したものであるので生
　　活環境項目である。

現在の環境基準項目は計 27 になっている。この間，カドミウムとトリクロロエチレンの環境基準が 2011 及び 2014 年にそれぞれ改正されている（表4-3)[53]。

　土壌汚染の環境基準は，公共用水域に適用する伝統的な環境基準項目に，足尾鉱毒事件以来，農用地土壌汚染対策の対象になってきた銅を加えた 10 項目について，1991 年に定められたのが最初である。その後，1993 年に公共用水域の環境基準に新規項目が追加されたのを受けて，翌 1994 年に土壌環境基準に 15 項目が追加され，さらに追加や変更を経て，現在では 29 項目について設定されている。

　1980 年代にカリフォルニア州のシリコンバレーで地下タンクから有機塩素系溶剤の一つである 1.1.1-トリクロロエタンが漏れて地下水汚染が起こったのをきっかけに，国内でもトリクロロエチレン，テトラクロロエチレンなどによる地下水汚染が社会問題になった。地下水の水質汚濁に係る環境基準が最初に設定されたのは 1997 年である。当時の公共用水域の環境基準と同じ項目について，地下水の環境基準が設定された。その後に追加があり，現在は 28 項目について設定されている。なお，環境基準の設定以前の 1989 年から 2011 にかけて，水質汚濁防止法が数度にわたって改正され，地下水汚染防止のための規制の仕組みが導入され，その後も強化・充実が図られてきている。

　このような経過をたどりながら，健康項目に関する水系の環境基準は，公共用水域—地下水—土壌汚染—水道水の安全管理—食品の安全管理が相互につながりあうように設定されてきた。公共用水域及び地下水の環境基準項目は基

---

53)　環境基準の項目追加に関する中央公害対策審議会の答申に基づいて「公共用水域の検出状況からみて直ちに環境基準とはせずに，引き続き知見の集積に努めるべき物質」として，環境庁は 1993 年 3 月に「要監視項目」についての指針値を定めている。これは有害大気汚染物質の中で優先取組物質のいくつかについて設定されている指針値と同様の考え方に立っている。その後，水生生物保全に関しても要監視項目が設けられた。現在（2018年 3 月）の要監視項目は健康項目が公共用水域について 26 項目，地下水について 24 項目，水生生物保全項目が 6 物質である。また要監視項目とは別に，人の健康や水生生物に有害なおそれがあるものの環境リスクがそれほど大きくない，または環境リスクが不明であるが環境中の検出状況等からみて環境リスクの知見の集積が必要な項目として，1998 年には「要調査項目」300 物質群を選定して環境リスクの知見収集に努めてきている。要調査項目は 2014 年に見直され，現在は人の健康に係る 137 項目と水生生物影響に係る 105 項目を合わせて 208 項目（重複項目 34）がリストアップされている。

表4-3　公共用水域の健康保護に係る環境基準

①初期環境基準項目（1970～1975 年に設定）

項　　目	基準値
カドミウム	0.003mg/ℓ 以下
全シアン	検出されないこと。
鉛	0.01mg/ℓ 以下
六価クロム	0.05mg/ℓ 以下
砒素	0.01mg/ℓ 以下
総水銀	0.0005mg/ℓ 以下
アルキル水銀	検出されないこと。
PCB	検出されないこと。

②その後に追加された環境基準（1993～2009 年に設定）

項　　目	基準値
ジクロロメタン	0.02mg/ℓ 以下
四塩化炭素	0.002mg/ℓ 以下
1,2-ジクロロエタン	0.004mg/ℓ 以下
1,1-ジクロロエチレン	0.1mg/ℓ 以下
シス-1,2-ジクロロエチレン	0.04mg/ℓ 以下
1,1,1-トリクロロエタン	1mg/ℓ 以下
1,1,2-トリクロロエタン	0.006mg/ℓ 以下
トリクロロエチレン	0.01mg/ℓ 以下
テトラクロロエチレン	0.01mg/ℓ 以下
1,3-ジクロロプロペン	0.002mg/ℓ 以下
チウラム	0.006mg/ℓ 以下
シマジン	0.003mg/ℓ 以下
チオベンカルブ	0.02mg/ℓ 以下
ベンゼン	0.01mg/ℓ 以下
セレン	0.01mg/ℓ 以下
硝酸性窒素及び亜硝酸性窒素	10mg/ℓ 以下
ふっ素	0.8mg/ℓ 以下
ほう素	1mg/ℓ 以下
1,4-ジオキサン	0.05mg/ℓ 以下

（注）　1）　基準値は年間平均値で評価。全シアンに係る基
　　　　　　準値については最高値。
　　　　2）　検出されないとは測定方法の定量限界を下回る
　　　　　　こと。
　　　　3）　海域にはふっ素，ほう素の基準値は適用しない。
　　　　4）　測定法についての説明は煩雑になるので割愛した。

本的には共通で，環境基準値は水道水質基準値と基本的には同一である。また，土壌汚染の環境基準値は，汚染土壌から溶出する汚染物質の濃度が地下水の環境基準と同一値に設定されている。ただし，個別の事情によっていくつかの例外がある。例えば地下水を汚染しやすいが，土壌に吸着されにくい硝酸性窒素に関しては土壌の環境基準が設定されていない。

　水系の環境基準の項目追加や改定は，多分に水道水質基準が拠り所になっており，水道水質基準の設定・改定は，世界標準であるWHO（世界保健機関）が示す飲料水質ガイドラインが参照される。そして，水道水質基準は，食物と飲料水を経由した体内摂取量の合計が，長期間摂取しても安全なレベルである耐容一日摂取量（TDI：Tolerable Daily Intake）や，発がん性物質について

は実質安全量（VSD：Virtual Safety Dose）を超えないことを目安に設定される。この場合，わが国では，成人（体重50kg）が一日2ℓ水を飲むことを前

表4-4 ダイオキシン類の環境基準
（1999～2002年に設定）

環境媒体	環境基準値
大気	0.6pg-TEQ/m³以下
水質	1pg-TEQ/ℓ 以下
水底の底質	150pg-TEQ/g 以下
土壌	1,000pg-TEQ/g 以下

（注） 1) 大気，水質の基準値は年平均値。
2) pg（ピコグラム）は1兆分の1グラム。
3) TEQは2.3.7.8-TCDDに毒性換算したダイオキシン類量（第5章を参照）。
4) 測定は高感度ガスクロマトグラフ質量分析計。

提にして，多くの場合，飲料水を経由した摂取比率として TDI の10％が割り振られている。また，PCB やアルキル水銀等については，環境中で食物連鎖を通じた蓄積性も考慮して設定されている。TDI については第5章で詳しく述べる。

なお，水質汚濁防止法に基づく排水基準は，健康項目の環境基準の10倍に設定されるというわかりやすい関係がある。これは排出水が公共用水域に排出されたのちに，希釈・拡散によって周辺水域で速やかに環境基準を満足することを前提にしているからである。また，廃棄物の最終処分場の構造・維持管理基準でも，管理型のものは浸出水の汚染許容値が，水質汚濁防止法の排水基準と同じレベルに設定されている。

健康保護に関する環境基準項目には，以上のほかに，1999年に制定されたダイオキシン類対策特別措置法に基づくダイオキシン類の環境基準がある。ダイオキシン類対策特別措置法では大気，水質，土壌及び水底の底質について政府が環境基準を定めるほか，TDI を政令で定めることも規定されている。TDI と大気汚染，公共用水域の水質汚濁，土壌汚染に関する環境基準は1999年に設定され，2002年に水底の底質について設定された。大気汚染に係る環境基準を含めて，ダイオキシン類の環境基準を一括して表4-4に掲載した。ダイオキシン類の環境基準は大気中濃度については毎年度全国すべての測定点で環境基準を達成しており，他の環境媒体でも環境基準の超過はわずかに散見される程度である。なお，食品経由の摂取が多いダイオキシン類の健康リスク評価は，環境基準の達成率よりも，総摂取量を TDI と比較してみていくほうが適切である。これについても第5章で述べる。

（2）生活環境保全に係る環境基準

公共用水域の生活環境保全に関する環境基準（生活環境項目）の原型も1971

年の環境庁告示である。当初は，pH（水素イオン濃度），BOD（生物化学的酸素要求量：河川に適用）／COD（化学的酸素要求量：湖沼と海域に適用），DO（溶存酸素量），SS（浮遊物質量）及び大腸菌群数の5項目が設定された。類型区分については，当時すでに定められていた「水産用水基準」「農業用水基準」「水道原水の水質基準」「工業用水基準」などが参考にされた。また，水域ごとの環境基準の類型当てはめは，複数の都道府県にまたがる場合には政府が定めるが，その他は都道府県知事の業務とされ，知事が地域の自然的条件や水利用状況を勘案して定める。東京都内を例にすると，奥多摩湖（小河内ダム貯水池）には湖沼の環境基準のAA類型（もっとも清澄な水質が求められる水域。CODの環境基準は1 mg/ℓ以下）が当てはめられている。隅田川の両国橋付近では河川の環境基準のC類型（AA～Eの6段階の中程度の水質保全を図るべき水域。BODの環境基準は5 mg/ℓ以下）が当てはめられ，東京湾の奥まった位置にあるお台場周辺では海域の環境基準のC類型（最低限度の環境保全を図るべき水域。CODの環境基準は8 mg/ℓ）が当てはめられている。このように，同じ項目について環境基準を達成していても，水質汚濁の程度は水域によってかなり異なってくる。

　これにも関連して，水質汚濁防止法に基づく生活環境項目の全国一律排水基準は，ナショナルミニマム（国レベルの最小限の規制）として設定されていて，地方公共団体による規制の役割が重い。具体的には，都道府県が条例に基づいて，地域の汚濁負荷実情を踏まえて実施する，より厳しい排出基準（上乗せ排水基準）が，実質的に汚濁を抑制し環境基準を達成する手段になっている。

　環境基準項目のBOD/CODは，水中の有機物を分解する際に消費される酸素量を計測するもので，「有機汚濁」の代表的指標である。有機汚濁は水の濁りや悪臭の原因になり，汚濁の程度によって水生生物生態系にも影響を与える。工場・事業場排水よりも生活排水起因のBOD，COD負荷量の方が大きく，農業等の土地系の面的な負荷源も無視できない。

　1970年代後半から植物プランクトンの大量増殖によって，湖沼の透明度が低下し，浄水場のろ過障害，飲料水の異臭味障害，魚介類の斃死など富栄養化に伴う水利用障害が各地で顕在化した。湖沼と海域の富栄養化の仕組みの

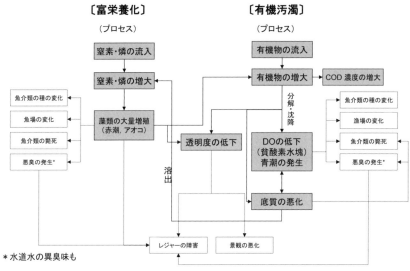

〔富栄養化〕　　　　　　　　　〔有機汚濁〕

（プロセス）　　　　　　　　　（プロセス）

窒素・燐の流入

有機物の流入

窒素・燐の増大

有機物の増大 → COD 濃度の増大

魚介類の種の変化

魚場の変化

魚介類の斃死

悪臭の発生*

藻類の大量増殖
（赤潮, アオコ）

透明度の低下

溶出

分解・沈降

DOの低下
（貧酸素水塊）
青潮の発生

底質の悪化

魚介類の種の変化

漁場の変化

魚介類の斃死

悪臭の発生*

レジャーの障害　　景観の悪化

＊水道水の異臭味も

（出典）「日本の水環境行政」等から作成

図4-10　水質の有機汚濁と富栄養化による環境影響

概略は図 4-10 に示したようなものである。水域に流入した窒素と燐を栄養塩にして藻類（植物プランクトン）が水域で異常に増殖（ブルーミング）し，淡水湖沼ではアオコや淡水赤潮が，海域では赤潮が発生する。アオコと赤潮は魚介類を大量斃死させ，悪臭を放ち，透明度も悪化する。水道水源となっている湖沼が富栄養化すると水道水が異臭味を帯びることもある。アオコと赤潮は異常増殖する過程では光合成によって酸素を放出するが，まもなく死滅して腐敗し始めると，湖沼や海域の底層に沈降して，窒素と燐が水中に溶出する。このため底層では溶存酸素量が減少して貧酸素水塊が発生し，底生生物が死滅するなどの悪影響を及ぼす。溶出した窒素と燐は再び次世代の藻類の増殖のための栄養塩となる。富栄養化によって藻類が増殖すると COD としてカウントされるため，富栄養化と有機汚濁とは一体的な汚染として観察される。

　1970 年代に富栄養化が進んだ一つの原因は有リン合成洗剤の普及である。当時の粉末洗剤には洗浄助剤としてリン酸塩が含まれていた。琵琶湖で 1977 年に淡水赤潮（湖水が赤褐色に変色し生臭いにおいがする）が大発生し，これ

を防止しようとする市民団体によって粉石けん使用推進運動がおこった。滋賀県は燐を含む家庭用合成洗剤の販売・使用の禁止，窒素含有量・燐含有量の工場排水規制を盛り込んだ「滋賀県琵琶湖の富栄養化の防止に関する条例」を1980年に施行している。一方，せっけん洗剤工業界の傘下企業が1975年から自主的に低燐化を図り，1985年までに無機物のゼオライトに変更して無リン化を達成している。

　一方，有機汚濁対策とは別に窒素（全窒素：T–N）と燐（全燐：T–P）の環境基準が湖沼と海域に設定され，富栄養化防止対策への取組も進められてきた。湖沼については1982年に，海域については1993年に設定されている。窒素と燐の環境基準の当てはめと排水規制は適用水域が限定されるなどかなり複雑である。湖沼の環境基準に関しては，植物プランクトンの著しい増殖を生じるおそれがある湖沼だけを対象に設定される。しかも，燐はすべての対象湖沼に当てはめられるが，窒素の環境基準は，窒素が増殖の制約因子になる湖沼（窒素の燐に対する濃度比が20以下で，燐濃度が0.02mg/ℓ以上）についてのみ当てはめる。こうした窒素と燐の規制のアンバランスは，植物性プランクトンの異常増殖量が，多くの湖沼で表層水の燐濃度によって決定され，窒素濃度の抑制が水質改善効果を持たないという“制限因子論”を行政が採用したからである。

　通常，湖沼における窒素濃度と燐濃度は一桁違っていておよそ10：1である。しかし，制限因子論だけで窒素規制を緩く設定するのが妥当かどうかは議論の余地がある。水稲栽培においては農業用水の窒素濃度が高いと過剰に繁茂して病害を受けやすくなり，窒素が0.2mg/ℓで燐が0.01mg/ℓを超えると水道水にかび臭などの異臭味が生じ，湖沼のN/P比の増加が湖沼生態系に影響を与えることも懸念される。海域については窒素と燐の濃度比の幅が大きく，制限因子を決めきれないため，植物プランクトンの著しい増殖を生じる恐れがある閉鎖性水域について窒素と燐の両方の当てはめが行われてきた。水質汚濁防止法に基づく排水規制も環境基準の当てはめに沿って行われている。このため，燐規制対象湖沼は約1,400あるが，窒素規制対象湖沼は約300である。海域で窒素と燐の排水規制がかかる海域は，水質汚濁防止法の政省令で定められた条件を満たす閉鎖性が強い88の海域となっている。

　富栄養化対策においては，富栄養化による障害の防止と多様な水域利用に応じた最適な栄養塩レベルの選択が政策方針になってきた。栄養塩レベルが下がって生物生産量が減少し，養殖漁業などにマイナスの影響がでる海域もある。瀬戸内海ではいまこの課題を抱えている。いわば海の畑に栄養塩を散布して漁業生産を高めることも悪くないという考え方すらある。なお，人為的に大気中の窒素を固定する技術が発達し，窒素肥料が大量に使用されるために，窒素循環の攪乱が地球生態系に影響を与えるほど大きな作用をもつのではないかと以前から懸念されてきた。これに関連する最近の報告として，2015 年にサイエンス誌に掲載されたステファンらによるプラネタリー・バウンダリーがある。地球的な規模での生物化学的循環に着目すると，窒素と燐が地球の限界をすでに超えた状況にあり，ゆゆしき問題であると指摘されている。閉鎖水域の富栄養化問題という次元を超えて，グローバルな視点からも重要な環境課題として検討が求められている。

　2016 年には，海域と湖沼の底層の溶存酸素に関する環境基準が追加設定された。底層溶存酸素は図 4-10 に示したように富栄養化とも密接に関連する項目である。設定の趣旨を環境省は，魚介類等の水生生物の生息・再生産や海藻草類等の水生植物の生育に対して直接的な影響を判断できる指標で，国民が直感的に理解しやすいという点に着目したものであり，良好な水環境の保全に向けた施策を効果的に推進していくための指標と説明している。

　有機汚濁―富栄養化とは別の環境基準の設定の流れに，2003 年の亜鉛（環境基準項目としては「全亜鉛」）を皮切りに設定され始めた水生生物の保全に係る環境基準がある。従来の生活環境保全とは，人間の生活と密接な関わりをもつ環境であって水生生物そのものを保全する視点を欠いていた。環境保全においてあまねく生物多様性の保全を重視する動きの一つである。亜鉛に次いで 2013 年にはノニルフェノール，直鎖アルキルベンゼンスルホン酸（LAS）の 2 項目が追加された。生活環境保全項目として扱われるため類型の区分があり，生息する水生生物の種類に応じて河川と湖沼では 4 つに，海域は 2 つの類型に区分されている。水質のモニタリング結果によれば，水生生物の環境基準はほぼ全国で達成されている。なお，水生生物の保全については，要監視項目と要調査項目も設けられている（脚注 53）を参照）。

　なお，2013年に追加された2物質のうちノニルフェノールは，内分泌かく乱作用が疑われた時期がある。しかし，環境基準の設定に関する中央環境審議会の答申では，内分泌かく乱作用の評価方法がいまだ開発途上であるため，環境基準の設定の根拠として内分泌かく乱作用を介した水生生物への影響は考慮していないとした（第5章参照）。また，LASは洗剤の界面活性剤として用いられているものである。かつて用いられた分岐鎖型アルキルベンゼンスルホン酸（ABS）は環境中での分解性が悪く，河川が泡立つために社会問題になり，生分解性のよいLASへの転換が図られてきた経緯がある。

4.3.3　水環境保全の中心課題——閉鎖性水域の有機汚濁と富栄養化

　水環境保全に関わる法令は大気汚染防止よりも多岐にわたる（図4-11）。陸上起因の水質汚濁に関する中心的な法律は水質汚濁防止法であるが，汚濁が進んだ湖沼，閉鎖性が強い瀬戸内海，有明海といった特定水域別に法律が制定され，それに基づく対策が進められてきた。また，海域については「海洋汚染等及び海上災害の防止に関する法律」（海洋汚染防止法）が規制を担っており，河川法，下水道法，港湾法等に基づくインフラ整備が水質汚濁防止に大きな役割を果たしてきた。

　公共用水域においては，健康項目の環境基準が全国的に達成されていて，良好な水質が保持されている。水生生物保全のための環境基準の達成率も高い。地下水汚染に関しては，硝酸性窒素及び亜硝酸性窒素など環境基準を超過するポイントもみられるが，地下浸透を未然に防止する法的な規制措置の充実が図られてきた現在では，モニタリング調査の結果に基づいて，個別汚染地点への対策を進める段階にある。土壌汚染も同様に汚染が判明した場合に対策を丹念に進めることが重要になる。環境基準の達成状況から考えると，水質環境保全の最大の課題は生活環境保全の領域の有機汚濁と富栄養化の防止である。

　そこで，本節では湖沼と閉鎖性海域の有機汚濁及び富栄養化対策について少し加筆しておくことにする。公共用水域のBOD/CODの環境基準達成率の経年変化は図4-12のようになる。なお，公共用水域の生活環境保全に係る環境基準の達成率は，環境基準の類型指定水域数に対する環境基準達成水域

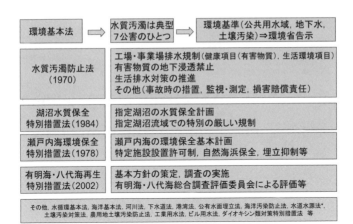

| 環境基本法 → | 水質汚濁は典型 7公害のひとつ → | 環境基準（公共用水域，地下水， 土壌汚染）⇒環境省告示 |

| 水質汚濁防止法 (1970) | 工場・事業場排水規制（健康項目（有害物質），生活環境項目） 有害物質の地下浸透禁止 生活排水対策の推進 その他（事故時の措置，監視・測定，損害賠償責任） |

| 湖沼水質保全 特別措置法(1984) | 指定湖沼の水質保全計画 指定湖沼流域での特別の厳しい規制 |

| 瀬戸内海環境保全 特別措置法(1978) | 瀬戸内海の環境保全基本計画 特定施設設置許可制，自然海浜保全，埋立抑制等 |

| 有明海・八代海再生 特別措置法(2002) | 基本方針の策定，調査の実施 有明海・八代海総合調査評価委員会による評価等 |

その他，水循環基本法，海洋基本法，河川法，下水道法，港湾法，公有水面埋立法，海洋汚染防止法，水道水源法*，土壌汚染対策法，農用地土壌汚染防止法，工業用水法，ビル用水法，ダイオキシン類対策特別措置法　等

＊正式名は「特定水道利水障害の防止のための水道水源の水質保全に関する特別措置法」

図4-11　水環境保全に関わる法令

数の比率で示される。

　汚水処理人口普及率の向上とともに，河川の BOD の環境基準達成率は1970年代と現在を比べてみるとずいぶん改善されたが，手賀沼，印旛沼，霞ケ浦といった湖沼水質保全特別措置法の指定湖沼と，閉鎖性の内湾である東京湾，伊勢湾，大阪湾では COD の改善がはかばかしくない状況が続いてきた。また，煩雑になるので図には示していないが，窒素と燐の環境基準の達成率は，海域については90％以上と比較的良好であるが，湖沼においては50％程度にとどまっている。

　閉鎖性水域の有機汚濁と富栄養化を改善するために，いくつかの法律に基づいて水質改善の努力が進められてきた。1978 年には水質汚濁防止法と瀬戸内海環境保全特別措置法が改正され，東京湾及び伊勢湾と，大阪湾を含めた瀬戸内海の海域に COD の総量規制が導入された。国の総量削減方針に基づいて，関係都府県がこれら水域に流入する汚濁負荷の総量を削減するために総量削減計画が作成される。計画に基づいて，下水道の普及と高度処理化が促進され，工場・事業場に対する総量規制基準が設定される仕組みになっている。1979 年に第一次総量削減計画がスタートし，5 年ごとに改定強化されてきた。当初は COD のみが削減対象だったが，2004 年を目標年次とする第

環境基準達成率(%)

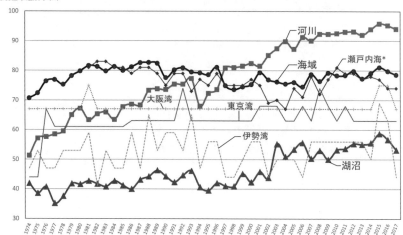

(注)　1）河川は BOD，湖沼及び海域は COD。　2）達成率（％）＝（達成水域数／類型指定水域数）
　　　 ×100　3）伊勢湾には，三河湾を含む。　4）「瀬戸内海*」は大阪湾を除く水域。　5）河川，
　　　 海域，湖沼についてのみ，経年変化の折れ線グラフをスムージングしてある。
（出典）　環境省「平成 29 年度公共用水域水質測定結果」

図4-12　公共用水域の BOD/COD 環境基準の達成率の変化（1974-2017）

5 次総量削減計画からは N,P が加えられ，2019 年度を目標年度とする第 8 次
の総量規制が進行中である。第 8 次水質総量削減の在り方について検討した
中央環境審議会の答申（2015 年）では，東京湾と伊勢湾では環境基準達成率
が低く，大規模な貧酸素水塊も発生しているため，さらに水環境改善を進め
る必要があること，大阪湾では COD の環境基準達成率は低く大規模な貧酸
素水塊も発生しているが，窒素と燐の環境基準が達成されており，COD による
汚濁解消の観点から水環境改善を進める必要があるとされた。一方，大阪湾
を除く瀬戸内海においては，水質が比較的良好であり，悪化しないよう必要
な対策を講じつつ，豊かな海の観点から総合的な水環境改善対策を進めてい
く必要であるとされた。そのため，第 8 次総量削減計画では 2019 年度の瀬
戸内海の窒素と燐の負荷量目標が，2014 年の実績負荷量を上回っている。

（1）瀬戸内海の環境保全

水環境保全行政では，水質汚濁防止法に加えて，特定水域で対策を実施す

るための特別措置法もいくつか制定されてきた。その中で，「瀬戸内海環境
保全臨時措置法」は，石油コンビナートの相次ぐ建設や油汚染事故などによっ
て海域の環境が悪化し，1972年には赤潮の多発によって養殖はまちの大量
斃死事件が起きたことを受けて，地元自治体の強い要請で1973年に制定さ
れた。5年後の1978年に現在の恒久法，「瀬戸内海環境保全特別措置法」に
なった。当初の臨時措置法では，戦後の経済成長期の埋立の進行が瀬戸内海
の水質を悪化させ，自然海浜を減少させたことを重くみて，厳に埋立を抑制
するべきことを基本方針として盛り込み，埋立免許に当たって瀬戸内海の特
殊性に十分配慮すべきことを義務付けたほか，向こう3年間に産業系のCOD
負荷量を二分の一にカットすることを目指す意欲的なものとされた。水質保
全だけでなく瀬戸内沿岸の埋立事業の抑制と自然海浜の保全にまで視野を広
げた環境法として特徴あるものになっている。

　上述のように，近年は窒素と燐の環境基準が達成され，赤潮発生件数と漁
業被害を伴う赤潮発生件数も減少している。当初目指したCOD半減も2010
年頃までには達成された。こうした状況の変化の中で，流入汚濁負荷を規制
するだけでは瀬戸内海の環境を保持するためには適切でないとの認識も広ま
り，2015年には瀬戸内海環境保全特別措置法が改正された。改正法では，
水質の規制措置だけでなく，藻場・干潟の保全や再生，生物多様性と生物生
産性の確保，水産動植物の繁殖地の保護・整備，水産動物の種苗の放流に努
めるなど，瀬戸内海を「豊かな海」とするための施策を湾・灘ごとの実情に
応じて進めるべきとされた。

(2) 湖沼の水質保全

　湖沼対策については1984年に制定された「湖沼水質保全特別措置法」（湖
沼法）がある。水質汚濁防止法の規制だけでは汚染改善が十分でない湖沼を
「指定湖沼」として指定し，国が基本方針を作成し，流域に関係する府県が
作成する「湖沼水質保全計画」に沿ってCODの削減，下水道，浄化槽の整備，
底泥の浚渫などを総合的に進める仕組みになっている。指定湖沼は現在のと
ころ11湖沼あり，もっとも指定が早かったのは霞ケ浦（茨城県），琵琶湖（滋
賀県），印旛沼（千葉県），手賀沼（千葉県）及び児島湖（岡山県）の5湖沼で，

1986年から現在まで，5年ごとに7期にわたって湖沼水質保全計画が策定されてきた。次いで，釜房ダム貯水池（宮城県），諏訪湖（長野県）は1987年から，中海（島根県），宍道湖（島根県）については1989年から，野尻湖（長野県）は1994年から湖沼水質保全計画が実施されてきた。もっとも最近指定された湖沼は八郎湖で，2007年のことである。以前は全国でもっとも汚濁が著しい湖沼とされた手賀沼は，下水道の整備率が高まったことと，下水処理水が集水域外に放流されているために負荷量が減少した。また，2000年から北千葉導水路（利根川から取水して江戸川に注ぐ人工水路）の一部の水が，手賀沼の浄化用水として注がれている。

　湖沼水質の改善がはかばかしくないことから，2006年に湖沼法が改正されて，農地や市街地からの流出水の水質を重点的に改善ずる対策を進める仕組みや，湖辺の植生帯による水質浄化機能を確保するため湖辺環境保護地区を設ける仕組みなどが用意されている。湖沼法の制定から30年以上が経過しているが，全般的にみると水質の改善は進んでいない。

　少し話の筋が外れるが，かつて琵琶湖に次いで第二の面積を持っていた八郎潟は，食料増産を図るために1960年代の初めに，国営八郎潟干拓事業によって干拓され，現在の八郎湖が生まれた。干拓後に水質汚濁が進み，2007年には湖沼法の指定湖沼になった。また，最近行われた大規模な干拓事業として諫早湾干拓がある。1952年に計画が決定されて以降も地元関係者間で賛否が対立し，1989年ようやく着工した国営諫早湾干拓事業によって，1997年4月に潮受け堤防の水門が閉じられ，堤防内側の調整池は淡水化された。その後，2000年に有明海の養殖ノリの色落ちが発生した。国の調査結果では，色落ちの原因は湾内に流入する栄養塩の不足によるものと考えられている。2000年のノリ不作の原因が防波堤の締め切りにあるとして訴訟も起こった。ところが福岡高裁と長崎地裁・佐賀地裁が絡んで相互に矛盾する司法判断を示したために，一時は潮受堤防を開門も閉門もできない状況に陥るなど混乱してきた。一方，政府はノリ不作を契機に，国民的な資産である有明海と八代湾を豊かな海に再生することを目的に掲げて，2002年に「有明海及び八代海を再生するための特別措置に関する法律」を制定し，同法に基づいて，国と関係県が連携して海域の環境再生と水産資源の回復による漁業振興策が進められてき

た。水環境の保全と水域利用のバランス取れた調整のあり方についてはなお多くの議論が残されているが、ここでもまた環境政策は多くの開発事業が生みだした歪を修復する役割を担ってきたことがわかる。

4.4 クロニクルとしての水俣病問題

4.4.1 水質二法と水俣

旧水質二法が制定されたのは、1956 年 5 月 1 日に熊本水俣病が公式発見された翌々年のことである。1958 年に本州製紙江戸川工場の排水が、下流で営まれていた貝類の養殖に大きな損害を与え、漁業者と工場警備に当たっていた警察官との間で乱闘事件が発生したことが契機になって、同年 12 月に「公共用水域の水質の保全に関する法律」と「工場排水等の規制に関する法律」の二本の法律（これらは「水質二法」と通称される）が制定された。水質二法のうち、前者の公共用水域水質保全法に基づいて、規制を行う水域と水質基準（環境基準でなく排出基準に相当）を定め、後者の工場排水規制法で排水の規制を実施するという仕組みをとっていた。旧経済企画庁が主管していた、公共用水域水質保全法の第 1 条には「公共用水域の水質の保全を図り、あわせて水質の汚濁に関する紛争の解決に資するため、これに必要な基本的事項を定め、もって産業の相互協和と公衆衛生の向上に寄与することを目的とする。」とある。第 5 条の指定水域及び水質基準の条文でも、「公共用水域のうち、当該水域の水質の汚濁が原因となって関係産業に相当の損害が生じ、若しくは公衆衛生上看過しがたい影響が生じているもの又はそれらのおそれのあるものを、水域を限って、指定水域として指定する。」とある。水質の保全と公衆衛生を謳ってはいるものの、産業間の紛争処理の色彩が強い法律だったことがわかる。旧通産省が所管した、工場排水規制法も規制対象の業種が限られ、違反に対する処罰がないなど、実効性が低いものだった。

1970 年の公害国会において、全ての水域を規制対象に排水違反には直罰が適用される仕組みを持った厳格な「水質汚濁防止法」が制定され、これに伴って旧水質二法は廃止された。ところが、水質二法が生きていた 1958 年から 1970 年までの 12 年間に、チッソ㈱から水俣湾及びその周辺海域に排出

されていたメチル水銀が，この法律の規制対象になることはついになかった。当初からチッソの排水が水俣病の原因として疑われていながら，チッソへの嫌疑が固まり，ついに水俣工場でのアセトアルデヒド製造が停止され，メチル水銀の排出が止まったのは 1968 年 5 月である。その 4 か月後の 1968 年 9 月に政府が水俣病を「公害病」と認め，この時点から国は旧水質二法の規制を水俣湾と周辺海域に適用する検討を開始し，実際に適用されたのはようやく 1969 年 2 月のことだった。

　時代が下って，2004 年 10 月の水俣病関西訴訟の最高裁判決では，有機水銀による健康被害の発生が，高い蓋然性をもって認識できた 1959 年 11 月以降，旧水質二法に基づき水俣湾及び周辺海域を指定水域に指定せず，アセトアルデヒド製造から排出されるメチル水銀の排出を規制しなかったのは，国家賠償法第 1 条第 1 項の適用違法（権限不行使）に当たるとされた。この判決によって，初めて水俣病問題に対する国の法的な責任が認められ，あわせて熊本県の県漁業調整規則の規制不行使の責任も認められている。

4.4.2　解決を阻んだ二つの壁

　水俣病は戦後の公害の原点とされているが，食中毒問題でもある。公害規制の不十分性と食品衛生法の適用の不手際が被害の拡大を招き，損害賠償と補償制度の設計に関する多くの問題を置き去りにしてきた。そして何より国・県が法的な責任を認めないまま，汚染者負担の原則を翳してチッソにもっぱら責任を負わせる形をとってきた。

　歴史を整理してみると，水俣病問題の解決を阻んできた大きな壁は二つある。第一の壁は，行政の不作為とチッソの横暴によって，厚生省が公害病と認めるまでに長い時間を要し，その間に被害者数を大いに拡大させたことである。第二の壁は厚生省の公害病認定の後に，水俣病の全体像があいまいなまま，補償救済制度が無秩序に形成されていったことである。行政は補償問題の処理においても，チッソを前面に押し立てて後方支援に回り，主導的に適切な制度が用意できないまま，司法の裁定にけん引される結果になった。

　政策的な誤りは熊本水俣病と新潟水俣病に共通しているが，ここでは熊本水俣病を中心に，水俣病の公式発見から現在に至るまでの経過を振り返って

みたい。

（1）第一の壁：水俣病発生原因の究明に費やした空白の12年

　1956年4月下旬，チッソ水俣工場[54]の附属病院に，原因不明の重い神経症状を訴える幼い姉妹が入院した。それ以前の症例を含めて4件を附属病院の細川院長らが水俣保健所に報告したのが1956年5月1日である。これが水俣病の「公式発見の日」とされ，水俣市では1992年以来毎年5月1日に「水俣病犠牲者慰霊式」が行われている。

　1968年9月26日に政府が熊本水俣病と新潟水俣病を公害病と認め，原因はチッソ水俣工場と昭和電工鹿瀬工場のアセトアルデヒド製造工程の排水に含まれるメチル水銀によって汚染された魚介類を摂取したことにあるとの公式見解を出すまで，実に12年5か月を要した。この間，原因究明を迷走させた経過を連ねてみるとおよそ図4-13のようになる。

　まず，行政の対応を要約すると，公式発見後の一時期は伝染病と疑われたが，半年後の11月には熊本大学医学部研究班が，原因はある種の重金属中毒であり魚介類を通じた摂取との見解を示している。1957年3月には厚生省厚生科学研究班も，ある種の化学物質又は重金属が原因と推測している。同年7月までには水俣湾内の魚介類を餌として与えたネコが水俣病様の症状を発症することも確認されていた。水俣病が食中毒であることは明白だった。熊本県は，1957年8月に，食品衛生法を適用して水俣湾の魚介類の販売禁止の知事告示を出すことの適否を厚生省に照会した。これに対する厚生省の9月の回答は，「水俣湾の魚介類の摂取が原因不明の中枢性神経疾患を発生させるおそれがあるので，今後とも摂取されないよう行政指導はやるべきだが食品衛生法は適用できない」とするものだった。当時の食品衛生法では有毒な物質を含むか付着した食品の販売等を禁止していたが，「これらの疑いの

---

[54]　チッソは社名を何度か変更して今日に至っている。1908年に日本窒素肥料株式会社が創設され，1950年には新日本窒素肥料株式会社，1965年にはチッソ株式会社に。「水俣病被害者の救済及び水俣病問題の解決に関する特別措置法」（2009年制定）に基づき，2011年1月12日，チッソは事業子会社として「JNC株式会社」を設立。これ以降，チッソはJNC社の持株会社としてJNC社の経営，財産を管理・監督するとともに，JNC社からの配当をもとにして水俣病患者への補償を行うこととされた。

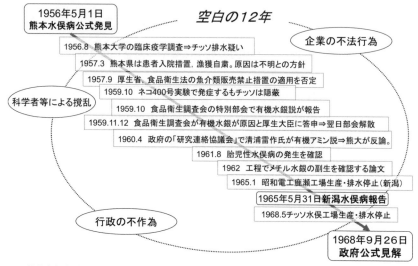

※熊本水俣病訴訟は四大公害裁判の中で最も遅れて提訴された。各訴訟の提訴年は以下のとおり。
　新潟水俣病訴訟（1967）　四日市訴訟（1967）　イタイイタイ病訴訟（1968）　水俣病訴訟（1969）

（出典）　水俣市「水俣病　その歴史と教訓 2015」，環境省「水俣病の教訓と日本の水銀対策」等
　　　　を参考に作成

図4-13　原因確定までの迷走（第1の壁）

あるもの」までを禁止していなかったというのが厚生省の見解である（津田，
2004）。

　先に述べた関西訴訟の最高裁判決でも地裁と高裁判決を是認して，食品衛
生法の不行使を国家賠償法の不作為とはされなかった。しかし，即効性をも
たない水質二法による規制よりも，食品衛生法の適用は，はるかに直接的で
有効な健康被害拡大防止策だったはずである。

　その後，熊本大学の研究班が，農薬工場の労働者のメチル水銀中毒につい
て報告したハンターとラッセルの報文から，有機水銀によるものと公表した
のは1959年7月のことである。同年11月には厚生省食品衛生調査会水俣食
中毒特別部会も発生源への言及を避けつつ，有機水銀化合物が原因であると
の答申を厚生大臣に出している。その翌日に，特別部会は解散され，閣議に
報告された答申は通産大臣の反対のために閣議了解されず，その後の行政措
置はうやむやなままに時間が推移した。

　政府（厚生省）が熊本水俣病と新潟水俣病を公害病として認定したのは，食品衛生調査会の答申から 9 年後の 1968 年 9 月 26 日である。朝日新聞は翌日 27 日の朝刊一面トップで報じたが，そこに通産省も “厚生省の見解に従う” との発言を掲載し，また，厚生省と通産省の新潟水俣病の原因を巡る意見対立に，科学技術庁が仲介役を果たしたことにも触れている。この時点で通産省は全国 49 工場に水銀の汚染防止措置を講じるように通達し，前述の水質二法による規制適用の準備がようやく始まっている。

　一方，原因企業チッソの不誠実な行動の数々は多くの水俣本に記されている。これもまた原因究明を遅らせた大きな壁になった。工場内の調査への協力を拒み，公式発見以降，排水対策を何ら講じないまま 1959 年にはアセトアルデヒド生産を倍増し，メチル水銀排出量も倍になったとみられている。1959 年 10 月にチッソ附属病院の細川病院長が，メチル水銀の最大の発生源であったアセトアルデヒド製造工程の精留塔ドレーン（底液）をネコに投与して水俣病を発症させ，直接的に原因を確認したが，その結果を会社側は隠蔽した。1959 年 12 月に稼働したサイクレーターと呼ばれた排水処理装置には，中和と固形物沈殿の機能しかなく，有機水銀の除去効果がない代物だったが，チッソ側はその竣工式の場で，処理した水を飲み干してみせるというパフォーマンスを演じたと伝えられている。その後，1960 年 8 月になってようやく精留塔ドレーンを系内循環させたため，メチル水銀の海域への排出量はかなり減少し，1966 年の地下タンクにドレーンを貯留する工程変更によって排出はゼロになったとみられている（西村ら，2001）。

　その間，1958 年 9 月からの約 1 年間，排水口を水俣湾に通じる百間口から水俣川河口に変更して，メチル水銀の拡散範囲を不知火海全域に拡大させ，水俣病患者の発生範囲を広めるという過ちを犯した。それ以前の 1956 年 11 月に熊本大学の研究班が有機水銀説を公表して原因が絞り込まれ始めると，“工場で使用する無機水銀がなぜ有機水銀になるかが解せない”，“アセトアルデヒドを製造するのは自社だけではないのに，なぜ水俣湾だけで病気が起こるのか” と反論を展開している。なお，1930 年代に始まったアルデヒド製造が 1968 年 5 月に停止するまでに，チッソ水俣工場が放出した水銀の総量は環境省資料（環境省，2013）では 80 トン〜150 トン，西村らによればメチル水銀

の排出量は 600kg 余りと推定されている。

　多くの水俣病問題の研究者が指摘するように，気づきの直後に，疑われる摂取経路（魚介類の食用）をまず遮断して，原因究明に向かうべきだったのに，原因不明な有害物と発症との定量的な因果関係を解き明かすことに拘泥したことが悔やまれる。

(2) 第二の壁：健康被害者に対する補償・救済の混迷

　1959 年夏以降，有機水銀説が強まり被害者救済問題が浮上していった。同年 12 月末に水俣病患者家族互助会とチッソの間で締結された「見舞金契約」では，その額が当時としても極めて低い金額であったばかりか，「将来水俣病がチッソ排水に起因しないものであると決定した場合は見舞金の交付を打ち切り，将来水俣病がチッソに起因することが決定した場合にも新たな補償金の要求は一切行わない」との条項が盛り込まれていた。この見舞金契約の内容は公序良俗に違反するとして，水俣病第 1 次訴訟の 1973 年の判決で無効とされている。

　1968 年に政府が水俣病を公害病と認めて以降も，補償救済問題は混迷してきた。1969 年 4 月には，厚生省が設置した「水俣病補償処理委員会」に一任してあっせんを求めるグループ（一任派），チッソとの直接交渉を求めるグループ（訴訟派）と，「公害に係る健康被害の救済に関する特別措置法（健康被害救済法）」に基づいて水俣病の認定を受けるグループにわかれて補償交渉が行われていく。訴訟派による 1969 年 6 月の提訴（水俣病第一次訴訟）は四大公害訴訟中もっとも遅いものとなったが，この訴訟の地裁判決がそれ以降の認定患者の損害賠償額（一時金）の水準を決定することになった。

　1973 年 3 月に出された地裁判決では，チッソに損害賠償の支払いが命じられ，過去の損賠賠償額は患者原告のうち死亡者に 1,800 万円，生存者に 1,600 〜1,800 万円とされた。その後，環境庁長官らの仲介によって 1973 年 7 月には一任派，訴訟派を含めて水俣病と認定された人々とチッソとの間で補償協定が締結され，この協定に基づき認定患者は慰謝料，年金，医療費等の補償を受ける仕組みができ上がっていく。結果的には，地裁判決が補償額の水準を決定することになった。

　しかし，補償救済問題はなお解決しなかった。救済法を引き継いで 1974 年に施行された「公害健康被害補償法（公健法）」に基づく患者認定の申請の急増で，認定業務が遅れたのは行政の怠慢として行政訴訟が起こされ，認定申請して棄却された人々がチッソの加害責任を追及する訴訟を起こした。1980年以降は，被害拡大を防止できなかった国家賠償法上の国と熊本県の行政責任を追及する訴訟も多く起こされてきた。地元熊本地域だけでなく，全国各地に移り住んだ人々の訴訟も相次いだ。これらの裁判が進む中で，国の認定基準の妥当性と，典型的な症状が揃わない被害者の救済問題（病像論）も争点になった。

　裁判が長期化し，原告が高齢化しつつある中で，裁判所から相次いで和解勧告が出された。1995 年には当時の村山政権下の与党三党の政治主導によって，早期解決を目指す最終解決案が示された。解決案は，水俣病にみられる四肢末梢優位の感覚障害を有するなどの一定の条件を満たす人々に，一時金一人当たり 260 万円と，医療費と療養手当を支給するなどの救済措置を実施し，この救済を受ける人々は訴訟を取り下げるとするものだった。

　この政治解決に参加したのは約 12,000 人だったが，関西訴訟原告団は最高裁まで争う道を選択した。2004 年の関西訴訟の最高裁判決は，初めて国家賠償法第 1 条の権限不行使の国と県の責任を認め，また，公健法の認定基準に合致しない 51 人についてメチル水銀中毒症として損害賠償を認めている。この最高裁判決のあと，再び水俣病認定の申請が増加し，新たに国家賠償等を請求する訴訟も多発した。

　このため，2009 年には「水俣病被害者の救済及び水俣病問題の解決に関する特別措置法」（水俣病被害者救済特措法）が制定・施行されている。この法律は，公健法の水俣病の認定条件を満たさないものの，救済が必要な人々を「水俣病被害者」として救済して，地域紛争を終結させ，水俣病問題の最終解決を図ることを目的に掲げている。2010 年に入って全国で訴訟を起こしていた原告団体と政府との和解交渉が進展し，同年 4 月には特措法に基づく措置の方針が閣議決定された。その内容は，2004 年の関西訴訟最高裁判決と整合がとれた範囲の被害者に，一時金 210 万円と医療費と療養手当を支給し，それ以外の一定の感覚障害をもつ被害者には水俣病被害者手帳を交付し

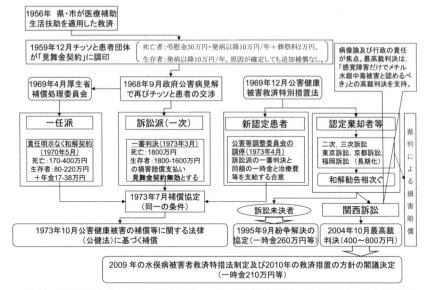

（出典）　水俣市「水俣病　その歴史と教訓2015」・環境省「水俣病の教訓と日本の水銀対策」等
　　　　を参考に作成

図4-14　熊本水俣病補償救済の交渉経過（第2の壁）

て療養費等を支給するというものだった。

　国は，2012年7月を期限として特措法の被害者認定の申請を受け付け，熊本県，鹿児島県，新潟県から計約65,000人の申請があった。救済措置の判定が最終的に終了したのは2018年1月末のことで，一時金の支給を受けた被害者は32,000人に及んだ。

　見舞金契約から始まった健康被害者の補償・救済に関する長い苦闘は，図4-14のようにまとめることができる。また，公害健康被害補償法に基づいて認定され補償を受けた被害者から，水俣病被害者救済特措法によって救済された被害者までを，経過した時間と人数で示すと図4-15のようになる。

　水俣病問題の解決を阻んできた第1の壁と第2の壁について考えてきたが，第3番目の壁もある。本書では十分に説明を尽くせないが，この60余年の長い年月の間，被害者への多くの差別が生まれ，水俣の出身者は自らそれを言い出せない時期もあった。水俣の農産物までが，風評によって販売不振に陥ってもきた。いまも，地域の再生と復興が水俣の人々の重い課題であり続

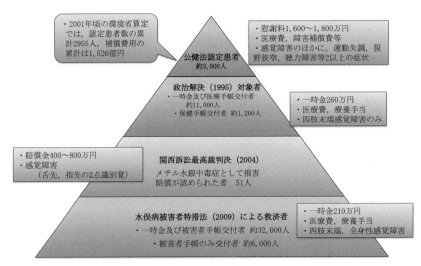

・2001年頃の環境省算定
では，認定患者数の累
計2955人，補償費用の
累計は1,526億円

公健法認定患者
約3,000人

・慰謝料1,600～1,800万円
・医療費，障害補償費等
・感覚障害のほかに，運動失調，視
野狭窄，聴力障害等2以上の症状

政治解決（1995）対象者
・一時金及び医療手帳交付者
約11,000人
・保健手帳交付者　約1,200人

・一時金260万円
・医療費，療養手当
・四肢末端感覚障害のみ

・賠償金400～800万円
・感覚障害
（舌先，指先の2点識別覚）

関西訴訟最高裁判決（2004）

メチル水銀中毒症として損害
賠償が認められた者　51人

水俣病被害者特措法（2009）による救済者
・一時金及び被害者手帳交付者　約32,000人
・被害者手帳のみ交付者　約6,000人

・一時金210万円
・医療費，療養手当
・四肢末端，全身性感覚障害

（出典）　2010年4月16日朝日新聞記事をもとに加筆

図4-15　水俣病被害者の救済の構図

けている。日本の公害問題はまだ決して終わっていない。

4.4.3　水俣病問題を深く読み解く努力を

　初期段階の躓きから始まり，意図的とも思えるほどの対処によって原因の
究明を遅らせ，水俣病被害の拡大を許したばかりか，救済補償を混乱させて
きた原因企業と行政の対応に対して，多くの被害者とその支援者，研究者・
文化人が，その悲惨さと理不尽を語り，学術的な論評を行い，写真や文学を
通じて真の姿の理解を国民に訴えてきた。

　政府は，OECD理事会勧告の汚染者負担原則（PPP）では，範囲に含まれて
いなかった被害者救済費用にもPPPを適用して，実際には公的な負担でチッ
ソを援助しなければならなかったにも関わらず，賠償金を直接の原因企業で
あるチッソが支払うことがPPPであるとの建前を通し（永松，2007），国と県
の政策上の失敗に対する法的な責任を真正面から認めてこなかった。公健法
の認定基準を急性劇症例や主要症候が揃った典型例で線引きしてきたことも，
水俣病問題の解決を阻んできた。

　この行政によるボタンのかけ間違いが生んだ歪は，行政の内力では是正で

きずに，長い時間をかけてようやく司法によって矯正されてきた。水俣病第一次訴訟の地裁判決によってつくられた慰謝料の水準にしてもそうであるし，関西訴訟の最高裁判決において，行政の法的責任を認めたこと，公健法の認定基準を超えてメチル水銀中毒症を認めたことなどがそれである。筆舌に尽くしがたい被害者のこれまでの苦痛を思えば，水俣病問題を風化させることなく次世代に語り継ぐとともに，まだ完全には終結していない水俣病問題のクロニクルをこれからも追跡し続け，一層深く読み解いていく努力が必要である。

第5章
化学物質の環境安全管理

5.1 化学物質の環境安全管理のポイント

　現在の私たちの社会では，何万種類もの化学物質が用いられている。しかも，毎年新たな化学物質が製造され，わが国だけでもその数は数百にのぼる。化学物質には工業生産の原材料，農薬，医薬品，化粧品，塗料，触媒などさまざまなものがあり，日常生活に身近なものもあるが縁遠いものもある。利便性と有用性が高い反面で，少なからぬ化学物質は有害性をもち，使い方しだいでは人の健康や動植物の生息・生育に悪影響を及ぼす。化学物質の社会的な便益を享受しながら，環境媒体を通じた化学物質への暴露がもたらす支障を防止するために，適切な管理方法が必要になる。化学物質の環境保全上の安全管理は，こうした任務を背負った環境政策の重要な一分野になっている。

5.1.1　環境と化学物質

　化学物質による悪影響は，人や動植物が化学物質に暴露され，体内に取り込む（摂取）ことによって起こる。化学物質への暴露形態はさまざまであり，その安全管理は，様々な行政の領域でそれぞれの目的に応じて，異なる法令に基づいて行われている。例えば，医薬品や化粧品の安全管理は旧薬事法，現在の「医薬品，医療機器等の品質，有効性及び安全性の確保等に関する法

律」(医薬品医療機器等法)に基づいて行われている。労働環境での化学物質の安全管理は、「労働安全衛生法」に基づいて行われる。ごく少量をあおっても死に至る青酸カリのような急性毒性物質は、「毒物劇物取締法」で販売、使用、廃棄が厳しく規制されている。防腐剤・着色料などの食品添加物の安全管理は「食品衛生法」に基づいて行われる。

　環境保全の領域における化学物質の安全管理は、環境媒体を経由してもたらされる化学物質への、低濃度で長期間にわたる暴露による健康影響や動植物への影響を防止するのが目的である。そのために、科学的な方法によって化学物質の「環境リスク評価」(環境リスク・アセスメント)を行い、暴露量が悪影響を回避できるレベルに、有害化学物質の製造・輸入、流通、使用に一定の規制をかけるといった行政的な対応(「環境リスク管理」)がとられている。ただし、環境の安全管理だけを他の化学物質の安全管理に関する行政分野と切り離して立案することはできない。化学物質の有害性に関する情報は、どの分野の安全管理にも共通に必要なデータベースであり、あまりにも多数の化学物質が世界に流通している今日では、化学物質に関するデータベースを国際共通化する必要もある。また、労働衛生行政の経験の多くは環境政策の先達になってきたし、農薬の環境安全管理は、食品衛生や農薬散布に従事する農業労働者の労働安全にも関わってくる。このため行政分野に横断的な取組が必要であり、国際的に共通のルールに則って進める必要がある。

　環境政策の中での化学物質の安全管理は、第4章でみた公害対策や第6章で紹介する廃棄物対策と相互補完的な関係にある。例えば、製造・使用する事業場からの有害物質の大気や水質への排出は、公害規制によって適切に抑止されなければならない。また、工場敷地内の土壌汚染や地下水汚染に対しては、土壌汚染対策法や水質汚濁防止法に基づいて適切な改善が必要になる。例えば、豊洲新市場の立地場所では、昭和30年代から石炭を乾留して都市ガスが製造されていたので、発がん性をもつベンゼンによる汚染が頑固に残っていた。そのために土壌汚染と地下水汚染への対策が講じられてきたが、プロローグでみたように、それが適切であったかどうかで論争が起こった。

　廃棄物対策も化学物質の環境安全管理の一翼を担っている。有害な重金属や化学物質を含む燃え殻や汚泥などの廃棄物については、廃棄物処理法に基

づく厳格な処理基準が設定されている。また，PCB のように，製造・使用が禁止された化学品も，廃棄物（PCB 廃棄物）として環境上安全に処理が行われなくてはならない。その場合，ストックホルム条約（POPs 条約）とバーゼル条約に定められた処理・処分のルールにも従う必要がある。

　ダイオキシンは環境政策の中でも，特殊な位置にある有害化学物質である。非意図的な生成物であり，史上最強の毒物といわれるほど急性毒性が強い人工化学物質である。元来は農薬に不純物として含まれ，有害性が確認されたものであるが，その後にごみ焼却場の焼却灰と排ガスにも含まれることが判明した。このため，ダイオキシンによる汚染問題は，公害的な性格をもちながら，廃棄物対策とも深く関わる。長らくごみ焼却場の立地を巡る地域紛争の火種にもなってきた。現在では，ダイオキシン類対策特別措置法の規制が行われているほか，POPs 条約の対象物質にもなっているため，同条約に基づく国内実施計画の管理下にも置かれている。

5.1.2 環境を通じた化学物質への暴露

　公害対策は環境の媒体ごとに進められているが，化学物質による汚染は，大気，水，地下水，土壌，動植物といった複数の環境媒体を跨いで移動をするので，"クロスメディア汚染"であることが多い。環境中に放出された化学物質は環境中で希釈されたり，付着したり，沈着するなど物理的な作用を受け，環境中で化学変化して別の物質になったり，微生物によって分解されたり，食物連鎖の中に取り込まれて濃縮されるといった複雑な挙動をとる。化学物質ごとに環境中での挙動もさまざまなため，人間が化学物質に暴露する経路や摂取量も異なってくる。そのため，化学物質の環境安全管理の方法を考える場合には，人間が化学物質をどんな経路で暴露し，合計量としてどの程度を摂取するかを把握する必要がある。

　摂取経路はいくつかに分類することができる。① 大気中の化学物質を，呼吸とともに摂取するケース，② 水道水や井戸水などを飲用に供する際に，それに含まれて摂取するケース，③ 環境中の化学物質が何らかの経路をたどって，人間の食材に移行して食品中に含まれて摂取するケース，④ その他，土壌中の化学物質と皮膚が接触して体内に摂取するケースも考えられる。①の

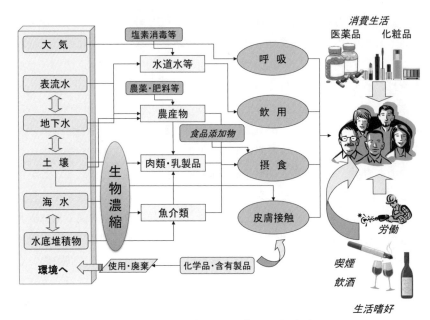

図5-1　化学物質の人への様々な暴露経路

ような摂取を経気道摂取，②と③を経口摂取という。環境媒体を経由する場合のほか，化粧品等の日用品の使用，労働作業における暴露，喫煙習慣など個人の嗜好に伴うものなど，化学物質への暴露経路は多様で，概念的に描くと図5-1のようなものになる。

　散布された農薬が付着した食材を体内に取り込むのも農薬の経口摂取であるが，食物連鎖を通じて生物学的な濃縮がおこり，食材に高濃度に濃縮された農薬を摂取する場合も考えられる。食物連鎖で生物濃縮が起こる物質は，環境中で難分解性である性質をあわせ持っているため広範囲の環境を汚染する。殺虫剤のDDTなども全球的な海洋汚染が確認されてきていて，イルカやクジラなどの海洋哺乳類の体内濃度は海水中の濃度の千万倍にも達するとの報告もある。

5.1.3　環境安全管理のメルクマール

　環境を経由した有害化学物質の安全管理を考える場合，特にマークすべき化学物質の性状として，① 環境中の自然作用によっては分解されにくいこと

（難分解性），② 生物体への蓄積性が高いこと（高蓄積性），そして ③ 有害性（人・動植物への毒性）の３点がある。難分解性の物質は，放出されたのちに長期間にわたって環境中に存在して，人や動植物への暴露量や摂取量を高めることになる。また，生体内への濃縮性が高い物質は，食物連鎖を通じて生物体内で高濃度に蓄積され，それを捕食することでさらに食物連鎖の上位にある生物の摂取量が増える。生物濃縮性の高さは，水にはむしろ溶けにくく生物体の脂質に蓄積しやすいことを意味している。PCB やダイオキシンは，母乳の脂質に濃縮しやすい物質であるため，栄養をもっぱら授乳に頼っている新生児への健康リスクは特に用心する必要がある。

　後に詳しく述べる POPs 条約も上記のこうした性状をもつ物質群を対象に，生産・使用を廃絶，制限することを目指した条約であり，OECD のテストガイドラインでも，「化学物質の審査及び製造等の規制に関する法律」（化審法）でも，この３条件をメルクマールに化学物質のハザードをスクリーニングしている[55]。

5.1.4　環境のリスク評価と管理

　環境リスクとは，人為活動によって生じた環境の負荷（化学物質等）が，環境の経路を通じて，ある条件のもとで人の健康や動植物に影響を及ぼす可能性（おそれ）をいう。リスクと対になる用語は「有害性（ハザード）」である。極端な場合を考えると，いかに有害な物質が近くにあっても，完全に密閉された容器に封印されていれば，人の体や動植物に暴露されないから悪影響は生じない。この場合に環境リスクはゼロであるという。

　したがって，

【環境リスク】＝【有害性（ハザード）】×【環境を経由した暴露量】

と表現される。

---

55)　化審法では新規に商業的な製造・輸入を行う工業用化学品（新規化学物質）については，人又は高次捕食動物への長期毒性，難分解性，高蓄積性に関する試験を実施し，そのデータを添えて国に届出を行い，審査を受ける仕組みが導入されている。その試験項目の中には，① 哺乳類に化学物質を反復投与して毒性を確認する試験，② 細菌を用いて変異原性を確認する試験，③ 微生物による化学物質の分解度試験と，④ 魚介類の体内における化学物質の濃縮性試験または 1-オクタノールと水との間の分配係数測定試験（Pow 測定試験），⑤ 藻類生長阻害試験，ミジンコ急性遊泳阻害試験及び魚類急性毒性試験（生態毒性試験）が含まれる。

化学物質の環境安全管理は,「環境リスク評価」と「環境リスク管理」を組み合わせて行われている。環境中の化学物質が人の健康や動植物に及ぼす影響の可能性を,科学的な根拠に基づいて定量的に推定するのが環境リスク評価である。環境リスク評価は科学の領域に属している。一方,環境リスクが人の健康や動植物に悪影響を及ぼさないレベル内に適切にコントロールするのが「環境リスク管理」で,これは政策の領域に属する。

環境リスク評価と環境リスク管理の概念に沿って考えると,第4章で述べた大気汚染や水質汚濁に関する環境基準の設定の科学的根拠を固めるのが環境リスク評価で,設定された環境基準は環境リスク管理のための目標値である。そして,大気汚染防止法や水質汚濁防止法等の公害対策諸法は,環境基準を達成するための行政手段であるから,環境リスク管理のための制度ということになる[56]。

(1) 環境リスク評価の方法

化学物質の環境リスク評価は一般的に,当該化学物質の ① 有害性の同定,② 量―反応（dose-response）関係の確認,③ 人や動植物への暴露量（摂取量）の評価,④ 環境リスクの判定の4段階の手順で進められる。①の有害性と②の量―反応関係は一体的なもので,有害性の評価（ハザード評価）に当たるが,③の暴露量の評価は,図5-1に示したような摂取経路をたどって推定されることになる。大気,水質,土壌といった環境媒体中にどのくらいの量が存在し,環境媒体をどう移動・拡散し,あるいは食品中に濃縮されるか等を把握するため,できるだけ正確に環境モニタリングを行う必要がある。また,環境中での挙動を推定するために数値モデルが用いられることもある。環境リスク評価が必要になるのは,1）リスク管理が行われていない化学物質の使用状況が,現在のままで安全であるかどうかを判定する場合,2）リスク管理は行われているが,使用量・流通量が増加して暴露量が増えるおそれがある場合,3）有害性の評価が変更されたために環境リスク管理の妥当性を再検証す

---

56) 環境リスクをもたらすものはなにも化学物質だけではない。最近では第7章で触れる「気候変動リスク」が話題になっている。それでも,環境の世界では,環境リスクは化学物質の環境安全性に関して用いられることが多い。

る必要がある場合などである。

　化学物質の有害性を的確に把握することが環境リスク評価の出発点である。ここでは人に対する化学物質の有害性の判定方法について考えてみる。毒性は一般に，急性毒性と慢性毒性に大別されるほか，致死毒性，発がん性，変異原性，免疫毒性，催奇形性，生殖・発生毒性などに分類される。このうち，化学物質の環境安全管理を考える場合には，低濃度で長期間にわたって暴露した場合に生じる慢性毒性（長期毒性）が議論の中心になる。毒性学の知見によると，一般的に人や動物への影響の強さは，一定の時間内に暴露する有害物質の体重1kg当たりの量と対応している。

　人に対する化学物質の有害性の種類と量—反応関係を確認するために，多くの場合，動物への当該化学物質の投与実験が行われる。また，ときには疫学的調査によって人への暴露と疾病の関係が把握されることもある。動物実験では，投与した化学物質の量と実験動物で観察された影響の関係が量—反応関係である。一般には動物に投与した量が多いほど影響も強く出るが，多くの化学物質には影響が観察されない最大の投与量があり，これは無毒性量（NOAEL：No Observed Adverse Effect Level）あるいは「閾値（threshold）」と呼ばれる。

　NOAELが動物実験から得られた場合には，人にとってそのままの値が安全な量であるという保証がない。そのため，毒性学の立場からは，動物実験から得られたNOAELを，不確実係数（UFs）と呼ばれる係数で割った値を，人に対する閾値とみなすものとされている。動物実験の結果をヒトに外挿する場合の不確実係数は一般に10とされる。加えて，人の個人差を考慮した不確実係数も一般に10とされている。したがって，NOAELを不確実係数100で割った値が，人に対して影響がない暴露量のレベルと考えられている。これは耐容一日摂取量（TDI：Tolerable Daily Intake）又は許容一日摂取量（ADI：Acceptable Daily Intake）と呼ばれ，生涯（70年）を通じて毎日摂取しても悪影響が生じない摂取量とされる[57]。TDIもADIも体重1kgあたりの

---

57)　ダイオキシン類のように百害あって一利なしの有害物質は摂取しないに越したことはないので，一般に毒性学ではTDI（受忍できる）という用語が使われる。ところが，農薬の使用は，農業生産性の向上や農産物の品質向上に資するための使用であるとの考え方から，ADI（受容できる）が用いられる。

一日の摂取量（摂取量μg/体重kg/日）で表される。なお，NOAELと似た用語に，最小毒性量（LOAEL：Lowest Observed Adverse Effect Level）がある。これは，動物実験で影響が認められた最小投与量のことである。LOAELが動物実験で判明したもののNOAELが不明な場合には，さらに10倍の不確実係数を見込んで，LOAELを1,000で割った値をTDIとするのが一般的である。

　化学物質の中には，閾値がない，つまり，どんなに暴露量が少なくとも悪影響がゼロとは見なせない物質もある。発がん物質のうち，遺伝子を攻撃してがん細胞を作るものには閾値がない（イニシエーター）とされ，遺伝子に障害を与えない発がん物質には閾値がある（プロモーター）とされている[58]。

　閾値をもたない発がん性物質については，TDIが設定できないので，VSD（実質安全量：Virtual Safety Dose）という評価尺度が用いられる。VSDは生涯を通じて暴露された場合に，がんを発症する確率が通常は10万人に1人（10^{-5}のリスクと呼ばれる）に相当する量で，実質的に安全なレベルとして取り扱われている。70年間の生涯を生きる間に降りかかる発がんリスクが10^{-5}に相当するのがVSDだから，年間にすると1,000万人に1.4人ががんを発症して亡くなる確率に当たる。

　以上述べてきたTDI/ADIやVSDの設定方法は，毒性学において一般的に用いられていることを単純化して説明したものであるが，そのほかにも動物実験の実施期間によって異なる不確実係数を用いる場合や，試験の種類や信頼性などの要素を考慮して修正係数を加えることもあり，専門的な立場からの議論は実際にははるかに複雑なものになる。

　TDI/ADI又はVSDが設定された後の環境リスク評価の作業は，環境経由の摂取量と他の経路の摂取量を合計しても，この値を超えるおそれがあるか，十分下回っているか，ボーダーラインにあるかを判定することに移る。人間の暴露量を推定する際にわが国で通常用いられる基本的な諸元として，成人の体重を50kgとし，一日の呼吸空気量を15〜20㎥とし，一日の飲料水量を2ℓとするなどがある。一日の食品の摂取量（フードファクター）は実際の食

---

58)　ダイオキシンは，閾値をもつ発がん物質としてリスク評価が行われてきた（コラム5参照）。

生活調査の結果に即して設定されるが，例えば環境省のダイオキシンのリスク評価（1997）では，動物性たんぱく質や野菜の日摂取量として，3 地域の調査から魚介類 80〜90g，肉類 60〜80g，牛乳 100〜150g，野菜 160〜260g が参照されている。こうした基本的な諸元に，環境リスク評価の対象にする化学物質の環境中の賦存量を乗じて足し合わせ総暴露量が算定される。ただし，こうしたリスク評価は一つ一つの物質に対しての検討であって，多くの物質を同時に摂取する場合（複合汚染）に，果たして十分に安全性が保証できるかどうかは検討の余地がある。

（2）環境リスク管理の方法

　環境リスクを管理するための方法はいくつかある。ひとつは暴露の経路を遮断する方法である。上水道の水源が有害物質で汚染された場合にしばしばとられる方法として，原水の取水制限がある。また，食品衛生法では汚染された食材や食品の販売を禁止する仕組みが用意されている。これも遮断による安全確保の方法である。

　環境経由の暴露で遮断できないのは呼吸である。われわれは一時も空気を呼吸せずにはいられない。第 4 章でみてきた，伝統的な大気汚染物質の環境基準は，動物実験や臨床所見あるいは疫学調査によって有害性を判断し，安全率を見込んで設定されてきた。大気汚染に係る環境基準は，他の環境媒体から独立して大気汚染だけを考慮して設定される傾向があるが，1990 年代に設定されたベンゼンやトリクロロエチレン等の有機塩素系溶剤の環境基準は，大気汚染と水質汚濁の両方について定められている。例えば，ベンゼンの大気汚染の環境基準は，経気道摂取による発がんのユニットリスク（$1\,\mu g/m^3$ の空気を生涯 70 年間呼吸した場合の発がんリスク）を基礎にして，10^{-5} のリスクに相当する濃度として年平均値が $3\,\mu g/m^3$ に設定され，後者は経口摂取による発がんリスクが 10^{-5} に対応する値として $10\mu g/\ell$ とされている。

　農薬の食品を通じた摂取については，農薬取締法に基づく農薬の安全管理の仕組みにしたがって，ADI の 8 割を下回るように措置している。また，水道水質の検査だけに飲料水の安全を委ねずに，水道水源の水質を良好に保持する環境対策も必要である。このため，水・土壌系の環境基準は，TDI や ADI

に相当する暴露量以下に抑制するための必要条件として導き出されることが多い。この場合，特定の有害物質が環境中のどのような経路を介して摂取されるかによって，飲料水に TDI の何%を割り振るかが異なってくる。WHO の飲料水水質ガイドラインに基本的な考え方が示されていて，通常は 10%，特に飲料水を介して摂取する比率が高い場合には 20-50%，他の経路を介した摂取が多い場合には 1% とされている。

このため，わが国では水道水質基準は，一日に 2ℓ の飲料水を飲むことを前提に，TDI の 10% が割り振られている。水質環境基準のうち人の健康保護に関する項目もこれに倣って設定されるため，水道水質基準と数値が同一であることが多い。なお，ダイオキシン類の水質環境基準では摂取経路が多いため飲料水に TDI の 1% だけを割り振っている。

第4章 4.3.2 でも述べたように，そのほかにも，土壌汚染に係る環境基準の多くが水質環境基準と同一値になっているのは，汚染された土壌から浸出してくる水が，水質環境基準を満たすように設定されているためである。要するに，水質・土壌系の環境基準値は，食品衛生行政や水道行政と整合性をもって設定されている。廃棄物行政の分野でも有害な化学物質にしばしば遭遇するが，廃棄物処理法に基づく管理型の最終処分場の有害物質の浸出水に関する維持・管理基準も，水質汚濁防止法や土壌汚染対策法に基づく規制基準と基本的に整合的である。このように，有害物質の TDI／ADI 又は VSD は環境安全管理のためのもっとも基礎的な尺度になっている。

5.2　化学物質の環境安全管理の発達

5.2.1　環境安全管理の国際的な枠組

化学物質の環境安全管理のクロニクルを遡ると，農薬の過剰使用に警鐘を鳴らした，1962 年のレイチェル・カーソンの『沈黙の春』に辿り着く。わが国でも戦後に安全性の確認が十分でないまま農薬使用が急速に増大し，1960 年代には農業従事者に農薬中毒が多発した。一般化学品としては，1966 年に野生鳥類などの体内から PCB が高濃度で検出されたのをきっかけに，PCB による環境汚染への懸念が急速に高まった。PCB は環境保全上マークすべき 3 つ

の性状(強い毒性,環境中で難分解であること,生物濃縮性が高いこと)の全て
を備えた厄介な合成化学品だった。

そんな時期の 1971 年,OECD(経済協力開発機構)に化学品プログラム(現在
の環境保健安全プログラム(EHS:Environment, Health and Safety Programme))
が発足した。EHS は,国際的協調のもとに関連情報を効率的に収集し,化学
品の環境安全管理を確保しながら,しかも,貿易上の障害を避けることを目
指してきた。EHS の発足以来,化学品の環境安全管理は,先進国の集まり
である OECD を中心に進められてきた。当初は PCB,水銀,フロンといっ
た特定の化学物質への対応に焦点が当てられ,1973 年には PCB 使用の制限
に関する OECD 理事会決定が行われた。EHS は 1970 年代後半からは,当
時すでに毎年千にものぼっていた新規化学品が,市場に出回る前に安全性を
試験し,管理する方法の国際共通化を目指した。そのために,1981 年以降は
化学物質の有害性評価のための試験方法を定めたテストガイドラインと,試験
を実施する機関の管理方法や報告等の基準を定めた優良試験所基準(GLP:
Good Laboratory Practice)が順次整備された。その結果,加盟各国で化学物
質データが相互承認される仕組みができあがった。各国の化学物質の環境安
全管理は,こうした国際機関によって標準化された試験方法と有害情報を基
盤にして進められてきている。

1980 年代にはリスク評価及びリスク管理の方法の検討が進み,これ以降,
化学物質の環境安全管理には,すでに述べたような環境リスク評価と環境リ
スク管理という考え方が導入された。しかし,環境リスク評価と環境リスク
管理は,"天網恢恢疎にして漏らさず"のような神業ではなく,実際には"し
らみつぶしのような作業"の積み重ねになる。化学物質の有害性を演繹的に
推定することが難しいため,個別物質ごとに物理化学的な性状を確認する試
験,実験動物に投与して有害性を確認する試験,環境モニタリング結果など
を活用して環境中の挙動の把握が必要になる。そのためになおのこと国際的
な協力と分業が必要になる。

1992 年から開始された OECD の高生産量(HVP)プログラムでは,既存
化学品のうち大量生産(年間生産量 1,000 トン以上)・使用される物質 5,000 種以
上について,加盟各国が分担しながら,化学工業界も協力するかたちで,安全

性の評価が進められている。1992 年の地球サミットでの議論を経て，OECD
と ILO（国際労働機関：International Labour Organization）は，化学物質の有
害性の分類と表示（ラベリング）の基準を開発した。1996 年に OECD は，
多数の有害な化学物質の環境への排出量を事業者に報告させ政府が集計して
公表する PRTR（Pollutant Release and Transfer Register：化学物質排出移動量
届出制度）の導入を理事会勧告し，あわせて PRTR の設計のガイダンス・マ
ニュアルも公表した。

　PRTR は，1986 年に米国で制度化された TRI（Toxic Release Inventory：
有害物質排出目録）を起源として発展してきた，化学物質の環境安全管理の仕
組みである。そもそも，TRI は，インドのボパールでの事故[59]を契機に制定さ
れた，「住民の知る権利法」[60]の第 313 条として規定されている制度である。
1986 年のカナダ化学品製造者協会がレスポンシブル・ケア・プログラムを
策定し，米国の化学工業協会も 1988 年に同プログラムを導入しているが，
これもボパール事故がきっかけになっている。第 2 章でも触れたようにオー
フス条約の下に PRTR 議定書が置かれているなど，環境情報の公開・開示と
PRTR が深く結びついているのは，こうした歴史的な経緯があるためである。

　一方，国連の専門機関である WHO（世界保健機関：World Health Organization）
は，1976 年の水銀を皮切りに，各種の環境汚染物質等への暴露と人間の健康
との関係に関する情報を評価することを目的に，環境保健クライテリア（Envi-
ronmental Health Criteria）を策定してきている。1980 年代からは飲料水ガイ
ドラインを整備するなどして，各国の化学物質の安全管理を支えてきた。わ
が国の水道水質基準も WHO ガイドラインを拠り所にしている。また，わが国
のダイオキシン類の TDI の設定も WHO 専門委員会の報告に依拠している。
食品規格については，WHO と FAO（国連食糧農業機関：Food and Agriculture
Organization）が設置する国際食品規格委員会（CODEX 委員会）が設定する

---

[59]　1984 年 12 月にインド・ボパールのインド・ユニオン・カーバイド社の工場で起こっ
　　た漏出事故で，メチルイソシアネート貯蔵タンクに誤って水が流入した結果，タンク内
　　の圧力が異常に高まり，メチルイソシアネートが環境中に大量放出された。死者は約
　　3,000 人に達したほか，20 万人が被害を受けた，史上最悪の化学工場事故である。
[60]　正式名は「緊急対処計画及び地域住民の知る権利法（Emergency Planning and
　　Community Right-to-Know Act）」。

基準値が，食品衛生行政の重要な拠り所になっていて，これが環境政策にも影響を与える。例えば，CODEX が設定した精米のカドミウム含有量の基準値に依拠して，わが国の食品衛生法の成分規格が設定され，それが農用地の土壌汚染対策の地域指定の要件にもつながってくる。さらに，有害性の中でも特に重視されてきた発がん性については，1965 年に WHO の一機関として発足した国際がん研究機関（IARC：International Agency for Research on Cancer）が，ヒトに対する発がん性の確からしさを分類する作業を続けていて，その発がん性の判定は国際的な権威になっている[61]。

　地球サミットの前後から，途上国の化学物質への対処能力を高めることが重視されてきた。1980 年代に多発した，有害廃棄物の途上国への越境移動事件を踏まえて，1989 年にはバーゼル条約が採択された。また，地球サミットで採択されたアジェンダ 21 の第 19 章の有害化学物質の環境上適正な管理に掲げられた，「1989 年の国連環境計画（UNEP）のガイドラインを発展させて，2000 年までに法的拘束力のある PIC 制度（事前通報同意）にする」との目標は，1998 年に PIC 条約（正式名：「国際貿易の対象となる特定の有害な化学物質及び駆除剤についての事前のかつ情報に基づく同意の手続きに関するロッテルダム条約」）の採択によって実現された。さらに，アジェンダ 21 の第 17 章の海域及び沿岸域の保護等に掲げられた，「海洋の汚染源の 7 割を占める陸上起因の活動による海洋環境の保護に関する政府間会合の招集を UNEP 理事会に要請する」との行動方針を受けて，1995 年の政府間会合で採択されたワシントン宣言では，「法的拘束力のある POPs（残留性有機汚染物質：Persistent Organic Pollutants）規制」が求められた。その結果，PCB，DDT 等の有害化学品の廃絶もしくは制限等を規定した POPs 条約（正式名：「残留性有機汚染

---

61)　IARC の発がん性の分類は，主に人に対する発がん性があるかどうかの「根拠の強さ」を示すもので，様々な物質・要因を評価し 5 段階に分類している。発がん性について"十分な証拠がある"ものはグループ 1 に分類され，"ヒトに対しておそらく発がん性がある"ものは 2A に，"ヒトに対して発がん性がある可能性がある"ものは 2B，"ヒトに対する発がん性について分類できない"ものは 3 に分類される。分類 4 は，ヒトに対する発がん性がないと判断されたものである。分類は知見の進歩とともに変更されていくが，目下のところ，グループ 1 に分類されているのは，喫煙，ベンゼン，ヒ素化合物，アスベスト，ダイオキシン，ホルムアルデヒド，トリクロロエチレンなどである。

物質に関するストックホルム条約」）が2001年に採択されている。加えて，前章でも触れたように，2013年には「水銀に関する水俣条約」が採択された。世界の化学物質の環境安全管理の現在の流れは，これまでのリスクの適正管理から，リスクを最小化するあるいはリスク・ゼロに向けられている。POPs条約や水銀に関する水俣条約は，技術的，経済的に可能な限り，リスク・ゼロを目指して努力を進めるという国際的な流れの表れといえる。

　さらに，2002年のヨハネスブルグ・サミット（WSSD）で採択された実施計画では，「2020年までに化学物質の製造と使用による悪影響を最小化するための行動計画」を策定することが合意され，2006年に「国際的な化学物質管理のための戦略的アプローチ（SAICM：Strategic Approach to International Chemicals Management）」が策定されている。わが国は2012年に「SAICM国内実施計画」を策定して，国内での化学物質管理施策を進めているほか，途上国の化学物質の管理能力の強化に関する支援を進めている。

　また，2003年の電気・電子機器への有害物質の使用を制限するEU指令（The Restriction of the use of certain Hazardous Substances in electrical and electronic equipment：RoHS指令）は，鉛，水銀，カドミウム，六価クロム，臭素系難燃剤であるPBB（ポリブロモビフェニル）及びPBDE（ポリブロモジフェニルエーテル）の6物質のいずれかを0.1%（カドミウムについては0.01%）以上含有する製品の製造販売を禁止するもので，2006年から実施され，2011年には改正RoHS指令（通称"RoHS2"）が実施されている。日欧貿易への影響が大きいため導入時にはわが国の国内で話題になった。このRoHS指令もリスクを最小化する施策の流れの中にある。RoHS指令の改正で対象機器と対象項目が拡大され，2019年7月からは新たに4種のフタル酸エステル類も規制対象になる。

　REACH（Registration, Evaluation, Authorisation and Restriction of Chemicals）は，EU域内に適用される化学物質に関する規則で，2007年に発効した。その目的は，「物質の有害性評価のための代替手法の促進を含む，人の健康及び環境の高レベルの保護並びに域内市場における物質の自由な流通とともに競争力と革新の強化を確保すること」とされ，新規化学物質，既存化学物質を問わず製造・輸入者ごとの化学物質の登録，事業者による安全性評価報告

書の作成・提出，発がん性や変異原性を有する高懸念物質の使用に許可制を
設けること等を定めた包括的な化学物質の安全管理のための仕組みである。
REACH は，従来の既存化学物質と新規化学物質を区分した安全管理の方法
を改めた画期的なもので，わが国の化学物質審査規制法の 2009 年改正のモ
デルにもなっている。

5.2.2　わが国の環境史の中の有害化学物質

　古くは『沈黙の春』で名前が挙がった DDT やドリン系農薬から，水俣病
を引き起こしたメチル水銀，カネミ油症を招いた PCB，飲料水の塩素消毒
が原因で生じるトリハロメタン，トリクロロエチレン等の有機塩素系溶剤，
船底防汚剤として用いられた有機スズ化合物，ダイオキシン類，内分泌かく
乱物質（いわゆる「環境ホルモン」）など，わが国の環境政策の歴史に登場す
る化学物質は様々でその数は多い。化学物質の環境汚染問題の多くは，気づ
きが遅れ，環境リスク管理の体制が整う前に発生してきた。実際，第 1 章で
触れた，*Late Lessons from Early Warning* に登場する事案の多くが化学物
質にまつわるものである。このため，化学物質問題のクロニクルは，化学物
質による汚染事故・事案への対応と，それを教訓に整備されてきた環境リス
ク管理システムの構築の歩みとがモザイク状をなしている。

　1960 年代から 1970 年代の半ば頃までの化学物質問題は農薬の安全性の議論
が中心で，まだ環境政策は黎明期だった。有機塩素系農薬である DDT やド
リン系 3 農薬といった殺虫剤は，日本では 1940 年代半ばから 50 年代前半にかけ
て登録された農薬であるが，毒性，作物への残留性，水質汚濁性等が確認され，
1970 年代の半ばにはいずれも登録が抹消された。昭和 40 年代（1960 年代後半）
に水田に用いられた水銀系農薬も 70 年代には登録が抹消され，使用が中止さ
れた。

　1970 年代に入ると，農薬の範疇に入らない一般化学物質のうち，PCB 類似
の性状（長期毒性，難分解性，高蓄積性）をもつ化学物質への懸念が高まった。
PCB は 1930 年代に米国で商業生産が本格化し，国内でも 1954 年から生産
が開始されている。PCB は化学的に極めて安定で，絶縁性と耐熱性に富み，
不燃性であるため，"夢の化学物質" として多方面に用いられ，わが国での

生産量は累計で5－6万トンに上った。しかし，オジロワシの体内から高濃度のPCBを検出したとする1966年のイェンセンの報告以降，魚類や鳥類の体内からPCBが検出され野生生物への影響が疑われるようになる。1968年には製造工程で熱媒体として使用されていたPCBが食用油に混入して，カネミ油症事件が発生した[62]。先進各国でのPCBの規制が進み，わが国でも1972年に製造が中止された。翌1973年には旧通産省と旧厚生省が主導して「化学物質の審査及び規制等に関する法律」（化審法）が制定され，翌1974年に施行された。化審法によって新規化学品を上市する前に安全性の審査が行われる仕組みが導入された。化審法に基づいて初期に生産・輸入が禁止されたPCBと似た性状を持つ物質としてDDT，BHCなどがある。DDTとBHCは1971年にすでに農薬取締法に基づく登録が抹消された農薬であるが，農薬以外の工業化学品としての生産・輸入も禁止されることになった。化審法が制定されて以降は，農薬を安全に管理するための「農薬取締法」（1948年制定）とともに，公害対策から独立した新しい環境政策の分野として，化学物質対策が形成されはじめた。

　化審法は1973年の制定以降，数回の大きな改正を経て規制の対象になる化学品の範囲を拡大して今日の姿になっているが，その過程は概ね次のようになる。

　PCBほどは生物濃縮性が高い物質ではないが，環境残留性が高いために化学物質の環境経由での健康被害の可能性が懸念されたのが，トリクロロエチレン，テトラクロロエチレン，四塩化炭素，1.1.1-トリクロロエタンといった有機塩素系溶剤である。IT産業が集積したカリフォルニア州のシリコンバレーで，地下タンクに貯蔵されていた1.1.1-トリクロロエタンが地下に漏洩して，地下水を汚染する事件が1981年に起こったのがきっかけである。有機塩素系溶剤は土壌に吸着されにくいために，地下に浸透して地下水汚染を引き起こしやすく，揮発性であるために多量に使用される施設周辺では大気中からも検出されるという特徴をもっている。有機塩素系溶剤には多くの

---

62)　PCB中にダイオキシン類（フラン類（PCDF）とコプラナーPCBが）混入していたことが後に明らかになり，いまではこれらのダイオキシン類による毒性作用の方がPCBよりも強かったとみられている。

種類があるが代表的なものはトリクロロエチレン, テトラクロロエチレン, 四塩化炭素でいずれも発がん性が疑われている。トリクロロエチレンは金属洗浄等に用いられ, テトラクロロエチレンはクリーニング業等で繊維洗浄剤として用いられてきた。1980年代には全国的に環境汚染状況の調査が行われ, 地下水汚染や大気汚染が明らかとなった。高蓄積性はないものの難分解性で有害な化学物質に対する規制の網をかけるために, 1986年に化審法が改正されている。

　この改正によって従来は「特定化学物質」と呼ばれていたPCB類似の物質は, 「第一種特定化学物質」と名称が変更され, 新たに規制対象になったトリクロロエチレン類似の環境残留性を有する有害物質は「第二種特定化学物質」とされた。また, 第二種特定化学物質に指定するまでには環境リスクを断定できないものの, その予備群として, 使用状況等を把握して監視の網をかけておくのが適当と判断された物質を「指定化学物質」とする制度も導入された。トリクロロエチレン等の有機塩素系溶剤に次いで第二種特定化学物質に指定された物質に, 有機スズ化合物（TBT, TPT）がある。この物質は特異な毒性をもっていて, 船底や養殖魚網に塗布すると, 貝類や藻類が付着するのを防止できるために一時期は多用された。人への毒性とともに生態毒性が強く, 内分泌かく乱作用も疑われた。2001年に国際海事機関（IMO）で採択された「2001年の船舶の有害な防汚方法の規制に関する国際条約」（AFS条約：the International Convention of Harmful Anti-Fouling System on Ships, 2001）によって, 2008年から有機スズ化合物を用いた防汚方法は規制された。

　化学物質の環境安全管理のターゲットは, 当初, 人の健康保護に限定されていたが, 生物多様性条約が採択された1992年の地球サミット以降, 環境中の動植物や生態系の保全を重視する動きが国際社会に高まってくる。これがやがてわが国の国内行政にも反映されるようになった。2003年の化審法の改正で, 生活環境動植物（その生息又は生育に支障を及ぼす場合には, 人の生活環境の保全上支障を生じるおそれのある動植物（化審法第2条第2項））への影響防止を対象にしたのは, 欧米諸国の化学物質の審査規制法制で, 人の健康への影響に加えて動植物への影響を防止する観点が盛り込まれるのが一般的になったことによる。時期を同じくして環境省は, 生活環境保全に係る水質

汚濁の環境基準のカテゴリーに新たに，水生生物の生息環境の保全を設け，2003年に亜鉛について環境基準を設定している。また，現在では農薬取締法の登録基準において動植物への影響防止も考慮されるようになった。

　化学物質問題への気づきの原点ともいうべき『沈黙の春』でも，野鳥や家畜の異常が健康への懸念の予兆ととらえられているし，イェンセンらがPCBに着目したのも，オジロワシの体内へのDDTの蓄積研究がきっかけとなっている。さらに，『奪われし未来』では環境ホルモン作用によるとみられる野生動物の異常の数々が報告されている。船底塗料や漁網に防汚剤として塗布されてきた有機スズも，動植物への影響が顕著な化学物質である。このようにして，環境汚染の生物・生態系への影響を防止することの必要性はいまでは国際的に認められているが，人の健康保護と同等なレベルで，多様な生物種や生態系に対する個別の化学物質の生態毒性を評価する方法までは確立されていない。このため，現在のところ，生態毒性試験の結果を用いて生態系への影響の可能性を判断する方法がとられている。生態毒性試験の試験生物は，生産者（光合成を営む生産者の代表として藻類（植物プランクトン）をモデルとして選定），一次消費者（食物連鎖の下位に属するものとしてミジンコ類をモデルとして選定），二次消費者（食物連鎖の中位に属するものとして魚類をモデルとして選定）である。

　ダイオキシンは，ふぐ毒のテトラドトキシンよりも急性毒性が強く，史上最強の人工毒物ともいわれる化学物質である。ダイオキシンは急性毒性，長期毒性，発がん性，生殖毒性，催奇形性，免疫毒性など多岐にわたる毒性をもっている。しかも，実験動物を用いた実験では，毒性が生物種，系統，年齢，性別等で異なることも指摘され，ダイオキシンの毒性が定量的に正確に判定されたのは20世紀末のことである。こうしたことから，環境中に微量で存在するダイオキシンをどのように環境保全上安全に管理するかという課題は，世界の環境政策の歴史の中にもっとも長い期間横たわってきた。第1章でも述べたように，ダイオキシンは当初は農薬に起因する問題だった。ベトナム戦争で米軍が実施した枯葉作戦（1961〜1971）で用いられたエージェント・オレンジなどの枯葉剤の成分に不純物として含まれていた。1976年のセベソの農薬工場事故でも多数のダイオキシン被害者を出し，1980年代には，ベトナ

ムで枯葉作戦に従軍した帰還兵が健康被害を訴えて大規模な訴訟が米国で起こった。ところが，1977年以降になると，都市ごみ焼却施設など様々な発生源から排出されることが指摘されていく。わが国でも，ごみ焼却場がダイオキシンの一大発生源であることが判明した1983年以降，社会問題化した。

1999年に「ダイオキシン類対策特別措置法」が制定されるまでの間，発生源からの排出量，環境中濃度，食品中の含有量など，おびただしい数のモニタリングが行われている。ダイオキシンの正確な検出には高い精度をもつ測定装置と，内部を陰圧に保持するなどしてダイオキシンを周囲に拡散させない分析室が必要である。1990年代には数少ない分析機関に多数の検体の分析依頼があり，分析費用が高騰した。この時期に，国の補助を受けて全国の都道府県にダイオキシンの測定施設が整備された。また，並行して廃棄物焼却炉からの排出量を低減する技術の開発と実用化が進められた。廃棄物行政におけるダイオキシン類対策については，第6章で詳しく述べることにする。

長期にわたったダイオキシン騒動にけりを付けたのは，WHOによるTDIの再評価である。TDIの再評価に至るまでの過程で，多くの毒性に関する知見が集積され，厳密な健康リスク評価が行われることになった。1998年にまとまったWHOの専門委員会報告では，TDIを2,3,7,8-TCDD等価換算量（TEQ）で1〜4 pg-TEQ/kg /dayとしている。WHOの専門委員会がTDIを導出した算定プロセスは教科書でも読むかような見事なものだった（コラム5参照）。これほど知識集約的なリスク評価ができたのは，ダイオキシン問題に政府が大規模な予算と人的資源を投入したからである。また，ダイオキシンが閾値をもつ発がん性物質（プロモーター）だったことや，体内の負荷量だけで人の健康リスクが決定できるとの知見が得られるなども幸いしている。

WHOのTDI見直しに加えて，1999年に制定された「ダイオキシン類対策特別措置法」は，包括的なダイオキシン対策の要になり，社会的不安を払拭するのに大きな役割を果たした。同法に基づきTDIが4 pg-TEQ/kg/日に設定され，大気，水質，土壌，水底の底質に係る環境基準がそれぞれ設定され（表4-4）たほか，廃棄物焼却施設，製紙工程の塩素漂白施設など多くの発生源について，大気及び水質への排出基準が設定された。実際には実施されていないが，同法には大気環境基準の達成が排出規制のみでは困難な場合

に備えて，総量規制を導入する仕組みも用意されている。また，廃棄物の処理基準，ダイオキシン類で汚染された土壌の措置も定められている。底質の環境基準を超えるダイオキシン類を含有する汚泥が発見されることも大都市圏ではしばしばあり浚渫事業も行われてきた。なお，同法では事業活動によるダイオキシン類の排出削減計画を国が策定する旨も規定されている。

ダイオキシン類対策特別措置法の制定前後から，急速にわが国の環境中のダイオキシン汚染レベルは低下し，全国のダイオキシン排出量は1999年からの5年間で1桁以上も低減した。これとともにダイオキシン汚染に起因する廃棄物焼却施設の立地を巡る地域紛争も次第に沈静化していった。

同じ1999年に，わが国では「特定化学物質の環境への排出量の把握等及び管理の改善の促進に関する法律」（PRTR法又は化学物質排出把握管理促進法）が制定され，PRTRの仕組みが導入された。PRTRは1996年にOECD理事会が導入を勧告した制度で，有害なおそれのある化学物質の環境への排出量を把握して，情報を公表するものである。PRTRの実施によって事業者の化学物質の自主的な管理の改善を促進するとともに，広く化学物質関連情報を提供することによって，市民が化学物質問題への取組に積極的に参加する機会が広がると期待されている。前述の農薬取締法及び化審法に，PRTR法を加えた3本の法律が，現在のわが国の化学物質の環境安全管理を担う中心的な法令になっている。なお，事柄の性格上，化学物質の環境安全管理に係る政策は，国が一元的に推進することが基本になっている。

2002年12月には環境省が設置した「農薬環境懇談会」の報告書がとりまとめられ，その中に農薬を巡る過去の問題が整理されている。この報告書からは①内分泌かく乱物質（環境ホルモン），②BSE（牛海綿状脳症），③無登録農薬使用問題，④ゴルフ場での農薬の過剰使用問題，⑤航空防除（農薬の空中散布）など，これまでに農薬の安全性への不安を掻き立てた多くの問題が浮かび上がってくる。懇談会報告ではこれらの個別の問題に対応して，農薬取締法の仕組みと運用をきめ細かく進めるべきことが指摘されている。農薬の安全管理は，農薬を散布する地域の人々の安全と，食材の健康リスクに関わる問題であるために，市民にとって特に切実である。農薬取締法は，登録時のハザード評価とともに，実際に使用される場合の環境を経由した暴露量

の算定を行い，リスク評価とリスク管理を個別農薬ごとに厳格に行う仕組み
をとっている。しかし，それは使用方法が遵守されることを前提にしたもの
である。このため，かつては販売規制に力点が置かれていた農薬取締法は，
2002年の改正で，使用にも罰則付きの規制がかけられることになった。

　その後の化審法の大きな改正は2009年に行われている。これも残留性有
機汚染物質に関するPOPs条約の採択やEUのREACH規則といった化学
品の安全点検を強化していこうとする国際的な流れを受けたもので，既存化
学品を含めて化学物質全体について有害性の確認と環境安全性のチェック体
制を充実したことが重要である。また，第二種特定化学物質の指定条件から
難分解性であることが外された。

　以上のような経過を経てきた現在の化学物質の環境安全管理をまとめてみ
ると次のようになる。化審法の改正を経て，既存化学品を含めた化学品全般
の安全性の確認を進める方針を掲げ，すでに何らかの規制措置を講じている
化学物質のほかに，監視化学物質と優先評価化学物質を含めて監視下に置く
体制がとられている。PRTR制度でも第一種指定化学物質，第二種指定化学
物質を併せると500以上の物質を管理下に置いている。一方，公害対策とし
ての監視と排出抑制もすそ野が広がってきた。第4章で触れたように，大気
系の有害化学物質については，大気汚染防止法のもとに250もの物質を有害
大気汚染物質に指定して管理の網を張っており，水質・土壌系の汚染物質に
ついても，要監視項目と要調査項目をあわせると300もの物質を監視下に置
いている。

　しかし，化学物質の安全管理の徹底と，化学品の利用による利便性や経済
性の確保とのバランスのとり方について，まだ人間は万全な策を確立したわ
けではない。有害性の知見が十分でない既存の化学品の安全点検を迅速に進
める必要がある一方で，速やかに新規化学品の上市を認めるためには安全審
査手続きの簡素化が求められる。それに，国際動向に従って環境安全管理を
一層充実しようとする流れも加わってくる。

　そうした中で注目しておきたいことは，今世紀に入ってから台頭してきた
新たな化学物質の安全管理の流れである。環境リスクの変化を監視しながら，
一応の安全を確保しようとする，従来の環境リスク評価及び環境リスク管理

表5-1　有害化学物質の環境安全管理の歩み

年	歴史的なできごと
1930 代	米国で PCB（ポリ塩化ビフェニル）の生産開始
1940 代	各国で DDT やドリン系農薬（有機塩素系）の生産開始
1948	わが国で「農薬取締法」を制定
1961-71	ベトナム戦争中に大量の枯葉剤を散布⇒ダイオキシン汚染問題のはじまり
1962	カーソンの『沈黙の春』刊行⇒発がん性，難分解性，生物濃縮性物質への懸念
1960 代	各国で農薬汚染が社会問題化⇒以降，漸次農薬の規制を強化
1966～	魚類，鳥類，海洋哺乳類など広範な野生動物の体内から PCB が検出され，アザラシに繁殖異常を観察
1968	PCB によるカネミ油症事件発生⇒これ以降 1970 年代には各国で PCB 使用規制の動き
1971	OECD 化学品グループが発足。⇒これ以降，先進国が協調して化学物質規制の国際調和を図る取組が進められる
1971	日本で農薬取締法改正され，DDT，BHC の農薬登録が失効
1973	「化学物質審査規制法」制定され生物高濃縮，難分解性で有害な物質（「特定化学物質」）の製造・輸入を禁止⇒1974 年に PCB を指定，その他，DDT，BHC なども指定され製造禁止へ
1976	セベソ（伊）で農薬（2,4,5-TCP）製造工場の爆発事故⇒ダイオキシンが周辺地域に飛散
1977	ラブキャナル（米）事件発生（産業廃棄物の埋立地に住宅街，住民に各種の健康障害発生（多数の有害化学物質が関与））
1981	サンタクララバレー（米）で有機塩素溶剤（1,1,1-トリクロロエタン）の地下水汚染が発覚
1981	OECD が「化学物質のテストガイドライン」（第 1 弾）を公表
1983	米国でダイオキシン対策本格化し，EPA が「ダイオキシン戦略」を策定
1983	日本で都市ごみ焼却炉からダイオキシンを検出⇒これを契機に日本でダイオキシン問題浮上し廃棄物焼却炉が焦点に
1984	厚生省トリクロロエチレン等の水道水基準を設定／インド・ボパールの化学工場爆発事故，死者多数
1986	有機スズ化合物（TBT，TPT）によるカキの生殖阻害の報告（魚網・船底の防汚剤（藻類・貝類付着防止））
1986	化審法の改正で，生物濃縮度が低く難分解性の物質（第二種特定化学物質）も規制対象に加えられる
1987	WHO トリクロロエチレン等の水道水ガイドラインを設定
1988	ゴルフ場の大量の農薬使用で都道府県が対策要綱を制定（リゾート・ブームが起こり，ゴルフ場多数立地）
1989	化審法，水濁法，廃棄物処理法でトリクロロエチレン等の規制を実施
1990	化審法で有機スズ規制実施⇒2001 年に国際海事機関（IMO）で「AFS 条約」採択され使用規制⇒2008 年 9 月条約発効
1991	わが国の環境庁が紙・パ工場からのダイオキシン発生状況を調査
1996	コルボーンら『奪われし未来』刊行し，内分泌かく乱物質（いわゆる環境ホルモン）問題が浮上
1996	わが国でベンゼンの大気環境基準設定。あわせて「大気汚染防止法」の改正により有害大気汚染物質対策を導入

1997		環境庁ダイオキシンの「健康リスク評価指針値」を公表⇒ダイオキシン5カ年対策計画⇒'97 大防法等に基づく規制へ
1999		「ダイオキシン対策特別措置法」制定⇒TDI, 環境基準, 排出規制が設定され, 抜本的なダイオキシン対策の実施へ
1999		「特定化学物質の環境への排出量の把握等及び管理の改善の促進に関する法律（PRTR法）」制定
2001		「残留性有機汚染物質に関するストックホルム条約（POPs）」採択⇒2028 年までにPCB 廃棄物の処理が求められる
2001		「PCB 処理推進特別措置法」制定⇒現在, PCB 廃棄物の処理が進行中
2003		水生生物保全に係る水環境基準設定／化審法改正（生態影響防止追加, 審査の合理化等）
2009		化審法改正（上市後の全ての化学品を対象にリスク評価を優先的に行う「優先評価化学物質」の創設等）
2013		「水銀に関する水俣条約」採択⇒2015 年「水銀による環境の汚染の防止に関する法律」⇒2017 年8 月条約発効

の考え方を一歩進めて, より有害性が小さく, より安全な代替物質が利用可能であれば, これまで利用されてきた有害のおそれがある化学品を淘汰しようとする考え方が生まれつつある。2001 年に採択されたPOPs 条約は, 毒性が強く, 環境残留性, 生物蓄積性, 長距離移動性が強い化学物質名を列挙して, 不要不急の化学物質を廃絶することを基本的な方向としている。EUのRoHS 指令もこうした政策理念の具体化であり, 2007 年からEU 域内で実施されてきたREACH 規則にもこうした考え方が織り込まれている。2013年に採択され, 2017 年に発効した水銀に関する水俣条約もまたこの流れの中にある。

|||||||||||||||||||| 【コラム4】『沈黙の春』と『奪われし未来』 ||||||||||||||||||||||||||||||||||||||||||

　化学物質問題を環境政策の俎上に乗せたのは，1962年に米国の動物学者レイチェル・カーソンが世に問うた『沈黙の春』（*Silent Spring*）である。米国の環境保護庁（USEPA）のホームページでは，沈黙の春が1970年12月に環境保護庁が誕生する大きなきっかけになったことが説明されている。1985年のThe Birth of EPA と題するこの記事は，現在でも EPA のアーカイブで読むことができ，次のような趣旨が述べられている。

　　激甚な環境汚染が EPA を誕生させた重要な動機であるが，それだけで新しい組織ができるわけではない。環境保全の全体理念が必要であり，それを初めて具体化したのが『沈黙の春』である。徹底的な調査と熟慮の上で，見境ない農薬の乱用を美しい表現で攻撃している。

　1960年当時は，新しい有用な機能を持つ化学物質が次々に合成され，その毒性が十分にチェックされずに市販されていた時代だった。沈黙の春は化学品への環境への無配慮に対する市民の懸念も高まった時代に出版された。これ以降，化学物質の環境安全管理のための仕組みを整える努力が進められることになった。

　その意味で，沈黙の春は，成長の限界とならぶ世界の環境史上の重要な著書とされているが，化学物質の環境安全性に関しては，環境政策の歴史に名を残したもう一つの著書がある。時代はずっと下るが，1996年に動物学者シーア・コルボーンらによって著された『奪われし未来』（*Our Stolen Future*）である。二つの書籍はいずれも科学的ドキュメンタリーという体裁をとっている点で共通している。科学的な知見に基づいて書かれているため，フィクションではないが，さりとて学術書のように真実を伝えるだけの図書でもない。沈黙の春の第1章は"明日のための寓話（A Fable for Tomorrow)"というタイトルで始まる。アメリカの奥深くにある自然に満ち溢れた架空の町を想起させ，その町がある時から，家畜も人も次々に病気に罹って死亡し，春になっても野生の鳥は囀らず，自然は沈黙してしまったという，不気味な農村の情景を描き出す。農薬乱用への不安を掻き立てる書き出しである。本文に入ると，いくつもの農薬の主成分である化学物質名が並び，化学構造式も登場して，専門書並みの知見が盛られている。農薬の名前の中で最初に登場するのはいわくつきの殺虫剤DDT である。DDT が節足動物に選択的に強い接触毒性をもつことを発見したのはミューラー（スイス）で，1940年代に DDT は発疹チフスなど昆虫が媒介する伝染病予防の特効薬として大量に生産された。この業績でミューラーは1948年にノーベル生物学・医学賞を受賞している。次いでシロアリ駆除剤としてかつてわが国でも多用されたクロルデンが登場し，さらにディルドリン，アルドリン，エンドリン（いわゆる「ドリン系3種農薬」。）などが続く。これらの農薬は共通に油によく溶け，人の体内に蓄積しやすいため，肝臓などの内臓に障害

をきたし，変異原性，発がん性をもつ危険な物質であることをカーソンは指摘している。

　一方，1996年に刊行された奪われし未来でコルボーンらが指摘したのは，内分泌（ホルモン）かく乱作用がもたらす，人や野生動物への様々な悪影響の可能性である。同書では，1970年代から流産防止に医療用として用いられた合成女性ホルモンDESによる性器がんの発生や，ヒトの精子数の減少，ワニや鳥類などの野生動物のメス化が進んでいるなどの報告を数多く紹介している。そして，動物の体内で作られ，健全な発生と成長にデリケートな調節の役割を果たしているホルモンの機能を，体外から取り込まれるホルモン物質と化学構造が似ているある種の化学物質がかく乱することで，異常が起こるのではないかという仮説を掲げている。

　奪われし未来は，沈黙の春を踏まえた著作になっていて，"明日のための寓話"で登場する，鳥類の繁殖異常の様子を伝える記述から，沈黙の春を執筆する以前にレイチェル・カーソンはDDTの生殖毒性に気づいていたはずであると推測している。ただ，当時のホルモン学の水準の低さや，カーソン自身がガンを患っていたことから，沈黙の春では看過できない毒性である発がん性に，論点を絞り込んでいったのではないかと述べている。

　内分泌かく乱性を有する疑いがあるとされた化学物質群の安全性を巡って，わが国では1998年から数年間にわたって，センセーショナルな議論が繰り広げられた。当初の段階で内分泌かく乱作用を有すると疑われるものとして，プラスチックに可塑性を持たせるために配合する可塑剤であるビスフェノールAやフタル酸エステル類，界面活性剤のノニルフェノールなどが含まれていた。これらは，それ以前の有害化学物質の環境安全の議論には登場しなかった。一方で，沈黙の春にも登場するDDT，クロルデン，ドリン系農薬，除草剤2,4,5-T，ダイオキシン，PCBなど，環境保全の歴史にしばしば登場する札付きの化学物質がそろい踏みしている。つまり，すでに発がん性などの明確な毒性が確認されたために製造や使用が停止されたものも含まれているが，マークされていなかった物質も含まれていた。

　1998年に環境庁が公表した「内分泌かく乱化学物質への環境庁の対応方針について—環境ホルモン戦略計画SPEED'98—」では，当時の知見を集約して，科学的には不明な点が多いとしつつ，優先的に内分泌かく乱作用を確認する必要がある67物質をリストに掲げ，それらの物質の環境中の分布調査や，魚類に対する影響調査等を開始している。その後2005年には「化学物質の内分泌かく乱作用に関する環境省の今後の対応方針について—ExTEND2005—」を策定し，さらに2010年には「化学物質の内分泌かく乱作用に関する今後の対応—EXTEND2010—」を策定した。ここで目指されたのは，内分泌かく乱作用に関する試験・評価の枠組づくりを進めるとともに，試験方法の開発を進めることだった。

　OECD は2007年から2015年にかけて，内分泌かく乱試験に関する5つのテストガイドラインを作成し，国際的に統一された試験方法のもとに内分泌かく乱作用と影響の検討が進められてきた。わが国では現在，EXTEND2016という名称のプログラムが進行中である。この間，2012年には，WHO から「内分泌かく乱化学物質の科学の現状2012版」が公表され，先に述べたSAICM（国際的な化学物質管理のための戦略的アプローチ）にも，内分泌かく乱化学物質が新規課題に追加された。

　鈴木（2009）は，内分泌かく乱作用を毒性学上の有害性のどこに位置づけるべきか(補注)という点——つまり何がエンドポイントなのか？——があいまいなまま議論が進んだことが混乱の原因だったと指摘している。個別物質の内分泌かく乱作用の確認や生態影響について多くの調査研究が重ねられているが，わが国では，内分泌かく乱作用が人の健康あるいは生態系に悪影響をもたらす恐れがあるという理由で，環境安全管理が必要と判断された物質はまだない。

　実際，当初から内分泌かく乱作用が疑われてきたノニルフェノールの，水生生物の保全に係る環境基準を設定するに当たって，2012年3月に出された中央環境審議会の答申においても，環境基準の判断根拠はメダカやニジマスの稚魚，ミジンコ，藻類等を用いた毒性試験の結果とされている。この答申では，「内分泌かく乱作用を介した水生生物への影響については，現在，試験法の開発が進められているところであり，評価の手法に関しては確立されていない状況にある。このため，今回のノニルフェノールに係る水質目標値の設定については内分泌かく乱作用についての評価は行っていない」，「今後，科学的知見の集積が進み，内分泌かく乱作用についての評価が可能となった時点において，水質目標値の見直しの必要性を検討していくことが必要である。」と特に記されている。

　一方，欧州ではいまフタル酸エステル類の内分泌かく乱作用への懸念が高まっている。SPEED'98にリストアップされた4種のフタル酸エステル類のうち3種が，RoHS2の対象リストに追加され，2019年7月から規制が実施される。環境ホルモン騒動から20年が経過した。わが国も，内分泌かく乱作用のスクリーニング試験を漫然と進めるだけでなく，そろそろ，内分泌かく乱作用を環境安全管理のスキームの中にどう位置付けるかを，決めるべき時期にきているのではなかろうか。

（補注）　人に対する化学物質の毒性は大きく急性毒性と慢性毒性に分けられ，慢性毒性（長期毒性）は，変異原性，催奇形性，発がん性，生殖毒性などに分けられる。沈黙の春は，化学物質の毒性の中でも特に発がん性を重視しているのに対して，奪われし未来は，内分泌かく乱という作用機序に着目している。

5.3　化学物質の環境安全管理の法体系

5.3.1　化学物質の安全管理に関する法令の概要

　わが国の化学物質の安全管理のための法制度の全体像を描くとおおむね図
5-2 のようになる。労働環境の安全確保を目的とする法令として，労働安全
衛生法や毒物劇物取締法があり，農薬取締法も農作業で農薬散布に従事する
人々の健康を守るという意味では労働とも関わっている。消費者が日常生活
の様々な場面で暴露する化学物質の安全性を確保するための法令が，化学品
の用途に応じて整備されている。

　このうち環境政策の守備範囲は，暴露経路が環境媒体経由である場合なの
で，図の右半分に配置されたものになる。農薬取締法，化審法及び PRTR 法の，
化学物質の環境安全管理のための 3 法律は，商品としての化学品の製造・流

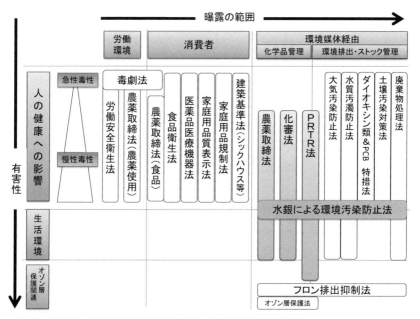

（出典）　経産省　化審法施行状況検討会（第 1 回）配布資料から作成

図5-2　化学物質の安全管理に係る主要な法令の体系

通・使用を規制・管理して，環境経由での暴露を抑制する仕組みをもち，化学物質の環境安全管理を担う中心的な法令である。前節までに述べてきたように，公害対策関連法も化学物質の環境安全管理に関わっている。排出規制から自主的取組まで，物質によって規制方式に強弱はあるものの，いずれもいわゆる「出口規制」（エンドオブパイプ規制）によって環境への排出を抑制し，環境経由の暴露を低減するための仕組みをとっている。大気汚染防止法，水質汚濁防止法のほかに，土壌汚染対策法や廃棄物処理法なども化学物質の安全管理に関わる。

　そのほか，特定の化学物質に関して環境保全の立場から規制する法令もいくつか制定されていて，それぞれに背景事情がある。オゾン層保護に関する法令として，特定フロンの使用を規制するオゾン層保護法と，業務用の冷凍空調機器に冷媒として充填されているフロン類（CFC，HCFC，HFC）を回収し破壊すること等を定めた，「フロン類の使用の合理化及び管理の適正化に関する法律」（フロン排出抑制法）がある。本法は，家電リサイクル法及び自動車リサイクル法とともに，オゾン層保護に関するウィーン条約と同条約の議定書であるモントリオール議定書の国内対応法になっている。また，ダイオキシン類対策特別措置法は前述の通り，1990年代後半のダイオキシン汚染騒動を契機に，TDI及び環境基準を明示して社会的不安の解消を図るとともに，排出規制措置を規定した法律である。特定の化学物質に着目した法律としては「ポリ塩化ビフェニル廃棄物の適正な処理の推進に関する特別措置法」（PCB廃棄物特措法）もある。これら二つの法律は，次節で述べるPOPs条約ともかかわっている。図5-2の右中央に横たわる，「水銀による環境の汚染の防止に関する法律」は大気汚染防止法の改正法とともに，水銀に関する水俣条約（2013年採択，2017年発効）の国内対応法として制定された。水俣条約の目的には人の健康保護と並んで環境保全（生態系影響を含む）が含まれる。

　煩雑になるので，図5-2には含めていないが，化学物質の安全管理に関わってくる環境条約としては，PIC条約，POPs条約のほか，「有害廃棄物の国境を越える移動及びその処分の規制に関するバーゼル条約」（バーゼル条約）もある。このほかにも，船舶からの有害化学物質や廃棄物の海洋への排出を規制するMARPOL条約と，廃棄物の海洋投棄と洋上焼却を厳しく禁じた「廃

棄物その他の物の投棄による海洋汚染の防止に関する条約」（ロンドン条約）
も，化学物質による海洋汚染防止に重要な役割を果たしている。さらに，有
機スズ化合物を含む船底防汚剤の使用を禁止する AFS 条約が 2001 年に IMO
で採択され，2008 年 9 月に発効している。これらのうち，海洋汚染の防止に
関わる条約上の責務の国内での履行は，「海洋汚染等及び海上災害の防止に
関する法律」（海洋汚染防止法）によって担保されている。

5.3.2 POPs 条約

POPs（ポップス）条約又はストックホルム条約と呼ばれる，「残留性有機汚染
物質に関するストックホルム条約」（Stockholm Convention on Persistent Organic
Pollutants）は，人や生物への毒性が強く，残留性，生物蓄積性及び長距離移
動性がある化学物質を，国際的に協調して廃絶，削減等を進める必要があると
して，2001 年に採択されたもので，2004 年 5 月 17 日発効した。条約の目的は，
「環境及び開発に関するリオ宣言の原則 15 に規定する予防的な取組方法に留
意して，残留性有機汚染物質から人の健康及び環境を保護することを目的とす
る。」とされている。

当初は，アルドリン，クロルデン，DDT などの 8 種類の殺虫剤と，PCB，
ヘキサクロロベンゼン（HCB）の 2 種類の工業製品，それに非意図的な生成
物として，ダイオキシンとフラン（わが国ではダイオキシン類と総称される）
の計 12 物質が対象となった。発効後の締約国会議での交渉を通じて，随時
対象物質が追加されてきており，現在では約 30 物質に達している。

POPs 条約の対象物質のうち，附属書 A に掲げる物質は廃絶（PCB など），
附属書 B に掲げる物質は，使用の制限（DDT など）（代替物質がない場合や代
替措置がとれない場合に限って使用を認める，リスクトレードオフの考え方に基
づく）[63]，附属書 C に掲げる物質は，非意図的な生成物質で排出の削減（ダイ
オキシンなど）がそれぞれ義務付けられている。

POPs 条約の第 7 条では，各締約国が条約義務を履行するための国内実施

---

[63] DDT がマラリア蚊の駆除のために使用せざるを得ない地域があることを考慮して付
属書 B に掲げられた。

計画を，当初は条約発効から2年以内に作成し，その後もPOPs物質が追加
された場合に策定し，締約国会議に送付する旨が規定されている。また，条
約第5条では，ダイオキシン類など非意図的生成物であるPOPsを削減し又
は廃絶するための措置についても行動計画を作成し，国内実施計画の一部と
して実施することが規定されている。わが国は，2005年に当初の国内実施
計画を策定し，最近では2016年に改訂版を策定している。国内実施計画に
は，POPs物質に関するわが国の取組が非常に要領よくまとめられていて参考
になる。

　POPs条約における当初の12指定物質のうち非意図的な生成物を除く10物
質は，わが国ではすでに製造・輸入が停止されたものであったが，その後追
加された物質に関しては，化審法を中心として国内措置を適切に講じる体制
が作られている。例えば，2009年のPOPs条約の第4回締約国会議で附属
書Bに追加された2種の有機フッ素化合物（PFOS及びPFOSF）は，同年に
化審法の第1種特定化学物質に指定され，2010年から生産・輸入が原則禁
止された。

　PCBについては，特に期限が設定されており，2025年までに使用を廃絶
し，2028年までに廃液，機器の処理を完了するよう努める旨が規定されている。
また，付属書DではPOPsに該当する物質の性状についての定義がなされて
いる。そこでは，① 環境中の残留性の目安（水中の半減期2か月超，土中の半
減期6か月超），② 生物体内への高濃縮性の目安（生物濃縮係数5,000超）とさ
れている。POPs条約採択以降，化審法でもこの付属書Dの判断尺度やそ
れを上回るEU指令に盛られた尺度で，残留性や生物濃縮性が判断されるよ
うになっている。POPs条約は，PCB様物質の廃絶を目指す流れをつくった
非常に重要な環境条約である。ただし，沈黙の春の刊行以来，有害化学物質
問題の原点のように考えられてきたDDTは，マラリア対策に他の有効な手
段がないとして，付属書B（制限）に掲げて限定的に使用が認められている。
これも，化学物質の環境安全管理と生活の質の向上とをどうバランスさせる
かという，持続可能な開発の解釈に関わる問題の一例である。

　なお，PCBのわが国の生産量は累計約59,000トンにのぼり，輸出分を除い
て国内で約54,000トンが使用された。トランス・コンデンサ・安定器などの電

気機器への使用がもっとも多く 37,000 トン程度，感圧紙（ノーカーボン紙）への使用が 5,000 トン余り，熱媒体用に 9,000 トン近く，その他が約 3,000 トンとなっている。1972 年に製造が停止されて以降，PCB 及び PCB 使用製品は回収・保管されることになった。液状の PCB は製造業者に回収・保管され，PCB 使用電気機器は使用者によって保管され，感圧紙はメーカーや官公庁など大口使用者に保管され，家庭電気製品の部品に含まれる PCB は自治体が回収する際に家電メーカーが部品を取り外して保管した。

　PCB 廃棄物の処理には POPs 条約のほかにバーゼル条約も関連してくる。バーゼル条約では有害な廃棄物の処理能力を有する国が，他国に輸出して処理処分することが認められていない。このため，わが国が他国に依頼して PCB 処理することはできない。わが国では POPs 条約の採択を契機に，PCB 廃棄物特措法を制定して PCB 処理が進められることになった。処理経過については第 6 章で詳しく述べるが，教訓としていえることは，いったん製造された化学物質を地球上から廃絶させるには，適切な回収・処理システムの技術が確立され，処理に当たって社会的な合意が形成され，そして決して少なくない処理費用を負担する体制が準備される必要があるという点である。PCB だけでなく，登録が抹消された廃農薬や廃化学兵器などの処理・処分についても同様のことがいえる。上述の，国内実施計画（2016）によれば，わが国では，過去に一部の POPs を含む有機塩素系農薬（アルドリン，ディルドリン，エンドリン，DDT 及び BHC）の埋設処理を行ってきた経緯があり，農林水産省の調査では，過去に埋設処理された POPs 等農薬は，全国 168 か所総数量約 4,400 トンである。このうち約 4,100 トンが無害化処理された（2016 年 2 月現在）。

5.3.3 化学物質審査規制法

　前節までで述べてきたように，1972 年に制定された化学物質審査規制法（化審法）は，その後数度の大改正を経てきた。化審法の役割は二つに大別される。一つは新規化学物質の環境安全性の審査機能である。上市前に事業者が提出する性状と毒性に関するデータに基づいて審査して，人又は高次捕食動物への長期毒性，難分解性，高蓄積性の 3 要件をもつ物質（第一種特定化学

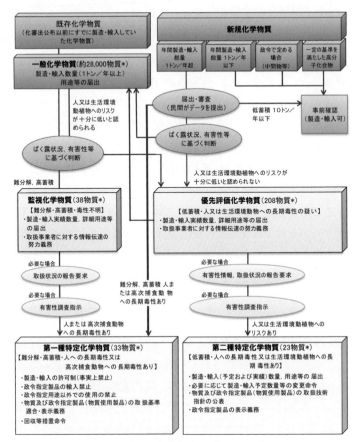

（注）　1）　本図には 2017 年の一部法改正は反映されていない。
　　　　2）　法スキーム上のカテゴリー毎の対象物質数（＊印）は 2018 年 6 月時点のもの。
（出典）　経済産業省・厚生省・環境省「化学物質の審査及び製造等の規制に関する法律」逐条解説（2010 年）・経済産業省ホームページから作成

図5-3　化学物質審査規制法の仕組み概要

物質）の製造・輸入を許可制にして事実上禁止する。一方，低蓄積性・良分解性であるものの，人又は生活環境動植物に長期毒性があり，広範囲の環境中にかなり残留する物質（第二種特定化学物質）については製造・輸入量の届出義務を課して使用状況を監視下におき，環境中での検出度が高まり環境リスクが看過できない状況に至れば製造・輸入量を変更させる等の措置が講

じられる。

新規化学物質の審査段階での判断は物質の性状に着目したものであるため「ハザード評価」といえるが，新規化学物質の審査における事業者への負担を軽減するため，1トン／年以下の少量生産物質には審査を免除し，10トン／年以下の低生産量新規化学物質は高濃縮でなければ審査手続きが簡素化されるなど，環境リスクの度合いを製造・輸入量の大きさから推定している。

化審法のもうひとつの機能は，多数の一般化学物質（既存化学物質のほか審査済みの新規化学物質を含む化学物質全体）の中から，第一種特定化学物質に該当するか否かは有害性に基づき，第二種特定化学物質に該当するか否かは環境媒体中での分布などを考慮しながら環境リスク評価の考え方に従って洗い出すことである。環境リスク評価は国主体で行われるが，取り扱い事業者に必要な有害性情報の提供義務を課している。一般化学品の環境リスク評価に当たっては，化学品の毒性や性状，環境モニタリング結果などの情報からスクリーニングして優先順位の高いものから順次実施されている。難分解性で高蓄積であるために第一種特定化学物質に該当する可能性がある物質は「監視化学物質」に指定される。また，少なからぬ量が使用されていながら，環境リスクが無視できない物質は「優先評価化学物質」として，優先的にリスク評価が行なわれる。現在の化審法の審査スキームはおよそ図5-3に示したようになっている。なお，図5-3には反映されていないが，化審法は2017年にも改正され，新規化学物質や一般化学物質のうち毒性が強いためその取扱いに特に注意が必要なもの（特定新規化学物質，特定一般化学物質）の情報伝達の努力義務等が導入されている。

5.3.4　化学物質排出把握管理促進法（PRTR法）

1999年に制定された「特定化学物質の環境への排出量の把握等及び管理の改善の促進に関する法律」（PRTR法）は，人の健康又は動植物の生息・生育に悪影響を与えるおそれのある性状をもつ化学物質の，環境（大気，水及び土壌に区分）への排出量及び廃棄物・下水道に含まれての移動量を事業者から届出させ，国が届出外の排出量とあわせて公表する仕組みを定めた法律である。「移動量」という用語は特殊で，廃棄物としての排出量と，下水道へ

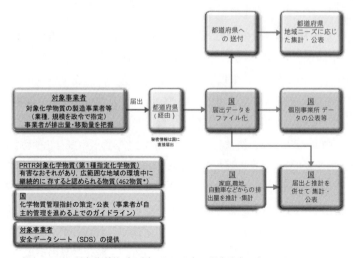

（注）　PRTR 対象物質数（＊印）は 2018 年 4 月度時点のもの。
（出典）　環境省・経済産業省「PRTR について」(2012)

図5-4　PRTR 法に基づく排出量等の届出の仕組み

の投入量を意味する。また，PRTR 法では，国民から請求があった場合，国がファイル化された事業所ごとの PRTR データを開示することを定めている。本法に基づく PRTR データの届出と集計の仕組みは図 5-4 のようなものである。

　PRTR 法のもうひとつの機能として，事業者が対象化学物質を譲渡・提供する際に，相手方に対してその化学物質の性状や取り扱いに関する注意事項などの情報を記載した「化学物質等安全データシート（SDS：Safety Data Sheet)」の交付の義務付けがある。本法の対象となる化学物質には二種類あり，排出量と移動量の届出の対象であるとともに SDS の交付が義務付けられている化学物質を「第一種指定化学物質」といい，SDS の交付だけを義務つけられている化学物質を「第二種指定化学物質」という。

　第一種指定化学物質は，① 人の健康を損なうおそれ又は動植物の生息・生育に支障を及ぼすおそれがある物質，② 自然的な作用がもたらす化学的変化によって①に該当する化学物質又は ③ オゾン層破壊物質で，かつ ④ 物理化学的性状や製造・使用量等から，広範な環境中に継続して存在すると認めら

れる物質が対象とされている。現在のところ第一種指定化学物質として政令
で指されているのは 462 物質である。ベンゼン，ダイオキシン類，トリクロロ
エチレン，臭化メチル，フェニトロチオン（殺虫剤の成分），鉛及びその化合物，
有機スズ化合物，オゾン破壊物質である CFC や HCFC，アスベストなど，お
よそ内外でこれまで問題となってきた有害物質のほとんどが対象になっている。

　排出・移動量の届出義務を負っているのは鉱業，製造業，電気業，ガス業，
廃棄物処理業，理系の高等教育機関など計 24 業種のうち，対象化学物質を
一定量以上取り扱う事象所を有する事業者である。届出は事業所ごとに行わ
れるが，現在のところ対象となる事業所は全国に約 35,000 か所ある。また，
届出外排出量・移動量は，非対象業種，家庭，農地のほか，移動体（自動車，
鉄道，船舶，航空機）からのものである。PRTR の仕組みは，政府が有害物質
のリスク評価やリスク管理を充実させるためのデータベースの整備という性
格をもっており，また，報告義務をかけることによって緩やかに事業者に化
学物質の管理を促す効果が期待されている。

　第二種指定化学物質は，有害性（上記 ①〜③）においては第一種指定化学
物質と同じであり，現在は④に該当しないものの今後該当すると見込まれる
ために SDS の交付が義務付けられている。その物質数は現在 81 である。

　データの集計結果は，毎年政府から公表されていて，経年的な変化を子細に
追うことができる。これは，化審法における優先評価物質の選定や評価付けに
あたっても重要な情報になってくる。対象物質が 2010 年に一部追加・削除さ
れたものの，PRTR 法にもとづき全国の事業者から届け出のあった環境への排
出・移動量の合計量の推移をみると，法施行当初の 2001 年には 50 万トンを超
えていたものが，2016 年には約 2.5 割減少して 37.5 万トンになっている。

　環境省が公表した，2016 年度の事業者からの届出による，PRTR 物質の
排出・移動先は，大気への排出が 36％を占め，廃棄物としての事業所外へ
の移動が約 6 割を占める。排出量・移動量が多い上位 6 物質をみると，トル
エン（第 1 位：86 千トン/年），キシレン（第 3 位：35 千トン/年），エチルベン
ゼン（第 5 位：18 千トン/年）（以上はいずれも溶剤）の主に大気への排出と，
マンガン及びその化合物（第 2 位：54 千トン/年），クロム及び三価クロム化合
物（第 4 位：19 千トン/年），フッ化水素及びその水溶性塩（第 6 位：17 千トン/年）

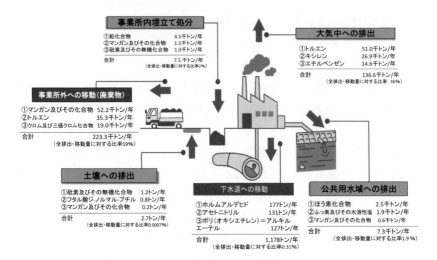

（注）　各排出・移動先別の上位3物質の個別量と合計値を示した。
（出典）　環境省・経産省「平成28年度PRTRデータの概要」から事業所届出分だけを集計

図5-5　PRTR法に基づく事業者の排出量・移動量の届出データの集計例（2016年度分）

といった金属・ハロゲン系の物質の主に廃棄物への移動となっている。なお，図5-5には，排出先及び移動先の別に上位3物質の個別量と合計量を示した。

　このように，PRTR制度とSDS制度は，化学物質の環境リスク評価及び環境リスク管理の基礎となるデータベースでもあり，国民へのデータの公表を旨としているため，化学物質のリスクコミュニケーションを良い方向に促進するものとも期待されている。

5.3.5　農薬取締法

　農薬取締法は戦後間もない1948年に制定された。農薬とは，農作物と農産物を害する病害虫等の防除，農作物の生理機能の調整，発芽抑制等に用いられる薬剤や天敵と定義されている。1960年代には化学農薬の普及とともに農薬使用中の事故が多発し，農作物や土壌に残留する農薬による健康被害への懸念が高まって大きな社会問題になった。『沈黙の春』が刊行されたのと同じ時期である。

　農薬は開放系で用いられ，しかも食品の安全にもかかわるために，環境安

全管理がもっとも徹底されなくてはならない化学品である。1971年に農薬取締法が改正され，目的規定に「国民の健康の保護」と「国民の生活環境の保全」が明記されるとともに，農薬の登録制度が敷かれている。登録に当たって製造・輸入業者は急性・慢性の毒性試験データ，農作物と土壌への残留試験データを提出することが義務付けられることになった。これ以降，毒性及び残留性が強いBHC，DDT，ドリン系農薬の販売が制限され，毒性と残留性が低い農薬の開発が進んだ。現在わが国で使用されている農薬は成分数では約600，製品数では約4,000である。

　農薬取締法における農薬の安全確保は，散布する場所を起点に周辺環境での人や生活環境動植物への暴露を抑制するほか，作物への付着や土壌への蓄積を通じて，流通する食品に残留する農薬による健康影響が生じないための，リスク管理の仕組みが講じられてきた。そのために，登録制度，販売の規制，使用方法の遵守などが義務化されている。

　登録制度を通じた環境安全審査では，① 作物残留，② 土壌残留，③ 生活環境動植物の被害，④ 水質汚濁の4つの観点から環境大臣が設定した農薬登録基準を満たす必要がある。その基準設定に当たっては，残留性試験データと国民が食する平均的な農産物の量（フードファクター）を用いて算出される農薬の長期的推定摂取量が，毒性試験データから導出されたADI値の8割を下回ることがメルクマールにされてきた。

　なお，最近では2018年に法改正が行われ，安全性の一層の向上を図るため，国際的動向等を踏まえて，同一の有効成分を含む農薬について一括して定期的に，最新の科学的知見に基づいて安全性等の再評価を行う仕組みが導入された。また，従来は「水産動植物の被害」とされていた登録基準の考慮範囲が，より広く水生生物と陸上生物を対象にした「生活環境動植物への被害」に改められ，環境への配慮が一歩前進した。

||||||||||||||||【コラム5】ダイオキシン類 ||||||||||||||||

　ダイオキシン類は廃棄物の焼却や農薬の合成の過程で非意図的に生成される化学物質である。ダイオキシン類対策特別措置法では，ポリ塩化ジベンゾ-パラ-ジオキシン（PCDD）とポリ塩化ジベンゾフラン（PCDF）のほかに，12種類のコプラナー PCB を含めてダイオキシン類と総称する。図 C5-1 に示したような分子構造をもっていて，結合する塩素の数と位置（図中1～9）の違いによって200種以上もの多くの異性体がある。異性体の種類によって毒性が異なるので，ダイオキシン類の総量は，毒性等価係数（TEF：Toxicity Equivalency Factor）を用いて，毒性がもっとも強い 2,3,7,8-TCDD の量に換算されるのが普通である。その場合，2,3,7,8-TCDD に換算した量（等価換算量：Toxicity Equivalency Quantity）であることを示すために，［TEQ］をつけて表示される（なお，WHOが1998年に示した TEF が2006年に見直されている。上方修正される異性体と，下方修正される異性体があり，新 TEF を用いた TEQ 値と旧 TEF を用いた TEQ 値との大小関係は，一概には言えない）。

　WHO 欧州地域事務所と国際化学物質安全性計画（IPCS）が設置した専門委員会は，1990年に10pg-TEQ/体重kg/日とされた TDI を1998年5月に見直し，1～4 pg-TEQ/体重kg/日とした。これを受け，わが国政府も関連する3つの審議会（環境審議会，生活環境審議会及び食品衛生調査会）の場で TDI について審議を行い，1999年6月に「ダイオキシンの耐容一日摂取量（TDI）について」と題する報告をまとめ，当面の TDI を4 pg-TEQ/体重kg/日としている。

　1997年に環境庁が打ち出した「ダイオキシン対策に関する5カ年計画」がわが国の最初の総合的なダイオキシン対策であるが，1999年にはダイオキシン類

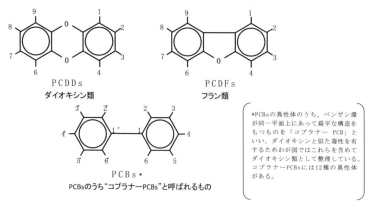

PCDDs
ダイオキシン類

PCDFs
フラン類

PCBs*
PCBsのうち“コプラナーPCBs”と呼ばれるもの

*PCBsの異性体のうち，ベンゼン環が同一平面上にあって扁平な構造をもつものを「コプラナー PCB」といい，ダイオキシンと似た毒性を有するためわが国ではこれらを含めてダイオキシン類として整理している。コプラナーPCBsには12種の異性体がある。

（出典）　関係省庁共通パンフレット「ダイオキシン 2012」p.1

図 C5-1　ダイオキシン類の分子構造

対策特別措置法が制定され，これ以降，包括的な対策が実施されてきた。その結果，わが国でのダイオキシン類の環境中への発生量は，1997年の8,000g-TEQ/年から5年後の2002年には約900gに急減し，さらに2010年には160g，2016年には112gに減少した。なお，わが国では，内海・沿岸域でとれる魚介類のダイオキシン類濃度が高いことなどから，農薬起因のダイオキシン類の蓄積もかなり影響していたと考えられるが，農薬への対応はダイオキシン類対策では目立たない存在になってきた。ちなみに，元凶である枯葉剤の2.4.5-Tが農薬取締法の登録抹消されたのは1970年代であるが，ダイオキシン類を含むとされてきた水田除草剤のPCPやCNPが，登録抹消されたのは1990年代に入ってからである。

（参考）TDI算出の前提条件となった当時の科学的知見は次のとおり。

①　各種動物試験の結果を総合判断し，毒性影響の発現は体内負荷量によって決定される。

②　LOAEL（最小毒性量）は体内負荷量（Q）として86ng-TEQ/体重kgであり，実験動物とヒトとで大きな差異がないと考えられる。

③　ダイオキシンの体内の半減期（$t_{1/2}$）を7.5年（＝約2,740日）とする。

④　経口摂取されたダイオキシンの体内への吸収率（η）を0.5（50%）とする。

⑤　LOAELを使用したこと，個人差が不明なことから不確実係数を10とする。

①〜⑤の条件から，日々の摂取量（q）と体外排出量が平衡する場合の，ダイオキシン類の体内蓄積量（Q）が8.6ng-TEQ/kgになるTDIを次式で算定すると，約4pg-TEQ/kg/日になる。

$$\frac{dQ}{dt} = -\frac{1}{\tau}Q + q \quad\quad\quad\quad\quad (1)$$

$$\Rightarrow TDI = [Q(ng/kg) \times \ln 2]/[t_{1/2}(日) \times \eta] \quad\quad (2)$$

ここで，τ（体内寿命）は$t_{1/2}$/ln2。境界条件は，Q(t=0)=0　Q(t=∞)=8.6ng-TEQ/kg。

（※ngは10^{-9}g，pgは10^{-12}g）

政府は2000年以降も環境中や食品中のダイオキシン類のモニタリングを入念に実施し，摂取量の評価を毎年行ってきた。その結果は，政府の公表資料「関係省庁共通パンフレット　ダイオキシン」，「日本人におけるダイオキシン類等の曝露量について」，POPs条約の規定に基づいて策定される国内実施計画などに示されている。

これらの中に，わが国のダイオキシン汚染の改善を示す二つの重要なデータ

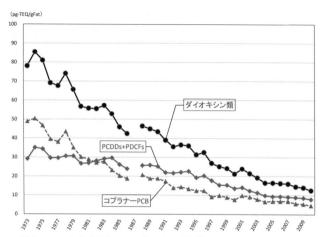

(pg-TEQ/gFat)

（注）　1987年度は調査データ数が少なく掲載されていない。
（出典）　関係省庁共通パンフレット「ダイオキシン2012」p.14
※原典：平成22年度厚生労働科学研究「母乳のダイオキシン類汚染の
　　　　実態調査と乳幼児の発達への影響に関する研究」

図C5-2　母乳中のダイオキシン類濃度の変化（1973-2010年度）

計約0.55pg-TEQ/kg/日

耐容一日摂取量（TDI）
4pg-TEQ/kg/日

大気	0.0052	pg-TEQ/kg/日	0.009pg-TEQ/kg/日	大気
土壌	0.004	pg-TEQ/kg/日		土壌
魚介類	0.4826	pg-TEQ/kg/日		
肉・卵	0.057	pg-TEQ/kg/日		
調味料	0.001	pg-TEQ/kg/日	0.544pg-TEQ/kg/日	食品
乳・乳製品	0.0006	pg-TEQ/kg/日		
砂糖・菓子	0.0006	pg-TEQ/kg/日		
その他	0.0026	pg-TEQ/kg/日		

推計
摂取量

（出典）　環境省「平成30年度版環境統計集」より作成

図C5-3　日本人のダイオキシン類の平均的な摂取量とその内訳（2016年度時点）

がある。一つは，母乳中のダイオキシン類の濃度の低下である。2010年度厚
生労働科学研究の一環として実施された「母乳のダイオキシン類汚染の実態調
査と乳幼児の発達への影響に関する研究」によれば，1973年度〜2010年度の
期間中に，母乳中のダイオキシン類濃度は着実に減少してきた。具体的には脂
質（Fat）中のダイオキシン類の濃度は，1973〜75年度の80pg-TEQ/gFat程
度から，2004年以降は10pg-TEQ/gFat台まで減少した（図C5-2）。もうひとつ
は日本人の平均的なダイオキシン類の摂取量の減少である。1997年頃の2pg-

TEQ/kg/日レベルから，2003年には1.68pg/kg/日に，2010年には0.83pg-TEQ/kg/日へと低下し，2014年度には0.7pg-TEQ/kg/日，2016年度には0.55pg-TEQ/kg/日レベルになっている（図C5-3）。現在の日本人のダイオキシン類の摂取量は，WHOが示したTDIの下限値である1pg-TEQ/kg/日を下回るレベルにある。なお，図C5-3からわかるように，摂取量の大部分は食品経由で，中でも魚介類からの摂取が9割を占めている。

5.4　化学物質の安全と安心

　化学物質の環境リスクへの懸念をきっかけに，社会的なパニックが起きることがある。1990年代後半からの一時期，全国的な騒動になったダイオキシンと環境ホルモンの問題は，いまから見れば社会の反応はやや過剰だったと思われるが，諸外国でも似たような経過を辿ってきていて，わが国だけが特殊だったわけではない。

　このふたつの騒動は，科学的知見の不確かさと行政対応のまずさのほかに，マスコミ報道と市民の反応との相乗効果で社会の動揺が増幅されていった。マスメディアを介した行政機関や専門家と市民の間の意思疎通が，うまく機能しなかったこともその原因だった。当時マスコミの取材に応じた専門家の間にも，環境リスクの捉え方に楽観論と悲観論があり，報道機関の立ち位置や報道ニュアンスにも偏向があった。1999年には報道内容が誤解を生んで，埼玉県所沢市内で収穫されたホウレンソウがダイオキシンに汚染されているとの風聞が広がり，販売が極端に落ち込むという事件が起こった。当時の閣僚メンバー達が，所沢から運び込まれたホウレンソウをおかずに昼食会をする模様を報道陣に公開し，安全性をアピールするという一幕もあった。

　ダイオキシン・環境ホルモン騒動のあと2000年代にかけての一時期，しきりに「リスクコミュニケーション」の必要性が唱えられ，環境行政の重要課題の一つになった。リスクコミュニケーションとは，環境リスクに関する正確な情報を行政，化学品の製造事業者，専門家，国民，NGO等のすべての関係者が共有しつつ，相互に意思疎通を図ることである。しかし，動揺し

すぎた市民への戒めを込めて語る人々と，正確な情報流通の欠如を補おうと中立の立場で関わる人々と，製造事業者や行政の煮え切らない態度に怒りを込めて参加する人々とでは，リスクコミュニケーションの場での姿勢や見解が異なっている。リスクコミュニケーションはもちろん必要であるが，合意のための道具として捉え，議論の収束を急ぐのは適当でない。双方の主張の隔たりの原因をじっくりと確認しあい，理解しあうことに重要な意義がある。

　リスクコミュニケーションとも関係するが，有機農業の推進についても社会の中には意見の違いが同居している。政府は農薬取締法の基準を満たせば，人の健康の保護に支障はないと説明するが，その一方で，有機農法を推奨し，無農薬・減農薬や，化学肥料に替えて有機肥料の利用を促してもいる。農薬メーカーにしても，市販されている農薬は安全と主張するものの，より有害性が低く，食品への残留性が少ない農薬の開発競争を続ける。無農薬・減農薬を推進しようとする動きは農薬取締法の守備範囲を超えたものであるが，国民の安全志向が続くことが農薬の環境安全性をより高めるうえで大きな効果を持っている。

　1961年に農業基本法が制定され，農業生産性の向上を図るために，化学肥料や化学農薬の使用が推進されてきたが，農林水産省は1987年に有機米の公認（特別栽培米）の制度を設け，1991年には有機栽培のガイドラインを策定している。2006年には「有機農業の推進に関する法律」が制定された。有機農業法の第2条に定義する有機農業とは「化学的に合成された肥料及び農薬を使用しないこと並びに遺伝子組換え技術を利用しないことを基本として，農業生産に由来する環境への負荷をできる限り低減した農業生産の方法を用いて行われる農業」である。これ以降，有機農業は農産物のブランド化に一役買ってきた。佐渡のトキの野生復帰計画では，ドジョウやカエル，昆虫などの餌を確保するためにも，生息地周辺での無農薬農業が推奨され，そこで栽培されるコメがブランド商品になっている。また，里地里山の再生と保全が叫ばれる中で，ホタルや在来種のメダカの生息環境を守る運動も，全国各地で進められている。

　こうした視点からみると，現在の化学品の環境安全管理の制度は，有機農業がめざす身近な自然との共生や，貴重な生物種の生息環境保全のための政

策と整合的であるとはいいがたいのかもしれない。有機農業の価値を認め，有機栽培米がプレミアム価格で販売されることを歓迎しつつ，有機農業の一層の普及を図ることも，環境政策の範疇に含められないものでもない。しかし，社会を支配する経済合理性という評価尺度の中では，現行の化学品の安全管理を合理的と割り切らざるをえない現実もある。その結果，農薬取締法の安全審査をパスした農薬の使用を，環境政策が否定することもまたできない。ここでもまた，人間に内在する環境保全の真摯な希求と，社会の経済合理性の追求とのジレンマの中で，私たちは持続可能な開発という理念を介在させて納得せざるを得ない。

第6章

循環型社会の形成に向けた政策

6.1 循環型社会政策の誕生

　戦後まもない時期には，公衆衛生の向上を図るための，し尿処理と家庭ご
み処理として始まった廃棄物行政は，1970年の公害国会での廃棄物処理法の
制定を経て環境保全の一翼を担うことになった。廃棄物行政は，1990年代
に入ると資源の循環利用促進を政策課題に加え，今世紀入ってからは，「循
環型社会形成」という統合的な理念のもとに環境政策の一大領域をなしてい
る。1990年代に循環型社会政策が急速に進んだ背景は三つある。

　一つには，1960年代から続いてきた経済発展の中で，"大量生産・大量消
費・大量廃棄型"と称される，モノやカネを放漫に消費する行き過ぎた文化
への懐疑的な思潮が高まり，ライフスタイルの変更が唱えられ始めたからで
ある。第二には，廃棄物の排出量の増大と最終処分場の残余容量の慢性的な
ひっ迫が，1980年代後半のバブル経済期に一層悪化して，ひたすら適正な
処理を目指してきた廃棄物行政に，行き詰り感が出てきたことである。第三
には，拡大生産者責任（EPR：Extended Producer Responsibility）の考え方を
携えて，ドイツをはじめ欧州諸国で1990年代初頭から廃棄物政策の循環政
策への転向が始まり，わが国の政策に強い影響を与えたことである。

　ドイツでは1991年にわが国の容器包装リサイクル法の原型になった「容器

包装廃棄物令」が発出され，次いで，1994年に「循環経済・廃棄物法」が
制定された。循環経済・廃棄物法は，廃棄物行政を廃棄物の処理から資源循
環の促進に移行させ，省エネ・省資源化を図り，製造と消費を循環経済に移
行しようとするもので，EPR原則も取り込まれた。EPRは製品が廃棄物になっ
た際の回収やリサイクルの費用を，製品の製造事業者に負わせるという考え
方で，OECDの汚染防止・管理グループも1994年から拡大生産者責任（EPR）
について検討を開始し，EPRに関する最初のガイダンス・マニュアルを2001
年に公表している。以来，EPRは循環型社会政策の理論的なバックボーン
をなしている。

6.1.1　循環型社会とは

　わが国の循環型社会政策に関連する法体系の頂点にあるのは2000年に制
定された「循環型社会形成推進基本法」（循環基本法）である。循環基本法の
第2条第1項に定義されている「循環型社会」の趣旨は，「製品等が廃棄物
等になることが抑制され，製品が循環資源となった場合にはこれが適正に循
環的な利用が行われることが促進され，循環的利用がおこなわれないものに
ついては廃棄物として適正な処分が確保され，もって天然資源の消費を抑制
し，環境への負荷ができる限り低減される社会」のことである。ここで廃棄
物に「等」がついているのは，「廃棄物の処理及び清掃に関する法律」（廃棄
物処理法）で定義された廃棄物だけでなく，使用済みあるいは未使用の物品，
製造工程で生じる副産物など人為活動に伴い排出されるすべての物の排出を
抑制の対象にしているからである。つまり，人間活動のために回っている物
質量をできるだけ少なくして，天然資源の新たな投入量をできるだけ減らし，
いったん使った原材料や製品の循環的な利用（使用済み製品や廃棄物を，再使
用，再生使用というかたちで再資源化すること）をできるだけ進め，廃棄物の
発生と処理量を極力抑制した社会が循環型社会である。

　循環基本法の目的規定や循環型社会の定義にあるように，循環型社会政策
は循環的な資源の利用によって，環境負荷を低減することが目指されている。
やみくもに循環的利用を進めても環境負荷が低減するわけではないから，循
環基本法第3条では，循環型社会形成に関する行動が "技術的及び経済的な

可能性を踏まえつつ”行われるべきものとされていて，現実的な制約を考慮
した規定ぶりになっている。廃棄物の処理や処分に伴って生じる環境負荷に
は，廃棄物が最終処分されて国土や海面空間の一部を半永久的に占拠し，そ
の後の土地利用の自由度を奪うことも含まれるし，最終処分場からの浸出水
が環境を汚染することも環境負荷である。廃棄物の中間処理施設（焼却，脱
水施設等）の稼働に伴う汚染物質と CO_2 等の排出も環境負荷になる。資源の
循環的な利用が促進されて最終処分量が減量できれば，環境負荷の低減にな
るが，再生利用（リサイクル）施設の稼働に伴って別の環境負荷が増大する
可能性もあり，リサイクルの過程で二次的に生じる廃棄物もあってそれを処
理することも必要になる。

　そのため循環型社会政策は，ライフサイクルを通じた環境負荷の低減を考
慮して進められる必要がある。循環型社会政策における資源の循環的利用の
優先順位は，環境負荷をできるだけ低減するという観点から一般的に妥当と
考えられるものとして，循環基本法の第7条に示されている。具体的には，
循環的な利用を「再使用（reuse）」「再生利用（recycling）」と「熱回収（heat
recovery）」の三つに区分して，ごみの「減量（reduce）」を優先順位の第一
位に置き，第二位は再使用，次いで再生利用の順としている[64]。そして，再
生利用が不適当な場合には，焼却して熱を回収して利用する熱回収を試みる。
熱回収も不可能な場合については，優先順位の最後の手段として廃棄物の適
切な処分（disposal）が置かれている[65]。

　また，循環基本法の第4条では，循環型社会形成が，国，地方公共団体，
事業者及び国民の適切な役割分担の下に進められ，それに要する費用が適正
かつ公平に負担されなければならないとの趣旨が謳われている。つまり，循
環型社会政策が目指すところは，環境汚染防止のためのきめ細かな廃棄物処

---

64)　再生利用は，マテリアル・リサイクル（物質還元リサイクル：廃プラ等を破砕溶解等の
　　処理を行った後に同様の用途の原料として再生すること）と，ケミカル・リサイクル（化
　　学リサイクル：廃プラ等を化学反応で組成変換した後に再生利用すること）に区分される
　　こともあるが，いずれも熱回収（熱回収は，サーマル・リサイクルと呼ばれることもある。）
　　よりも優先順位が高く設定されている。
65)　1994年にドイツで制定された「循環経済・廃棄物法」にも同様の優先順位が示され
　　ている。

理規制を土台として，環境負荷を抑制しながら，すべてのステークホルダの適切な役割分担のもとに，経済的にも技術的にも可能な限りにおいて，使用済み製品や廃棄物の発生を抑制するとともに再資源化を促進することにある。

6.1.2　循環型社会政策の法体系

　循環型社会の構築は，わが国では地球温暖化防止及び生物多様性確保と並んで環境政策の3大課題になっている。しかし，循環型社会政策を駆動する法制度の整備が，当初から調和がとれた全体像をもって計画的に進められてきたわけではない。1991の廃棄物処理法の目的規定の改定と同年の「再生資源利用促進法」の制定に始まり，1995年の「容器包装に係る分別収集及び再商品化の促進に関する法律」（容器包装リサイクル法，「容リ法」とも略称される）を皮切りに，「特定家庭用機器再商品化法」（家電リサイクル法），「使用済自動車の再資源化等に関する法律」（自動車リサイクル法），「建設工事に係る資材の再資源化等に関する法律」（建設リサイクル法），「食品循環資源の再生利用等の促進に関する法律」（食品リサイクル法）といった具合に，品目ごとにリサイクル法の整備が進められた。2000年に至って，循環基本法が制定されたほか，再生資源利用促進法が大改正されて現在の「資源の有効な利用の促進に関する法律」（資源有効利用促進法）に改題され，同年制定された「国等による環境物品等の調達の推進等に関する法律」（グリーン購入法）が加わって，循環型社会政策の法体系が秩序立てられた図式として描かれるようになった。遅れて2012年に制定された「使用済小型電子機器等の再資源化の促進に関する法律」（小型家電リサイクル法）も仲間に加えられ，現在の循環型社会政策に関連する法律群は図6-1のような体系になっている。

　わが国での環境政策のビジョンとしては定着した循環型社会形成であるが，持続可能な開発の理念に沿って考えれば，枯渇性，再生可能を問わず，資源の持続可能な利用を実現するための方策の一部をなすものであり，より包括的な視点からみれば“持続可能な消費・生産形態への移行”のための政策の一翼を担うものである。第2章で紹介した国連文書の中からこれに該当するものを拾ってみると，1）1992年の地球サミットで採択されたアジェンダ21のI-4の“消費形態の変更”，2）2002年のヨハネスブルグ・サミットで採択された実施

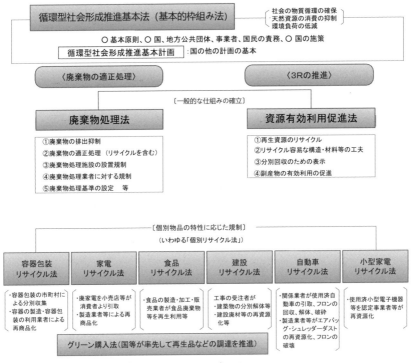

（出典）　経済産業省「資源循環ハンドブック 2018」p.10

図6-1　循環型社会形成政策に係る法令体系

計画のⅢの“非持続可能な生産消費形態の変更”，そして，3) 2015 年に採択された SDGs の第 12 ゴールの“持続可能な消費・生産パターンの確保”がある。

　実際，ヨハネスブルグ・サミット（WSSD）の実施計画に基づき各国に策定が求められた，“持続可能な生産消費形態への転換を加速するための 10 年間の枠組み”が，循環基本法に基づいて 2003 年に決定された第一次循環型社会形成推進基本計画（循環型社会基本計画）と 2008 年に改定された第二次循環型社会基本計画の計画期間に跨っていたことから，日本政府はこの二つの循環型社会基本計画をもって上記の実施計画の履行のための計画と位置づけている。

　しかし，わが国の循環型社会づくりの議論は，廃棄物行政の行き詰まりに強く動機づけられてきたこともあって，持続可能論からみれば対象となってもよいはずの，食料・森林といった生物資源の持続的生産・消費や，生態系

サービスの持続性の確保，あるいは水資源の循環的な利用，再生可能エネルギーへの転換による循環的なエネルギー利用等に関する議論を真正面から取り扱ってこなかった。また，第3章でみたように，環境基本法に基づく環境基本計画の長期目標の一つである「循環」と，循環型社会政策で用いる「循環」の概念のあいだの不整合も，循環型社会政策が構築される過程で生じた齟齬である。

　なお，循環型社会政策の議論では，減量（Reduce），再使用（Reuse），再生利用（Recycling）の3つの「R」がキーワードになるため，しばしば「3R政策」と呼ばれるが，厳密に考えてみると，廃棄物処理は3R政策には含まれない。そのため本章の以下の節では，廃棄物処理と3R政策とを区分し取り扱い，前半で主に廃棄物対策をとりあげ，後半で3R政策について考えていくことにしたい。

6.2　廃棄物行政の歩み

　廃棄物対策は循環型社会政策の生みの親である。環境政策の歴史の前半——公害対策基本法の時代——は，廃棄物対策が現在いう循環型社会政策のすべてであったし，1990年代以降の後半の歴史においても，廃棄物対策は循環型社会政策の基盤をなしている。適正な廃棄物の処理・処分が担保されてはじめて，資源の循環的利用を進めることができる。

　廃棄物の処理に関するもっとも基本的な法律は「廃棄物の処理及び清掃に関する法律」（廃棄物処理法）である。陸上で発生する廃棄物の処理は廃棄物処理法の規制にしたがって行なわれなければならない。また，地震・洪水等の自然災害に伴う災害廃棄物の処理も廃棄物行政の重要な任務である。加えて，2011年の東日本大震災に伴う福島第一原発事故以降は，放射性物質で汚染された廃棄物の処理・処分も新たな立法に基づいて，環境政策に委ねられることになったため，これも廃棄物行政の重い役回りになっている。

　法の制定当初から，放射性物質と放射性物質で汚染された物は廃棄物処理法の対象でなく，原子炉等規制法や放射線障害防止法の規制に従うとされていた。廃棄物処理法に基づく「廃棄物」から放射性物質とその汚染物が除外

されていることは今も変わっていない。ただし，2011 年 3 月の福島第一原発事故によって環境中に放出された放射性物質で汚染された廃棄物の処理のために，2011 年 8 月に「放射性物質汚染対処特別措置法」が制定された。この特措法の制定に伴って，環境省設置法が改正され，「原子炉の運転等に起因する事故により放出された放射性物質による環境の汚染への対処」が環境省の業務に加えられた。このため，一定レベル以上の放射性物質で汚染された廃棄物と除染作業に伴って生じた土壌の処理が，新たに廃棄物行政の一角に据えられることになった。

　廃棄物処理法以外にも廃棄物処理を規制する法令がある。海上（船舶，海洋施設等）で発生する廃棄物を処理する場合や，陸上で発生した廃棄物の船舶からの埋立てや海洋投入などに関しては，「海洋汚染等及び海上災害の防止に関する法律」（海洋汚染防止法）の規制に従わなくてはならない。さらに，廃棄物に該当するものであっても，法制整備の沿革上，他の法令に委ねているものもある。例として，鉱山から生じる鉱さいには「鉱山保安法」が適用され，下水道で処理される下水については「下水道法」が適用される（図 6-3）。

6.2.1　廃棄物問題の特性

　循環的に利用されるものを含め，2016 年におけるわが国の廃棄物の排出量は，産業廃棄物が約 39,100 万トン，一般廃棄物が約 4,300 万トンで合計 43,000 万トン余りである。21 世紀に入ってから，廃棄物の排出量は全般的には減少傾向にある。毎年決まって発生する廃棄物のほかに，自然災害が発生すれば災害廃棄物が加わる。震災廃棄物は，がれき，建設廃材，家具，家電品などおよそあらゆるものが含まれる。建設廃材にはアスベストも含まれている可能性があるので，処理の過程で大気に飛散しないよう十分な注意が必要になる。東日本大震災では約 2,000 万トンの震災廃棄物（がれき等）と 1,000 万トンの津波堆積物が発生した。これは年間に発生する一般廃棄物量の半量以上にあたる膨大な量である。

　人間社会の営みに伴う環境負荷は最終的には廃棄物処理にたどり着くことが多い。廃棄物の発生そのものが環境負荷であるが，大気汚染や水質汚濁を防止するために導入される排出ガス処理装置や排水処理施設を稼働させても

廃棄物が発生する。例えば，湿式排煙脱硫装置で硫黄酸化物を除去すると副生物として石膏が生じるし，ヒ素，鉛，シアン等の有害な重金属類等を含む排水を凝集沈殿処理すれば汚泥が生じる。また，有害化学物質対策も廃棄物の発生をもたらす。第5章でも述べたように，PCB廃棄物も廃棄物であるし，登録が抹消された農薬などの化学品も廃棄物になる。廃棄物を処理する場合にも一般的には廃棄物が発生するし，リサイクルしても廃棄物が残る。下水道や浄化槽でし尿と生活排水を処理しても汚泥が発生するといった具合である[66]。

　地球温暖化対策が廃棄物行政につけを回すこともある。例えば，温暖化対策として再生可能エネルギーの導入促進が叫ばれ，太陽光発電の普及がいま急速に進んでいる。2016年に環境省は「太陽光発電設備のリサイクル等の推進に向けたガイドラン（第一版）」を公表したが，それによれば2040年には80万トンにも及ぶ使用済みのソーラーパネルが廃棄物になると見込まれている。ガラス，金属，プラスチック等で構成されるソーラーパネルには，鉛やセレン等の有害物質を含む製品もあるが，できるだけ素材をリサイクルに回す必要もある。第四次循環型社会基本計画では，「関連事業者の自主的な回収・適正処理・リサイクルスキームの運用状況や欧州の動向等を踏まえながら」としつつも，義務的なリサイクル制度の導入可能性を示唆している。

　廃棄物対策はいくつかの国際環境条約に基づく責務を国内で履行する役目も担ってもいる。陸上起因の廃棄物の海洋投棄と洋上焼却を原則禁止したロンドン条約，船舶起因の廃棄物の海洋投入を規制するMARPOL（マルポール）条約，有害廃棄物の越境移動を禁止するバーゼル条約に基づく国内措置は廃棄物行政の守備範囲である。最近とみに話題になっているCCSについても国際的なルールが定まっている。CCSは海洋投棄の原則禁止を規定したロンドン条約の96年議定書の2006年改正において，例外的に投棄を許可しうるものとされた。改定議定書によって「二酸化炭素（CO_2）を隔離するためのCO_2の回収工程から生ずるCO_2を含んだガスの海底下の地層への投棄」は，

---

66)　土壌汚染区域から汚染土壌を除去して搬出した場合，当該汚染土壌は，法令上は廃棄物には該当しないが，埋立処分しようとすれば廃棄物処理法と同等の基準が適用される。そのため，汚染土壌を埋立処理しようとすれば廃棄物の最終処分場の容量を圧迫することになり，廃棄物の処理にも影響してくる。

海洋投棄の禁止の枠外に置かれることとなった。わが国はCCS実施への道を開くために，2007年にこの改定議定書を受諾するとともに海洋汚染防止法を改正して，廃棄物の海底下への廃棄を原則禁止するとともに，CO_2の海底下の地層への廃棄を許可制とする仕組みをつくった。

2013年に採択された「水銀に関する水俣条約」の受諾に際しては，前章までに述べたように，2015年に「水銀による環境の汚染の防止に関する法律」の制定と大気汚染防止法が改正されたほか，同年の廃棄物処理法の政省令の改正で，廃水銀等，水銀含有ばいじん等，水銀使用製品産業廃棄物というカテゴリーが新たに設けられ，条約の趣旨に従って適切に処理されることとなるよう措置された。また，フロン排出抑制法（「フロン類の使用の合理化及び管理の適正化に関する法律」），自動車リサイクル法及び家電リサイクル法が分担するフロン類の回収・破壊も，オゾン層保護及び温暖化防止に係る国際枠組に基づく地球環境保全への対応としての廃棄物処理業務である。

石油文明の象徴的な素材であるプラスチック廃棄物の処理問題が浮上したのも1960年代からである。廃プラスチックは一貫して廃棄物行政のお荷物になってきた。環境中に放置されると分解されず，埋め立てられても土壌に還元されずにいつまでも残る。1960～70年代にはごみ焼却施設で焼却すると高熱を発してごみ焼却炉を損傷するなどの問題を起こした。1980～90年代にダイオキシン騒動が渦巻いた時期には，塩素を含む種類のプラスチックの焼却がダイオキシン発生量を増加させるとして問題になった。2002年に東京都杉並区がレジ袋に課税する「すぎなみ環境目的税条例」を定めてから，国でもレジ袋の節減対策が縷々検討されてきた。また，海域に流出する廃プラスチックを海洋動物が誤飲したり，海岸に漂着して観光や漁業に悪影響を与えたりする海洋プラスチック問題は，過去に何回かトピックスになったが，いまふたたび国際的に大きく取りあげられている。特にサイズが5mm以下のマイクロプラスチックが生態系に悪影響を及ぼすと懸念されている。

（一社）プラスチック循環利用協会の集計によれば，2016年のわが国のプラスチックの国内投入量は約950万トンで，廃プラスチックの排出量は約900万トンである。多くのプラスチックは1年程度で廃棄物になる。しかし，環境中で自然還元されるには長時間を要するため，海洋プラスチックごみ問題

が起こる。Jambeck ら（2015）によれば，海洋へのプラスチックごみの流入量は 480〜1,270 万トンと見込まれ，アジアの新興国での消費の急速な増大を反映して中国の 132〜353 万トンが最大で，次いでインドネシアの 48〜129 万トンである。30 位のわが国の 6 万トンを，消費量が 4 倍以上ある米国の 4〜11 万トン（20 位）と比べると，わが国では海域流達率が高いことがわかる。

　海洋プラスチックごみ問題は，2015 年以来 G7 サミットの議題になってきた。2018 年の G7 シャルルボワ・サミットでは，欧州各国とカナダが，達成期限付きの数値目標を含む「海洋プラスチック憲章」を承認したが，わが国と米国がこれに参加しなかったことから，内外から批判的な意見が出た。また，第 1 章でも触れたように，2009 年に海岸漂着物の処理責務や発生抑制の努力義務を定めたいわゆる「海岸漂着物処理推進法」が議員提案で制定されていて，2018 年 6 月の改正でマイクロビーズの使用抑制や廃プラの再利用を産業界に求める条文が盛り込まれたが，発生源規制などの強い措置は規定されていない。海域に到達しやすい小ぶりで使い捨てのプラスチック製品の使用を制限し，生分解性のプラスチック使用への転換を義務付けるなどの規制的措置が求められるところである。

　2018 年 6 月改定された第四次循環型社会基本計画では，「プラスチック資源循環戦略」を近々策定するとの方針が示され，同年 11 月には環境省が戦略案を公表してそれに対する国民の意見を募集した。この案では，10 年前にも議論されたレジ袋の有料化論が再び登場したほか，グリーン購入法を活用し，国等が率先してワンウェイのプラスチックの使用を禁止又は抑制すること，容器包装等のワンウェイプラスチック排出を 2030 年までに 25％削減し，容器包装等のプラスチックの再使用・再生利用を同年までに 60％まで高めること，使用済み全プラスチックの熱回収を含めた有効利用率を 2035 年までに 100％にすること等を目標に掲げた。これら対策メニューにしても数値目標にしても，3R 政策の既定の枠組内での若干の対応の強化にしか見えない。製造・流通・使用を含めてプラスチック文明をどう抜本的に変革していくべきかを，国を挙げて議論するよい機会だったと思われるが，この戦略案はそこまで立ち入っていない。

6.2.2　廃棄物処理法の概要

　廃棄物の定義は廃棄物処理法第2条第1項に記されていて，「ごみ，粗大ごみ，燃え殻，汚泥，ふん尿，廃油，廃酸，廃アルカリ，動物の死体その他の汚物又は不要物であって，固形物又は液状のもの（放射性物質及びこれによって汚染された物を除く。）をいう」とあり，廃棄物にはガス状のものは含まれない。また，廃棄物か有用物かの判断尺度については古くから議論があり，1999年のいわゆる「おから事件」の最高裁判決で「廃棄物処理法の不要物とは自ら利用し又は他人に有償で譲渡することができないために事業者にとって不要になった物をいい，これに該当するか否かは，その物の性状，排出の状況，通常の取扱い形態，取引価格の有無及び事業者の意思等を総合的に勘案して決するのが相当」とされた。環境省の担当課長通知でも，「廃棄物とは占有者が自ら利用し又は他人に有償で譲渡できないために不要になったものをいい，これに該当するかどうかは，そのものの性状，排出の状況，通常の取り扱い形態，取引価値の有無および占有者の意思等を総合的に勘案して判断するべきもの」と，同じ趣旨が記されているほか，「本来廃棄物たる物を有価物と称し，法の規制を免れようとする事案が後を絶たないが，このような事案に適切に対処するため，廃棄物の疑いのあるものについては……慎重に検討し，それらを総合的に勘案してその物が……有価物と認められない限りは廃棄物として扱うこと。」（2013年3月29日付け環境省担当課長通知「行政処分の指針について」）とも記されている。前代未聞の産業廃棄物の大量不法投棄事案として名高い香川県土庄郡豊島町の事件では，不法投棄した事業者が，産業廃棄物をミミズ養殖に用いて土壌改良をするとか，重金属類を回収するなどと申し立てて，有価物であるかのように偽り廃棄物処理法の適用を掻い潜ろうとしたなど，苦い経験が廃棄物行政にはたくさんある。

　廃棄物処理法に基づく行政は，産業廃棄物に対しては公害対策や化学物質対策と同様に，排出事業者や廃棄物処理業者による処理が適切に行われるよう規制し監督する立場にあるが，一般廃棄物（家庭系・事業系（オフィスや飲食店から発生する）ごみとし尿）に対しては市町村が生活環境上支障ないように処理する責務を負っている。産業廃棄物に関しては主に都道府県が規制権限をもつとともに，廃棄物処理業の許可権をもっていて，健全な廃棄物処理

業を育成する役割も担っている。

　廃棄物処理法は，廃棄物の処理責任や処理基準を明確にして，「生活環境の保全及び公衆衛生の向上」を図ることを目的に掲げている。ここで紛らわしいのは，"生活環境の保全"が環境政策で通常もちいられるのと異なる意味で使われている点である。環境基本法の第2条3項の「公害」の定義の中に登場する生活環境の保全は，「人の生活と密接に関連する財産や動植物の保全」の意味で，健康の保護と対比的に使われるが，廃棄物処理法における生活環境は，公衆衛生に対比して用いられているもので，人の健康の保護を含めた概念である。

　廃棄物処理法は，廃棄物を一般廃棄物（一廃）と産業廃棄物（産廃）の二つに区分し，前者は市町村が処理責任をもち，後者については排出事業者が処理責任をもつこととされている。大まかにいえば，生活系の廃棄物が一般廃棄物，事業活動に伴って発生する廃棄物が産業廃棄物である。正確には，汚泥，廃酸，廃油，金属くずなど限定的に定義された20種類の廃棄物が産業廃棄物で，それ以外の廃棄物が一般廃棄物である。産業廃棄物の20種類の中のいくつかは排出元（業種（例えば，製紙業，出版業等から排出される紙くず）や作業（建設工事から発生した木くずなど））が限定されている。

　廃棄物の処理は環境負荷の発生源でもあり，公衆衛生上の問題や環境汚染が生じる可能性があるため，廃棄物処理法では廃棄物の保管，収集・運搬，処分に対してきめ細かな規制措置が講じられている。また，廃棄物の焼却施設に対しては廃棄物処理法で構造基準と維持管理基準を設定しているほかに，大気汚染防止法，水質汚濁防止法，ダイオキシン類対策特別措置法の排出規制も適用される。最終処分に関しては，最終処分場の構造基準と維持管理基準が設定されており，埋め立てられる廃棄物の性状に応じてこちらもきめ細かな埋立処分基準が定められている。

　廃棄物の処理の基本的な考え方は，可能なかぎり自然の物質循環に乗せて生物系を攪乱せずに自然界に還元し，それが難しい場合には環境から隔離した人工的な区画に閉じ込めて安全に管理することにある。廃棄物処理法における「処理」とは，廃棄物が発生してから最終的に処分されるまでの一連の行為（分別・保管，収集・運搬，再生，中間処理，処分）をさす。廃棄物の中

間処理施設には脱水，破砕，選別，圧縮減容，焼却減量などのための施設がある。また，「最終処分」とは，中間処理したのちも残る残渣を，陸上又は海面の埋立地に埋立処分することと海洋投入することのほかに，再生によって資源化することも含まれる。ただし，海洋投入処分と洋上焼却は，ロンドン条約の1996年議定書において原則的に禁止されており，わが国は海洋汚染防止法に基づいて許可制にして厳しく制限している。したがって，最終処分の方法は実際のところ埋立処分だけになっている。わが国は国土が狭隘で人口密度が高いこともあって，焼却や脱水といった方法でできるだけ減量・減容化し，安定化，無害化，資源化等のための中間処理をほどこした上で，残滓を最終処分場に埋め立てている。わが国の一般廃棄物の焼却処理率はスイスなどと並んで世界でもっとも高い。

　廃棄物が危険な性状（爆発性，毒性，感染性等）を有するために，特別に厳しい処理基準が設定されている廃棄物が「特別管理廃棄物」である。一般廃棄物にも産業廃棄物にも特別管理廃棄物がある。医療機関から排出される廃棄物で感染性の病原菌が付着しているおそれがある感染性の廃棄物，PCBや水銀，ヒ素，アスベスト，ダイオキシンなどの有害物質を一定量以上含有する廃棄物等が特別管理廃棄物に指定されている。特別管理産業廃棄物及び特別管理一般廃棄物については，物理・化学的な方法によってそれらの性状を失わせてから埋立処分を行う仕組みになっている。

　最終処分場には三つのタイプがある。埋め立てる廃棄物から汚水が出ないタイプのガラス，コンクリート，陶器屑などは「安定型」処分場に処分することができる。高濃度の水銀マッドなど，処理しても有害性が残る廃棄物は「遮断型」に処分しなければならない。両者の中間的な廃棄物は「管理型」に処分される。管理型処分場に降った雨水（浸出水）は埋め立てられた廃棄物の底面に張られたシートで集められ，汚水処理施設で処理され浄化された後でなければ公共用水域に排出できない仕組みになっている。3つのタイプのうち管理型の最終処分場に埋め立てられる廃棄物量がもっとも多く，また，一般廃棄物の処分場はすべて管理型である。現在わが国には埋立中の管理型廃棄物処分場が1,600か所ほどある。

　産業廃棄物については，「産業廃棄物管理票（マニフェスト）」の仕組みが

設けられている。紙媒体のマニフェストは7枚つづりで，産業廃棄物が排出事業者から収集運搬業者，中間処理業者，そして最終処分業者へとわたるプロセスを追跡して，それぞれの処理段階で適切に処理が行われたことが排出事業者に報告される仕組みである。紙媒体で始まったマニフェストは，廃棄物の移動管理をより徹底するために電子化が進められ，すでに過半が電子マニフェスト化されている。廃棄物処理法ではこのほかにも廃棄物処理業を営む事業者に対する許可制度や，廃棄物処理施設の設置について許可制度を導入しており，通常の公害規制法では届出制度を導入しているのに対してより厳しい仕組みをとっている。

　バブル期には廃棄物排出量が急増して最終処分場の残余容量が著しくひっ迫し，この時期に全国で最終処分場に関わる地域紛争も発生し，同時に不法投棄事案も増えて大きな社会問題となった。これを背景に，廃棄物処理法の1991年の改正では，目的規定に廃棄物の減量化と再生利用がもり込まれ，特別管理廃棄物制度とそれへのマニフェストが導入されたほか，廃棄物処理業（許可の更新制導入）の規制と処理施設（届出から許可へ）の規制が強化された。加えて，不法投棄防止のための罰則の強化も行われている。

　なお，1991年の法改正で創設されたマニフェスト制度は，当初は特別管理産業廃棄物の委託処理に対してのみ義務付けられたが，1997年の改正によってすべての産業廃棄物に適用されることとなった。同じく1997年の改正では一般廃棄物，産業廃棄物を問わず，処理施設及び最終処分場の許可条件として，技術基準への適合のほかに生活環境影響調査（通称：ミニアセス）を実施する仕組みを導入し，環境影響を慎重に評価することで地域合意の形成を促進する措置も取られている。

6.2.3　廃棄物行政の変遷──清掃業務から廃棄物対策へ

　わが国の廃棄物行政は，東京や大阪などで都市化と近代化が進む中で，し尿とごみを処理し，街の清掃を行なう公衆衛生のための業務として明治期に始まった。1879（明治12）年に警視庁が市街の清掃方法を定めた市街掃除規則を発出し，明治20年代末にペストが流行してから公衆衛生としての廃棄物処理の重要性が高まって，1900（明治33）年に「汚物掃除法」が制定され

た。汚物掃除法では，汚物（塵芥，汚泥，汚水，糞尿，灰燼）を掃除し清潔を保つことを定め，市町村が収集した汚物を処理する義務を負うことを定めている。第二次世界大戦後になると，国と都道府県，市町村，住民の連携が図られないままに，都市ごみの排出量が増大して清掃行政は行き詰まり，改革が求められることになった。1954 年に汚物掃除法にかえて「清掃法」が制定されているが，清掃法でも清掃事業は基礎自治体である市町村の自治事務（固有事務）とされ，国と都道府県は財政的・技術的援助を行うことや，住民の市町村のごみ収集・処分への協力義務などが定められた（杉戸ら，1982）。

その後の経済成長期に都市部への人口集中が加速度的に進み，都市のごみ排出量は急速に増大して，ごみ処理施設の整備が喫緊の課題となっていく。1963 年に制定された「生活環境施設整備緊急措置法」に基づく「生活環境施設整備五カ年計画」のもとで，ごみ焼却施設等の処理施設の整備方針が定められ，これ以降，焼却処理を軸にごみ処理が進められ，収集・運搬も機械化が図られていくことになる。

次に直面した課題は，多種多様な産業廃棄物の発生が増大して，市町村の処理体系の中では技術的にも財政的にも適切な処理ができない状況が生まれたことである。汚泥，廃油，プラスチック屑などの製品の製造工程で生じる廃棄物や，都市開発が進んでがれき，土砂などの建設廃材が大量に発生し，処分場がないまま不法投棄されるケースも増えていく。

清掃法に基づく廃棄物行政の行き詰まりを打開するために，1970 年の公害国会において清掃法が全面的に改正されて，産廃物処理法が制定された。廃棄物処理法は公害国会で制定・改正された 14 本の公害・環境法の一つに数えられているが，清掃事業の原点が公衆衛生にあることと，廃棄物処理業の許認可の規定を含んでいて業界を管理監督する法律であったことなどから，その後長らく旧厚生省が主管する法律とされてきた。旧環境庁が関与した部分は，わずかに廃棄物の最終処分の基準と最終処分場の構造・維持管理基準の設定についてだけである。21 世紀になって国の行政組織が大改革され環境省が発足した際に，廃棄物処理法は環境省が一元的に実施する法律になった。廃棄物行政が初めて環境政策の一つに明確に組み入れられ，環境省のもとに統合されたのは 2001 年のことである。

6.2.4 廃棄物行政の課題と対応

廃棄物行政が抱えてきた大きな課題は，① 廃棄物排出量に対応した処理施設の整備及び最終処分場の容量確保，② 廃棄物の質的変化に対応した廃棄物処理・処分の規制強化，③ 廃棄物の不適正な処理と不法投棄の防止の三つである。加えて，④ 廃棄物処理に関する国際条約の採択・改正に対応して国内制度を整備することも重要な行政課題である。さらに，わが国の廃棄物行政の歴史に刻まれるほど重要な課題になったものとして，⑤ PCB 廃棄物の処理とダイオキシン汚染の防止対策がある（表6-1）。

（1）廃棄物の排出量の推移

わが国の廃棄物行政の課題の時代的な推移をマクロな指標で示すと，図6-2のようになる。この図には 1971 年から 2014 年までの約 40 年余の期間におけるわが国の一般廃棄物（し尿を除く）及び産業廃棄物の排出量，最終処分量，最終処分場の残余年数の推移と，廃棄物の不法投棄事件で各年に確認された件数を示している。一般廃棄物と産業廃棄物の排出量はほぼ一桁違うため前者の単位は千トン，後者の単位は万トンを用いてプロットした。

環境省が公表している廃棄物の排出量は循環的に利用されるものを含めてカウントされるが，その推移をみると，一般廃棄物は 2000 年度の 5,500 万トンをピークにその後は減少に転じて 2014 年度には約 4,400 万トンになった。直近の 2016 年実績は約 4,300 万トンである。これは人口減少に加えて，消費生活において過剰包装が抑制され，ごみ減量の努力が進んだ結果である。一方，産業廃棄物の排出量は 1980 年代後半のバブル経済がはじけるまで増加し続けたが，1990 年代に入ると排出量は年間約 4 億トンの水準で横ばい傾向になる。2003 年度から再び上昇し 2005 年度には 4.21 億トンへと記録を更新したが，世界金融不況の影響で 2008 年度から減少し 2010 年度以降は 3.8～3.9 億トン台にある。国土上には土木・建築資材としてストックされていて，産業廃棄物のうちの建設廃材（コンクリート，がれきなど）の予備軍といえるものが大量にある。経済状況に影響されるので予断を許さないが，1980 年代までのような急激な増加は今後おこりそうにない。後に 3R 政策の節でみるように 1990 年から 2012 年までの 22 年間に，日本の物質フローは急速に縮退して

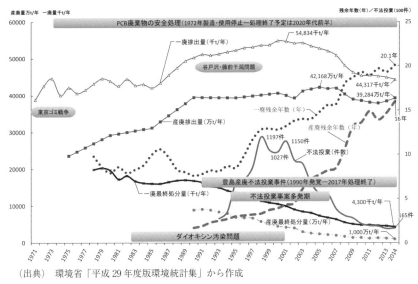

（出典）　環境省「平成29年度版環境統計集」から作成

図6-2　廃棄物排出・処理状況の推移と廃棄物問題の変遷（1971-2014）

いて，その主たる原因は土石（砂利，石灰石）の採取量の減少によるものである。ただし，この縮退も2010年以降は鈍化している。また，1990年以降は廃棄物の質的な変化は見られていないが，寿命が尽きたソーラーパネルが今後は廃棄物として排出される量が増えることと，廃プラスチックに起因する諸問題にどう対処するかが目下の重要な課題になっている。

（2）廃棄物処理・処分施設の建設と地域紛争

　1960年代の高度経済成長時代から1980年代のバブル景気の時期までは，急速に増大する廃棄物を適正に処理する施設の整備が最重要な課題になってきた。特に行政が処理責任を負っている一般廃棄物については，減量化・減容化・無害化のための中間処理施設の能力を高めることと，最終処分場の容量の確保が課題になった。1960年代から70年代にかけて，廃棄物処理施設を緊急に整備するための法律がいくつも制定されている。1963年には「生活環境施設整備緊急措置法」，1968年に「清掃施設整備緊急措置法」，1972年には「廃棄物処理施設整備緊急措置法」が制定された。1980年代に入ってからも，

表6-1　廃棄物行政の経過（1954〜2017）

年	廃棄物処理に関連する法制度整備	処理施設整備と地域紛争
1954	「汚物掃除法」が廃止され「清掃法」を制定	
1963		「生活環境施設整備緊急措置法」制定
1970	「廃棄物処理法」と「海洋汚染防止法」を制定	
1971	廃棄物の最終処分基準の設定	東京ごみ戦争
1972	PCB汚染対策推進会議設置	「廃棄物処理施設整備緊急措置法」制定
1975	PCB処理基準設定	
1976	「廃棄物処理法」改正（処理施設届出義務等）廃棄物処理施設・処分場の構造指針策定	
1980	「海防法」改正（廃棄物海洋投入処分規制強化）	
1981		「広域臨海環境整備センター法」制定[注1]
1987-89		高砂市で5,500トンのPCB廃棄物焼却処理
1989		
1990	「ダイオキシン類発生防止等ガイドライン」策定	
1991	「廃棄物処理法」改正（減量化，再生利用を目的規定に追加。特別管理廃棄物制度導入し，マニフェスト使用義務化）	
1992	「バーゼル法」制定（有害廃棄物輸出入規制）[注2]	「産廃処理特定施設整備促進法」制定
1994	特定一般廃棄物（適正処理困難物）告示	
1996		☆この時期，ダイオキシン汚染への社会不安が高まり，各地で廃棄物処理施設を巡る地域紛争が続発
1997	「ダイオキシン発生防止新ガイドライン」策定／廃棄物処理法改正で全ての産廃にマニフェスト使用義務化	
1999	「ダイオキシン類対策特別措置法」制定	名古屋市が藤前干潟最終処分場計画を断念
2000	循環基本法等ほか循環政策関連法制定[注4]	
2001	「PCB廃棄物適正処理特措法」制定「特定製品に係るフロン回収・破壊法」制定[注5]	
2002	廃棄物処理法政令改正（し尿等の海洋投入を禁止）	
2003		
2004	「海防法」改正（海洋投入は許可制，洋上焼却は全面禁止）	
2006		
2007	「海防法」改正（CCSを許可制とする）	
2011	「放射性物質汚染対処特措法」制定	
2013	フロン回収・破壊法が「フロン排出抑制法」に名称変更[注7]	
2015	廃棄物処理法政省令改正（廃水銀の規制等）[注8]	
2017		中央防波堤埋立地帰属で訴訟に[注9]

注1）大阪湾フェニックスセンター設立　注2）日本のバーゼル条約締結は1993年
注3）海洋投入・洋上焼却規制強化　注4）循環型社会元年　注5）業務用の冷凍空調機器が対象

不法投棄・不適正処理事案	国際的動向	備考
		処理施設の整備が急務の時代
		現在の廃棄物行政の礎を樹立
	ロンドン条約採択⇒1975 発効	
六価クロム鉱さい埋立事件		
		環境汚染防止措置を整備
		日本がロンドン条約を締結
放置自動車増加		
	バーゼル条約を採択⇒1992 発効	
香川県豊島不法投棄事件捜査開始		廃棄物焼却炉ダイオキシン騒動
		循環型社会政策に舵切り開始
日の出町最終処分場遮水シート事件	リオで地球サミット開催	
		製造・加工・販売者への協力要請
	ロンドン条約96 年議定書採択[注3]⇒2006 発効	
青森・岩手不法投棄事件発覚		
2001〜05 硫酸ピッチ不法投棄増大⇒2004 年廃掃法改正で規制強化	POPS 条約採択⇒2004 発効（わが国は 2002 年に締結）	
「特定産廃支障除去特措法」制定[注6]		
岐阜市椿洞の不法投棄発覚		
	ロンドン条約1996 議定書の改正⇒2007 発効	CCS の実施に道を開く
		東日本大震災，福島第一原発事故
	水銀に関する水俣条約採択⇒2017 発効	
	G7 で海洋プラスチックごみ議題に	
豊島不法投棄廃棄物処理完了		

注6）不法投棄産廃による支障除去事業推進　注7）法の正式名称は本文を参照
注8）水俣条約の国内対応法令の整備　注9）大田区・江東区の争い

港湾区域内に大規模な最終処分場を海面埋立によって確保することを目的とした「広域臨海環境整備センター法」が制定された。この法律に基づき1990年に供用が開始された大阪湾圏域広域処理場整備事業（通称「大阪湾フェニックス計画」）では，近畿圏の2府4県168市町村から排出された一般廃棄物，産業廃棄物，災害廃棄物，陸上残土，浚渫土砂を，大阪湾内の4区画（面積計約500ha，埋立容積計7,600万㎥）の埋立処分場に受け入れている。さらに時代が下って1992年には，複数の産業廃棄物処理施設と周辺の公共施設の整備を連携的に進めることによって，産業廃棄物の処理を効率的で適正なものにすることを目指した「産業廃棄物の処理に係る特定施設の整備の促進に関する法律」が制定されている。

　国土が狭隘で土地利用密度が高いわが国では，最終処分場の残余容量を確保できるかどうかが廃棄物対策の大きな課題であり続けている。環境省の集計データに基づいて全国的なレベルで残余容量をみると，図6-2からわかるように産業廃棄物も一般廃棄物も10年未満の残余容量しかなかった時代がある。それが1990年以降の22年間に増加して，現在では最終処分場の残余容量は一廃で20年分，産廃で16年分まで延びている。ことに2000年以降の廃棄物の最終処分量の大幅な減少が，残余年数の延命の大きな理由になっている。

　しかしながら，廃棄物処理施設の更新と最終処分場の容量を新規に確保することが常に必要になる。その一方で，建設に対する地域住民の合意を得ることは容易でない。社会には不可欠な施設であるものの，誰しも近隣に立地することは好まないいわゆる「忌避施設」（NIMBY）[67] の代表格が廃棄物処理・処分施設である。そのため，廃棄物行政の重い業務のひとつが，廃棄物処理施設と最終処分場の建設・整備について地域住民の合意形成を図ることにあり，全国各地で起こった多くの地域紛争の発生から解決に至る経過は，廃棄物行政を進めるための大切な教訓になってきている。

　そのいくつかを見てみよう。1950年代から都市部では生活ごみが急増し

67）　NIMBYとは "Not in my back yard" を意味するもので，どこかに立地すべき社会的に必要な施設であるが，自分の住宅の裏庭（近隣）への立地には反対するという市民感情を表現したもの。

て，焼却施設の処理能力が追い付かない事態が起こり，生ごみを埋め立てる時期が長らく続いた。東京のごみの海面埋立は昭和期から始まり，1950年代後半から10年間にわたって現在の江東区の「夢の島」が埋立地になっていた。焼却も覆土も十分に行われないまま生ごみが埋立処理され，生ごみの発酵ガスから火災が起こったこともあり，悪臭，ハエが大量発生するなどの衛生上の問題を引き起こした。当然ながら周辺住民の反対運動は高まっていったが，夢の島以降も東京都は最終処分場を東京湾の海面埋立で賄わざるを得なかった。東京都は1956年にすべての特別区に焼却施設を設置する方針を打ち出したが，建設計画は順調には進まなかった。1970年代初頭には杉並区内の焼却施設の立地計画が地元区民の反対で遅延したことをきっかけに，それまで都内23区の廃棄物埋立処分の大部分を受け入れてきた江東区が，杉並区のごみの搬入を阻止するという事態に発展して「東京ごみ戦争」が起こっている。当時の美濃部都知事が「ごみ戦争」を宣言したことからこのように呼ばれるようになった。

　焼却施設建設への反対行動は"地域エゴ"として一時は顰蹙をかったものの，やがて焼却施設と最終処分場の立地に徹底的な環境対策が講じられて建設が進み，事態は収束に向かう。なお，いまでも焼却場を持たない特別区はいくつかあるが，2001年度からは清掃事業が東京都から23区に移管され，東京二十三区清掃一部事務組合が発足して，特別区が共同で清掃工場の運営に当たっている。

　東京ごみ戦争のしこりを想起させる事件が現在おこっている。1970年代に始まりいまも廃棄物の埋立が続いている中央防波堤埋立地（約500ha）の帰属をめぐって，中央区，港区，品川区，江東区及び大田区の5区が長年争ってきた。2002年に3区が主張を取り下げ，それ以降は江東区と大田区の帰属争いになり，2017年に両区が東京都の調停案を求めたのに対して，自治紛争処理委員会は江東区に86％，大田区に14％を帰属する案を提示した。江東区は受け入れの意向を示したが，大田区はこれを不服とし100％の帰属を求めて江東区を相手どり東京地裁に提訴し，現在係争中である。新聞報道によれば，大田区は，中央防波堤付近はかつて区民のノリ養殖場だったと主張して譲らない。一方江東区は，埋め立てられたごみは江東区を通って運ばれ，住

民は悪臭やハエの大量発生などに苦しんできたのであり，区民の犠牲の上に造成されてきたことを主張する。この埋立地は，2020年の東京オリンピック・パラリンピックの会場の一つ「海の森水上競技場」の建設予定地になっている。

　1992年には東京都日の出町谷戸沢最終処分場（管理型）の遮水シート破損事件の新聞報道をきっかけに，最終処分場による環境汚染への懸念が高まり，建設反対運動が全国で表面化した。また，藤前干潟を廃棄物最終処分場にする計画が中止され，ラムサール条約の登録湿地になった事案は，市民の環境保全運動の大きな成果としてつとに有名である。伊勢湾最奥部にある約100haの藤前干潟を最終処分場とする構想を，名古屋市が港湾計画に織り込んだのは1980年代のことである。その後，建設計画が具体化する中で干潟を保全しようとする住民団体による反対運動が強まっていった。1990年代に入ってから名古屋市は計画規模を半分に縮小して実施に踏み切るべく環境アセスメントを実施した。環境保全対策として人工干潟を造成する代替措置も提案されたが合意形成には至らず，名古屋市は1999年にこの計画を中止する決定をした。名古屋市は直ちに「ごみ非常事態」を宣言し，徹底したごみの減量・分別とリサイクル促進の取り組みを進め，循環型社会づくりの先進的な自治体になった。一方，藤前干潟は2002年11月に国の鳥獣保護区の指定を受けるとともに，同月，ラムサール条約の登録湿地になった。環境省の説明によれば，藤前干潟の登録湿地としての価値を，①2万羽を超える水鳥を定期的に支えていること，②動植物のライフサイクル上の重要な段階を支えていること，③国際的に絶滅のおそれのある種又は生態学的群集の生存にとって重要であることを挙げている。ところが，環境省中部地方環境事務所ホームページによれば，現在の藤前干潟では不法投棄，漂着ごみが非常に多くなっており，野生生物への影響が懸念される状況にある。

（3）ダイオキシン対策とPCB廃棄物処理

　わが国の廃棄物行政の歴史の中で，ダイオキシン類対策とPCB廃棄物処理は特別に重い問題になってきた。ダイオキシン問題は，1983年に国内の廃棄物焼却施設の飛灰（フライアッシュ）からダイオキシンが検出されたとの研究者の報告に端を発する。市民の間に健康不安への懸念が著しく高まり，

「ダイオキシン類対策特別措置法」が制定される 1999 年まで 15 年にもわたって，全国各地で廃棄物焼却施設の立地への反対運動が起こり，ダイオキシン騒動ともいうべき社会現象が続いた。茨城県新利根町ではごみ焼却施設の操業停止を求める訴訟や，大阪府能勢町のごみ焼却場の炉頂型流動床炉では高濃度ダイオキシンによる健康被害等の訴訟が起こり，産廃処理施設ではダイオキシン対策が不十分であることを理由に操業差止めや建設差止めの請求が認容されたケースがいくつもある。また，産業廃棄物処理施設が集積していた所沢市くぬぎ山地区周辺で，農産物から高濃度のダイオキシンが検出されたとのある環境コンサルタントのテレビ番組での発言が誤解を生み，所沢産のホウレンソウの値が暴落するという，いわゆる「所沢ダイオキシン事件」も起きた。農家側は風評被害を受けたとして損害賠償を求めてテレビ局を相手取り訴訟を起こしている。

　行政対応としては，廃棄物行政を所管する旧厚生省が，1990 年にダイオキシン類発生防止等ガイドラインを策定し，① ごみ焼却施設の完全燃焼を目指した燃焼方式の改善，② 電気集塵機の入口排ガス温度の低温化もしくはバグフィルターの設置等を，地方公共団体に指導している。その後 1997 年には新しいガイドラインを策定し，新たな知見に基づく TDI（10pg-TEQ/kg/日）をベースに緊急対策と恒久対策にわけて焼却炉の排出基準値が示された。安定的な燃焼状態のもとで燃焼させてダイオキシン類の発生を抑制するため，新設炉は 24 時間連続運転炉とする方針が打ち出されている。また，焼却灰の溶融固化などの高温処理によってダイオキシン類を分解する方針も新ガイドラインに示された。一方，旧環境庁も 1996 年に独自に健康リスク指針値（5 pg-TEQ/kg/日）を提案するなど，政府内部の足並みの乱れがみられる場面もあった。第 5 章でみたように，1999 年のダイオキシン類対策特別措置法の制定によって，TDI は国際標準レベル（4 pg-TEQ/kg/日）に設定され，大気，水質，土壌，底質，廃棄物にわたるクロスメディア汚染対策が実施されて，排出量は急速に減少し，環境測定データの詳細が丁寧に公表されたことから，汚染への不安は急速に沈静化していく。

　1990 年代の後半から，一般廃棄物焼却施設には国の補助金が大量に投入され，短期間の間に大型連続操業炉への建て替えが進められ，同時に一般廃

棄物の広域処理化が進められることになった。1990年代後半から2000年代
初めにかけては，「ダイオキシン特需」と呼ばれるほど，短期間にダイオキ
シン対策費が投入された時期である。それから20年が経過したが，この時期
に建て替えられた廃棄物焼却施設はいま更新期を迎えている。

　ダイオキシンと並んで環境政策が処理にてこずってきたのが1972年に製造・
使用が中止されたPCBの廃棄物への対処である。政府は㈶電気絶縁物処理
協会等を通じて，30年間にわたりPCB廃棄物を焼却処理する計画を繰り返し
立てたが，いずれも地元自治体の合意が得られず，焼却処理できる性能（高温
炉）を備えた施設は，高砂市の一例を除いてついに設置されることがなかっ
た。高砂の事例は特別である。かつてPCBを製造した鐘淵化学工業（現・
カネカ）が，全国から回収した約5,500トンの液状PCB廃棄物を高砂工業所
に保管していた。地震等の災害時に保管中のPCB廃棄物が環境に漏出した
場合のリスクがより重いものと判断したためであろう，国の支援と兵庫県・
高砂市・住民の監視のもとに，1987年に高温熱分解施設の建設に着手し，
1989年12月までに保管していた全量が処理されている。

　出口が見えないままに時間が過ぎ，全国に分散保管されたPCB廃棄物が
紛失する事案や，トランスが腐食してPCBが漏出する事案も起きて環境汚
染の懸念が高まっていった。焼却施設の立地が実現せずにPCB廃棄物の保
管が長引けば，容器の腐食や震災の折に環境にPCBが漏出するリスクが高
まると判断した政府は，1990年代に入ってから液状PCBを焼却によらず化学
的に分解する方法と，PCB汚染物の洗浄方法の検討を開始した。そして，2001
年にPOPs条約が採択されたのを契機に，同年「ポリ塩化ビフェニル廃棄物の
適正な処理の推進に関する特別措置法」（PCB廃棄物特措法）が制定され，2016
年7月までにPCB廃棄物の処理を完了することが定められた。

　この時点で日本政府は先進国中ただ一つ，焼却によらずに化学分解処理を
採用する方針を決めた。化学処理はコストも高く処理に要する時間も長い。政
府は日本環境安全事業株式会社（JESCO）を活用して，全国5か所（東京都
江東区，室蘭市，豊田市，大阪市，北九州市）に処理施設を整備し処理を開始
した。しかし，特措法の施行以降に未届けのPCB廃棄物の存在が判明した
ことや，搬入の遅れ，技術的なトラブル等があって，当初の処理期限までに

処理を完了できなかった。このため 2016 年に PCB 廃棄物特措法は改正され，処理施設によって異なるが，処理期限が 2022 年〜2024 年まで延長された。高濃度 PCB は全国 5 か所の施設で処理し，低濃度 PCB 廃棄物は無害化処理の認定を受けた事業所等で処理するとの方針のもとに，前世紀の負の遺産である PCB 廃棄物の処理はいまも続いている。

（4）不法投棄と廃棄物規制の強化

　環境・公害法の中で違反件数がもっとも多いのは廃棄物処理法である。廃棄物の不法投棄は典型的な廃棄物処理法違反事案である。1990 年代半ばから 2000 年代前半までの一時期は不法投棄が急増し，2004 年の循環型社会白書では不法投棄問題が特集されたほどである。

　環境省は産業廃棄物の不法投棄が生じる構造的な問題を，悪貨が良貨を駆逐する事象に例えて次のように説明する。産廃排出者の処理コスト負担の責任意識の欠如から，処理を安く請け負う廃棄物処理業者に委託すると，悪質業者や無許可業者による不法投棄が横行し，重大な環境汚染を引き起こす。不法投棄によって生じる土壌汚染や周辺環境を回復するために多額の費用を投じる必要が生じ，それが国民の間に産廃処理業者や処理施設に対する不信感を生む。

　頻繁に行われてきた廃棄物処理法の改正の中で，不法投棄を解消するための改正は少なくない。廃棄物処理法は環境汚染事件が発覚するたびに規制の強化が図られてきた。逆に規制の強化がきっかけになって過去の杜撰な廃棄物処理の実態が明らかになったケースもある。その事例として 1975 年に明らかになった日本化学工業の六価クロム鉱さい埋立事件がある。日本化学工業は江東区小松川工場で 1940 年代からクロム化合物を製造した際に発生する大量の鉱さいを，江戸川区及び江東区内に長年にわたって埋立材として使用したことが判明。廃棄物処理法に基づいて 1971 年から六価クロム含有廃棄物の規制が施行されて明るみにでた（衆議院議事録, 1975）。この六価クロム事件を契機として 1977 年には最終処分場の構造基準と維持管理基準が設定されている。

　最終処分場の三つのタイプは汚染性の判断に基づくものであるが，自動車のシュレッダーダスト（ASR）（後述脚注 72）参照）はかつて廃プラスチックに分類され，安定型の最終処分場に投入することが許されていた。しかし，

1990年に発覚した香川県豊島の不法投棄事件では，50万㎥超もの廃棄物の中に，廃油，廃酸，廃プラスチック，汚泥などのほかシュレッダーダストが相当量含まれていた。このため，1994年の政令改正で処分基準が強化され，1995年から管理型処分場に処分すべきものとなったほか，自動車リサイクル法の制定に際して，カー・エアコンからのフロンガスの回収・破壊処理及びエアバッグ処理と並んで，シュレッダーダストの適切な処理が重視されることになった。また，建物の解体工事の際に重機が用いられて短時間に解体（ミンチ解体）が可能になったが，発生する建設廃棄物は安定型に投入できるコンクリートやガラスくずのほかに，材木，紙類，プラスチック類ががれきに混じるために管理型への処分が必要になった。これら二つの廃棄物はいずれも現在では，自動車／家電リサイクル法と，建設リサイクル法に基づく措置によって，そのまま最終処分されることはなくなった。なお，安定型処分場から管理型処分場へのタイプの変更によって処分コストは数倍高まるとされる。

　大規模な不法投棄事件としては，豊島のほか，2000年に発覚した青森―岩手両県にまたがる88万㎥もの燃え殻，汚泥，廃油等の有害産業廃棄物の不法投棄事件，2004年に発覚した岐阜市椿洞での50万㎥に及ぶ廃プラスチックや建設廃材の不法投棄事件などがある。また，2000年からの数年間頻繁に起きた特異な事案として硫酸ピッチの不法投棄がある。揮発油税がかからないA重油と灯油を混ぜて軽油に近い性状の燃料油を不正に製造し，軽油取引税を逃れようとする犯罪行為で生じる副産物が硫酸ピッチである。A重油と灯油には識別剤として蛍光物質であるクマリンが添加されていて，これを除くために濃硫酸で処理すると，強酸性で有害性が強い硫酸ピッチが生じる。不正行為から生じる廃棄物であるために処理を専門業者に委託できず，硫酸ピッチの不法投棄がおこる。2004年の廃棄物処理法改正で硫酸ピッチは「指定有害廃棄物」とされ規制と罰則が強化された。なお，第4章でみたように，ディーゼル車の排ガス対策として軽油の低硫黄化が進められてから，クマリンが除去されても不正軽油の硫黄分がおよそ400ppmと高いことから，現在では不正軽油であることが容易に検知されるようにもなった。

　不法投棄対策として，1997年の廃棄物処理法改正では，不法投棄・不適正

処理による支障除去のための代執行規定と，産業廃棄物適正処理推進センター基金による財政支援制度が創設された。また，豊島事件のように，1997 年改正法の施行前に行われた産業廃棄物の不法投棄・不適正処理の事案についても，行政機関が関与して原状回復する新たな法制度（「特定産業廃棄物に起因する支障の除去等に関する特別措置法」（特定産廃支障除去特措法））が 2003 年に整備され，このスキームが豊島の不法投棄廃棄物の処理にも適用された。香川県は，隣接する直島に建設した焼却・溶融施設に専用船で運搬し，2003 年から処理が開始された。廃棄物と汚染土壌の合計は当初の見込みを大きく上回って 90 万トン以上にのぼり，費用は 770 億円に達した。豊島からの廃棄物の除去は 2017 年に終了したが，地下水汚染対策などの業務はまだ残されている。

　図 6-2 からわかるように，1990 年代から 2000 年代にかけての 10 年間は産業廃棄物処分場が極端にひっ迫した。これが廃棄物の処理・処分コストを押し上げるために不法投棄ビジネスが横行し，規制の強化が一層不法投棄を誘発するというイタチごっこが生じる。千葉県で廃棄物行政を担当した石渡正佳氏が 2002 年に上梓した『産廃コネクション』は，不法投棄ビジネスの真相を告発したもので，当時は環境分野のベストセラー本になった。1995 年にシュレッダーダストの処理規制が強化されて廃棄物処理費用が高騰したことが不法投棄の増加につながったことと，1998 年の家電リサイクル法の制定で廃家電の処理が有料化されたため，法施行後の一時期は廃家電の不法投棄が増加したことがこの図から伺える。同じ時期に放置自動車台数も増えている。2000 年以降は，廃棄物処理法等に基づく一連の規制強化が進み，家電リサイクル法と自動車リサイクル法の施行も軌道に乗ってからは件数が減少してきた。環境省の集計によれば，新規判明件数はピーク時（1998 年度）の約 1,200 件から 2014 年度には 165 件，2016 年には約 130 件へと大幅に減少している[68]。

　以上述べてきた廃棄物処理法を中心とする廃棄物に関する規制体系を国際条約との関連を含め図式化すると図 6-3 のようになる。

---

68) 都道府県及び政令市が把握した産業廃棄物の不法投棄のうち投棄量が 10 トン以上の事案（ただし特別管理産業廃棄物を含む事案は量によらず全案件）である。

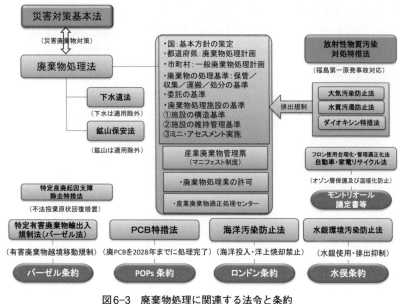

図6-3　廃棄物処理に関連する法令と条約

6.3　3R政策の現状と課題

6.3.1　わが国の物質フロー

わが国の資源循環の現状を説明するにも，循環型社会形成政策の進捗状況を測るにも，いつも引き合いに出されるのが図6-4に示した物質フロー図である。循環型社会政策の方針は，左からの総資源投入量（入口側）をできるだけ少なくし，廃棄物排出量（出口側）をできるだけ絞り，いったん日本社会に投入された天然資源をできるだけ繰り返し利用して，新たな天然資源の投入量を減らすとともに，環境への負荷を低減することにある。この図は2003年に策定された第一次循環型社会基本計画に登場したのが最初である。それ以降，毎年度の循環型社会白書[69)]にも掲載され，循環型社会基本計画の改定時

---

69)　循環型社会白書は2001年度版から2006年度版までは単独で刊行されたが，現在では環境白書に合本されている。脚注36）参照。

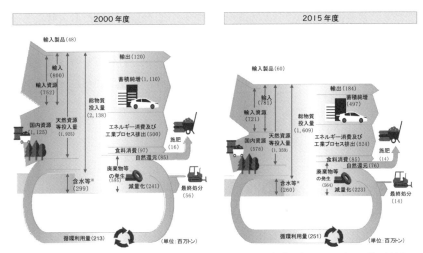

※　含水等：廃棄物等の含水等（汚泥，家畜ふん尿，し尿，廃酸，廃アルカリ）及び経済活動に
　　伴う土砂等の随伴投入（鉱業，建設業，上水道業の汚泥及び鉱業の鉱さい）
（出典）「平成 30 年度環境白書」p.159

図6-4　わが国の物質フローの2000年度から2015年度にかけての変化

にも最新の物質フローが掲載されてきた。図 6-4 は 2018 年度の環境白書か
ら引用したものである。

　この図には循環基本法が制定されて循環型社会形成政策が本格的にスター
トした 2000 年度と，2015 年度の物質フローが比較して示されている。この
15 年間に日本の物質フローが随分縮退しているのに気づくが，その内訳を
考えてみる必要がある。調査年次はやや古いが，環境省が 2009 年に作成し
た「日本の物質フロー 2006」には，物質フローの読み方について詳しい説
明がなされていて参考になる。そして，次のようなことがわかってくる。

　物質フローの「入口側」を見ると 2000 年には 20 億トン近かった天然資源
等の総投入量が，2015 年には 13.6 億トンへと 3 割ほど減少している。しか
し，輸入資源の量はほぼ横ばいだから，国内資源の調達量が半減したのが原
因である。特に非金属鉱物系の減少が著しい。2015 年における天然資源の
投入量を系統別にみると土石系と化石燃料系の資源が各 5 億トン，金属系と
バイオマス系の資源が各 2 億トンである。二つ目の大きな変化は国内の資源
投入量の減少と連動して「出口側」項目のうち蓄積純増が減少していること

である。蓄積純増とは，土木構造物，建築物，自動車といった耐久財など，直ちに廃棄物として排出されずに国土上にストックされた物質の一年間の増加分である。多くが土木工事や建築用の岩石，砂利，石灰石といった建設資材（非金属鉱物系資源）である。この減少は日本経済が長期にわたって停滞し，人口減少に伴ってインフラ整備などの公共事業の規模が縮小したことによるものであろうと推定される。

　一方，輸入資源量は横ばいで推移しているが，その3分の2は石油，石炭，天然ガスの化石燃料である。化石燃料の消費結果は出口側ではエネルギーとしてカウントされ，工業プロセスからの排出とともに CO_2 等として環境中に放出される。その量は2000年度の500百万トンから2015年度には524百万トンに増加した。三つ目の大きな変化は，廃棄物の最終処分量の著しい減少である。一般廃棄物でも産業廃棄物でも最終処分量の顕著な減少は1990年以降に進んでいて，数量的にみると最終処分量の減少と循環利用量の増加が同程度になる。

　この図の中には第一次循環型社会基本計画以来，循環型社会政策の進捗状況を計る代表的な物質フロー指標として数値目標が設定されてきた，次の3つの指標を算定するのに必要なパラメーターの大部分が表示されている。

　①　資源生産性（＝GDP/天然資源等投入量：単位は万円/トン）

　②　循環利用率（＝循環利用量/（天然資源等投入量＋循環利用量）：単位は％）[70]

　③　廃棄物の最終処分量（単位は万トン）

　資源生産性は，図6-4に記された天然資源等投入量と循環利用量に当該年度のGDPを補えば算定できる。2000年度の約25万円/トンから2010年度の約37万円/トンまで上昇したが，それ以降は改善傾向が鈍化して2015年度に40万円/トンに届かず，第二次循環型社会基本計画の2015年度目標を達成できていない。資源の循環利用総量は2000年度の213百万トンから2015年度の251百万トンへと20％増加したが，循環資源の内訳ではがれき，鉱さい，ばいじんなどの非金属鉱物系（土石系）が過半を占め，鉄スクラップ，金属くずがこれに次いでいる。循環利用率（入口側）をみると，2000年度の

---

70)　第4次循環基本計画（2018）では，「循環利用率」の目標として，②で定義された「入口側の循環利用率」に加えて，以前は補助指標とされていた「出口側の循環利用率」（循環利用量／廃棄物等発生量）についても目標が設定された。

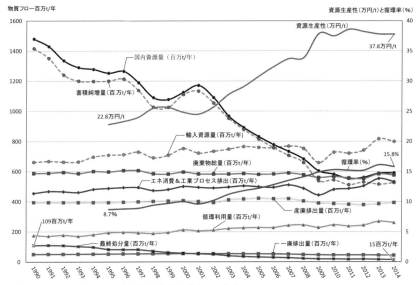

（出典）　環境省「平成29年度版環境統計集」から作成

図6-5　日本のマテリアル・フローと物質指標の変化（1990-2014）

10%程度から2014年度には16%程度まで上昇したが，資源投入総量そのものが減少しているので割り引いて伸び率をながめる必要がある。循環利用率（出口側）は2000年度の36%から2014年度には44%に上昇した。最終処分量は2000年度の約56百万トンから2015年度の約14百万トンへと4分の1にまで減少したが，2010年度以降は横ばいである。

　このように，循環社会政策が始動してからの15年間の日本の物質フローの変化は，主に土木・建設業に伴う土石系資源の流量の縮小によってもたらされたものである。物質フロー指標のいずれも2000年度から2010年度までは改善が進んだものの，2010年度以降は鈍化している。なお，図6-4に示された物質フローの構成要素の1990—2014年度の25年間の経年変化を示すと，図6-5のようになる。

　また，私たちになじみ深い循環的利用物品であるプラスチックと紙類のフローを見ると次のようになる。プラスチック国内生産量は2010年から現在まで年間約1,000万トン程度で推移しているが，2017年のプラスチックの原料のうち再生樹脂の投入量は62万トン程度にとどまっている。他方，廃プラス

チックの排出量約 900 万トンのうち，6 割弱がサーマル・リサイクル（エネルギー回収）されており，マテリアル・リサイクルとケミカル・リサイクルは 30% 弱にとどまる。残り 14% 程度は単純焼却又は埋め立てられている。一方，紙類の国内消費量は 2010 年代に入ってから緩やかに減少しており，2017 年現在，約 2,600 万トンである。同年の古紙の回収量は，輸入分を含めて 2,100 万トンであるが，うち輸出 400 万トンを差し引いた国内流通量は約 1,700 万トンである。2010 年以降の古紙の回収率は約 80% で推移し，古紙の利用率は約 64% になっている。

　なお，物質フロー図に関連する議論としては，製品や素材を得るために移動させた物質量を意味する「エコ・リュックサック」もしくは TMR（total material requirement）の考え方や，農産物等を生産するのに必要な水の量を最終消費者に付け替えるバーチャル・ウォーター（仮想水）の考え方がある。多くの天然資源を海外からの輸入に頼るわが国の資源循環は，国内の資源循環だけでなく，原産国における環境負荷や資源の枯渇にも目を向けなくてはならないからである。こうした考え方を敷衍すれば，海外に輸出した製品が使用済みになったのちの処理・処分に伴って生じる環境汚染にも配慮する必要があり，輸入製品や輸入素材の生産に伴う CO_2 排出量をわが国に付け替えて温暖化対策を考える必要がある。なお，第三次循環型社会基本計画から「隠れたフロー」と命名して TMR をモニターする必要性が指摘されたが，第四次基本計画でも循環政策の俎上に乗せるまでに熟していない。

6.3.2　拡大生産者責任（EPR）

（1）OECD のガイダンス・マニュアル

　循環型社会政策の理論的な拠り所になっているのが拡大生産者責任（EPR）である。OECD の定義によれば，EPR とは，「製品に対する生産者責任を製品のライフサイクルの使用後段階にまで拡大すること」である。OECD は，EPR に関連する潜在的な便益や費用について各国政府に情報提供することを目的に，2001 年に「政府向けガイダンス・マニュアル」を発行した（クリーン・ジャパン・センターの邦訳もある）。このマニュアルの中で，EPR に注目すべき背景事情として，環境対策が進んでも OECD 諸国では有害廃棄物も家庭ごみ

も増大し続けている点を指摘する。従来からの，製造業者・輸入業者に課されてきた，生産工程に着目した環境政策（労働安全，生産工程の環境負荷抑制，生産から生じる廃棄物の適正管理に対する財政的・法的責任）では，人の健康や環境保全に必要な変化がもたらされないとの認識が高まってきた。

　マニュアルでは「責任を地方自治体から上流部門の生産者へと移すことによって，使用済み製品の処理または処分に関して，生産者が財政的及び／又は物理的な相当程度の責任を受け入れるという EPR の政策アプローチは，発生源で廃棄物を抑制し，環境適合型製品の設計を促進し，リサイクル・資源管理を促進する動機を与えるのが大きな特徴である」とされている。つまり，生産者が負う廃棄物処理・処分のための外部環境コストの相当部分が内部化されるため，資材の調達から始まり，製品の設計，リサイクル及び処理・処分に係る技術の開発，回収システムの設定など，製品のライフサイクルのすべての段階で，環境負荷低減，省資源，持続的な資源利用に向けた配慮等が進むと期待されている。

　マニュアルは，EPR の特定の手順を規定するものではないが，EPR の責任は元来，製品の製造から廃棄に至るまでの流れにおいて関係する者が分担するものとされている。また，EPR 政策が環境影響を増大させたり，製品連鎖の他の箇所に転嫁されることがないよう，ライフサイクル・アプローチを原則とすべきとしている。政策手法として，① 製品の回収・リサイクル義務化　② デポジット・リファンド制度，③ 原材料課税／目的税化　④ 前払い処分料金，⑤ 再生品の利用についての基準（グリーン購入等），⑥ 製品のリースなどが例示されている。その他，貿易への影響については，回収した原材料の外国へのダンピングが不公正な競争を生み，輸入国のリサイクルへの取組を阻害する可能性などにも触れている。

　なお，2001 年に発行されたマニュアルは，その後の世界各国での EPR の導入実績を踏まえて，2016 年に改訂版が作成されている。改訂版では新興国・途上国特有の課題にも配慮した留意事項・推奨事項がまとめられており，日本語の要約版が，国立環境研究所と地球環境戦略研究機関（IGES）によって作成されている。新マニュアルによれば，EPR 制度は 2001 年以降に世界で増加し，現在約 400 の制度が実施され，法規制が一般的な方法になっている。

対象製品は消費者向けの小型の電気電子製品に対する制度が3分の1以上，容器包装とタイヤが17％ずつ，残りは使用済み自動車，鉛蓄電池などとなっている。政策手法としては製品回収義務が全体の4分の3近くを占めてもっとも一般的であり，その他では前払い処分料金とデポジット制度がほとんどとなっている。2001年のガイダンス・マニュアルでの推奨事項はいまも有効としつつ，不適正な埋立処分や焼却処理がなされているような，環境面でより懸念のある使用済み製品について特にEPR制度の拡大を検討すること，EPRが製品設計に及ぼす影響が限定的であるため取組をさらに強化する必要があるとしている。

（2）EPRの3R政策への取り込み

　拡大生産者責任の考え方は循環基本法でも位置づけられているほか，3R政策関連法の随所に盛り込まれている。循環基本法では，第4条の「国，地方公共団体，事業者及び国民の適切な役割分担の下に講じられ，それに要する費用が適正かつ公平に負担されなければならない」との原則のもとに，第11条の生産者の責務として，①原材料等が廃棄物等となることの抑制（第1項），②製品の耐久性の向上（長寿命化），③設計の工夫，④材質や成分の表示（以上第2項），⑤適切な役割分担のもとで製品の特性に応じた引取り・引渡し・循環的利用（第3項）を定めている。また，第18条第3項では，循環型社会の形成を推進する上で事業者の役割が重要と認められる製品，容器等については，製造，販売等を行う事業者が循環資源となったものの引取り・引渡し・循環的な利用を行うよう必要な措置を講ずることが規定されている。

　廃棄物処理法でも，廃棄物の適正な処理を確保する観点から，事業者の責務（第3条第2項）を定め，適正処理困難物指定制度（第6条の3）において，環境大臣が市町村による適正処理が困難な一般廃棄物を指定し[71]，市町村長は製造事業者等に対し，その適正処理を補完するために必要な協力を求めることができる旨の規定がある。さらに，製品等に係る措置（第19条の2）では，環境大臣は，製造業等を所管する大臣に対し，事業者に製品等の材質・処理

---

71)　現在まで，ゴムタイヤ，テレビ，冷蔵庫，スプリングマットレスの4品目が指定されている。

方法の表示をさせることその他廃棄物の適正処理のために必要な措置を求めることができるとの規定もある。

　資源有効利用促進法では，資源の有効な利用の確保の観点から，事業者に対して自主的な取組として次の事項を求めていて，これも EPR 制度に含まれるものと考えられている。具体的には，① 自動車，パソコン等の指定省資源化製品について，設計・製造段階における修理の容易化，耐久性の向上等，② 自動車，パソコン，自転車等の指定再利用促進製品について，設計・製造段階における再生資源として利用可能な原材料の使用，原材料の種類数の削減等，③ PET ボトル，飲料缶，小型二次電池等の指定表示製品について，材質・成分等の表示，④ パソコンや二次電池等の指定再資源化製品について自主回収・再資源化である。

　個別リサイクル法においては，製造事業者等に以下の例のように一定の行為を義務付けている。① 容器包装リサイクル法では，容器包装廃棄物について，特定容器利用事業者等に再商品化を義務付け，② 家電リサイクル法では，市町村による処理・リサイクルが困難な特定家庭用機器廃棄物（エアコン・テレビ・冷蔵庫・洗濯機）について，小売業者に収集，製造業者に引取り・再商品化を義務付け，③ 自動車リサイクル法では，使用済自動車について，自動車製造業者等にフロン類・シュレッダーダスト・エアバッグの引取り・再資源化等を義務付けている。

6.3.3　3R 政策の展開図

　3R 政策は，生産プロセスを省資源・省エネ化して天然資源の投入量をできるだけ減らし，製品の長寿命化を図り，廃棄物となった場合に再資源化しやすい環境に配慮した設計を進め，余分な製品・サービスの利用を節減し，使用済みの製品の回収・再使用・再生利用をできるだけ進めて，廃棄物の排出量を減らすための行政的な手法の集合体から成り立っている。

　天然資源の投入から，生産，使用・消費，回収，廃棄に至るまでの過程にわけて物質のフローを模式化し，それぞれの過程に作用する 3R 政策関連の法令等を書き込んだものが図 6-6 である。循環基本法は，3R 政策の基本理念を提示し，循環型社会基本計画が 3R 政策全体の進路を示すほか，3R 政策

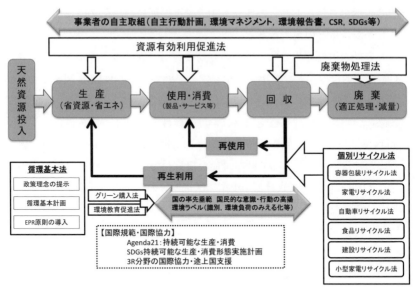

図6-6　3R政策の体系（概念図）

における拡大生産者責任の考え方を位置づけている。資源有効利用促進法は，事業者に自主的な取組を求める，横断的な3R促進のための法律である。この法律では幅広い業種や製品に対して，製造工程での省資源化，環境配慮設計，資源の再利用・部品の再使用の促進を求めている。一般廃棄物と産業廃棄物の約5割をカバーするともいわれ，資源循環を促進するマスタープラン的な役目を果たしている。また，容器包装リサイクル法をはじめ廃棄物等の種類ごとにリサイクルを促進する法律が6本制定されていて，これらは「個別リサイクル法」とも呼ばれる。

　多種多様な製造工程，製品，サービスを対象にして進められる3R政策においては，事業者による自主的な取組が，競争的環境のもとで前進するような仕組みが必要である。実際，日本経団連傘下の多くの業界は，国際的動静を踏まえて環境保全への自主的な取組（自主行動計画）を1997年から本格的に開始した。中でも温暖化対策と廃棄物対策については，多くの業界が数値目標を掲げて重点的に取組を推進してきた。また，温暖化防止政策とならんで3R政策では，消費者の環境配慮製品への購買意欲や廃棄物の分別排出等

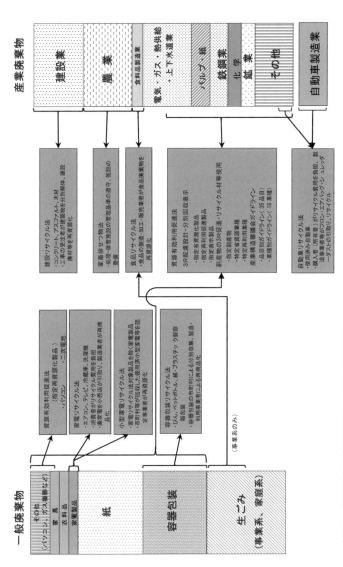

図6-7 3R政策に係る関連法令・ガイドラインと各種廃棄物等の対応関係

(出典) 経済産業省「資源循環ハンドブック 2018」p.12

の環境行動の高揚を図ることも重要な政策手法の一つになっている。そのため，グリーン購入を国等が率先垂範することを定めたグリーン購入法や環境教育促進法も 3R 政策の一翼を担っている。

　図6-7 は廃棄物等の種類ごとにみた場合，3R 政策関連法令やガイドラインがどの部分をカバーしているかを示したものである。年間排出量約 4,000 万トン余りの一般廃棄物と約 4 億トンの産業廃棄物とでは，量的に 10 倍の開きがあるが，左右の一般廃棄物と産業廃棄物の内訳を示す棒グラフの比率はおおむね廃棄物の発生量に対応している。この図から，資源有効利用促進法と個別リサイクル法が，カバーする領域の大きさがおよそわかる。主な廃棄物の品目の最近の排出量を示すと，一般廃棄物のうち食品廃棄物は事業系が約 1,900 万トン，家庭からの排出が約 1,000 万トンの計約 2,800 万トン，古紙は輸出分を除いて約 1,700 万トンであり，容器包装は重量で一般廃棄物の約 20%とされるので 800 万 t 程度になる。一方，産業廃棄物のうち大口は建設廃棄物の約 7,200 万トンと下水道汚泥の約 7,800 万トンとなっている。下水道汚泥に適用されるリサイクル法はないが，脱水，焼却等の中間処理で減量され，エネルギー，セメント原料，建設資材，肥料などとしての再利用が進んでいる。2015 年度の最終処分量は約 30 万トン程度に減少した。

6.3.4　循環型社会基本計画

　循環基本法第 15 条に基づいて政府はおおむね 5 年ごとに循環型社会基本計画を策定してきた。基本計画には施策の基本方針と，政府が進めるべき総合的で計画的な施策とそれに必要な事項が盛り込まれる。2003 年に第一次基本計画が策定されて以来，2008 年，2013 年及び 2018 年に改訂され，現在の計画は第四次計画である。環境省は，第四次循環型社会基本計画を，環境的側面，経済的側面及び社会的側面の統合的向上を掲げた上で，重要な方向性として，① 地域循環共生圏形成による地域活性化，② ライフサイクル全体での徹底的な資源循環，③ 適正処理の更なる推進と環境再生などを掲げ，その実現に向けて概ね 2025 年までに国が講ずべき施策を示したと説明している。

　4 次にわたる循環型社会基本計画の構成はいずれもおおよそ同じで，① 循環型社会形成をめぐる現状と課題，② 循環型社会形成に向けた取組の中長期

な方向性（イメージ），③循環型社会の指標と数値目標，④各主体の連携と役割，⑤国の取組，⑥計画の効果的実施となっている。

2011年の東日本大震災後に改定された第三次計画から，震災廃棄物対策と原発事故により放出された放射性物質による環境汚染からの環境再生が盛り込まれた。

現状と課題に関しては，毎次の計画で，個別リサイクル法に基づく資源循環が加速され，また，"循環型社会ビジネス"を生み出すことが期待されている。廃棄物処理業だけでも年間何兆円ものビジネスが営まれているが，循環社会政策はそれに加えて，再商品化のためのリサイクル設備や人員を創出する効果も持っている。中央環境審議会による第三次循環型社会基本計画の点検調査報告（2017年）によれば，資源・機器の有効利用，長寿命化などを含めた広い意味での循環型社会ビジネスは2000年度〜2014年度において毎年度40兆円規模で推移しているとみられている。

半面，減量及び再使用の2R（reduce, reuse）対策の進捗がはかばかしくなく，その結果，大量生産，大量消費，大量廃棄が解消されるどころか，大量リサイクルを加えた「四大」悪弊が蔓延しつつあると指摘されてきた。実際，日本の社会で再使用されるのは酒瓶やビール瓶などごく一部の飲料用の容器や，荷物の運搬用のパレットなどに限定され，しかも最近ではこれらの使用量も減少気味である。再使用対策が遅れているのは，経済的な理由によるよりも，社会的な習慣と消費者の選好に問題がある。3R政策では政策課題の根幹に横たわっているライフスタイルを抜本的に変更する政策の議論が低調である。第四次循環型社会基本計画でも2Rを画期的に推進するための具体的打開策は提示されていない。

循環型社会基本計画は改定のたびに，循環社会形成の指標と数値目標の拡充の議論に重点を置いてきた。当初の3つの代表指標（資源生産性，循環利用率，最終処分量）のほかに，第三次計画では補助指標，モニター指標を設定し，さらに第四次計画では，資源生産性に関する目標を業種ごとに細分化して設定すること，循環型社会ビジネスの規模の拡大目標，一人当たりの廃棄物排出量の減量目標，最終処分場の残余年数の確保目標，電子マニフェスト普及率の向上等を掲げている。中には，後に触れる，産業構造審議会の廃棄物・

表6-2　循環型社会基本計画の物質フロー目標と達成状況

	資源生産性（万円/t）目標／実績	循環利用率（%）目標／実績		最終処分量（百万 t）目標／実績
		入口側	出口側	
2000 年度実績	24	10	36	57
第一次計画（2010 年度目標）	37／37.6	14／15.3	—／43.4	28／19.2
第二次計画（2015 年度目標）	42／38	14-15／16	—／44	23／14
第三次計画（2020 年度目標）	46／?	17／?	45*／?	17／?
第四次計画（2025 年度目標）	49／?	18／?	47／?	13／?

＊出口側循環利用率は第三次計画では補助指標とされたが，第四次計画で代表指標となった。

リサイクルガイドラインや個別リサイクル法に基づく目標等と重複するものもあり，却って大局的な政策の意図が見えないものになった感がある。

　ここでは循環社会の全体像に関する指標として，第一次循環型社会基本計画から用いられてきた3つの物質フロー指標の目標値と実績を追跡してみよう。目標値は第一次基本計画で 2010 年度目標，第二次基本計画で 2015 年度目標，第三次基本計画では 2020 年度目標，そして第四次基本計画では 2025 年度目標が設定されてきた。毎次の計画では，目標年次の実績がまとまる以前に，次期の目標が設定されるというタイミングになっているため，いまようやく第二次基本計画で掲げられた 2015 年度目標の達成見通しが得られる時期になった。達成状況は表6-2に示したとおりで，循環利用率と最終処分量の目標は達成されたが，資源生産性の目標が未達成である。なお，循環型社会基本計画における物質フロー指標等の目標値の設定は，政府の各種計画を反映させて GDP・最終需要・人口シナリオを描き，廃棄物の排出構造に関するトレンド分析と 3R 対策の効果を総合して政策的に決定される。つまり，経済的及び技術的な実現可能性を考慮しながら定めた，腰だめの努力目標である。

　すでに述べたように，1990 年以降に縮退を続けてきた日本の物質フローが，2010 年以降フラットな状態に移行したために，いずれの物質フロー指標も改善が鈍化していて，循環型社会づくりに翳りが出てきている。むしろ，土木工作物や建築物として国内にストックされている蓄積純増が，今後は耐用年数を終えて廃棄物の排出量を増加させる可能性すらある。15 年余りの循

環政策はわが国の社会の中である意味では定着をみており，ある意味では飽和状態に達した気配がある（図6-5参照）。第四次循環型社会基本計画で新たに取り上げられた視点の一つは，プラスチック，バイオマス，ベースメタルとレアメタルに区分した金属，そして土石・建設材料の4ないし5つの種類の資源別にライフサイクル全体での徹底的な循環使用を進めようとすることである。確かに，これまでの6本の個別リサイクル法は，業種別に縦割りにして囲い込み，しかも再商品化の対象物が限定されているために，物質フロー全体に着目した横断的な循環利用促進策を欠いてきたことは否めない。

6.3.5　資源有効利用促進法

　資源有効利用促進法は，業を所管する主務大臣が判断の基準を示し，業種ごと製品ごとに適切な 3R への自主的な取組を事業者に求める法律である。背景にはそれぞれに固有の経営的あるいは産業技術的な事情が存在するからであろうが，多くの業種や製品・副産物の名称が登場し，筆者も含めて門外漢には理解がむずかしい。具体的には，省資源化や再生資源・再生部品の利用率の向上を図る余地がある 10 業種 69 品目が指定され，7 つの異なるスキームに従って，事業者は減量，再使用及び再生利用の推進が求められる。その際の取組の方向性や手段の具体的な拠り所として「判断の基準となるべき事項」が示されている。

　業種に着目したスキームでは，1）資源の省力化を進めるべき業種として紙・パルプ製造業，製鉄業，自動車製造業などを「特定省資源業種」に指定し，製造工程における副産物の発生抑制への取組を促す。また，2）紙製造業やガラス製造業を「特定再利用業種」に指定して，資源や部品の再生利用への取組を促す。製品に着目したスキームとしては，3）原材料の使用の合理化を図り，長期間の使用を促進すべき製品として自動車，家電，パソコン，石油・ガス器具などが「指定省資源化製品」に指定されている。自動車の車体の軽量化や長寿命化が進められているが，これは本法に基づく「判断の基準」に掲げられた事項でもある。また，4）リユースやリサイクルが容易な設計や製造を促すべき製品として自動車，家電，複写機，金属製家具などが「指定再使用促進製品」に指定されている。

　さらに，5）事業者が自主的に製品を回収し再資源化することが求められる製品としてパソコンや小型二次電池が，「指定再資源化製品」に指定されている。6）石炭火力発電所から膨大に発生する石炭灰や建設土砂・コンクリート等の建設廃棄物は再生資源として利用を促進すべき「指定副産物」とされている。本法に基づくスキームで馴染み深いものに 7）「指定表示製品」がある。スチール缶，アルミ缶，ペットボトル，プラスチック容器，紙製容器包装，小型二次電池（鉛蓄電池，ニッケル・カドミウム電池，リチウムイオン電池）に付されている製品の素材を示す識別マークは，分別回収を促進するために有効に機能している。なお，第 5 章で紹介した EU の RoHS 指令に対応して 2006 年から，家電品（テレビ，エアコン，冷蔵庫，洗濯機，電子レンジ，衣類乾燥機），パソコンには製品含有物質の情報開示も義務付けられている。

　資源有効利用促進法に基づく 3R の推進を補うものとして，経済産業大臣の諮問機関である産業構造審議会の名の下に，1990 年以来公表されてきた「廃棄物処理・リサイクルガイドライン」がある。法律上は確たる根拠をもたないこのガイドラインは，事業者の自主的な取組を促進することを目的に，いまでは 35 の品目別に回収率・リサイクル率・廃棄物減量率，製品の長寿命化等の目標が設定され，また，18 の業種別に廃棄物の最終処分量の削減率，レジ袋の削減率等の目標が設定されている。中には，リサイクル関連法対象でない品目，業種について設定されたガイドライン項目もある。こうした目標の設定は事業者の自主的な取組を誘導するゲージの役割を果たし，目標達成は事業者が自社の努力を標榜する拠り所になる。

6.3.6　個別リサイクル法

　個別リサイクル法は，循環基本法の 18 条 3 項に該当する使用済み製品や廃棄物等を対象として，再資源化を促進する法律群である。法制定の背景，目的，対象物，生産者・消費者の責任，排出量の見積もりと政策上の目標などを比較して整理すると表 6-3 のようになる。ここで，小型家電リサイクル法を除く，他の 5 本のリサイクル法では，製品の製造者又は廃棄物の排出者に対して，義務的な再資源化スキームが設定されている。

　図 6-7 からわかるように，廃棄物を種類と排出する業種に着目して，その業

種を所管する各省庁が，リサイクル法の制定に熱心に取り組んだ結果，廃棄物の相当範囲をカバーしているようにみえる。しかし，対象から外れている廃棄物もかなりあり虫食い状態になっていることにも留意する必要がある。また，「一般廃棄物の処理責任は市町村が負う」という廃棄物処理法の原則と，「製品が廃棄物になった後の回収・リサイクルに，製造業者等が相当程度の責任を担うべき」とする EPR の考え方を，再資源化スキームの設計にどう折り合わせるかは，法律によってまちまちである。さらに，個別リサイクル法の施行を通じて浮かび上がってきた制度上の問題点や，リサイクル法の施行によって誘発される不法投棄や不適切処理の増加といった，法の円滑な運営を妨げる問題も明らかになり，漸次改良が加えられてきてもいる。

　個別リサイクル法のスキームの概要と，施行を通じて明らかになってきた諸課題をみておこう。

（1）個別リサイクル法のスキームの概要

　① 容器包装リサイクル法：容器包装リサイクル法は，家庭ごみとして市町村が回収する一般廃棄物である容器包装が主たる対象物であり，自律的に資源が循環するスチール缶，アルミ缶，段ボールは再商品化義務から外されている。ガラス製容器，指定 PET ボトル（飲料及びしょうゆ，酢などの特定調味料用），プラスチック容器，紙製容器の４品目を対象に，これら容器を使用して食品・飲料を販売する事業者や容器を製造する事業者（「特定事業者」という）に再商品化の義務を課している。

　② 食品リサイクル法：食品リサイクル法は，食品製造，加工，卸売，小売，飲食店といった食品流通・消費の過程で生じる売れ残り，食べ残し，動植物性残渣（食品廃棄物等）を対象としていて，2015 年頃の排出量は約 1,900 万トンである。食品関連事業者は設定された目標に向けて，食品廃棄物の発生抑制と再生利用を促進する責務を負う。家庭からでる食品系廃棄物は年間 1,000 万トン程であるが，これは法の対象ではない。政府の推計によれば最近の食品ロス（可食部分であるのに廃棄される量）は家庭系，事業系とも同程度の量で合計約 650 万トンである。

　③ 家電リサイクル法：家電リサイクル法のスキームは，家電製品の買換時

表6-3　個別リサイクル法の比較

法律名 (公布年/完全施行年)	容器包装リサイクル法 (1995/2000)[注1]	家電リサイクル法 (1998/2001)	小型家電リサイクル法 (2012/2013)
法制定時の背景事情	家庭ごみに占める比率が特に大きく，ごみ減量化を阻害し，最終処分場の逼迫を加速。排出抑制と資源の有効利用が必要。	組成・構造が複雑なため市町村で処理が困難。鉄・アルミ等有用資源を多く含むも半分は埋立処分。多数の不法投棄が発生。	レアメタル等の資源価格高騰と産出国の偏在で供給不安がある。使用済み電子機器中の金属資源の回収を進める必要あり。
法の目的規定の趣旨	容器包装廃棄物の排出抑制，分別収集，再商品化の促進措置を講じ，一般廃棄物の減量と再生資源の利用等を通じて，廃棄物の適正処理と資源有効利用を確保（2006年改正で排出抑制を追加）。	特定家庭用機器廃棄物の小売業者，製造業者等による収集，運搬，再商品化の適正な実施措置を講じ，廃棄物の減量と再生資源の利用等を通じて，廃棄物の適正処理と資源有効利用を確保。	使用済小型電子機器等の金属等の相当部分が未回収で廃棄されている状況に鑑み，再資源化を促進するための措置を講じ，廃棄物の適正な処理と資源有効利用を確保。
再資源化の対象となる廃棄物等	家庭などから排出される容器包装廃棄物。うち「再商品化」の対象は，ガラスびん，PETボトル，紙製容器包装，プラスチック製容器包装の4品目[注3]。	「再商品化等」の対象となる特定家庭用機器は① エアコン，② テレビ，③ 冷蔵庫・冷凍庫，④ 洗濯機・衣類乾燥機[注4]。	一般消費者が通常生活で用いる電子機器・電気機械器具のうち収集運搬が容易な携帯電話，パソコン，炊飯器，電子レンジ，照明器具など28品目。
生産者・廃棄物排出者等の再資源化の責務	• 「特定事業者」(① 容器・包装の中身製造業者，② 容器製造業者，③ 小売・卸販売業者，④ 輸入業者等) が「再商品化」義務を負う。	• 小売業者は消費者からの収集の義務を負う。	• 製造業者は引取り及び再商品化義務を負う。・国・自治体・消費者・小売店・製造業者等の責務が努力義務とされ，行政指導的な制度。 • 再資源化事業を行おうとする者に認定制度。
消費者等の主な責務	• 分別排出，容器包装の排出抑制，再商品化物の利用に協力。	• 対象廃家電の適正な引渡し。 • リサイクル料金を廃家電の排出時に支払い。	• 分別排出し市町村または認定事業者等に引き渡す（排出時に費用負担もありうる）。
立法時の発生量/再生状況	家庭ごみ中の容量比で60%，重量比で20%（1995）。	4品目合計60万トン/年(1998)。半分は埋立，半分は破砕処理。	年間排出量65万トン，うち有用金属28万トン。
近年の発生量/再生状況	• 2017年度環境省の8都市調査では家庭ごみ中の容積比57%，重量比21%（プラは重量比で10%弱）。 • PETボトル，ガラスびんの軽量化・薄肉化の努力が進行。	• 引取・再商品化台数とも1,100～1,200万台/年で推移（2009～2011年度は1,700～2,700万台に増加）。 • 不法投棄は2016年度6万台に減少。	• 法施行後，回収量は年々増加しつつあるものの，2015年の回収量は約6.7万トン，再資源化された金属の重量は約3万トン。
設定された目標	排出抑制のため指定容器包装利用事業者（各種小売業）が，国の判断基準（薄肉・軽量化，有償化等）に基づき使用合理化目標を定める。	• 政令の再商品化率目標：エアコン80%，液晶テレビ74%，冷蔵・冷凍庫70%，洗濯機・衣類乾燥機82%以上。 • 基本方針の回収率の目標56%（2018年度目標）。	基本方針で設定された2015年目標は回収量14万トン（一人当たり1 kg）は未達成で，2017年に目標年次を2018年度に繰り下げ。
政策的な効果と課題	• 排出抑制，再使用の推進が不足。 • 市町村の分別回収・選別保管の業務負担大。 • 循環型社会構築効果とのバランスを考慮したリサイクル・コストの効率化の推進。 • 廃PETの中国輸出量が多く，国内の循環産業を育成し安定的国内循環が必要。	• 家電リサイクル法ルートの回収率が低迷。 • 小売店の引取義務外品への対応が課題。 • 消費者の負担費用の透明化及び低減。 • リサイクル費用の回収方式（前払/後払）。 • 依然として不法投棄が多い。 • 特定家電品の品目の拡大が現行規定で不可。	• 回収率の低迷は回収の仕組みが緩やかなことと，鉄，銅等の有用金属の価格下落が原因。 • 市町村及び認定事業者による回収量を高めるためのインセンティブが必要。

注1) 容器包装リサイクル法は2006年に，食品リサイクル法は2007年に，それぞれ一部改正されている。　注2)「　」内は個別リサイクル法で定義された用語。　注3) 容器包装廃棄物のうちスチール缶，アルミ缶，紙パック，段ボールは市場経済の中で，有価で取引されているため再商品化義務の対象にならない。　注4) 家電リサイクル法では，「再商品化等」とは熱回収を含む概念であり，「再商品化」は熱回収を含まない。なお，再商品化率目標は熱回収を除いて達成すべき目標。注5) ASR (automobile shredder residue) とは自動車シュレッダーダスト。

自動車リサイクル法 (2002／2005)	建設リサイクル法 (2000／2002)	食品リサイクル法 (2000／2001)[注1]
車体重量の約 80% が自律的に再生利用。フロン回収規制や ASR[注5] の処理基準の強化で，処理費用が高騰。	産業廃棄物の約 2 割，最終処分量の約 4 割，不法投棄廃棄物量の 9 割を占め，廃棄物対策の最大のネックになってきた。	農林分野の持続的な発展のため食品廃棄物の堆肥化以外の肥料・飼料への再生利用を促進することが重要。
自動車製造業者等による使用済自動車(以下「廃車」)の引取り，引渡し，再資源化等の適正な実施措置を講じ，廃棄物の減量，再生資源，再生部品の利用等を通じて，廃棄物の適正な処理と資源有効利用を確保。	特定建設資材の分別解体，再資源化等の促進措置を講じ，解体工事業者の登録制度を実施し，再生資源の利用及び廃棄物の減量等を通じ，資源有効利用と廃棄物の適正処理を図る。	食品循環資源の再生利用，熱回収，食品廃棄物等の発生抑制と減量に関し基本的な事項を定め，食品関連事業者による再生利用の促進措置を講じ，資源有効利用の確保と廃棄物の排出抑制を図る(2007年改正で事業者指導・監督強化)。
ほぼ全ての四輪自動車(トラック・バス等の大型車を含む)で使用済みのもの[注6]。	一定規模以上の建設工事(解体，新築・増設，リフォーム，土木工事)で生じる「特定建設資材廃棄物」(コンクリート，木材，アスファルト等)。	食品流通・消費(製造，加工，卸売，小売，飲食店業)過程で生じる動植物性の売れ残り・食べ残し・調理残渣(家庭から排出される食品残渣は対象外)。
•自動車製造業者等はフロン類，ASR，エアバッグの引取り・再資源化の義務を負う。	•建設工事受注者による分別解体，及び再資源化，発注者や元請業者の契約手続きを規定。	•食品関連事業者が「食品循環資源」の肥料・飼料等としての再生利用を促進する責務を負う。
•リサイクル料金[注6]を自動車購入時に支払い。 •登録引取り業者に廃車引渡し。	•建設工事の発注者は，分別解体，再資源化の費用の適切な負担等を行う。	•食品の購入や調理方法の改善による食品廃棄物発生抑制等に努める。
•年間廃車 400 万台(2005 年)。 •廃車の再生利用率 83%(2000 年)。	産業廃棄物の約 2 割，最終処分の約 4 割，不法投棄の 9 割(2000 年)。	法対象の食品廃棄物排出は 1,900 万トン，再生利用率は 37%(2001 年)。
•廃車の引取りは 300〜340 万台／年(2013-2017)で，ほとんどを再資源化。 •ASR リサイクル率は 97-99%[注7]，エアバッグは 93-94%(2015)。 ※中古車輸出は 160 万台／年前後。	•2012 年度の排出量 7,269 万トン，再資源化・縮減率は 96%に向上したが，排出量は 08 年度より 13.9%増加。依然，不法投棄の 75%を占める。	•2014 年の法対象分が約 1,900 万トンで再生利用率は約 85%。家庭排出分を含めて 2015 年総量は約 2,800 万トン。うち，食品ロスは事業系及び家庭系計で約 650 万トン。
再資源化率目標(2015 年度以降) ⇒ASR については 70% 　エアバッグ類については 85%	「建設リサイクル推進計画 2014」で 2018年度目標が設定され，アスファルト，コンクリート塊で 99%以上等とされている。	•基本方針で 2019 年度の再生利用目標は食品製造業：95%，食品卸売業：70%，食品小売業：55%，外食産業：50% •2012 年に発生抑制目標を設定。
•環境配慮設計や再資源化に要する費用の低減が進んだ。 •料金預託制度で不法投棄抑止に効果。 •不法投棄，不適正保管の台数が大幅に減少(2004 年：約 218 千台⇒2017年：約 4.8 千台に)。	•再資源化・縮減率は着実に向上しているものの，排出量が桁違いに大きく，対策の一層の充実が必要。 •排出量も不法投棄量も多い。 •東京五輪に向けた工事量増加に伴う廃棄物量増加への対応が必要。	•再生利用率は全般に向上し，食品製造業がもっとも高く 95%，外食産業は低く 40%程度。 •SDGs では一人当たり食品ロスを 2030年までに半減する目標を掲げる。

注 6)自動車リサイクル法は，特に処理に費用を要する 3 品目(フロン類回収・エアバッグ類処理及び ASR 処理)に係る費用をリサイクル料金としてユーザーが負担し，フロン回収や関連事業者が適正な処理を行ったうえで，拡大生産者責任の観点から自動車製造業者等が引き取って再資源化することで使用済自動車が概ね有価で流通し，市場によるリサイクルシステムが機能する状況を作り出すことを目指す。　注 7)自動車リサイクル制度では「再資源化」は熱回収を含む概念であるため ASR の再資源化率には熱回収によるものも含まれている。

に出る廃家電を小売業者が引き取るという下取慣行を活用し，小売業者に買換時又は過去に販売した家電品の引取義務と製造業者等への引渡義務を課した上で，製造業者等に再商品化等を義務付けている。対象品目である「特定家庭用機器」は，廃棄物処理法の「適正処理困難物」に指定されたテレビと冷蔵庫，再商品化とあわせてフロンガスの回収・破壊を行うために冷蔵庫とエアコン，そして洗濯機・衣類乾燥機を加えた4品目に限定されている。再商品化の費用（リサイクル料金）を廃家電品の排出時に所有者が支払う仕組みをとっており，製造業者等までの移動を確実にするため，この法律に基づく独自の管理票（マニフェスト）が発行される。事業所から排出される廃家電も再商品化の対象になる。

　法制定前の4品目の年間排出量は60万トンで半分が破砕処理され，半分が直接埋立されていて，金属の回収はごく一部であった。法施行前の2000年の4品目の不法投棄台数は12万台で，廃家電を中古品としてあるいは中古品に偽装されてアジア諸国に輸出されるケースも多く，輸出先国での処理に伴う環境汚染の発生可能性があり，E-waste問題として懸念されてきた。法施行後はこうした状況が改善され，製造業者等が回収した特定家電の種類別の再商品化率（熱回収を含まない）は，ブラウン管テレビを除き90％前後に達している。また，不法投棄も半減した。

　なお，家電リサイクル法では，製造業者等をA・Bの2グループに集約し，全国で対象機器廃棄物の回収及び再商品化等を実施している。先述のOECDのEPRガイダンス・マニュアルの改訂版では，そこに注目したためか，日本の家電リサイクル制度におけるグループ間の競争システムが，製品設計の改善に有効に機能している好例として紹介されている。

　④ **小型家電リサイクル法**：小型家電リサイクル法は，他のリサイクル法とは性格を異にしている。中央環境審議会の2012年のリサイクル制度の在り方についての答申では，制度の背景として，小型家電のリサイクルは循環型社会形成に資するとしつつも，緊要性の高い環境問題を掲げていない。むしろ資源の安定供給を強調し，「都市鉱山」と比喩されるほど金やレアメタルなどの貴重・希少金属が多く用いられている携帯電話やスマホなどの回収を促進して，国際的に地域偏在しているレアメタル等の資源供給の安定化を図

る必要性を前面に押し立てている。答申は，回収・分別資源化する市町村に
赤字が生じるリスクがあること，レアメタルの経済的な回収技術が未確立で
あることなどに注意を喚起する。その上で，小型家電リサイクルの仕組みは，
義務的なシステムとせず，ファジーな仕組みにすべきとした。国，都道府県，
市町村，消費者，小売業者，製造業者等の責務がいずれも"努めなくてはな
らない"の努力義務にとどまり，実際上は法に基づく「基本方針」と小型家
電の「回収に係るガイドライン」に基づいてリサイクルが施行される緩やか
な法律になっている。対象になる電子機器は，スマホ・携帯電話，ヘアドラ
イヤ，パソコン，電子レンジ，電気炊飯器など28品目群で，およそ思い当
たる家電は該当する。家庭から排出されるものも，事業所から排出されるも
のも対象になるが，後者は産廃扱いになるため廃棄物処理法上のマニフェス
トの交付が必要になる。立法時の排出量は年間65万トン，回収できる有用
金属は28万トンと見込まれていた。

　⑤ **自動車リサイクル法**：自動車リサイクル法の対象は，二輪車と特殊車両
を除く，使用済みとなったほとんどすべての4輪車以上の自動車である。こ
れらの対象自動車の保有台数は約7,500万台で，毎年300～400万台が使用
済み自動車になる。2000年頃にはこれら車体の構成部品・素材の8割が自律
的にリサイクルされていた。しかし，カー・エアコンのフロン回収がモントリ
オール議定書によって義務付けられ，日本では2001年に旧フロン回収・破壊
法が制定され，1995年からはシュレッダーダスト（ASR）[72]の廃棄物処理法に
基づく処分基準が強化されたこと，エアバッグの火薬処理にコストと手間が
かかることなどからリサイクル費用が高騰した。このため，自動車のユー
ザーに上記の3つの処理に要する費用を負担させ，自動車製造業者に拡大生
産者責任を負わせて再資源化を図ろうとするのがこの法律の主旨である。自
動車ユーザーが車を購入する段階でリサイクル券として再商品化料金を支払
うこととされていて，その料金は普通乗用車で1万円台である。この預託金

72）　廃自動車を破砕し，金属などを回収した後に，産廃として捨てられるプラスチック・ガ
　　ラス・ゴムなど破片の混合物。水銀・鉛・カドミウムなどの重金属や有機溶剤等を含み，
　　環境汚染の可能性が高いため，1995年から管理型処分場に埋立処分することが義務付け
　　られた。

を管理する資金管理法人として㈶自動車リサイクル促進センターがある。本法も独自の電子管理票（電子マニフェスト）を採用し，確実なリサイクルを期している。また，中古車として輸出される場合にはリサイクル料金は還付されるなど，資金管理がきめ細かく行われている。さらに，預託金の余剰分は離島における廃車の運搬費や不法投棄・不適切保管自動車の処理にも充当されており，かねてから課題となっていた一連の廃車問題の解決に有効に機能してきた[73]。豊島の不法投棄事件での苦い経験もあり，自動車リサイクル法の最大の課題は ASR の再資源化率（熱回収を含めたもの）を高めることにあるが，2015 年度以降に 70％以上とされた再資源化率の目標値を大きく超え，2014 年に 97％程度に達した。

　⑥ **建設リサイクル法**：建設リサイクル法は，建設・土木工事にともなって排出されるコンクリート塊，アスファルト・コンクリート塊等の土石系の廃棄物の再資源化を工事の元受会社に義務付ける法律である。本法の守備範囲に落ちる廃棄物の量は，物質フロー中最大で，法制定時（2002 年）には産廃の約 2 割，最終処分量の約 4 割を占めるとともに，不法投棄廃棄物量の 9 割を占め，廃棄物対策の最大の問題児となっていた。法施行から 10 年を経た 2012 年の排出量は約 7,000 万トン余りで，産廃の 2 割を占め，不法投棄量の 8 割を占めていて，状況はあまり変わっていない。廃棄物の排出量の減少は主に工事量の減少によるものとみられるため廃棄物の排出構造に特段の改善がみられたわけでもない。今後はバブル期の建設物の老朽化が進み，解体に伴った排出量が増加する可能性がある。

（2）個別リサイクル法が抱える課題

　容リ法では，一般廃棄物の処理責任を市町村に置くとの廃棄物処理法の原

---

[73]　2015 年に出された，自動車リサイクル法制度評価報告書によれば，自動車リサイクル制度においては，事故等によりフロン類の破壊の必要がなくなった場合のリサイクル料金や中古車の輸出を行ったもののリサイクル料金の返還請求がされなかったもの等，再資源化等のために使われることがなくなったリサイクル料金については特定再資源化預託金等（以下「特預金」という。）として扱われ，離島における自動車の運搬等の支援や不法投棄車両処理の支援等の法に定められる使途に用いられている。特預金はその発生額に比して出えん額が少なく，2014 年度末時点で約 120 億円（利息等を含む）の残高がある。

則を変更せずにリサイクル制度と接続したために，回収費用は市町村が負担
している。再商品化が求められている 4 品目のうち，マテリアル・リサイクル
の優等生である PET ボトルとガラス製容器包装を対象に 1997 年から施行さ
れ当初は順調に進んだ。しかし，2000 年から施行されたプラスチック製容器
と紙製容器は，分別収集・選別保管に要する手間や費用の負担が大きく，サー
マル・リサイクルに流れる自治体も少なくない。また，容器包装材の減量，
再使用が進まないことも容リ法が抱える大きな課題であり，レジ袋の節減問
題とも重なって 2006 年の容リ法の改正において大きな論点になった。実際の
ところ，1995 年の立法当時も現在（2015 年度）も，容器包装が家庭ごみに占
める比率は容積比で 60%，湿重量比で 20% とさして変わらない。うちプラ
スチック類が相当部分を占め，容積比で 70%，湿重量比で 40% である。

　2006 年には容器包装リサイクル法が改正され，目的規定に「排出抑制」
を追加して，小売業者に容器包装の消費量の抑制努力の強化を求めてきた。
そのほか，リサイクルに要する社会全体のコストを可能な限り効率化するた
め，質が高い分別を行って再商品化の合理化に貢献した市町村に合理化拠出
金を支払う制度が導入された。最近進められている減量対策としてレジ袋の
有料化等の節減対策や PET ボトル・ガラス容器の軽量化・薄肉化，詰め替
え容器の使用などがある。しかし，上述のように容器包装の排出量は顕著に
は減少していない。なお，レジ袋の消費量の情報は正確でないが，各種の調
査によれば使用枚数は大小含めて年間 300〜450 億枚程度，質量は 40〜50 万
トン程度と推定されている。

　もう一つの問題として PET ボトルの海外流出がある。容リ法には特定事
業者が自ら行う自主回収ルートと，市町村が回収して指定法人（（公財）日本
容器包装リサイクル協会（略称：容リ協会））を通じて再商品化事業者に流す
ルートのほか，市町村が回収した容器包装に適用される独自ルートというも
のがある。PET ボトルが一時期高い価格で売れたために中国に大量に流出
してきたのはこの独自ルートに乗せたものである。環境省は，国内の循環産
業の健全な育成と，安定的な循環利用を推進することが必要として，指定法
人ルートへの適正な引き渡しを自治体に指導してきた。2017 年秋に中国が環
境対策を強化したために，廃プラスチックのほか古紙など様々な廃棄物の輸

入が制限され始め，市場経済原則に乗ってきたわが国の資源循環は，いま外圧によって変更を迫られている。なお，指定 PET ボトル販売量は，1997 年度から 2016 年度にかけて倍増して約 60 万トンになり，2016 年のリサイクル量は国内が 28 万トン，海外輸出分が 22 万トンの計 50 万トンである。

　食品リサイクル法も容リ法と類似の問題を抱えている。法施行時に 37% であった食品残渣の再生利用率は 2013 年には 87% に上昇したものの，容器包装と同様に発生量の抑制が不十分とされ，2012 年以降，業種別の排出抑制の目標設定が進められてきた。法に基づく 2015 年の基本方針の改定では，フードチェーン全体を通じた「食品ロス削減国民運動」も盛り込まれて，国民的な運動になっている。同じ時期に SDGs に 2030 年までに小売・消費レベルにおける世界全体の一人当たりの食品ロスを半減させるとのターゲット（ターゲット 12.3）が掲げられたことも作用している。なお，本法に基づく再生物はもっぱら飼料と肥料であり，油脂化・メタン化など幅広い資源への再生が求められている。

　家電リサイクル法の問題は，対象となる家電品目が極めて限定的なことと，リサイクル料金を排出時に消費者が負担する仕組みをとっていることにある。しかも，家電は耐久品であるため，リユースショップによる引取りや，不用品回収業者による引取りルートの比率も高い。加えて，引っ越しや建設解体事業に伴って排出されたりするケースもあり，小売業者に回収の義務がない義務外品（買い替えではなく廃棄のみの場合）も存在していて，法のスキームどおりに製造業者等の手に落ちてくる比率が低い。それら正規ルート以外に流れる廃家電の中には，不適切に処理・処分されるケースや海外に流出するケースも多いとみられている。このため正規ルートでの回収率を高めることが課題になっている。

　また，リサイクル料金を後払いとしていることもあり，2001 年の法施行から 6 年間にわたって 4 品目の廃家電の不法投棄台数が増加した。その後の一時期は減少して施行前のレベルに戻ったが，2009～2011 年度に再び増加している。現在では年間不法投棄台数は 6 万台レベルにある。自動車リサイクル法と同様に販売時に再商品化料金を徴収すれば，正規ルートでの回収率も高まり，不法投棄がより有効に防止できると期待されるが関係業界は応じ

ていない。

　なお，2010 年度の廃家電品の引取り台数は通常の 1,200 万台から一時的に 2,700 万台に急増し，2011 年度の不法投棄数も前年度までの 13 万台程度から 16 万台に増加した。これは地上デジタル放送への移行期に当たっていたこともあるが，2009 年 5 月〜2011 年 3 月にかけて実施された，「家電エコポイント制度」が大きく影響している。家電エコポイント制度は，金融不況の中で家電販売を押上げて経済の活性化を図り，地上デジタル放送対応テレビの普及を図るほか，省エネ家電の普及で地球温暖化を防止するための対策として実施された。対象の家電は省エネ型の薄型テレビ，エアコン，冷蔵庫の 3 品目で，購入者に商品券等と交換できるエコポイントを付与した。政府が投じた予算総額は約 7,000 億円で，政府は CO_2 削減効果量を 270 万トン$-CO_2$／年と試算している。循環社会政策の原則とされている製品の長寿命化が，温暖化対策の名の下に一時崩された政策の例である。なお，同時期に実施された同様の趣旨の政策に住宅エコポイント制度もある。

　家電リサイクル法の最大の問題は対象品目が 4 品目に限定されていることである。2001 年の完全施行からすでに 20 年近くが経過したが，追加といえば，2009 年に液晶式テレビ，プラズマ式テレビと衣類乾燥機を追加したのみである。これはいわば家電業界の販売製品がモデルチェンジされたようなもので，実質的には品目追加ではない。品目追加を阻む原因は，法律本体で特定家庭用機器の対象品目の条件を厳しく制限していて，政令改正だけで追加できないことにある。法の第 2 条第 4 項で定義される「特定家庭用機器」は，「次のいずれの条件にも該当するものとして政令で定める」ものとされている。その 4 条件とは，① 市町村等の廃棄物処理設備と技術に照らし，再商品化等が困難であると認められるもの，② 再商品化等が資源の有効な利用を図る上で特に必要で，再商品化等の経済面の制約が著しくないもの，③ 製品の設計・部品・原材料の選択が，再商品化等の実施に重要な影響を及ぼすと認められるもの，④ 小売販売を業として行う者が販売した製品の相当数を配達していて，廃棄物となった場合に当該小売業者が円滑に収集できるもの，である。

　新たな種類の家電品を対象品目に追加するにはおそらく法律改正が必要で，それほど大きな社会事情の変化は見当たらないからこれは難しい。つまり当

初の家電リサイクル制度の設計段階で，事業者責任を極めて限定的にしたことが適切でなかったことになる。本来であれば全家電品に本法の再商品化の義務を課して，しかも，リサイクル料金の前払制あるいはデポジット制を敷けばいま直面している多くの課題が解決できたであろうと思われる。

　家電リサイクル法と対をなすのが小型家電リサイクル法である。その対象品目になっている家電品は，本来は家電リサイクル法でカバーすることが可能であり，必要だった。年間の推定排出量65万トンは，家電リサイクル法の制定に先立って推定された60万トンに匹敵する。鉛やヒ素などの有害な重金属類による環境汚染リスクも特定家電4品目と同程度である。小型家電は，OECDのEPRに関する2016年の改定ガイダンスで，EPR制度の対象範囲を拡大する際に優先すべきとされた，"不適正に埋立処分や焼却処理されているような環境面での懸念がある製品分野"に該当する。家電リサイクル法制定時の環境保全上の理由をすっかり覆し，法制化の立論を都市鉱山という経済性と資源の持続可能性に置き換えて国民の理解を求めつつ，一方で拡大生産者責任を免除したのが小型家電リサイクル法であると思えてくる。先に触れた中央環境審議会の答申では，真正面からリサイクル費用と環境的な効果を天秤にかけて議論を展開するなど，近年の環境政策論としてはずいぶん異質である。

　小型家電リサイクル法は，施行から5年を経て次第に回収率は高まりつつあるが，経済的なスケールメリットを考慮して設定された，2015年度までの回収目標量14万トンを達成できていない。実績は6.7万トンで再資源化された金属の重量は約3万トンと報告されている。政府は回収量目標の達成期限を2018年度に延ばし，回収率を高める努力をしている。いま話題をまいている，東京オリンピック・パラリンピックで使う金，銀，銅メダルを，携帯電話など小型家電の回収分から作る，「都市鉱山からつくる！みんなのメダルプロジェクト」もその一つである。

　二つの家電に関連するリサイクル法の制定は，わが国の3R政策が，関係事業者の合意が得られずに，市町村の一般廃棄物の処理責任の原則にも足をすくわれて，製造者の責任に十分重みづけしたEPRの制度化に舵を切れないまま歩んだ20年を象徴している。対比してみるべきものはEU諸国の対応である。EUは2003年2月に電気・電子機器リサイクル指令（WEEE：Waste

Electrical and Electronic Equipment Directive）を発して，大型家電，小型家電，IT 通信機器，玩具，レジャー・スポーツ機器，医療機器などほとんどすべての電子・電気機器を対象に，使用済み機器を無償で引き取る制度を2007年から実施している。WEEE 指令は，第5章で紹介した RoHS 指令と同時に発せられていて，有害物質の使用規制と資源循環利用の統合的な管理を目指している。

【コラム6】グリーン購入と古紙配合率偽装

　国によるグリーン購入の動きは，国の機関が実施する「率先実行計画」の閣議決定（1995年）から始まっている。2000年に制定された「国等の機関による環境物品等の調達の推進等に関する法律」（グリーン購入法）は，国，独立行政法人，地方自治体等による環境に優しい製品及び役務（環境物品等）の調達を推進し，あわせて関連する情報提供を促進することによって環境物品等の普及を図ることを目指したものである。国，地方公共団体，独立行政法人といった行政関係機関が率先して行動を起こし，それを国民的な運動にまで広げようとする趣旨の環境法制としては，グリーン購入法のほかに，環境配慮活動促進法と，環境配慮契約法がある（第3章参照）。
　グリーン購入法は条文わずか15条の法律で，政令にはグリーン調達に努める責務を負う独立行政法人等の名称が列挙されている。法律第6条には国が基本方針を定める旨が規定され，基本方針の大部分が特定調達品目（環境物品等）のリストで占められている。現在では，コピー用紙，OA 機器，照明器具，消火器など21分野の270品目余りがリストアップされている。2019年2月の基本方針の改定では，国際的な重要課題として急浮上した海洋プラスチックごみへの対応の一環として，庁舎等の食堂・売店・会議運営でのワンウェイのプラスチックの使用禁止・排出抑制が追加された。
　環境負荷の低減は再生品の利用に限って得られるものでもないし，再生品は環境負荷が低いという保証はないが，グリーン調達は，再生品の需要の拡大を後押しする機能をもっているために，一般に循環型社会形成の一翼を担う法律として紹介される。
　グリーン購入にまつわる事件として，2008年1月に起こった"古紙配合率偽装問題"がある。古紙配合率40％を謳った「再生年賀はがき」の実際の配合率が1～5％だったというものである。また，当時のグリーン購入法のコピー用紙の判断の基準は，古紙パルプ配合率が100％で，しかも，白色度が70％とされていたが，これらの基準を満たさない製品が出回っていることも判明した。背景には中国への古紙の大量流出によって国内の古紙調達がタイトになったこ

とや，高い紙質への需要に応えきれない再生紙製造上の問題があったとされている。

　現在のコピー用紙のグリーン調達の基準は，できるだけ古紙配合率が高いことを条件としているが，それ以外の要件として，バージンパルプを使用する場合には持続的な経営が行われている森林から産出されたものであることなどが加えられ，柔軟なものになっている。

　環境物品の判定を截然と行うために，基準が複雑化され数量化に傾くのもやむを得ないが，環境負荷の大小を評価することは実際にはそれほど容易ではない。環境負荷を計算するために，第2章で述べたLCAが用いられることも多いが，持続可能な森林経営のような要素を定量化することは難しい。また，LCAを用いなければ判定できないような，わずかな環境負荷の差異に関しては，計算の前提条件（境界条件）の置き方で結論がオセロのように逆転することもあるし，計算に必要な情報の収集作業が膨大になる。鶏頭を割くのに牛刀を用いることにならないよう注意する必要がある。

第**7**章
気候変動の科学と政策

7.1 気候変動（地球温暖化）に係る政策議論のフレーム[74]

　気候変動（地球温暖化）を論じる場合のバイブルは「気候変動に関する政府間パネル」(IPCC : Intergovernmental Panel on Climate Change) の評価報告書である。1990 年の第 1 次評価報告書から 2013-2014 年に第 5 次評価報告書が公表されるまで，かれこれ四半世紀が経過した。地球温暖化への世界の関心が高まって科学的知見の蓄積が大いに進み，IPCC 評価報告書が回を重ねるたびに "人為活動によって地球が温暖化しつつある" ことはますます確実になり，いまでは誰しもそれを確信する時代になった。

　しかし，ほんの 10 年ほど前の 2007 年に IPCC の第 4 次評価報告書が公表された時期，地球温暖化懐疑論を声高に唱える書籍が，大学周辺の書店の店頭に平積みされ，学生の間でも話題になった。2009 年 11 月に起きた気候学

---

74) 本書では「気候変動」と「地球温暖化」の両語が混在せざるを得なかった。地球温暖化は，地表の温度上昇だけをさすように受け取られるため，温暖化がもたらす数々の環境影響を含めた議論には気候変動が適当かもしれない。また，国際的な議論の場ではClimate Change が用いられることが多い。しかし，わが国では「地球温暖化」又は「温暖化」が多く用いられ，特に緩和策を議論する場合にはそうである。このため，わが国の取組を説明する節では，主に「地球温暖化」を用いた。なお，適応に関しては「気候変動適応法」にみるようにわが国でも気候変動が用いられる。

者間のメール流出事件（Climate Gate 事件）では，IPCC 報告の作成過程で，温暖化が進行していると言い募るために，データ操作が行われたのではないかとの疑惑も生まれた。評価報告書自体への疑いは否定されたが，より慎重で透明性のある組織運営が求められることになった。懐疑論者の矛先はマスコミの報道ぶりにも向けられた。かつてテレビの地球温暖化関連ニュースでしばしば放映された，暖期に北極海の氷山が崩れ落ちる映像が，温暖化が進行している証拠であるかのように視聴者に誤解を与えると批判され，それ以降登場しなくなった。

　2009 年に日本の温暖化研究者たちは，懐疑論者の主な論点を拾い，個別論点ごとに反論を整理し「地球温暖化懐疑論批判」と題する冊子をまとめて反撃した。学界の大御所まで参入した辛辣な批判の応酬は，アカデミアの世界ではあまり例がないことである。第 5 次評価報告書で，「気候システムの温暖化に疑う余地はなく，人為的な温室効果ガス（GHG：Green House Gas）排出が 20 世紀半ば以降に観測された温暖化の支配的な原因であった可能性が極めて高い（可能性 95％以上）。」とされてから懐疑論は鳴りを潜めた。

　IPCC 第 5 次評価報告書によれば，人為活動に伴う現在の二酸化炭素（CO_2）排出量の半分程度は海洋と陸上植生に吸収されるが，他の半分は大気中に残存する。このため大気中の CO_2 濃度は年に 1.8ppm ずつ上昇し続け，世界の地上平均気温は 1880～2012 年に 0.85℃上昇した。現状を上回る GHG 抑制対策をとらなければ，今世紀末までにさらに 2.6～4.8℃もの気温上昇が見込まれる。また，人為活動によって気候システムに蓄積されつつあるエネルギーの 90％以上は海洋に蓄えられる。そのため海面水位は 20 世紀初頭に比べて 19 cm上昇した。人為的 CO_2 の海面吸収の増加によって産業革命以前（工業化前）に比べて水素イオン濃度（pH）が 0.1 低下して酸性化している。

　2016 年 10 月の世界気象機関（WMO）の発表では，世界の CO_2 の地上平均濃度は 2015 年に 400ppm を超え，国立環境研究所（NIES）と宇宙航空研究開発機構（JAXA）の 2016 年 5 月の発表によれば，温室効果ガス観測技術衛星「いぶき」による観測データから，2015 年 12 月の月間平均値は，地表から地上 70kmの上空までの全大気の平均濃度がすでに 400ppm を超えたとみられている。他の主要な温室効果ガスであるメタン（CH_4）と一酸化二窒素（別名

を亜酸化窒素：N_2O）を合計すると GHG の大気中濃度は CO_2 換算で 430ppm になった。

いまや世界の気候変動政策の共通の目標が，論理的に明快でしかもかなり定量的に表現されるようになった。そもそも気候変動政策の目標は，1992 年に「国連気候変動枠組条約」（UNFCCC：United Nations Framework Convention on Climate Change）が採択された当初から，第 2 条の目的規定に「究極的な目的」と銘打って記述されていた。つまり，"気候系に対する危険な人為的影響を防止する水準で大気中の温室効果ガス濃度を安定化させること" が究極の目的とされているのである。また，そのような水準とは，"生態系が気候変動に自然に適応し，食糧の生産が脅かされず，かつ，経済開発が持続可能な態様で進行することができるような期間内に達成されるべき" とも記されている。

この究極目的に相当する水準が，具体的にどのような昇温速度と昇温レベルに相当するのか，GHG の排出量をいつまでにどれほど削減すればよいかなどを明確にしなければ，世界の気候変動政策は拠り所を持てない。そのため，2005 年に京都議定書が発効してからは，IPCC の評価報告を踏まえつつ，UNFCCC の締約国会議（COP）の場はもとより，G8／G7 サミットの場でも究極目的に関する議論が政治的に行われてきた。

その結果，世界共通の長期目標として，工業化前に比べた場合の地表気温の上昇幅を 2℃ よりも十分低く保つとともに，1.5℃ に抑制する努力を追求することが，2015 年に採択されたパリ協定で明示された。2℃ の気温上昇は，2100 年時点の CO_2 換算での GHG 濃度約 450ppm に相当するから，現在すでにこのレベルに到達しつつあることになる。また，IPCC の第 5 次評価報告書は，上記の長期目標に到達するための GHG 排出削減経路（トラジェクトリー）について美しすぎるほど明快でありながら，実現は到底困難ではないかと思えるシナリオを示した。すなわち，同報告書では，「21 世紀末までの昇温を 2℃ 未満に抑制するためには，今後数十年間にわたって大幅に GHG 排出を削減し，21 世紀末までに排出をほぼゼロにする必要がある」とされたのである。これを受けて，パリ協定では上記の「2℃ より十分低く保つ目標」を達成するため，今世紀後半に GHG の人為的な排出と吸収のバランス

を取る（ネット・ゼロ排出）ことを目標として位置づけた。つい先ごろまで「低炭素社会づくり」と呼ばれてきた地球温暖化対策のキーワードは，いまや「脱炭素社会づくり」へと変更された。

　科学的には正しい究極目的への到達シナリオであるにしても，エネルギーシステムの抜本的な変革を必要とする"2100年目標"に向けて，世界のGHG排出量の削減は容易には進まない。それどころか，依然として増加の一途をたどっていて，ピークアウト（排出量減少）する気配もない。わが国にしても1990年以来，地球温暖化対策は環境政策の最優先課題でありながら，実質的に低炭素化は進んでいない。2016年度のGHG排出量は京都議定書の第一約束期間の基準年排出量（概ね1990年水準）をいまだに上回っている。

　気候システムの変化に伴って，極端な気象現象の多発，降雨の地域的偏り，生態系の変化などが生じ，人類の社会・経済は甚大な被害をうける危険があると予測されてきたが，それはもう現実のものになっている。今世紀に入ってから世界各地で高温や異常気象の頻発が報告されてきた。その上，2018年夏のわが国の天候は，これまで経験したことがないほど特別に異常だった。連日の猛暑で気温の観測記録は日々に更新され，日本周辺の海域では海面温度が上昇しているために強力な台風が次々に発生し，わが国の中では降雨量が少ないはずの瀬戸内地域が凄まじい豪雨に見舞われ，甚大な風水害が発生した。天気予報では，高・低気圧の配置や海面気温が高いことなどを個別の異常気象の理由として説明するが，断定を避けつつも根源的な原因が地球温暖化にありそうだとの口吻がときおりこぼれ出る。

　環境省は，クールビズ，クールシェア，クールチョイスなどのキャッチーなフレーズを案出して，省エネルックや省エネ行動を奨励し，冷房温度を28℃に設定するよう呼びかけてきた。ところが，2018年の夏はあまりの猛暑で熱中症患者が多発し，死亡者が多数でるほどになった。公共放送のニュースでも，ひところの"適切に冷房を使用"からさらに踏み込んで，"ためらわずに冷房を使用"するように呼び掛けた。もはや，地球温暖化問題は，命を守るための防御戦術に本腰を入れなくてはならない段階に達したことを実感する。

　地球温暖化対策といえば省エネルギー（省エネ）によるエネルギー需要の抑制と，再生可能エネルギー（再エネ）の導入促進によるエネルギー供給の低

炭素化と，森林吸収源の強化が基本メニューである。しかし，いまや別の方策も動員される時代に入っている。IPCC は第 4 次評価報告書以来，GHG の削減（緩和策）とともに気候変動がもたらす影響に防衛的に対処する対策（適応策）を相互補完的に講じながら，気候変動リスクを適切に管理することを提唱してきた。第 5 次評価報告書では新たな緩和策の方法として CCS（Carbon Dioxide Capture and Storage：二酸化炭素回収貯留），CDR（carbon dioxide removal：二酸化炭素除去）のほか，地球の太陽放射の吸収を人工的に変える太陽放射管理（SRM：solar radiation management）の可能性，有効性についても評価を試みた。いまだ知見が十分でなく，世界規模で副作用や長期的な影響をもたらす可能性もあるとの慎重な説明ぶりになっているが，これからは気候工学への期待が高まっていく可能性が高い。

　ロンドン条約 1996 年議定書（ロンドン議定書）の附属書 I（投棄を検討することができる廃棄物その他の物）に，CO_2 の海底下地層への処分（貯留）を加える改正が 2006 年になされたことから，わが国は 2007 年に「海洋汚染等及び海上災害の防止に関する法律」（海洋汚染防止法）を改正し，環境大臣の許可を得て厳格な基準のもとに CCS を実施しうる道を開いた[75]。また，2015 年には「気候変動適応計画」を閣議決定し，地球温暖化に伴う農作物被害や気象災害等への影響に関する情報を整理した上で，その軽減のための取組方針を取りまとめた。その後，2018 年 6 月には，国，地方公共団体，事業者及び国民の気候変動への適応に果たすべき役割を明確にし，気候変動適応計画を策定することなどを盛り込んだ「気候変動適応法」が制定された。これに伴い，気候変動適応計画は法定計画となり，2018 年 11 月に改めて第一次の気候変動適応計画を閣議決定するとともに，環境省は，都道府県及び市町村の地域の適応計画を策定する場合の参考として，「地域気候変動適応計画策定マニュアル」を提供している。

---

75)　わが国では経産省が主導して 2012 年から北海道苫小牧市で CCS の実証試験が進められている。

7.2　気候変動の科学

7.2.1　IPCC の評価報告書

　1980 年代の半ば以降，人為活動による地球温暖化の進行に対する懸念が高まり，1985 年のフィラハ（オーストリア）会議をはじめ，1988 年のトロント（カナダ）会議，1989 年のノールトヴェイク（オランダ）会議などのいくつかの国際会議の場で，科学的な根拠が不明確なまま，政治的なアピールが先行して温室効果ガス（GHG）排出の削減目標が取り沙汰された時期もあった。こうした情動的な温暖化対策論が暴走しないためにも，各国政府が関与して地球温暖化に関する科学的な知見をひとつに収束させる役割を担った組織が必要になった。そのために 1988 年に発足したのが IPCC である。

　IPCC は，WMO と国連環境計画（UNEP）によって国連の機関として設立された。IPCC 自体は研究機関ではなく，IPCC の <u>I</u> は Intergovernmental であって International ではない。構成メンバーは個人資格の科学者ではなく，各国の政府から推薦された科学者・政策担当者である。IPCC の目的は「地球温暖化に関する科学的・技術的・社会経済的な評価を行い，得られた知見は政策決定者をはじめ広く一般の利用に供すること」とされている。

　IPCC の第 1 次評価報告書は 1990 年に公表され，1995 年，2001 年，2007 年，2013-2014 年に，第 2 次～第 5 次の評価報告書が公表された。IPCC の毎次の報告書は，気候変動枠組条約（UNFCCC）（1992 年採択），京都議定書（1997 年採択），カンクン合意（2010 年），パリ協定（2015 年採択）といった具合に，地球温暖化対策の国際枠組形成の枢要な節目節目に，タイムリーに重要な科学的知見を提供してきた。逆に言えば，IPCC の評価報告書の発表が，国際交渉の進展を後押ししてきた。

　IPCC には 3 つの作業部会（部会の任務は途中で一部変更もされたが，第 5 次報告では ① 科学的根拠，② 影響・適応・脆弱性，③ 緩和策の 3 作業部会となっている）が置かれていて，毎次の評価報告書は 3 部会ごとの報告書と統合報告書の計 4 部作から構成されている。フルペーパーは膨大なものであるが，政策決定者のための要約（SPM：Summary for Policymakers）がそれぞれ 30～40

ページに凝縮されている。要約版は日本政府が邦訳してネット上で公表されており，IPCC評価報告のエッセンスを理解するのに有用である。

7.2.2　地球温暖化のメカニズム

　地球表面の気温は第一義的には太陽から降り注ぐエネルギーによって決定される。太陽から地球に照射される可視光線などの電磁波のエネルギーを「太陽放射」といい，逆に地球が宇宙に放出する赤外線の電磁波を「地球放射」という。太陽からのエネルギー量は緯度や季節によって異なるが，全球年平均にすると342W/㎡（ワット/㎡）である。このうち約100W/㎡は，地表面に到達する前に雲や大気中のエーロゾルによって宇宙空間に跳ね返されるか，地表に到達してから直ちに宇宙空間に跳ね返される。残りの約240W/㎡の一部は大気に吸収され，大部分は地表面に吸収される。

　大気中には可視光線を通過させるが，赤外線を吸収・放射して地表気温を高める気体成分がいくつもある。これが温室効果ガス（GHG）である。GHGは地球放射の赤外線をキャッチして一部を地表に向けて放射する。いわば地表と大気の間で熱のキャッチボールがおこなわれ，大気中のGHG量が増加すると，地表付近に溜まる熱も増加して気温が高まる。もし，地球に大気がなかったら表面温度は全球年平均で−18℃になるが，GHGによる昇温効果で33℃高い+15℃に保たれている。人為活動によって放出されるGHGで無視できないものとして，二酸化炭素（CO_2），メタン（CH_4），一酸化二窒素（N_2O）などがある。本来は太陽放射と地球放射が釣り合って大気温は一定に保たれるが，人為活動でGHG濃度がどんどん増加している現在は，地球放射量が太陽放射量を下回り，その不均衡分が地表の温度を高めている。

　太陽放射と地球放射のエネルギー・バランスを崩す要因は，人為的なGHG濃度の増加以外にも様々ある。太陽活動が活発になり太陽放射が増加すれば気温を上昇させる方向に作用し，火山の大噴火でエアロゾル（粒子状物質）が成層圏に達して何年もとどまれば，太陽エネルギーを跳ね返す比率が高まるから，気温を下げる方向に作用する。雲量の増減によっても地上に到達するエネルギー量が変化して気温に影響を与える。これら様々な要因によって引き起こされる放射エネルギーの変化量（W/㎡）は「放射強制力」(radiative forcing）と呼ばれる[76]。放射強制力は地球温暖化を引き起こす強さを測るものさしで，正（＋）の値であれば地表面に向かうエネルギー量が勝っていて温暖化に作用し，負（－）の値であれば宇宙に向かうエネルギー量が勝っていて寒冷化に作用する。

　IPCC の第5次評価報告書によれば，産業革命前（1750年）を基準とした2011年の放射強制力は＋2.29W/㎡，うち CO_2 による放射強制力は＋1.68W/㎡と7割以上を占める。放射強制力は，第5次評価報告書において，GHG 排出量の増減シナリオに基づいて地球温暖化の影響を推計する場合や，設定された目標を達成するための対策を検討する場合に，それらシナリオを特徴づけるパラメーターとしても登場する（7.2.6 参照）。

7.2.3　温室効果ガスと排出量

　地球温暖化対策で排出削減の対象となってきた，温室効果が無視できない人為的な GHG には，二酸化炭素（CO_2），メタン（CH_4），一酸化二窒素（N_2O）[77]のほか，代替フロン等がある。地球温暖化とオゾン層破壊に関与する化学物質は絡み合っている。地表付近で大気汚染物質の光化学反応で生じるオゾンは温室効果をもつが，成層圏中のオゾン（オゾン層中のオゾン）が増えると寒冷化効果をもつ。また，冷媒や噴射ガスなどとして用いられてきたフロン類（フロン（フルオロロクロロカーボン（CFC），ハイドロクロロフルオロロカーボン（HCFC）），ハロン等）は温室効果作用も強いが，オゾン層破壊物質であるためにモントリオール議定書に基づいて廃絶に向けて規制が段階的に強化されてきた。ところが，フロン類の使用が規制され，代わって登場したオゾン層を破壊しない物質いわゆる「代替フロン」も強い温室効果作用をもっている。このため京都議定書第一約束期間では「代替フロン等」として，ハイドロフルオロカーボン類（HFC），

---

76)　IPCC の評価報告書で用いられてきた放射強制力は「成層圏調整後放射強制力（stratospheric-adjusted radiative forcing）」と呼ばれるもので，成層圏から上の層が放射平衡になるように気温場を調整した上で，CO_2 等が引き起こす放射収支（W/㎡）の変化を，成層圏と対流圏の境目である圏界面（tropopause）上で算定する。

77)　CH_4 は天然ガスの主成分であり，化石燃料全般の採掘に伴い大量に大気中に排出されるほか，牛など反芻動物の腸内発酵や農業廃棄物の発酵等によって発生する。N_2O は耕作土壌からや，農業廃棄物の燃焼等によって発生する。

表7-1　温室効果係数（GWP）と大気中濃度

温室効果ガスの種類	GWP（100年間値）	大気中濃度（2016年）	備　考
二酸化炭素（CO_2）	1（1）	403.3ppm	WMO温室効果ガス年報 2017
メタン（CH_4）	25（21）	1.85ppm	
一酸化二窒素（N_2O）	298（310）	0.33ppm	
HFCs	$10^2 \sim 10^4$	—	多種の化学物質の総称で，個別にGWPが異なるため詳細は略。
PFCs	10^4	—	
SF_6	22,800（23,900）	9ppt	WMO温室効果ガス年報 2017
NF_3	17,200（—）	（不詳）	

（注）　本表のGWP値はIPCC第4次評価報告に示され，京都議定書第二約束期間以降に適用されたもの。2015年の地球温暖化対策推進法の政令改正以降，わが国ではこの値が用いられている。なお，（ ）内には京都議定書第一約束期間に適用されたGWPを参考までに示した。

パーフルオロカーボン類（PFC），六フッ化硫黄（SF_6）の3ガスも削減対象とされてきた。第1章で触れたように，近年では特にHFCの消費量が世界的に急増して看過できない状況にある。そのためHFCは2016年の改定モントリオール議定書の下で規制対象物質とされた。京都議定書の第二約束期間では三フッ化窒素（NF_3）が追加されて7種類が削減対象になった。パリ協定採択前にわが国が提出した「約束草案」でもNF3を含めた7ガスが対象ガスになっている。

　温室効果ガス（GHG）の排出量は直接計測されるものではなく，所定の方法で理論的に算定される[78]。例えば，エネルギー起源のCO_2排出量（化石燃料燃焼由来のCO_2排出量）は，統計資料に基づいて得られた石炭，石油，天然ガス等の種別の消費量に，エネルギー源別に設定された「炭素排出係数」を乗じて算定される。ちなみに，同じ量の熱を得る際に排出されるCO_2排出量をエネルギー種別に比較すると，およそ石炭：石油（重油）：天然ガス＝1：0.8：0.6になる。排出係数の国際的な標準値はIPCCがガイドラインとして示して

---

[78]　GHG排出量の算定は，科学的検討の根拠になるだけでなく，GHG削減の国際的な義務履行の評価・判定に関わる重要なものであるため，その算定方式は厳格に規定されている。わが国では，GHG算定根拠になる数値は「地球温暖化対策の推進に関する法律」の政令及び関係府省の共同命令で子細に規定されている。

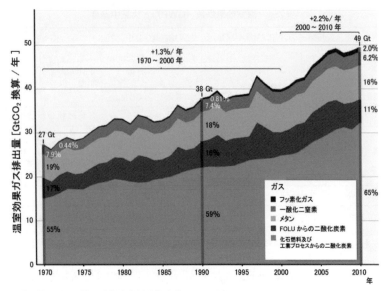

（出典）　IPCC 第 5 次報告書統合報告書 SPM の図 SPM.2

図7-1　1970～2010年の世界の人為的な GHG 年間排出量の推移

おり，わが国ではこの標準値をベースにして日本の排出実態にあった係数を
設定して用いている。他の種類の GHG についても同様に排出係数を乗じて
当該ガスの排出量を算定する。

　また，温室効果の大きさが温室効果ガスの種類によって異なるので，GHG
の総排出量を求めるために，もうひとつ別の係数——温室効果係数（GWP：
Global Warming Potential）——を用いる必要がある。GWP は，CO_2 の温室効
果を 1 とした時の他の温室効果ガスの温室効果の相対的な強さを示す数値で，
科学的知見の向上に伴って変更される。IPCC 第 4 次評価報告書で示された
GWP は表 7-1 のとおりで，京都議定書の第一約束期間に用いられた値から若
干変更されている。GHG の種類ごとの排出量に GWP を乗じて合計すると
CO_2 換算された GHG 排出総量（単位を［トン-CO_2］と表示）が得られる[79]。

---

[79]　環境媒体をまたがる炭素循環量を算定する場合には，大気，水，土壌，生物体内で炭
　　　素の化学的形態が異なるため炭素換算（単位を［トン-C］と表示。）として算出するこ
　　　とが多い。

　1970年から2010年までの世界の6種類のGHG（CO_2, CH_4, N_2O, HFC, PFC, SF_6）の人為的な排出総量（CO_2換算）の推移は図7-1のようになる。ここでは古いGWP（表7-1中の（　）内の値）を用いているが，2010年の総排出量は約500億トン-CO_2で，1970年の270億トン-CO_2の1.8倍に増加した。CO_2の発生源は①化石燃料の燃焼（エネルギー起源のCO_2）や工業生産（セメント焼成に伴って発生する石灰石起因のCO_2等）に伴う排出と，②林業その他の土地利用による排出（FOLU）の二つに区分されている。エネルギー起源のCO_2排出量は300億トン余で，土地利用等からのCO_2と合計して約350億トンとなり，GHG総排出量のおよそ4分の3を占める。

7.2.4　地球の炭素循環と緩和策[80]

　人為的なCO_2排出量の著しい増加が，地球システムにおける炭素循環の擾乱をもたらしていて，それが地球温暖化の主たる原因である。IPCCの累次の報告の中でも地球の炭素循環の検証が行われてきた。地球上の炭素は生物圏と非生物圏とを跨いで複雑に循環している。生物圏の炭素循環は陸の循環と海の循環に分けられる。陸の炭素循環では，植物が光合成によって大気中のCO_2を固定して有機物を生産するが，一部は植物の呼吸によってCO_2に戻り，一部は動物の栄養となり，動物の呼吸によってもCO_2として大気中に戻る。動植物が死ぬと土壌中のバクテリアによって有機物は分解され，いずれCO_2となって再び大気中に戻る。海洋における炭素循環では，植物プランクトンが海水中に溶存するCO_2を固定して有機物を生産し，動物プランクトンと海洋動物は有機物と酸素を消費する。海の有機物も最終的には分解されてCO_2に戻る。炭素循環には速度が速いものと遅いものがあり，陸上の植生，土壌，大気，淡水と海域の表層の炭素循環は比較的早く，大気ではタイムスケールが数年である。大陸棚での沈殿物，石灰石，石油・石炭，油母頁岩の

---

[80]　地球システムを理解するための基本的知識として重要とされてきたものに地球上のエネルギーや物質のサイクルがある。7.2.2で述べた太陽と地球と宇宙の間のエネルギー収支はエネルギー循環である。そのほか生物圏のエネルギー循環，水循環も地球システムを理解する上で基本的な視点を与えてくれる。また，地球上に豊富に存在する元素に着目した循環を追跡するといくつもの環境との接点が見えてくる。炭素循環，酸素循環，窒素循環などが代表的である。このうち炭素循環は地球温暖化と密接に関係する。

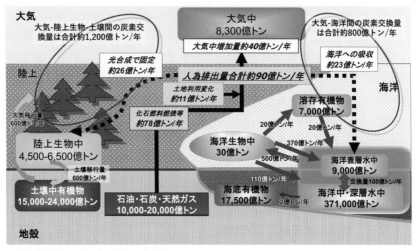

（注）　単位：炭素（C）換算での質量億トン
（出典）　IPCC 第5次報告第1分科会報告第6章図6.1 等を参考に筆者作成

図7-2　現在の地球の炭素循環

　形成は数万年ものタイムスケールをもっている。人為的な活動は化石燃料を大量に掘り出して大気中に CO_2 を放出し，遅い炭素循環を早い炭素循環にショートカットしている。

　図7-2 は，IPCC 第5次報告の第1分科会報告に掲載された炭素循環図などに基づいて筆者が簡略化したものである。炭素の大きな貯留槽は，① 大気中の CO_2，② 陸域の生物圏と土壌中の有機物，③ 海水中の溶存 CO_2 や海洋の生物圏の有機物，④ 化石燃料（石炭，石油，天然ガス）の4つである。化石燃料の燃焼やセメント焼成等に伴う大気中への CO_2 の排出量は2002〜2011年の平均で年間約78億トン-C（炭素換算），林業・土地利用による CO_2 の排出量は年間約11億トン-C で合計約90億トン-C である。このうち海洋に吸収される量は約23億トン-C，大気中の CO_2 濃度が高まって光合成が促進され陸上植生に吸収された量は26億トン-C と推定されている。つまり，人為的な CO_2 排出量の半分以上（90億トン-C/年のうち50億トン-C/年）を陸上植生と海洋が吸収し，残り約40億トン-C/年が大気中に増加していく。

　吸収源といっても，陸上植生が固定する CO_2 が増大し続けるわけではない。

光合成で作られた有機物（約1,200億トン）の半分程度（約600億トン）は呼吸によって大気中に再放出され，樹木が何十年かして枯死すれば，土壌中のバクテリアに分解されて CO_2 として再び大気中に戻る。大気中の CO_2 分圧が高まれば海洋への吸収も増加するが，それが海洋表層域の pH を下げて海水を酸性化させ生態系に影響を及ぼすおそれがある。また，海域の CO_2 も海底有機物として沈澱する以外は，いずれ大気中に戻る。図7-2の陸上と大気，海域と大気の間の「交換量」はもともと自然状態での循環が行われていた量を示しているが，大気中の CO_2 濃度が上昇したために，陸上植生と海域への吸収分が増加している。

緩和策の方法は基本的には，省エネと再生可能エネルギーの導入促進による化石エネルギー利用に伴う CO_2 削減にあるが，炭素循環からわかるように，陸上植生への CO_2 吸収・除去も有効と考えられてきた。そのため森林減少や森林劣化を防止して吸収源を強化したり，伐採された木材を薪炭として燃焼せずに建築材として利用し続ければ，炭素の貯留タンクになり，有効な対策と考えられている。また，バイオ燃料の使用に伴う CO_2 排出はカーボンニュートラル（7.3.3 参照）の考え方に基づいて，排出量が計算上ゼロと見なされる。パリ協定では，今世紀後半に人為的な排出量と吸収源による除去量を均衡させる（脱炭素化）という長期目標が設定されたため，森林や海洋による吸収源の一層の強化が必要となっている。そこで，バイオマスを用いる火力発電所等の CO_2 排出量は計算上ゼロであるから，これに CCS を装着すれば計算上はマイナスの排出量が得られることになる。これは BECCS（Bio-Energy with Carbon Capture and Storage）と称され，排出量をマイナスにする方策の例示として引き合いに出される。しかし，CCS は不確実性や安全性の確保など技術的な課題を抱えていて評価はまだ十分に定まっていない[81]。

7.2.5 気候変動の影響とリスク管理

温暖化が進めば，地表の気温上昇，海面水位の上昇，海洋の酸性化が進む

---

81) CCS は工学的な技術を用いて気候変動を抑制しようとする方法の一つである。こうした思考の延長線上には，放射強制力にマイナスに作用するエーロゾルを大気中に増加させて，直達日射量を抑制する方法などもある。しかし，副作用を見極めて慎重に進められるべきと，IPCC 第5次評価報告第1作業部会報告書では述べられている。

ほか，降雨量分布が変化して湿潤地域の降水量が増える一方で，乾燥地域で
は降水量が減る傾向にシフトする。熱波，干ばつ，洪水，台風・ハリケーン
といった極端な現象が増加することも指摘されてきた。生態系にも深刻で不
可逆的な影響が起こることが懸念されている。気温上昇が直接もたらす影響
のほかに二次的な影響や，自然的な環境への影響に加えて，社会的・経済的
な影響もさまざまに発生してくる。温暖化の影響というよりも気候変動によ
る影響，あるいは気候変動リスクと表現するのが適切かもしれない。

　図 7-3 は IPCC 第 4 次報告の第 2 作業部会報告に掲げられたもので，温暖
化による多様な影響をコンパクトにまとめたとしてしばしば引用される。この
図では，20 世紀末頃の平均気温を基準にして，気温上昇の度合いに応じて生
じると考えられる影響が，水系，生態系，食料，沿岸域（異常気象），人の
健康（感染症）の 5 分野に区分して示されている。サンゴ礁の白化は，サン
ゴがストレスを受けると共生する藻類を体外に放出するため白く見える現象
で，生態影響の中で特に敏感な指標として最近はしばしば話題になる。2016
年夏には沖縄海域で大規模なサンゴの白化現象が観測された。ただし，
IPCC 報告で示唆されている数々の気候変動による影響については，予測の
不確実性と影響の強さの不連続性をもっている。気候変動による影響が相互
に一層強め合うように作用するのか，影響の強さを打ち消しあうように作用
するかについては不明な点も多い。影響の強さがある大きさ（ティッピング
ポイント）を超えると，復元力を失って一挙に変化が拡大する可能性も指摘
されている。

　気候変動の影響は地域ごとに大きく異なると考えられていて，影響の受け
やすさ（脆弱性）にも地域差がある。緩和策については全球的な議論が行わ
れてきたのに対して，影響に対処する「適応策」は影響の特性を踏まえて個
別に適切な方法を検討していく必要がある。「緩和」と「適応」の概念は，
UNFCCC の採択当初から原則論に盛り込まれていた基本的な考え方だった
が，京都議定書では「緩和」策のみが取りあげられ，IPCC 報告の中で適応策
に関する議論が登場するのは 2007 年の第 4 次報告からである。第 5 次報告の
第 2 作業部会報告では，気候変動のハザード（影響の種類）と曝露（影響の強
さ）と脆弱性（影響の受けやすさ）によって決定される "気候変動リスク" を，

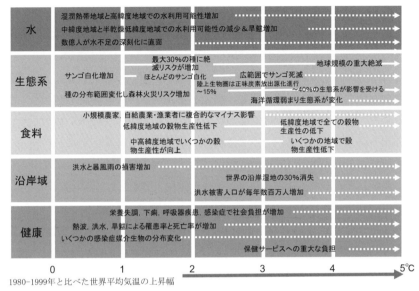

1980-1999年と比べた世界平均気温の上昇幅

（出典）　IPCC 第 4 次評価報告書統合報告書 SPM の図 SPM. 7

図7-3　世界平均地上気温の上昇と予想される影響の事例

緩和策と適応策を相互補完的に用いながら低減させ管理していくことの重要性を指摘している。適応の実施例はまだ限定的であるが今後はニーズが高まるとされている。適応策における効果的な戦略と行動は，より幅広い戦略的目標や開発計画をもって重層的で同時並行的に進めることが推奨されている。

　なお，欧州諸国では 2010 年代に入ってから適応戦略・適応計画の策定が相次ぎ，パリ協定においても，緩和と適応の両面で気候変動に対処する方針が盛り込まれた。また，わが国も 2018 年に気候変動適応法を制定している。

7.2.6　気候安定化へのシナリオ

　人為的な活動による温室効果ガスの排出量が辿る経路は，人口，経済活動，生活様式，エネルギー利用の変化，土地利用の変化，排出抑制技術の進展，そして政策によって異なったものになる。IPCC 第 5 次評価報告書では，社会的，経済的，技術的な制約を考慮しながら，GHG の排出量の時間的変化の代表的な経路（シナリオ）を設定し，それに基づいて気候変動を予測する試

みが行われた[82]。世界で公表された1,200ほどのシナリオから，4つの代表的
濃度経路（RCP：Representative Concentration Pathway）として，RCP2.6,
RCP4.5, PCP6.0, RCP8.5が選び出された。4つのシナリオに冠されている
数字は2100年時点における人為的な放射強制力の値を示している。RCP2.6
は放射強制力が2.6W/㎡を超えない緩和シナリオで，産業革命以前に比べて
2℃以内の昇温にとどまる可能性が高いシナリオである。RCP8.5は追加的な
緩和策を講じない場合の，もっとも高位の排出量を見込んだシナリオで，そ
の中間にあるのがRCP4.5とRCP6.0の二つのシナリオである。

　今世紀にわたって，工業化以前に比べて気温上昇を2℃未満に維持できる
可能性が高いとみられるRCP2.6シナリオは，2100年の大気中のGHGの濃度
がおよそ450ppm（CO_2換算）になる。一方，追加的な対策を講じないまま
推移するベースライン・シナリオでは，2100年の世界の平均地上気温は1850
年～1900年の平均気温に比して4℃も上回り，大気中のGHG濃度は1,000ppm
を超える。中間的なRCP4.5シナリオとRCP6.0シナリオは，昇温幅が2～
3℃台でGHG濃度はそれぞれ600～700ppm及び700～1,000ppmとなる。

　IPCCの第5次評価報告で示された，新たで特に重要とされてきた知見は，
気温の上昇幅がGHGの累積排出量にほぼ比例するとみられている点である。
これに沿って考えると，2℃以内の昇温に抑制するために，大気中に放出で
きるGHGの累積排出量は，66％以上の信頼度で厳しく見積ると，炭素換算
でおよそ790Gt-C（7,900億トン-C＝約29,000億トン-CO_2）と算定される[83]。
ところが，すでに2011年までに人類が排出したCO_2の量は515Gt-Cとなっ
ていて，排出が許容される量の3分の2にも達する。しかも，2010年のCO_2
の年間排出量は，化石燃料及び工業起源だけでもおよそ10GtC（約350億トン
-CO_2）である（図7-1）から，このままのペースで排出量が続けば30年以内に
790Gt-C[84]を食いつぶす計算になる。IPCC第5次報告が取りまとめられた

---

82)　気候変動政策の意思決定においては，① 持続的な開発と国際衡平性，貧困の撲滅を
　　達成しうること，② 費用対効果が高い対策の選択であることが前提とされている。こ
　　のため，第5次評価報告書第3作業部会報告と統合報告書の随所に，社会的，経済的，
　　技術的な制約が組み込まれたシナリオである点に留意すべきと述べられている。
83)　信頼度50％で算定すると，炭素換算で820GtCと算定される。
84)　GHGの残された排出許容量はカーボンバジェット（炭素予算）と呼ばれている。

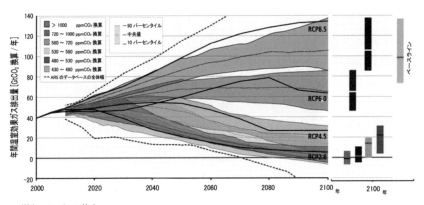

（注）　Gt は 10 億トン。
（出典）　IPCC 第 5 次評価報告書統合報告書 SPM の図 SPM.11

図7-4　IPCC 第 5 次評価報告書で用いられた 4 つの代表的排出経路（RCP）

段階での推算では，RCP2.6 のトラジェクトリーを辿ると，2050 年までに世界
の排出量を 2010 年より 40-70％削減し，2100 年にはほとんどゼロ又はマイナ
スにしなくてはならないことになる（図7-4）[85]。

7.3　気候変動対策の国際枠組の変遷

　気候変動（地球温暖化）問題は，オゾン層破壊問題と並んで，地球システ
ム科学に基づく予測によって気づいた地球環境問題である。地球温暖化の国
連外交の場での本格的な議論が始まったのもオゾン層保護問題と同じく
1980 年代の後半からである。この時期は 1992 年のリオ・デ・ジャネイロで
の地球サミットに向けて，「持続可能な開発」の理念の醸成が進みつつあり，
地球環境保全が国際政治の最重要なアジェンダになっていった。そのため，
気候変動問題は持続可能な開発の理念をどう実装しうるかが問われる試金石
である。
　気候変動対策の国際枠組を定めた「国連気候変動枠組条約」（UNFCCC）は，

---

85)　大気中の GHG の濃度を強制的に下げるためには，排出量をマイナスにする（排出量
　　以上に除去する）という理屈になる。

上昇気流に乗って短時日で合意に達し 1992 年に採択され，1994 年に発効した。しかし，具体的な GHG 削減（緩和策）を進める交渉の段階に入ると，国家間の調整は難航していく。先進国にのみ GHG 削減を義務付けた京都議定書は，2005 年にかろうじて発効したが，この時期までには途上国の GHG 排出量が急増し，2008 年頃には先進諸国のそれを上回った。

　京都議定書の第一約束期間（2008～2012 年）の削減目標は達成されたものの，京都議定書の意義と役割は急速に低下する。一方，条約の締約国会議（COP）と京都議定書の締約国会議（CMP）の場で，「ポスト京都」（京都議定書の第一約束期間終了後の GHG 削減の国際枠組のあり方）の検討が本格化したのは，京都議定書が発効した 2005 年からである。しかし，"共通だが差異のある責任" 原則の中で "大気中 GHG 濃度を，気候システムに危険な人為的干渉を及ぼさない水準に安定化" することを目指し，南北両世界が削減義務を負うかたちで京都議定書に代わる新しい枠組が 2015 年 12 月にパリ協定として結実するまでに実に 10 年を要した。

7.3.1　国際枠組の形成以前

　異常気象（豪雨・干ばつ，冷夏・熱波といった気候現象の偏り）が相次いだ 1970 年代から気候変動について関心が高まった。当時（1940～70 年）は気温が低下する傾向が続いていたため地球の寒冷化が取りざたされたこともあった。気候変動のメカニズムに関する研究も未発達で，人為活動との関連を予測できる科学的な知見も不足していたが，1980 年に米国環境問題諮問委員会（CEQ）が国務省と共同で作成した『西暦 2000 年の地球』では，人口，自然資源，環境等の 2000 年の状況を予測し，南北の所得格差拡大，食糧，水供給の問題，森林減少，砂漠拡大とともに，気候変化も重要なポイントの一つとして言及された。

　人為活動による地球温暖化の可能性が議論され始めたのは 1980 年代の半ば以降である。地球温暖化に関する最初の国際会議は，1985 年の WMO，UNEP，ICSU（国際学術連合）の三者の主催による「気候変動に関する科学的知見の整理のための国際会議（フィラハ会議）」である。この会議では "21 世紀前半には世界の気温上昇がこれまで人類が経験したことのない大幅なも

のになるだろう”との警告がだされ，地球温暖化が世界政治のアジェンダに
なるきっかけをつくった。

1988年のトロント会議ではブルントラント女史など政治家も参加して地球全
体として「2005年までにCO_2排出量を1988年レベルから20%削減する」，
「長期目標として50%削減する」を目指すべきであるといった声明が採択さ
れている。1989年11月にはオランダのノールトヴェイクで「大気汚染と気候
変動に関する環境大臣会合」が開催され，CO_2の排出を2000年までに凍結
する（横這いにする）ことに多くの先進国が同意（宣言）している。1988年〜89
年のG7サミットでも気候変動問題が議題になった。

7.3.2 気候変動枠組条約の発効まで

フィラハ会議から1992年の国連気候変動枠組条約（UNFCCC）の採択，
そして1994年に条約が発効に至るまでが，地球温暖化対策の国際枠組づく
りの第1期である。

地球温暖化問題は初期の段階から国連外交の重要議題にされてきた。温暖
化問題が人類の文明を支えるエネルギー問題と不可分の深刻な問題であるか
ら当然といえるが，歴史的にみても1992年のリオ・デ・ジャネイロでの地球
サミット（UNCED）の開催を控えて，地球環境問題が国際政治のアジェンダ
として重要性が急速に増した時期でもあった。1988年秋にはIPCCが設立さ
れ，1990年の第2回世界気候会議等では国連の下で条約交渉が求められ，同
年12月の国連総会で，条約交渉を開始するため政府間交渉委員会（INC）を
設立することと，地球サミットまでに交渉を完了する旨の決議が採択されてい
る。UNFCCCの交渉は短時日のうちに進み，1992年5月に採択され，翌月
6月の地球サミットの場で署名のために開放された。各国の条約批准も順調
に進み，1994年3月21日に発効している。日本は1993年5月28日に締結し
た。UNFCCCの締約国数は197カ国である。

（1）条約の原則論

UNFCCCには地球温暖化に対する基本的な認識と国際的な取組を進める
場合の原則が示されている。多くの科学的な不確実性を抱えての条約採択と

表7-2　地球温暖化対策の国際枠組の形成とわが国の歩み

西暦年	地球温暖化対策の国際枠組の形成	わが国の地球温暖化対策の歩み
1985	フィラハ会議	
1988	IPCC 発足→90 年第 1 次評価報告書	
1990	国連総会で条約交渉開始を決議	「地球温暖化防止行動計画」（地球環境保全関係閣僚会議決定）
1992	国連気候変動枠組条約採択→94 年発効	
1993		気候変動枠組条約を締結／環境基本法制定
1994		第一次環境基本計画を策定
1995	IPCC 第 2 次評価報告書	
1997	京都議定書採択	「新エネルギー利用等促進特措法」（新エネ法）制定
1998		「地球温暖化対策推進法」制定 省エネ法改正し「トップランナー方式」を導入
2000		第二次環境基本計画を策定
2001	IPCC 第 3 次評価報告書 米国（ブッシュ政権）京都議定書離脱 マラケシュ合意（京都議定書運用ルール確定）	
2002		京都議定書を締結／エネルギー政策基本法制定／RPS 法制定
2003		第一次エネルギー基本計画を策定
2004	ロシア京都議定書を批准→05 年に京都議定書発効へ	
2005	京都議定書発効	「京都議定書目標達成計画」を策定／クールビズ発案（環境省）
2006		第三次環境基本計画を策定
2007-09	G8 サミットで長期目標を打ち出す（2050 年半減）	
2007	IPCC 第 4 次評価報告書	第二次エネルギー基本計画を策定 「クールアース 50」「21 世紀環境立国戦略」（安倍内閣）
2008	G8 洞爺湖サミットで 2050 年世界の GHG 半減等に合意	「低炭素社会づくり行動計画」閣議決定（福田内閣）
2009	コペンハーゲン合意（調整未了で「留意」にとどまる。）	6 月　2020 年の中期目標を国内対策のみで 2005 年比 −15％とする（麻生内閣） 9 月　2020 年の中期目標を 1990 年比 −25％とする（鳩山内閣）
2010	カンクン合意（2020 年までの枠組：日本は −25％を登録）	第三次エネルギー基本計画を策定（原発比率増強型） 地球温暖化対策基本法案が国会に提出されるが廃案に
2011		《東日本大震災・福島第一原発事故》 「再生可能エネルギー特措法（FIT 法）」制定

2012	京都議定書が改定（わが国は第二約束期間不参加）	第四次環境基本計画を策定
		再エネの固定価格買取制度（FIT）導入（当初3年間に重点的に実施）
		温暖化対策税導入開始（3年半かけ段階的に税率引き上げ）
2013	IPCC第5次評価報告書（2013〜2014年にかけて公表）	2020年の中期目標をゼロベースで見直す方針（安倍内閣）
	わが国はCOP19に2020年目標を05年比−3.8％と報告	2020年の暫定目標を2005年比で−3.8％とする（安倍内閣）
2014		第四次エネルギー基本計画策定（震災後初の改定）
2015	パリ協定採択	「気候変動適応計画」を閣議決定
		2030年までに2013年比−26％とする約束草案を提出
2016	9月に米中がパリ協定を締結→11月4日に協定が発効	5月に「地球温暖化対策計画」を策定／11月8日にパリ協定を締結
2017	米国トランプ大統領パリ協定から離脱を表明	2050年までの−80％削減に向けた，長期ビジョン報告（環境省，経産省）
2018	パリ協定の運用ルールに合意	第五次環境基本計画を策定／「気候変動適応法」制定
		第五次エネルギー基本計画（2050年まで延伸）を策定

発効は，モントリオール議定書と並んで，予防的取組が発露された好例とされてきた。原則の中には「共通だが差異のある責任」，「予防措置」，「途上国が置かれた特定の状況への配慮」などがあり，条約第3条「原則」に規定されているほか，前文中に網羅的にちりばめられている。それらの中から主なものを列挙すると次のようになる。

- 人為的な気候変動による悪影響を憂慮することを認め（気候変動の悪影響への懸念），科学的な不確実性はあることに留意しつつ，気候変動を防止又は最小化するために予防措置をとる（予防措置）
- 衡平の原則に基づき，すべての国に共通しているが差異のある責任と，各国の社会的・経済的状況に応じて気候系を保護する（共通だが差異のある責任）
- 過去および現在の温室効果ガスの排出量の大部分は先進国によるもので，先進国が温室効果ガス削減に向けて迅速に行動すべきである（先進国の迅速な行動）
- エネルギー効率の向上等の可能性を考慮するにしても，今後の開発のニーズ

のために途上国の排出は増加することを是認する（途上国の排出増加の許容）
- 気候変動政策や措置は費用効果の大きいものとなるよう考慮し，社会・経済開発への悪影響を回避するため総合的な調整を図る（気候変動対策の社会・経済影響の回避）
- 島しょ国，低地の沿岸域，乾燥地域・半乾燥地域，洪水・干ばつ・砂漠化のおそれのある国，山岳国などの脆弱国への悪影響と，化石燃料の生産・輸出に依存している産油国等への経済的な影響にも配慮する（途上国の特別の事情への配慮）
- 気候変動政策と措置は，経済社会状況の相違が考慮され，発生源，吸収・貯蔵，適応を網羅した包括的なものとなるよう配慮する（包括的な政策及び措置）

　これらの原則の中で，"共通だが差異のある責任"論や"予防措置"は，同じ時期に並行して作成作業が進められ地球サミットで合意された「持続可能な開発のためのリオ宣言」と一致している。つまり，経済成長と開発を果たす権利を主張し，経済・社会開発を阻害するような気候変動政策や措置を受け入れない。その後の先進国の気候変動問題への対応をみると，途上国だけではなくて，日本を含めた多くの先進国の姿勢にも同様に当てはまる。
　この UNFCCC の原則論は，条約発効後に開始される京都議定書の交渉においても，パリ協定の交渉においても常に踏まえられていて，温暖化対策の国際枠組づくりをある意味では縛ってきたが，それが持続可能な開発に関する国際交渉における公平な議論のひな型になってきた。

（2）条約の主要な規定について

ア）究極の目的に関すること

　本章の冒頭に述べたように，条約第2条の「究極的な目的」に関する政治的な議論は，京都議定書が発効した後の 2007 年頃から，先進国首脳会議（G8サミット）を舞台に始まった。具体的には 2007〜2009 年に開催された G8 会合で，究極目的を達成するための GHG 排出量の具体的な削減量が議論され，日本がホストした 2008 年の洞爺湖サミットと 2009 年のイタリアのラクイラ・

サミットで合意された。また，2010年のカナダのムスコカ・サミット及び2011年のフランスのドーヴィル・サミットでも再確認されている。その内容は，以下のようなものである。① 工業化以前に比べて世界の平均気温の上昇を2℃以内に抑制するべく，② 世界全体の温室効果ガス排出量を2050年までに少なくとも50％削減し，③ 先進国全体で2050年までに80％以上削減する，④ そのためにも排出量を早期にピークアウトさせる。

　一方，毎年開催されてきた締約国会議（COP）でも，COP15のコペンハーゲン合意以降，気候安定化とは2℃以内に抑制することと同義であるとの認識が定着した。そして，2010年採択のカンクン合意においても気温上昇を工業化前2℃以内に抑えることを前提にしている。最終的には，2015年に長期目標として2℃を十分下回り，1.5℃以下に抑制する努力を継続することなどを明記したパリ協定が採択され，UNFCCCの究極目的は数値化された。

イ）　約束に関すること

　UNFCCCの第4条「約束」の第1項では，全締約国が進めるべき行動規範が掲げられている。この中で締約国は比較可能な方法を用いて，GHGの排出及び吸収の目録を作成し，定期的に更新し，公表し，締約国会議に提供すること，自国の緩和と適応のための措置に関する計画を作成・更新して公表することなどが規定されている。

　第4条第2項では，共通だが差異のある責任の考え方を反映して，附属書Iに掲げられた国（先進国及び経済移行国（EIT））にだけ適用される義務が記されている。この中には1990年代の終わりまでにGHG排出量を1990年レベルに戻すなどの積極的な緩和策を講じるとの規定や，先進国は途上国に対して新規で追加的な資金を提供するなどの規定が置かれた。なお，京都議定書が採択され第一約束期間が定まって以降，2000年目標はほとんど注目されることなく終わった。

　第11条「資金供与の制度」の規定では，モントリオール議定書に基づく「オゾン層保護基金（モントリオール議定書の実施のための多国間基金）」にならって，先進国による途上国への資金援助の仕組みを用意することを明記したものである。実際には気候変動対策に固有な基金制度は設けられず，1991年に発足したGEF（Global Environmental Facility）が地球環境保全のための共

通の資金メカニズムとなった[86]。その後，2010 年の COP16 の「カンクン合意」
により，気候変動対策に特化した資金メカニズムである「緑の気候基金」(Green
Climate Fund：GCF）が設立され，GCF は 2015 年に活動を開始している。

ウ）適応策について

　UNFCCC の第 4 条の「約束」に示された締約国の義務となっている気候
変動施策や措置に関する記述ぶりから，発生源，吸収源，貯蔵庫，適応のす
べてを視野に入れていることがわかる。発効後の初期の COP での議論の中
心は，GHG 排出量の削減措置を締約国に義務付けることに置かれ，締約国
会議で適応が本格的に取り上げられたのは，2010 年のカンクンで開催された
COP16 からである。

　この会議で合意された「カンクン適応枠組み」(The Cancun Adaptation Frame-
work）には，全ての締約国が適応対策を強化するため後発開発途上国（LDC）
向けの中長期の適応計画プロセスの開始，適応委員会の設立等が盛り込まれ
ている。その後，2014 年の COP20 で採択されたリマ声明では，COP21 で
採択予定の新たな国際枠組において，適応行動を強化していくとの認識が示
され，パリ協定においては緩和策と並んで，温暖化への備えの強化を世界共
通の目標に据え，各国が適応策を作成することと，温暖化に脆弱な途上国へ
の支援策が盛り込まれた。

（3）締約国会議

　条約発効の翌年 1995 年から毎年開催されてきた締約国会議の中で，大きな
成果が得られた会合を整理すると表 7-3 のようになる。第 1 回締約国会議
（COP1）の開催地はドイツのベルリンで，COP1 での決議された事項は「ベ
ルリン・マンデート」と呼ばれる。

　ベルリン・マンデートには，先進国に 2000 年以降の対策を定める議定書
その他の法的文書を 1997 年開催の COP3 で採択することと，途上国につい

---

86)　GEF は，5 つの環境関連条約（気候変動枠組条約，生物多様性条約，砂漠化対処条約，
　　残留性有機汚染物質に関するストックホルム条約（POPs 条約），水銀に関する水俣条
　　約。）の資金メカニズムとして世界銀行（世銀）に設置されている信託基金で，世銀，
　　UNDP，UNEP 等の国際機関が GEF の資金を活用してプロジェクトを実施する。

表7-3　気候変動枠組条約締約国会議（COP）での主要な合意等の通称と内容

年	COP	主要な成果	内容
1995	COP1	ベルリン・マンデート	2000 年以降の先進国の GHG 削減等を定める法的文書を COP3 で採択する等
1997	COP3	京都議定書	先進国の第一約束期間の GHG 排出量を 1990 年比で 5.2% 削減する等の規定
2001	COP7	マラケシュ合意	京都議定書の運用細目（京都メカニズム，吸収源，削減目標未達成の場合の上積み等）
2007	COP13	バリ行動計画	第一約束期間終了後の枠組を 2009 年までに合意する工程と論点等
2009	COP15	コペンハーゲン合意	先進国の削減目標・途上国の削減行動をリスト化すること等に留意（合意に至らず）
2010	COP16	カンクン合意	先進国及び途上国の 2020 年削減目標・行動及び適応対策の強化（プレッジ&レビュー）
2011	COP17	ダーバン・プラットフォーム	全ての主要排出国が参加する 2020 年以降の法的枠組を 2015 年までに合意する等の工程表
2012	COP18	ドーハ気候ゲートウェイ	京都議定書改正（第二約束期間）及び 2020 年以降の新枠組の基盤整備と作業計画等
2013	COP19	ワルシャワ国際メカニズム	温暖化の悪影響に関連した損失・損害に関する決定（パリ協定に反映）
2014	COP20	リマ声明	各国が自主的に決定する約束草案（INDC）の提出の基本的ルール（時期等）に合意
2015	COP21	パリ協定	全ての国が参加する 2020 年以降の包括的で永続的な法的枠組

ては新たな義務を課さないことが明記され，これが京都議定書交渉の前提とされた。これ以降，歴代の重要な決議の内容は，開催都市の名前をつけて呼ばれている。

7.3.3　京都議定書の時代

　京都議定書が採択され，紆余曲折を経て 2005 年に発効し，第一約束期間が終了するまでの期間，つまり 1997～2012 年は京都議定書の時代と呼ぶことができる。京都議定書は 1997 年 12 月の第 3 回締約国会議（COP3）で採択され，地球温暖化対策の具体的な第 1 歩が踏み出された。京都議定書は GHG 排出量の数量管理に拘泥した内容で，運用のルールをこと細かに定める必要があった。この交渉には各国の政治的な思惑も絡んで 4 年近くを費やし，2001 年 11 月のマラケシュ合意でようやく運用ルールが確定した。さらにそれから 4 年を費やして 2005 年 2 月についに発効した。京都議定書の締約国・地域の数は 192 である。京都議定書の詳しい交渉の経緯について本書では触れないが，実際に交渉に携わった外務省の田邊敏明著『地球温暖化と環境外交』(1995) や，環境省の浜中裕徳編『京都議定書をめぐる国際交渉』(2006) には各国間の複

雑な交渉の状況が子細に記録されている。

　京都議定書では，GHG 排出削減義務を負うのは，気候変動枠組条約の附属書I国（先進国と経済移行国）のみで，1990 年を基準年として，第一約束期間（first commitment period：期間は 2008〜2012 年の 5 年間）までに附属書I国全体で GHG 排出量を 5.2%削減するのが主な内容である。対象となる GHG はすでに述べたように CO_2，CH_4，N_2O と代替フロン 3 種（HFC，PFC，SF_6）の 6 種類である。附属書I国で第一約束期間に参加した 36 カ国の京都議定書の基準年における年間排出総量は約 120 億トン，米国・カナダの排出量を加えると約 188 億トンになる[87]。議定書はコンセンサス採択されたものの，2001 年 1 月に米国で誕生した共和党のブッシュ政権は，それまでのクリントン政権の方針を覆し，"中国，インドなどの途上国が参加していない不公平なもので，自国の経済に悪影響を与える"として同年 3 月に京都議定書からの離脱を表明した。

　京都議定書では発効要件を，55 カ国以上の批准と，附属書I国の CO_2 の総排出量の 55%以上を占める附属書I国の批准が必要なため，世界の排出量の 4 分の 1 を占める当時最大の排出国だった米国の離脱で，一時は発効が危ぶまれた。2004 年 11 月にロシアが，"第一約束期間に限って"という条件付きで批准したことで発効にこぎつけた。発効の遅れが第一約束期間までのリードタイムを短縮したことや，米国の離脱や豪州の未批准もあって，発効の当初から京都議定書の実効性に翳りがさしていた。

（1）京都議定書の削減目標

　削減幅は，第一約束期間の 5 年間の平均値で，基準年（基準年は原則 1990 年とされている）比で，附属書I国（先進国及び経済移行国）全体として少なくとも 5 %削減（議定書第 3 条）とされていて，議定書の附属書Bには国別の削減率が明記されている。よく知られているように，削減目標は，EU は総体として− 8 %[88]，

---

87) 国立環境研究所温室効果ガスインベントリオフィス上の情報による（http://www-gio.nies.go.jp/index-j.html）。
88) 附属書BではEU（欧州連合）として−8%のほか，EU 加盟国の国別削減目標が定まっており，ドイツ−21%，英国−12.5%，フランス± 0 %，スペイン+15%，ポルトガル+27%などとなっている。

2001年に離脱した米国は－7％，日本とカナダ（2012年離脱）は－6％であり，ロシア0％，オーストラリアは＋8％などとされた。附属書Aには，削減対象の温室効果ガスの種類と，排出量の算定においてカバーされるべき発生源の部門・分野が規定されている。

京都議定書の運用ルールの交渉は官僚的な業務となった。7.2.3で述べたCO_2排出係数やGWPをはじめ，森林吸収をどこまで認めるかなどが論点になった。マラケシュ合意において日本が獲得した森林吸収量の上限値は年間1,300万トン-C（＝約4,770万トン-CO_2）[89]であるが，この数値は他国に比べ特例的に大きく，科学的根拠に基づくというよりも，むしろ日本を離反させないための，EU諸国の交渉上の戦略とみられている。また，木材燃焼などバイオマスの燃焼に伴う排出量については，大気中から除去されたCO_2が再度大気中に戻るとみなしCO_2排出量をゼロとして取り扱う（カーボンニュートラル）。このため自動車燃料としてバイオエタノールやバイオディーゼルを用いると，その分のCO_2排出量もゼロとみなされる。

GHG排出量の議論で見落とされがちなものに"バンカー"がある。国際航空便や国際航路船舶で使用される燃料はバンカー（bunkers）と呼ばれるが，バンカー起因のCO_2排出量はどの国にも属さないため，抑制作用が働きにくい状態にあった（図7-7参照）[90]。国際航空については国際民間航空機関（ICAO：International Civil Aviation Organization），国際船舶については国際海事機関（IMO：International Maritime Organization）が，それぞれ排出削減等に取り組むこととされている。これに関連した最近の動きとして，2016年の国際民間航空機関の総会で，航空機からのCO_2排出量を2020年水準より増やさないとする内容の規制が合意され，排出削減の動きが始まっている。

(2) 京都メカニズム（柔軟性メカニズム）

「京都メカニズム」は，附属書I国の削減目標の達成の方策に柔軟性を持た

---

[89]　5年間で算入できる上限値は2億3,830万トン-CO_2になる。

[90]　IEAの統計資料によると2014年の世界のエネルギー起源のCO_2排出量の3％ほどに相当する。

せるために導入された[91] もので，① CDM（クリーン開発メカニズム：Clean Development Mechanism），② 共同実施（Joint Implementation）及び③ 排出量取引（International Emission Trading）の3つの仕組みの総称である。京都議定書中に京都メカニズムという直接の表現はないが，それぞれに条文の根拠はある。①は附属書I国（先進国及び経済移行国）と非附属書I国（途上国）とが共同で実施する事業によって，途上国で得られた排出削減量を，附属書I国の削減枠（CER：Certified Emission Reduction）として組み入れることができる仕組みで，第12条に根拠が置かれている。②は附属書I国同士が共同で事業を実施することによってより大きな排出量削減が得られる場合を想定し，その削減量を排出枠（ERU：Emission Reduction Unit）として投資国へ移転するか両国で配分できる仕組みで，第6条に根拠が置かれている。③は削減割り当てを上回って削減できた附属書I国が，その余剰分を国際取引市場で売り，削減目標の達成が自力では難しい附属書I国がこれを購入して目標達成をアシストする仕組みで，第17条を根拠にしている。

　京都メカニズムの運用の詳細は，森林吸収分の上限設定とともにマラケシュ合意において決定された。京都メカニズムの使用に関する量的な制限はないものの，国内対策に対して補足的に使用されるべきこととされている。また，共同実施とCDMで得られた排出枠（ERU，CER）は国際的に自由に取引できるが，原子力発電による排出枠の使用を控えること，排出量取引については売りすぎ防止のための量的な上限を設けるなどが規定されている。CDMは途上国の持続可能な開発を達成し，UNFCCCの究極の目的に貢献するために導入されたもので，途上国への技術移転を促進する効果が期待されるが，不適正に使用されないように厳格な認証制度が設けられた。

---

91)　わが国では「経済的な負担を軽減するための削減手法」との説明や，温室効果ガス排出削減のための経済的手法として導入された市場メカニズムといった解釈がしばしば聞かれるが，国内対策の抜け穴となることがないよう厳しい交渉の綱引きが行われた経緯がある。マラケシュ合意では，「補足的」であること「原子力使用を控える」こと，議定書本文ではCDMが途上国の持続可能な開発の支援措置であることを求めている点に留意する必要がある。

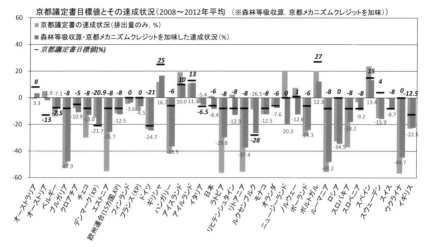

図7-5 京都議定書第一約束期間の目標達成状況

(出典) 国立環境研究所温室効果ガスインベントリーオフィス

(3) 第一約束期間の目標は達成されたか

議定書の附属書Bに掲げられた第一約束期間の目標達成状況は，条約事務局に各国からの報告が提出され，公表されている。その集計結果が国立環境研究所の地球環境研究センターニュース（2014年7月号［Vol.25 No.4］通巻第284号）に掲載され，国別データがエクセルファイルでネット上に掲げられている。それによれば，森林吸収・京都メカニズムクレジットの活用なしで達成したのは先進23カ国中11カ国，経済移行国13カ国中12カ国となっている。森林吸収と京都メカニズムを含めれば，EU（当初の15カ国）は全体目標−8％を達成し，国別の目標を持った国々のすべてが目標を達成している。また，経済移行国（EIT）では，第一約束期間に経済が低迷して，排出量が40％以上落ち込んだ国もあった（図7-5）。

一方，森林吸収・京都メカニズムに頼って目標を達成した先進国も少なくない。第一約束期間中に実際に京都メカニズムクレジットを使った国は，日本，オーストリア，ニュージーランド，スペインなどで，合計量は7億トン$-CO_2$とされている。中でも日本はとびぬけて多く3.9億トン$-CO_2$，森林吸収量も認められた上限値の目いっぱいを使っている。

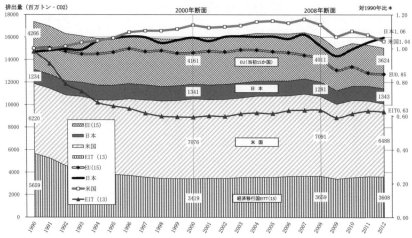

排出量（百万トン‐CO2）

（注）　林業・土地利用・土地利用変化（LULUCH），森林吸収，京都メカニズムを含まない。EIT
　　　は経済移行国。面グラフは排出量絶対値の推移（左軸）で，折れ線グラフは1990年を1とし
　　　た場合の排出量の相対値（右軸）。
（出典）　国立環境研究所温室効果ガスインベントリーオフィス

図7-6　主要附属書Ⅰ国のGHG排出量と対基準年比の推移（1990～2012）

　図7-6には，参考までに附属書Ⅰ国の1990年～2012年の温室効果ガス
（GHG）排出量の推移を示した。2012年断面で，経済移行国は63％に落ち込
み，EUは85％まで低下したが，米国とわが国は4～6％の増加となった。

　京都議定書の第一約束期間への取り組みを通じて見えてきたことは，附属
書Ⅰ国のみに削減義務を課する仕組みへの先進国側の不満と，各国の社会・
経済状況を勘案した公平な削減率の割当てを求める声の高まりである。また，
採択から発効までに8年を要したことが，対策実施のリードタイムを縮めて，
取り得る対策手段が限定されたことも否めない。東西の統一以降，東側の旧
弊な施設を更新できたドイツや，北海油田の天然ガスの供給増で凌いだ英国
は排出削減の優等生になれたが，全体としては1990年比で附属書Ⅰ国の排
出量を5％削減することすら決して容易ではなかった。

　なお，第一約束期間中の2007年に，オーストラリアが京都議定書を批准
した一方，2012年にはカナダが第一約束期間の削減目標を達成しないまま
京都議定書を離脱している。

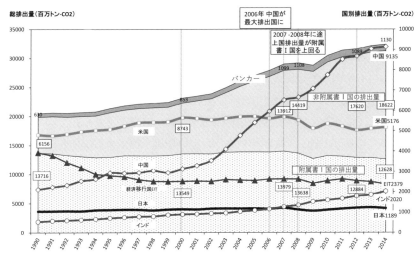

（出典）　IEA：*CO₂ Emissions from Fuel Combustion 2016*

図7-7　附属書Ⅰ国と途上国のエネルギー起源 CO_2 排出量の推移（1990〜2014）

7.3.4　「ポスト京都」と「カンクン合意」

　第一約束期間の後の第二約束期間のあり方（ポスト京都）を巡る COP・CMP
の場での交渉が難航し、京都議定書とカンクン合意の二頭立ての国際枠組み
が並走する時代が2020年まで続くことになった。京都議定書が改正されて第
二約束期間（2013〜2020年）が設定されたのは2012年で、EU 諸国を中心に
2020年に向けて1990年比で20%削減を進めることになった。また、京都議
定書の枠組とは別に、法的拘束力を持たないものの、先進国と途上国の多くが
参加して自主的に GHG 削減を進める「カンクン合意」が2010年に成立した。
　京都議定書では、第二期約束期間に関して、「第一約束期間の終年の7年
前までに検討を始めなければならない」（京都議定書第3条第9項）との規定
だけがある。京都議定書が発効した2005年は7年前に当たり、第二期約束
期間の交渉が開始された。しかし、ポスト京都の交渉が単に第二期の期間と
削減目標の設定では済まない状況がこの頃に起こった。2000年以降は中国
の経済が急成長して、2006年には米国を上回って世界最大の排出国になり、
インドやブラジルの排出量も急速に増加した。2007〜2008年頃には非附属書Ⅰ
国（途上国）の CO_2 排出量が附属書Ⅰ国のそれを上回り、2014年には両者の

エネルギー起源 CO_2 排出量比は 6：4 に逆転した（図 7-7）。

　京都議定書が発効した 2005 年当時には，先進国にのみ削減を義務付けた京都議定書の仕組みはすでに時代遅れになっていた。途上国はもちろん先進国の中にも米国やわが国のように，法的拘束力をもたせた削減目標を各国に割当てる方式（トップダウン方式）に反対する声が強まった。このため米国や中国・インドといった大排出国（主要経済国）はもとより，途上国も含めてすべての国が GHG 削減義務を負う新しい枠組を模索する交渉が進んでいくことになる。

　2007 年にインドネシアのバリ島で開催された COP13 では，京都議定書の第一約束期間後の枠組議論とは別に，すべての締約国が参加する 2013 年以降の枠組み等を，2009 年までに採択するべく特別作業部会を立ち上げることが合意された（バリ行動計画）。2009 年のコペンハーゲンでの COP15 では合意には至らなかったが，翌 2010 年の COP16 においては，2050 年までの GHG の世界規模での大幅削減と早期のピークアウトを共有ビジョンとし，途上国支援のための気候基金・気候技術センターの設立，各国が提出した削減目標等の報告と検証のルール化（MRV（測定・報告・検証））などを盛り込んだカンクン合意が成立した。日本，米国，EU，中国，インドを含むおよそ 100 カ国がカンクン合意に参加し，これらの国々の GHG 排出量は世界の総排出量の 80％以上をカバーした。

　カンクン合意で採用された，"各国が目標を登録して検証する仕組み"は，プレッジ・アンド・レビュー（pledge and review）方式と呼ばれる。この方式は，京都議定書のトップダウン方式の下で第一約束期間中の対応に苦慮してきたわが国が，国際的に公平な方法として提案したものである。

　なお，カンクン合意に各国が提出した削減目標・行動の表現形式は，先進国と途上国とで異なっている。先進国はいずれも 2020 年に向けて排出絶対量を減少させることをプレッジしたのに対し，中国，インドなど途上国の目標は絶対量の減少を保証しない経済活動規模に対する相対値でプレッジされる。これは共通だが差異のある責任論の反映である。パリ協定採択に先立って各国が提出した約束草案でも同様の方式をとっている（表 7-4）。

　京都議定書の時代，私たちは "ある特定の時間断面において排出削減目標

表7-4 主要な国々の約束草案比較（2015年10月1日時点のもの）

先進国（UNFCCC 附属書 I 国）

米国	2025 年に－26%～－28%（2005 年比）。28% 削減に向けて最大限取り組む
EU	2030 年に少なくとも－40%（1990 年比）
ロシア	2030 年に－25～－30%（1990 年比）が長期目標となり得る
日本	2030 年度に 2013 年度比－26.0%（2005 年度比－25.4%）
カナダ	2030 年に－30%（2005 年比）
オーストラリア	2030 年までに－26～28%（2005 年比）
スイス	2030 年に－50%（1990 年比）
ノルウェー	2030 年に少なくとも－40%（1990 年比）
ニュージーランド	2030 年に－30%（2005 年比）

途上国（UNFCCC 非附属書 I 国）

中国	2030 年までに GDP 当たり CO_2 排出量－60～－65%（2005 年比）及び 2030 年前後に CO_2 排出量のピーク
インド	2030 年までに GDP 当たり排出量－33～－35%（2005 年比）
インドネシア	2030 年までに－29%（BAU 比）
ブラジル	2025 年までに－37%（2005 年比）（2030 年までに－43%（2005 年比））
韓国	2030 年までに－37%（BAU 比）
南アフリカ	2020 年から 2025 年にピークを迎え，10 年程度横ばいの後，減少に向かう排出経路を辿る 2025 年及び 2030 年に 398～614 百万トン（CO_2 換算）（参考） 2010 年排出量は 487 百万トン（IEA 推計））

（出典） 環境省地球環境局公表資料「COP21 の成果と今後」（2015）

を達成する”という議論に耳目を奪われて，刹那的な思考に陥りがちだったが，カンクン合意以降は，条約の究極の目的に向けて，2100 年までにどのようなトラジェクトリーを歩むべきかが視野に入るようになった。しかし，カンクン合意の排出量を各国が 2020 年に実現しても，RCP2.6 シナリオのトラジェクトリーに乗せることは難しく，3℃程度も昇温する蓋然性が高い。各国がプレッジした排出削減量と気温上昇を 2℃以内に抑制するために必要な削減量との差異は「排出ギャップ」とよばれていて，国連環境計画（UNEP）は最近では排出ギャップの状況を *Emission Gap Report* にまとめて毎年公表している。

　一方，カンクン合意と並行して，京都議定書の枠組の継続を求める EU 諸国等によって第二約束期間の交渉も進められた。外務省がホームページ上で公表してきた説明によれば，わが国はカンクン合意への参加国が主流になったことなどを理由に，2010 年に COP16 の場で京都議定書の第二約束期間に参加しないことを表明した。翌 2011 年のダーバンでの COP17 において，日

本のほかロシアとニュージーランドが，京都議定書の締約国としては残留するものの，第二約束期間には参加しないことが確定した。これによって，日本の産業界が長らく不平等条約と呼んできた京都議定書の桎梏から解放された。最終的に京都議定書の第二約束期間に参加する附属書I国のGHG排出量は，経産省が総合エネルギー調査会に提出した資料によれば，2010年段階での世界の総排出量の15%程度に低下した。

　京都議定書は第一約束期間の最終年の2012年に開催されたCMP8で改正（ドーハ改正：Doha Amendment）され，第二約束期間は2013年〜2020年とされ，EU，豪州などが第二約束期間に参加することになった。EU諸国の第二約束期間の削減率は1990年比で20%であるが，EUはカンクン合意にも参加しており，ここでの削減目標も同じく20%としている。なお，ドーハ改正は2019年5月段階でまだ発効していない。

7.3.5　パリ協定の採択とそれ以降

　カンクン合意は法的拘束力のない約束であり，2020年までの時限的なものであるため，2011年のCOP17でまとまったダーバン・プラットフォームでは，2015年までにすべての国に適用される法的拘束力のある枠組の採択を目指すこととされた。カンクン合意後に出されたIPCC第5次評価報告では，究極目的の達成に必要なGHG削減量が一層厳しいものになり，それがパリ協定の交渉の前提になっていく。

　2015年12月12日に採択されたパリ協定は，南北世界が参加する2020年以降の新たな国際枠組である。2016年9月3日，中国杭州でのG20開催前日にオバマ大統領と習近平主席がそろって批准するという，かつてない両国の積極的な姿勢が世界をけん引する形で，パリ協定は一年を経ずして2016年11月4日に国際的に発効した。この協定は，すべての国が参加し，排出削減の強化，吸収源の強化，適応の強化のほか，資金提供，技術移転，能力開発といった途上国支援の強化を永続的にしかも包括的に進める仕組みを備えている。UNFCCCの批准国197カ国のうち，2018年8月時点でのパリ協定の批准国数は180カ国（EUを含む）で，世界のエネルギー起源のCO_2排出量の95%以上を占める。

（1）パリ協定の概要

　パリ協定では,「長期目標」として, 世界の平均気温の上昇を工業化以前よりも2℃高い水準を十分に下回るものに抑え, 1.5℃高い水準までに制限するための努力を継続することを掲げている（第2条）。協定の条文には, 世界全体のGHG排出総量の数値目標までは盛り込まれていないが, 世界の排出量のピークをできるだけ早期に達成し, 今世紀後半には排出と吸収源による除去とのバランスを達成することを目指すとした（第4条）。温室効果ガス排出の削減に寄与する締約国の約束は,「締約国の貢献」（NDC：Nationally Determined Contribution）（削減目標・行動）と呼ばれる（第4条）。ただし, 貢献の遵守に関しては法的拘束力がない。その他, 吸収源・貯蔵庫の強化（第5条）, 二国間クレジット制度（JCM）も含めた市場メカニズムの活用（第6条）, 気候変動への悪影響への対処（適応）（第7条）, また, 途上国への大規模な資金提供（第9条）, 技術開発・移転（第10条）及び能力開発（第11, 12条）の規定等も協定の重要な構成要素になっている。さらに, パリ協定は, 貢献の設定など締約国の意思に委ねられる部分が大きいため, 長期目標の達成に向けた世界の温暖化対策の進捗状況を, 2023年及びそれ以降5年ごとに, 定期的に検討（グローバル・ストックテイク）し, その結果を各国のNDCの定期的な更新・強化や, 行動・支援の向上に反映させて取組を前進させることとしている（第14条）。更新される各国の目標は従前の目標よりも前進を示すことが確認されている。つまり, パリ協定では, カンクン合意と同様に各国の目標は各国がプレッジする形とすることでより多くの国の参加を確保しつつ, 世界全体の進捗を踏まえて各国の目標を向上させていく仕組みを織り込んで実効性を担保しようとしている。

　このほか, パリ協定では「長期目標」を達成するために, 各国がGHG低排出型の発展のための長期戦略を提出することが求められており（第4条第19項）, COP21の決議（パラグラフ35）で提出期限が2020年と定められた。2016年のG7伊勢志摩サミットで各国は2020年よりも十分に先駆けて策定することに合意した。わが国が2015年7月に提出した約束草案には, 2030年までに2013年度比でGHG排出量を26%削減するほか, IPCC第5次評価報告書で示された, 2℃目標達成のための2050年までの長期的なGHG排出削減に

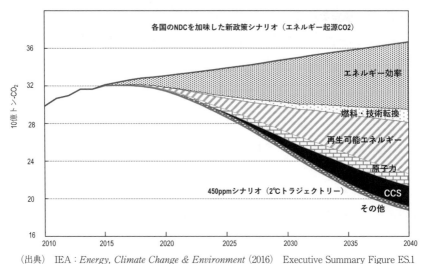

（出典）　IEA：*Energy, Climate Change & Environment*（2016）　Executive Summary Figure ES.1

図7-8　NDCと450ppmシナリオの排出量ギャップを埋めるのに必要な対策

向けた排出経路やわが国が掲げる「2050年世界半減，先進国全体80％減」
との目標に整合的なものである旨が記載されている。2016年5月に決定した
「地球温暖化対策計画」にも，また，2018年4月に策定された第5次環境基
本計画にも，2050年までの80％削減を目指すことが明記された。

（2）約束草案と究極の目的（長期目標）との排出ギャップ

　説明があとさきになったが，パリ協定の採択に先立ってUNFCCCの大多
数の締約国が，自国の2020年以降の削減目標「約束草案」（INDC：Intended
Nationally Determined Contribution）を提出した。主要国の約束草案を比較する
と表7-4のようになる。それに基づいて条約事務局が算定したところ，2030年
の温室効果ガスの排出量は，INDCがない場合と比べて約36億トン削減され
るが，IPCC第5次報告の2℃目標を費用効果的に達成するシナリオ（RCP2.6）
との排出量ギャップは，2025年段階で87億トン-CO_2，2030年段階で151億ト
ン-CO_2とされている（安部，2016）。

　また，国際エネルギー機関（IEA）の2016年報告（*Energy, Climate Change
and Environment*）では，エネルギー起源のCO_2排出量について，INDCを組

み込んだ将来排出量と2℃目標を達成するシナリオの排出量とのギャップを
2040年まで推定し，排出ギャップを埋めるための追加的な対策の可能性を
試算している（図7-8）。それによるとエネルギー効率の向上と再生可能エネ
ルギー導入量の拡大に大きな期待がかかっているが，原子力，CCSなど，
あらゆる選択肢を動員する必要があるとしている。パリ協定にもとづくグ
ローバル・ストックテイクによる検討を通じて，世界のGHG排出量を将来
に向けてどのように管理していくかが目下の大きな論点になっている。なお，
パリ協定の規定上，締約国は，締結後3年間は脱退を通告できず，かつ，通
告から1年後に脱退となるため，米国は現在もパリ協定の締約国である。米
国がパリ協定から脱退できるのは最速で2020年11月で，奇しくも次回の米
大統領選と同時期に当たっている。

######## 【コラム7】エネルギー起源の CO_2 排出量に関する考察2題 ########

茅恒等式を用いた排出量変化の要因分析

　ある国や地域におけるエネルギー起源の CO_2 排出量の時間的な変化を，マ
クロな社会・経済状況とエネルギー供給を示す3つの指標で追跡すると，どの
要因がどの程度 CO_2 排出量の変化に作用したか推定できる。社会指標として
人口，経済指標としてGDP，エネルギー指標として一次エネルギー総供給量
（TPES：Total Primary Energy Supply）を用いる。
　具体的な方法は次のとおりである。まず，エネルギー起源の CO_2 排出量（Q_{CO_2}）
を，式(1)に示すように4つの項の積で表わす。この式(1)は，発案者である東大
名誉教授茅陽一氏の名前を冠して「茅恒等式（Kaya Identity）」と呼ばれている。

$$[Q_{CO_2(t)}] = \left[\frac{Q_{CO_2(t)}}{TPES(t)}\right]\left[\frac{TPES(t)}{GDP(t)}\right]\left[\frac{GDP(t)}{Pop(t)}\right][Pop(t)] \cdots\cdots\cdots\cdots(1)$$

ここで，$Q_{CO_2(t)}$　：t年のエネルギー起源の CO_2 排出量
　　　　TPES(t)：t年の一次エネルギー総供給量
　　　　GDP(t)　：t年の国内総生産又は地域内総生産
　　　　Pop(t)　：t年の人口

　右辺の第1項は，単位エネルギー投入量（TPES）に対する CO_2 排出量で，当
該国／地域の炭素集約度（低炭素化度）を示している。石炭を多く使用する国／
地域では炭素集約度は大きくなり，原子力もしくは再生可能エネルギーの比率が
高まれば小さくなる。第2項は，単位GDPを得るのに必要なエネルギー投入量(エ

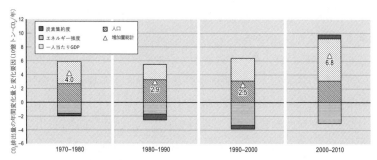

（出典）　IPCC第5次評価報告書第3部会報告政策決定者向け要約中の図SPM.3

**図C7-1　1970〜2010年における世界のエネルギー起源 CO_2 排出量の10年毎の
　　　　　変化量の要因分析**

ネルギー強度あるいは省エネ度）を示している。エネルギー多消費型の重化学
工業が集積している国／地域では，この値は大きくなるが，生産効率が高まれ
ば（省エネ化が進めば）この値は低下する。また，第三次産業の比率が高まれば，
少ないエネルギーで GDP を稼げるので，一般的にこの値は小さくなる。第3項は，
当該国／地域の一人あたりの GDP で，経済的な豊かさを計る指標（豊かさ指標）
である。最後の第4項は人口である。第3項の豊かさ指標が一定であっても，人
口が増加すれば Q_{CO_2} は増加するし，人口が増加しても第1項のエネルギー供給
の低炭素化度が進むか，第2項のエネルギー効率が高まれば，Q_{CO_2} は減少するこ
とがある。

　Q_{CO_2} の時間経過に伴う変化率，例えば，インターバルを1年としてある年 t か
ら翌年 t＋1に掛けての増減率 $\Delta Q_{CO_2(t)}/Q_{CO_2(t)} = ((Q_{CO_2(t+1)} - Q_{CO_2(t)})/Q_{CO_2(t)})$ は，
式(1)を差分方程式に書き換えれば，次のようになる。

$$\Delta Q_{CO_2(t)} \Big/ Q_{CO_2(t)} = \Delta\left[\frac{Q_{CO_2}}{TPES}\right] \Big/ \left[\frac{Q_{CO_2}}{TPES}\right] + \Delta\left[\frac{TPES}{GDP}\right] \Big/ \left[\frac{TPES}{GDP}\right]$$

$$+ \Delta\left[\frac{GDP}{Pop}\right] \Big/ \left[\frac{GDP}{Pop}\right] + \Delta Pop \Big/ Pop \quad\cdots\cdots(2)$$

　ここで，右辺が煩雑になるので添字（t）を省いたが，右辺の第1項は炭素集
約度 $\Delta\left[\dfrac{Q_{CO_2}}{TPES}\right]$ の t 年から t＋1年にかけての変化率，同様に，第2項はエネル

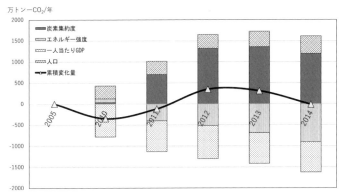

万トン-CO₂/年

(注) 2005年度のエネルギー起源のCO₂排出量（約6000万トン/年）に対する変化量を示したもの。
(出典) 邱ら（2018）

図 C7-2　東京都のエネルギー起源CO₂排出量の2005年度対比変化量と要因分析

ギー強度の変化率，第3項は一人当たりのGDPの変化率，第4項は人口の変化率を表わしている（なお，厳密にいうと式(2)の第4項の後に，交絡項をつけて計算誤差を調整する必要があるが，ここでは説明を省く）。

図C7-1は，1970年から2010年までの世界のエネルギー起源CO_2の排出量の10年ごとの変化要因を，茅恒等式を用いて算定した結果で，IPCC第5次評価報告の第3作業部会報告に掲載された。この図では，世界のエネルギー起源CO_2の年間排出量の，10年毎の増加量が△で示され，4つの要因の寄与度が棒グラフのプラスあるいはマイナスで示されている。CO_2排出量の単位は10億トンである。

例えば2000-2010年の10年間に年間排出量は68億トン増加していて，1年に6.8億トンずつの増加である。40年間を通してみると，一貫して排出量を押し上げてきた要因は，第一に一人当たりのGDP増加，つまり豊かさの増加であり，次いで人口増加である。逆に排出量を抑制してきた要因は，エネルギー強度の減少（省エネ度の向上）である。炭素集約度は，2000年までは排出量を抑制する方向（マイナス）に作用してきたが，2000年を過ぎてから増加要因（プラス）に転じている。これは，石炭利用の増加によるもので，1970年以降に徐々に進んできたエネルギー供給の低炭素化の傾向が逆転したことを示している。

図C7-2は，筆者の研究室の学生が投稿論文に掲載したもの（邱ら，2018）で，東日本大震災の発生時期（2011年3月）を挟んで，2010年度から2014年度までの東京都におけるエネルギー起源のCO_2排出量の変化を，茅恒等式を用いて分析した結果である。用いたデータは，都の最終エネルギー消費及びGHG排出量総合調査と，東京電力の発電実績である。

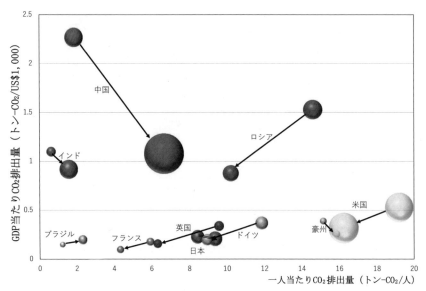

（注）　1）　GDPは2005年の為替レートで換算したもの。
　　　　2）　バブルの面積は排出量に比例させた。例えば2014年のおよその排出量は中国90億トン，米国52億トン，インド20億トン，ロシア15億トン，日本12億トン，ドイツ7億トンである。
（出典）　IEA：*CO₂ Emissions from Fuel Combustion 2016* から作成

図C7-3　各国の一人当たり及びGDP当たりCO₂排出量の1990年から2014年への変化

　図C7-1とは表示方法が異なっていて，2005年度の排出量（2005年度は，わが国の2020年度GHG削減目標の基準年である）に対する，各年度（2010〜2014年度）の変化量を4つの要因に分解したものである。曲線のグラフは2005年度に対する変化総量（△）を示している。この図からわかるように，震災後に多くの原発が稼働を停止して，東京都内に供給される電力の炭素集約度（発電原単位）が高まり，それに伴ってCO₂の排出総量が2011年度以降に急激に増加した。しかし，省エネと節電も進み，2014年度の排出量は2005年度レベル（約6,000万トン）に戻っている。東京都の公表資料によれば，その後も2016年まで減少が続いている。なお，一人当たりGDPが，2005年対比でCO₂排出の抑制要因に算定されるのは，2008年のリーマン・ショックの後遺症である。

一人当たり排出量とGDP当たり排出量

　茅恒等式の右辺に含まれてもよさそうなのに，実際には現れないファクターに，1）一人当たりのCO₂排出量（CO₂/人）と，2）GDP当たりのCO₂排出量（CO₂/GDP）がある（CO₂/GDPには特別の名称はないが，逆数のGDP/CO₂は環境経済学で「炭素生産性」と呼ばれる）。この二つのファクターは国家間で

比較可能な指標であり，国際的に公平な CO_2 削減のあり方を議論する際など
にしばしば登場する。1990年に策定されたわが国の地球温暖化防止行動計画
では，2000年以降に一人当たりの CO_2 排出量を1990年レベルで安定化する，
との目標が盛り込まれていた。また，パリ協定の採択に際して提出された中国の
約束草案では，2030年までにGDP当たりの CO_2 排出量を，2005年比で60-65%
削減することが目標とされている。

　国際エネルギー機関（IEA）のデータ（IEA，2016）を用いて，1990年と2014
年における，世界の主要な10か国のエネルギー起源の CO_2 の一人当たり排出
量と，GDP当たりの排出量をプロットしてみると図C7-3のようになる。なお，
バブルの大きさは各国の排出総量に比例させている。

　中国とインドは新興国に特有の左上から右下に移動するパターンである。つ
まり，技術革新と産業構造変化によって CO_2/GDP は低下してきたが，急速に
経済が発展しているために CO_2/人は増加する。中国の CO_2/GDP は1990年か
ら2014年にかけて半分以下に減少した。中国が国際約束した2030年の目標（表
7-4）と照合してみると，基準年の2005年から2014年にかけて，中国全土では
CO_2/GDP が26%程度削減され，北京市，上海市，天津市，重慶市の直轄四市
では55%（上海）〜65%（北京）程度削減されたと推定される。特に北京市で
は2010年以降，総排出量が減少に転じたとみられる（邱ら，2018）。一方，
UNFCCC の附属書I国の変化をみると，日本と豪州を除けば，いずれも1990
年から2014年にかけて CO_2/GDP の改善が進み，CO_2/人も減少してきた。日
本は東日本大震災の影響もあってか，CO_2/GDP はあまり改善せず，CO_2/人は
増加している。

7.4　わが国の地球温暖化対策の歩み

　わが国の温暖化対策は，UNFCCC が採択されて以降，かつての京都議定
書，そしていまはパリ協定という国際枠組の中で粛々と進められてきた。わ
が国は経済力と技術力に照らして，それなりの国際貢献をしてきたと思える
し，国内でも多くの地球温暖化対策を実施してきたが，他国に比べて突出し
た優等生と評されることはなかった。地球温暖化の国際枠組づくりでのイニ
シアティブとして表立って歴史に刻まれたのは，唯一，京都議定書の採択会
議で議長国を務めたことである。わが国の消極的な対応が国際環境 NGO の批
判の的となることはしばしばで，COP 会合の最中に皮肉が籠った「化石賞」を

授与されるなどのエピソードを撒いてきた。最近の話題として，プロローグで
紹介したパリ協定の批准の遅れがある。日本は CMA1 にオブザーバー参加
したことで，深刻な結果につながったかどうかは別にして，地球温暖化対策
の政策上の優先順位が低下していることが感じられる。

　環境政策にとって地球温暖化問題はもっとも取扱いにくいものになってい
る。地球温暖化は確かに深刻な地球環境問題ではあるが，エネルギーの安定
供給や国際安全保障の確保，経済の国際競争力の維持・高進，そして環境適
合性の同時達成を掲げてきた，エネルギー・経済政策という，わが国の持続
可能な発展の浮沈に関わる最大級の重要な政策課題からみればほんの一項目
である。そのため地球温暖化対策は，エネルギー政策やエネルギー戦略に包
摂されて進んできた。地球温暖化対策につきまとう環境政策とエネルギー政
策のこうした関係性は，多くの国々に共通のものであるが，エネルギー自給
率が低いわが国で，しかも福島第一原発事故がもたらした後遺症も加算され
て，環境政策はなお影の薄い存在になる。

　遡って，京都議定書の採択以来の国内の地球温暖化対策の構造的な特徴は，
三極の対立であろうと思われる。石油危機を契機に世界でもっとも省エネが
進んでいたにも関わらず，割り当てられた GHG 削減目標値（－6%）が，他の先
進国に比べて大きすぎるとして強い不満をかこつ産業界と，エネルギー・経
済政策の立場から産業界の主張に理解を示しつつ，温暖化対策の最大の切り
札は原発の新増設と稼働率の向上にあるとしてきた通産省（現在の経済産業省）
と，公害対策官庁から脱皮して新たな環境政策の展開を模索していた環境庁
（現在の環境省）は，地球温暖化政策のかじ取りを巡って対立を続けてきた。

7.4.1　低炭素化対策（緩和策）のメニュー

　地球温暖化対策としての GHG 排出削減策（緩和策，低炭素化対策又は脱炭
素化対策）は一つ一つを拾い上げれば切りがないほど多岐にわたるが，これ
までに採用されてきた対策技術の原理・原則に沿って整理すれば，およそ4
つのグループに分類できる。それらは ① 省エネルギー（エネルギー効率の向上，
排熱の有効利用，エネルギー使用の節約）によるエネルギー需要の抑制，② 再生
可能エネルギー又は原子力発電といった CO_2 を排出しないゼロエミッショ

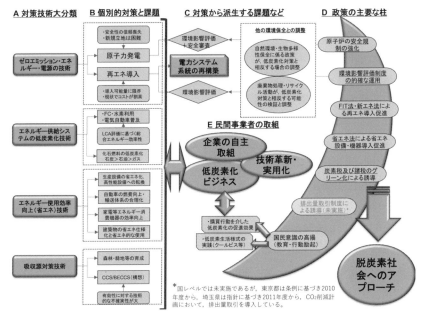

A 対策技術大分類

ゼロエミッション・エネルギー・電源の技術

エネルギー供給システムの低炭素化技術

エネルギー使用効率向上（省エネ）技術

吸収源対策技術

B 個別的対策と課題

・安全性の信頼喪失
・新規立地は困難

原子力発電

再エネ導入

・導入可能性に限界・現状でコストが割高

・FC・水素利用
・電気自動車普及

LCA評価に基づく総合エネルギー効率性

化石燃料の低炭素化 石炭＞石油＞ガス

生産設備の省エネ化，高性能設備への転換

自動車の燃費向上・輸送体系の合理化

家電等エネルギー消費機器の効率向上

建築物の省エネ仕様化と省エネ的な使用

森林・緑地等の育成

CCS/BECCS（構想）

有効性に対する技術的な不確実性が大

C 対策から派生する課題など

環境影響評価＋安全審査

電力システム系統の再構築

環境影響評価

他の環境保全との調整

自然環境・生物多様性保全に係る政策が，低炭素化対策と相反する場合の調整

廃棄物処理・リサイクル活動が，低炭素化対策と相反する可能性の検証と調整

E 民間事業者の取組

企業の自主取組

技術革新・実用化

低炭素化ビジネス

・購買行動を介した低炭素化の促進効果
・低炭素生活様式の実践（クールビズ等）

国民意識の高揚（教育・行動励起）

D 政策の主要な柱

原子炉の安全規制の強化

環境影響評価制度の的確な運用

FIT法・新エネ法による再エネ導入促進

省エネ法による省エネ設備・機器導入促進

炭素税及び諸税のグリーン化による誘導

排出量取引制度による誘導（未実施）*

脱炭素社会へのアプローチ

*国レベルでは未実施であるが，東京都は条例に基づき2010年度から，埼玉県は指針に基づき2011年度から，CO₂削減計画において，排出量取引を導入している。

図7-9　わが国の地球温暖化対策（主にエネルギー起源のCO₂対策）の概略図

ン・エネルギーの供給拡大，③天然ガス等の炭素集約度がより低い化石エネルギーの比率拡大や，発電効率が高い燃料電池（FC）のエネルギー源である水素の利用拡大，④森林・緑地の育成やCCSの導入などの吸収源対策である。

　地球温暖化対策の目的は，これらの低炭素・脱炭素技術の開発を促し，普及させることにある。政策手法としては，エネルギー使用機器の省エネ度を高めるための規制，再生可能エネルギー（再エネ）の導入を促進するための固定価格買取制度（FIT：Feed in tariff），省エネ機器の普及や再エネ導入を促進するための政府の補助金制度や税制のグリーン化，炭素税（地球温暖化対策税）を含めてCO_2その他のGHGの排出者に経済的な負担を求めるカーボンプライシング（炭素の価格付け）の実施が検討されてきた。また，市民ひとりひとりの省エネ意識や省エネ行動の高揚を図るほか，市民の購買行動が低炭素社会にプラスに作用するように，普及啓発活動を進めることも重要な政策手段とされてきた。もちろん，事業者が進めてきた温暖化対策のための自主的な取組，低炭素化に寄与する多くの関連技術の開発，低炭素対策が

生み出すビジネスなども進んできた。

　一方で，福島第一原発事故によって安全神話が崩れ，原子力発電の安全性の確保がエネルギー政策の最重要課題になってきたし，再生可能エネルギーの導入を促進するための送電システムの整備や，風力・地熱発電等の立地による自然環境への影響の回避もしくは最小化が環境アセスメントの重要な課題になっている。図7-9はわが国がこれまで進めてきたGHG排出削減策の主要なメニューとそれを取り巻く諸問題を概念的に示したものである。

（1）GHGの排出量の推移と重点対策分野

　わが国の最近のGHG排出量は中国，米国，インド，ロシアに次いで世界第5位である。GHG排出量の集計値は毎年度，環境省から公表されていて図7-10のとおりである。東日本大震災後の2013年度には，原発の停止と火力発電所での石炭消費量の増大等の影響で，過去最高の14億1,000万トン–CO_2に達した。2014年度から2016年度までは減少しているもののなお13億トンを超える[92]。京都議定書第一約束期間の基準排出量は12億6,100万トン–CO_2換算であるが，世界金融危機の影響を受けた2009〜2010年度を除き，1994年以降の排出量が基準値を下回ったことはない。

　GHG排出削減策の中心は全体の9割を占めるエネルギー起源のCO_2排出削減である。そのために温暖化対策はかつて「低炭素化対策」と呼ばれ，その後，パリ協定が採択されて，最終的には世界のGHG排出量を実質ゼロにすることが求められているため，いまでは「脱炭素対策」とも呼ばれるようになっている。

　図7-10にはCO_2については部門別の排出量を示しているが，わが国のGHG削減対策の議論は，多くの場合，部門別の排出量の増減傾向を踏まえて行われてきた。つまり，1990年以降に増加率が大きい部門の削減を重点的に行うという考え方が定着した。排出量の絶対値は産業部門が大きいものの，すでに1990年以前にわが国の省エネ対策は世界最高レベルにあり，京

---

[92]　2017年度排出量の速報値（2018年11月30日環境省発表）は，12億9,400万トン–CO_2である。

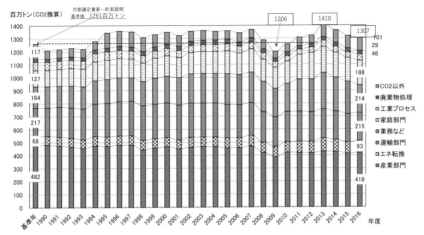

(注)　2012 年度以前と 2013 年度以降では，GWP 値と対象ガス種類が異なっているため，排出
　　　量値に不整合がある。

(出典)　環境省「2016 年度（平成 28 年度）の温室効果ガス排出量（確報値）について」(2018)
　　　及び過去発表データから作成

図7-10　わが国の部門別 GHG 排出量の推移（1990～2016）

都議定書の削減目標－ 6 ％は過大であるとの不満が産業界の一部には根強く，
しかも 1990 年以降は減少傾向が続いている。事業者が自主的に目標を掲げ
て低炭素化・脱炭素化の努力が進めてきたこともあり，政策上の大きな論点
にはならずに過ごしてきた。一方で，運輸部門，家庭及び業務部門の排出量
の増加が著しいため，この 3 部門での排出抑制の必要性がしきりに論じられ
てきた。運輸部門では，第 4 章でみたように自動車環境対策が 1970 年代の排
ガス規制中心から，1990 年代後半以降はガソリン車・ディーゼル車について
はハイブリッド化を含めた燃費の改善，電気自動車や燃料電池自動車といっ
たゼロエミッションの次世代自動車の技術開発と普及促進へと重点を移して
きた。2000 年以降は，運輸部門は貨物でも旅客でも CO_2 排出量が減少に転じ
ている。

（2）省エネ対策

　運輸部門に限らず，省エネルギー対策はあらゆる部門で有効な対策である。
省エネの促進は国際競争力を高める上でも不可欠であり，実際に経済成長に

もプラスに作用する。工場・事業場の生産・加工・処理設備の省エネ化，自動車・鉄道・船舶・航空機などの輸送機器の燃費向上，ビル・住宅の断熱・密閉化，家電等の省エネ化に至るまで，あらゆる分野で省エネ化が進められている。GDP 当たりのエネルギー効率を高め，炭素生産性（GDP/CO_2 排出量）を向上させることも省エネである。LED のように生産設備に組み込まれない省エネ製品の普及速度は速いが，自動車の燃費規制を強めても新車が普及するまでに車の寿命である 10〜15 年以上が必要であり，生産設備を省エネ化するにはもっと時間がかかるといった具合に，対策技術が開発されても省エネの普及は分野ごとに事情が異なっている。また，エネルギー効率の向上が CO_2 排出量の削減を必ずしも保証しないことに留意する必要もある。省エネ対策が CO_2 排出総量の削減につながるには，経済活動総量の増大速度以上に，エネルギー効率の向上が進む必要がある。

　そのほか，家庭部門や業務部門での省エネを推進するために，環境省と地方公共団体の環境部局が地道に進めてきた普及啓発活動も，地球温暖化対策の中で重要な役割を担ってきた。

（3）発電部門の排出量

　わが国の地球温暖化政策の最重点課題の一つは発電部門での排出量を抑制することである。1990 年度には 2.75 億トンだった発電部門の CO_2 排出量は，京都議定書採択後の 1999 年度に 3 億トンを超え，2012 年度には東日本大震災に伴う福島第一原発事故の影響が加わって 4.86 億トンまで増加した。現在（2016 年度時点）も 4 億トンを超えて，エネルギー起源の CO_2 排出量 11.28 億トンの約 4 割を占めている。集計上の約束事として，発電部門の排出量（直接排出量）のうち自家消費（発電所内での消費や送配電ロス）に伴う排出量は，エネルギー転換部門の排出量として計上されるが，販売される電力を生み出すのに伴う CO_2 排出量は最終消費者の排出（間接排出量）として付け替えられる。このため図 7-10 の CO_2 の部門別排出量は，発電に伴う CO_2 排出量を最終的に電力を消費する部門に割り振った後のものである[93]。電力の供給事業者側にはできるだけ低

---

93)　エネルギー転換部門には発電以外に石油精製・熱供給事業等も含まれる。

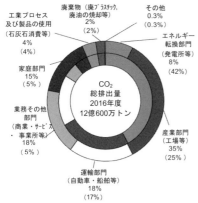

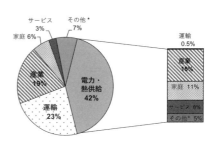

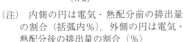

（注） 内側の円は電気・熱配分前の排出量の割合（括弧内%），外側の円は電気・熱配分後の排出量の割合（%）
（出典） 環境省「2016年度の温室効果ガス排出量（確報値）について」

図7-11(a)　わが国のCO₂排出量の部門別内訳（2016）

* その他には，農林水産業，電力・熱供給以外のエネルギー産業などが含まれる。

（出典） IEA：*Key CO₂ Emission Trends 2016*

図7-11(b)　世界のエネルギー起源CO₂排出量の部門別内訳（2014）

炭素燃料の使用を求め，消費者側には省電力を求めるのが低炭素化対策の重要なポイントである。図7-11は電力からの排出分を直接排出量と間接排出量の両方で比較できるように示した。図7-11(a)は環境省の年次報告から引用した2016年度のわが国のもので，図7-11(b)はIEAの *Key CO₂ Emissions Trends 2016* に掲載された世界のエネルギー起源のCO₂のうちわけである。

（4）原子力発電の促進

わが国の電力部門の低炭素化は，2011年に東日本大震災が発生するまで，原子力発電所の新増設と稼働率の向上を主軸に進められてきた。原発促進政策は1955年の原子力基本法の制定に始まるが，1970年代の石油危機以降は，石油依存度を減らし，エネルギー安全保障の向上のために準国産エネルギー[94]の普及拡大を図るべきことを理由に，原発を受け入れる地元への交付金制度

94） ウランの輸入費用が発電費用に占める比率がきわめて小さいことと，輸入された後は燃料リサイクルによって長く使用できることから，経産省は原子力エネルギーを準国産エネルギーであるとしてきた。

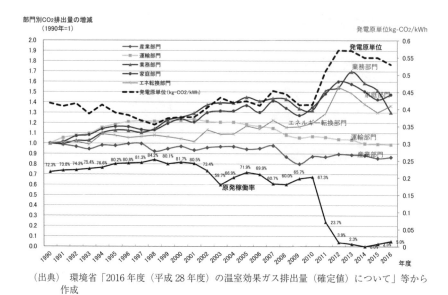

部門別CO2排出量の増減
（1990年=1）

発電原単位kg-CO2/kWh

（出典）環境省「2016年度（平成28年度）の温室効果ガス排出量（確定値）について」等から作成

図7-12　わが国の発電原単位の変動と CO_2 排出量の部門別増減（1990〜2016）

などをはずみ車として促進された。原子力発電の普及が地球温暖化の防止対策の一翼を担うという説明は，わが国で温暖化対策が始まった1990年以降に付け加えられた。

　それ以降，原発は地球温暖化対策の切り札とされ，後に述べるように2009年に発足した民主党政権が熱心に低炭素化に取り組んだ際も，頼られたのは電源構成における原発比率の引き上げだった。実際，震災前の2010年に民主党政権下で改訂された第三次エネルギー基本計画では，原発の新増設を加速し，稼働率を限界まで向上させて，2030年には原発の電力量比率を50％に高めることが目されていた。

　原発比率の増減は発電1kWh当たり排出される CO_2 量（発電原単位）を大きく左右する。1990年度から2016年度までの26年間における，わが国の一般電気事業者の発電原単位及び原発稼働率と，1990年を1とした場合の各年度における部門別の CO_2 排出量比をプロットすると図7-12のようになる。1990年代末は原発が総発電量に占める比率が35％にも達したことがあり，1998年の原発の稼働率（定格出力で24時間×365日稼働した場合の発電電力量に対

する実際の発電電力量の比率）は過去最高の84％を記録している。この図から
わかるように，発電原単位の年々の脈動は，部門別の排出量，とりわけ家庭
部門と業務部門の排出量と強く連動している。

（5）再生可能エネルギー導入促進対策

再生可能エネルギーの導入促進政策は石油危機を契機にして1974年から
始まったが，福島第一原発事故以降は発電部門の低炭素化対策の重要性が一
挙に高まった。再生可能エネルギーは一般的には環境保全に親和的と受け止
められるが，コスト高と自然環境への影響回避が大きな課題になってきた。
国の総合エネルギー統計によれば，現在（2016年度）のわが国の再生可能エ
ネルギーが一次エネルギー供給に占める比率は，水力が3.3％，その他の再
生可能エネルギー（太陽光，風力，地熱，バイオマス等）が7％の計10％程
である。固定価格買取制度（FIT）が導入され，2012年度以降は特に太陽光発
電の立地計画が急増し，2016年度の発電電力量（約1兆400億kWh）に占め
る再生可能エネルギーの比率は，水力が7％強，太陽光発電が4％強，バイ
オマスが2％弱等で合計15％弱である。

ちなみに2010年度の環境省の「平成22年度再生可能エネルギー導入ポテ
ンシャル調査」によれば，事業収益や環境保全上の制約などを度外視し，エ
ネルギーの採取・利用に関する物理的な制約要因だけを考慮して得た“導入
ポテンシャル量”は，合計5兆kWhとされている。内訳は洋上風力が4兆
kWh，陸上風力が5,000億kWhでとびぬけて大きく，太陽光発電が1,600億
kWh，地熱発電が1,000億kWh等となっている。

再生可能エネルギーの導入に伴う自然環境への影響も無視できない課題で
ある。第3章で触れたように，一定規模以上の風力発電は法律に基づく環境
アセスメントの対象になっているが，風況の良い立地適地の多くが自然環境に
恵まれていて，バードストライク防止対策や景観対策がしばしば議論されてき
た。自然環境保全を重視するNPO団体からは，環境アセスメントの機会をと
らえて慎重な開発を求める意見が繰り返し出されている。鳥類が風車に衝突す
るバードストライクが風力に特徴的な環境問題になっているが，生態的な特性
からオジロワシなどの絶滅危惧種が衝突する件数が多いことがわかっている。

自然環境保全との調整問題は地熱発電についても同様に生じる。

　太陽光発電は現在のところ法に基づく環境アセスメントの対象事業ではないが，数 MW 規模のメガソーラー発電所ともなれば，広大な敷地を占有して，地域の生態系保全や景観にも悪影響が及ぶ可能性もある。また，前章で触れたように，使用済みのソーラーパネルが廃棄される場合のパネルの処理やリサイクルも環境上の課題になりつつある。最近は，農地にソーラーパネルを設置して，太陽エネルギーを農産物の生産と発電で分け合おうとするソーラー・シェアリングのアイデアが生まれ，環境ビジネスとして話題を撒いている。

(6) 化石燃料の選択による低炭素化

　化石燃料の中でも，石炭より石油，石油より天然ガスにシフトさせれば，炭素集約度（単位エネルギー投入量に対する CO_2 排出量）は低下する。火力発電所の低炭素化は，発電効率を高めるとともに，炭素集約度がより低い化石燃料の比率を高める方法でも進められてきた。2016 年度の電源構成（燃料別発電電力量の比率）は大まかにいうと石炭 30％，天然ガス 40％，石油 10％となっている。最も炭素集約度が高い石炭専焼の火力発電所は，かつては発電効率が 30％台前半だったが，現在では 40％を超えるまでに技術が向上した。しかし，天然ガス火力発電所では，蒸気タービンとガスタービンを組み合わせたコンバインド・サイクルが普及してエネルギー効率は 60％以上にも達する。石炭火力の新規立地に関しては低炭素化に反するとして，環境 NPO やマスコミ報道でも幾度となく取り上げられ，環境アセスメントの審査の場面でも環境省と経産省との意見対立が起こってきた。

　特に電力の自由化が進んで，発電単価が安い石炭火力の立地計画が増えたことも理由の一つである。石炭火力の技術開発が進んでも，炭素集約度という尺度から見ると天然ガス火力と比肩すべくもない。しかし，わが国のエネルギー安全保障と経済性の観点からすれば，石炭も一定量を使わざるをえないという実情がある。当面は 2030 年までの削減目標 −26％の達成を阻害しない限りで，利用可能な最大限の低炭素化技術が装備されていれば認めざるを得ないというのが，現在の国の低炭素化対策の論理になっている。

（7）水素利用・燃料電池と電気自動車

　燃料電池（FC：Fuel cell）は，水素と酸素の化学反応から生じるエネルギーで発電する装置で，50〜60％もの高い発電効率が得られる点が魅力である。同時に発生する熱利用まで含めると合計エネルギー効率は80％以上に達するとされている。FCの化学反応で生じるのは水だけで，直接的にはCO_2も大気汚染物質も排出しない。定置型のFCだけでなく，FCを搭載した自動車（FCV：Fuel Cell Vehicle）もすでに実用段階にある。ただし，水素は地球上で天然には存在しないので，大規模に水素を利用するためには，水の電気分解によるか，天然ガス（メタン）等の化石燃料の改質によって水素を製造する必要がある。水素は製鋼工程で生じるコークス炉ガスにも含まれ，苛性ソーダの製造工程で副生物としても発生するので，当面はこうした副生水素の利用も検討されている。

　水素利用が全面的に低炭素化を保証するものではない点に留意する必要がある。100％再生可エネルギーで発電した電力で水を電気分解して水素を製造すれば，CO_2の排出量は理屈上ゼロである。しかし，現在は，世界の一次エネルギー供給の80％，わが国では89％もが化石燃料で賄われているため，水素の製造・輸送の過程では必ず化石燃料が消費される。したがって，水素の製造・輸送等の過程で生じるCO_2排出量分を加味して，実際のCO_2排出の低減度を見極める必要がある。

　水を電気分解して水素を製造する工程は，電気エネルギーの水素エネルギーへの変換である。この場合，水素は電気エネルギーを貯蔵・輸送するためのエネルギー・キャリア（エネルギー担体）になる。1990年代には旧通産省工業技術院の「WE-NET計画」で，海外の未利用の再生可能エネルギーで発電した電力で水素を製造し，わが国に輸入しようという構想が検討された。現在は，豪州で褐炭から水素を製造して，その水素をわが国に輸入しようという「褐炭水素プロジェクト」が，国立研究開発法人新エネルギー・産業技術総合開発機構（NEDO）によって進められている。水素は常温常圧ではエネルギー密度が小さい気体であるため輸送の問題を抱えている。FCVでは700気圧もの超高圧ガスボンベに充填する技術が実用化され，褐炭水素プロジェクトでは−253℃以下の超低温で液化して輸送する方法が検討されている。

　政府は 2017 年 12 月に「水素基本戦略」（再生可能エネルギー・水素等関係閣僚会議決定）を定めた。この戦略は「2050 年を視野に，水素利用の目指すべき姿や目標として官民が共有すべき大きな方向性・ビジョンを示すもの」とされているが，掲げられた数値目標には行財政的な裏打ちはない。かつて 2002 年にも関係 3 省の副大臣会合で燃料電池普及を目指したプロジェクトチームを発足させたが，いつの間にか沙汰止みになっている。

　一方，電気自動車が低炭素化対策として注目されるのは，火力発電所からの電力を用いるにしても，バッテリーでモーターを駆動するほうが，内燃機関（エンジン）で自動車を駆動するよりも，いまのところエネルギーの総合効率が高いという理屈があるからである。自動車の総合エネルギー効率の算定は，LCA の手法を用いてタイプが異なる自動車のエネルギー消費効率と CO_2 排出強度を比較する手法である[95]。電気自動車（BEV）と在来型の内燃機関自動車との二者比較だけでなく，ハイブリッド車（HV），プラグインハイブリッド車（PHV），燃料電池自動車（FCV）の相互比較にも用いられている。現在は，内燃機関の燃費の向上も進んでおり，それに伴ってハイブリッド車の燃費もさらに向上する。燃料電池の発電効率も今後はさらに向上すると期待されている。どのタイプの自動車がより低炭素的であるかは，今後の自動車関連技術の進展と，わが国の電力の発電原単位の変化によって変わるものと予想される。ただし，温暖化対策の究極目的に照らせば，いずれは CO_2 のゼロミッション車を 100% 普及させることが必要になるし，化石燃料がいずれは枯渇するため，早期に再エネに完全移行する必要がある。となると，化石燃料フリーの電力—再生可能なエネルギーか原子力で発電した電力—だけをエネルギー源とする，電気自動車と燃料電池自動車が選択肢になってくる。しかし，電気自動車にしても燃料電池自動車にしても，大量普及のためには，燃料充填スタンドのネットワークを航続距離に見合った密度で，全国に整備する必要がある。水素利用も電気自動車も，本格的な普及までに残された課題は多い。

---

95)　石油を油井から採掘し，精製・輸送し，給油してガソリン・ディーゼル車を駆動するまで（well-to-wheel）のエネルギー消費量（あるいは CO_2 排出量）を，燃料を採掘し，火力発電所まで輸送してから，発電・送電し，充電して電気自動車を駆動するまでのエネルギー消費量（あるいは CO_2 排出量）と比較した場合の優劣。

7.4.2　地球温暖化対策に関する行政計画

　地球温暖化対策（緩和策）に関する計画は，1990年に「地球温暖化防止行動計画」が初めて策定され，2005年には京都議定書の発効を受けてわが国の削減目標−6％を達成するために「京都議定書目標達成計画」が策定された。2015年のパリ協定の採択を受けて2016年に策定された「地球温暖化対策計画」は，パリ協定採択前にわが国が提出した約束草案に盛られた2030年の削減目標を達成する裏打ちになる計画である。そのほかに，2008年に官邸主導で策定されたアドホックな計画として「低炭素社会づくり行動計画」がある。これらの計画を振り返りながら，わが国の地球温暖化対策の歩みを辿ってみよう。

（1）地球温暖化防止行動計画

　温暖化問題に対する行政計画の先駆けは，1990年10月に地球環境保全に関する関係閣僚会議が決定した「地球温暖化防止行動計画」である。この計画には法的な裏付けがなく，政府の方針として策定された。2010年までを計画期間とし，「2000年以降国民一人当たりのCO_2排出量を1990年レベルで安定化する」ことを基本目標とし，さらに「太陽光，水素等の新エネルギー，二酸化炭素の固定化等の革新的な技術開発等が予測以上に進展した場合には，CO_2排出総量の2000年以降安定化を目指す」との目標を掲げた。オランダ，ドイツ，英国も同じ年に削減目標を打ち出している。地球温暖化防止行動計画は，1997年末に政府が「地球温暖化対策推進本部」を設置し，1998年に，2010年に向けた政策方針である「地球温暖化対策推進大綱」が策定されるまでの間，唯一の地球温暖化対策のための国の方針となった。この計画が策定されて，調査研究費が予算化される効果はあったが，実効性のある対策体系の構築には結びつかなかった。

（2）京都議定書目標達成計画

　わが国で本格的に地球温暖化対策が動き始めたのは，京都議定書が採択されてからである。京都議定書が採択された翌年の1998年には「地球温暖化対策の推進に関する法律」（地球温暖化対策推進法）が制定された。この法律は，政府の地球温暖化対策の最高意思決定機関として，内閣総理大臣を本部長と

する「地球温暖化対策推進本部」の設置を規定したほか，一定規模以上の事業者に GHG 排出量の報告を義務付けた。また，地方公共団体が地域の地球温暖化対策実行計画を策定する根拠を与えている。その他，京都メカニズムクレジットの管理口座を開設し，国及び国内法人が取得・保有・移転を管理する規定もおかれている。国と都道府県・政令指定都市等に地球温暖化防止活動推進センターを置き，情報提供と普及啓発を通じて国民的な活動を支援する仕組みもこの法律に基づくものである。

地球温暖化対策推進法に基づいて 2002 年に策定された「地球温暖化対策推進大綱」は 2005 年 2 月の京都議定書の発効に伴って「京都議定書目標達成計画」と名称を変更して，拘束力がある国際責務（第一約束期間に GHG 排出量を基準年比で 6 ％削減）を，国内で実施するための初めての計画になった。

京都議定書の第一約束期間中にわが国に生じた経済・社会的に特異な変動が温暖化政策の評価を難しくしてきた。つまり，2008 年秋の世界金融不況によって 2009 年の GHG 排出はかなり減少したが，東日本大震災に伴う福島第一原発事故後は政治的判断によって全国の原発の稼動が停止され，一時期 GHG 排出量は大幅に増加した。環境省の年次報告「2012 年度（平成 24 年度）の温室効果ガス排出量（確定値）について」によれば，第一約束期間の 5 年間における GHG の実排出量の平均は，もっぱらエネルギー起源の CO_2 排出量の増加（＋6.7%）によって，基準年比 1.4％の増加となった。これから，わが国に認められた森林吸収源（基準年比 3.9%）と京都メカニズムクレジット（基準年比 5.9%）を差し引くと，基準年比−8.4％になって，第一約束期間の目標は達成された。その後，国連の審査を経て最終的に若干修正され，排出量は基準年比−8.7%，京都メカニズムクレジットの調達量は GHG の基準排出量の 6.2％とされた（図7-13）。クレジットのうち約 1 億トン−CO_2（1.6%相当）は国が 1600 億円の予算を投じて確保した。民間事業者も自主行動計画[96]の目標を達成できなかった電気事業者を中心に，約 3 億トン−CO_2（4.6%相当）を取得している。補足的に利用されるべき京都メカニズムをもっとも大量に利用した

---

[96]　自主行動計画についてはコラム 9 を参照。なお，自主行動計画に基づく GHG 削減の取組は，やがて地球温暖化対策推進法のもとに策定される「京都議定書目標達成計画」に組み込まれ，国際責務とリンクすることになった。

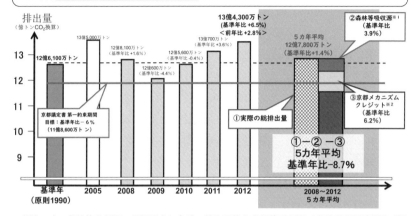

○ 2012年度の我が国の総排出量（確定値）は，13億4,300万トン（基準年比+6.5%, 前年度比+2.8%）
○ 総排出量に森林等吸収源※1及び京都メカニズムクレジット※2を加味すると，5カ年平均で基準年 比 -8.7%となり，京都議定書の目標（基準年比 -6%）を達成

(注)　1)　森林等吸収源：目標達成に向けて算入可能な森林等吸収源（森林吸収源対策及び都市緑化等）による吸収量。森林吸収源対策による吸収量については，5カ年の森林吸収量が我が国に設定されている算入上限値（5カ年で2億3,830万トン）を上回ったため，算入上限値の年平均値。
　　　2)　京都メカニズムクレジット：政府取得：京都メカニズムクレジット取得事業によるクレジットの総取得量（約9,749万トン），民間取得約2億9,409万トン。
(出典)　環境省「京都メカニズムクレジット取得事業の概要について」(2016)

図7-13　わが国の京都議定書第一約束期間の目標達成状況

わが国は，国内での低炭素化が進んでいない。パリ協定の下での2030年目標の達成に向けても京都メカニズムと同様の市場メカニズム（二国間クレジット等）の利用が認められており，過度の依存症に陥る恐れもある。しかし，世界が最終的にはGHGゼロエミッション社会を目指すからには，わが国は国内での脱炭素化を実現することが不可欠になる。

(3) 2020年目標の揺らぎと震災後の空白の期間

　地球温暖化政策のシナリオ設定への東日本大震災の影響は，2016年5月の「地球温暖化対策計画」の策定まで約5年間続いた。京都議定書目標達成計画の計画期間が2013年3月で終了した後も，原発政策をどうするかが定まらずにエネルギー基本計画が改定できず，そのために，温暖化対策を推進するための国内計画は策定されないまま空白の期間を過ごすことになった。

　2009 年と 2012 年の 2 回の政権交代と，東日本大震災及び福島第一原発事故に伴う国内政策の混乱によって，2020 年削減目標も大きく揺れてきた。わが国が COP15 に向けて条約事務局に登録した 2020 年目標は，2009 年 6 月に麻生内閣の下で一旦は 2005 年比で 15％削減とされた[97]（コラム 8 参照）。翌 7 月の総選挙で民主党政権が誕生し，鳩山首相は 9 月の国連総会において 1990 年比 25％削減を宣言した。この数値目標が再度登録されて国際公約になったものの，目標達成のための具体的な施策を束ねた行政計画は存在しない。

　このため，2010 年に民主党が国会に提出した「地球温暖化対策基本法案」では，中長期的な目標として，公平かつ実効性ある国際的枠組みの構築や意欲的な目標の合意を前提として，GHG 排出を 2020 年までに対 1990 年比で 25％，2050 年までに 80％を削減すること，一次エネルギー供給に占める再生可能エネルギーの割合を 2020 年までに 10％とすることなどが盛り込まれた[98]。しかし，審議の遅れと，翌年の東日本大震災の勃発によって廃案になっている。福島第一原発事故によって，エネルギー政策の立て直しが優先課題となる中で，地球温暖化対策の議論は色あせていった。

　その後，2012 年 12 月の総選挙で自民党政権が復帰してまもなくの 2013 年 3 月に，安倍内閣はこの 25％削減目標をゼロベースで見直す方針を固めた。2013 年 11 月の COP19 において当時の石原環境大臣が目標の変更を報告している。その結果，2020 年度の新たな削減目標は 2005 年度比で −3.8％と大幅に後退することになった。この数字には，原発稼働による削減効果が含まれないが，森林吸収や海外クレジットの取り扱いは不明確で，もしこれらを見込めば，実質的な削減にはならないレベルのものと評された（エネルギーと環境 NO.2258, 2013）。政権交代と自然災害による混乱の中で，このようにして京都議定書の第一約束期間が終了した。

　2015 年 12 月のパリ協定の採択前にわが国が提出した「約束草案」に記さ

---

97)　森林吸収，京都メカニズムの活用抜きで 2005 年比 15％削減（1990 年比で 8 ％削減）とした。

98)　そのほかに，国内排出量取引制度について，基本法施行後 1 年以内を目処に成案を得ること，2011 年度から地球温暖化対策税を導入することなど，自民党政権下で長らく実現しなかった政策の実行も明記されていた。

れた．2030年までに2013年比26％削減を達成するために，2016年5月に政府は「地球温暖化対策計画」を閣議決定し，温暖化対策がようやく復活した．なお，この計画の中に2020年目標も盛り込まれている．また，この地球温暖化対策計画には「温暖化対策と経済成長を両立させながら，長期目標として2050年までに80％のGHG削減を目指す」との記述も盛り込まれている．

▏▏▏▏▏▏▏▏【コラム8】官邸主導の地球温暖化対策に関する計画 ▏▏▏▏▏▏▏▏

　法律に基づく国の対策計画とは別に，2008年7月に開催されたG8洞爺湖サミットの前後に当時の首相の指示を受けて策定された温暖化対策に関わる計画が二つある．一つは，第3章でも触れた，第一次安倍内閣の時代の2007年6月に閣議決定された「21世紀環境立国戦略」である．もう一つは，安倍内閣を継いだ福田内閣の時代の2008年7月に閣議決定された「低炭素社会づくり行動計画」である．両計画ともこの時期のG8サミットで政治的に生み出された“2050年までに世界のGHGの排出を半減する（クールアース50）”という，長期目標を織り込んでいる点と，世界の全ての国々の参加を求めている点で共通している．ここでは特に，後者の計画について触れておきたい．

　2007年秋に福田首相が就任してから，官邸が主導する形で環境省―経産省―産業界の三極を調整しつつ，2013年以降の国際枠組への対応のための協議の場が用意された．2008年2月に首相が主宰する「地球温暖化問題に関する懇談会」が発足している．十数名の有識者からなるこの懇談会の目的は，2013年以降の地球温暖化政策の骨格を作ることにあり，メンバーには日本経団連会長経験者や鉄鋼及び電力業界を代表する重鎮が参加した．

　また，懇談会の下に，「中期目標」，「低炭素社会のモデル都市づくり」，排出量取引の検討を行なう「政策手法」の3つの分科会が設けられた．懇談会の運営を進める傍ら，洞爺湖サミットを直前に控えた2008年6月に，福田首相は「低炭素社会づくりに関するビジョン」（いわゆる「福田ビジョン」）を明らかにし，2013年以降のGHG排出削減の中期目標の数字として，2020年までに2005年比で−14％を示唆している．この数値が京都議定書の第一約束期間の国別目標の不公平を調整するものであり，EU諸国が掲げる2020年までに1990年比で20％削減するのと同等レベルであることを強調している．洞爺湖サミットでは，福田ビジョンに示された2050年までに世界のGHGの排出を半減するとの長期目標について主要国が基本的に合意し，わが国は60～80％削減する意思を明らかにした．福田ビジョンは2008年7月に閣議決定された「低炭素社会づくり行動計画」として文書化された．国民の意見募集を経ておらず，政策的に強い裏付けはないものの，それまで京都議定書の第一約束期間の達成のみに終始し

てきたわが国の世論に，2013年以降の政策議論を呼び込むものとなった。

　この計画では，世界の全ての国々の参加を求め，各国間の公平な国別総量目標を設定する方法として，セクター別アプローチ（セクトラルアプローチ）^(補注)を提唱している。併せて，多くの途上国の参加を促すために5年間で100億ドル規模の資金提供を行なう旨を表明した。また，過去10年間，環境省と経済産業省そして産業界の間で激しい賛否両論が続けられてきた経済的な手法のうち，国内の排出量取引を2008年10月から試行的に開始することが明記された。環境税（炭素税）については明確な言及を避け，税制全体のグリーン化を進めるとの記述にとどまっている。国民への啓発手法の一つとして，さまざまな商品やサービスの提供に伴う温室効果ガス排出量等が消費者に見えるようにすることを目指す，「見える化」が提唱されたのはこの計画が最初である。こうして，地球温暖化問題に関する懇談会は，その後の一時期，排出量取引の試行的実施や中間目標の検討など，わが国の気候変動政策形成の屋台骨になる重要な事項を委ねられ，官邸主導でポスト京都への対応が進むことになった。

　なお，2020年までの削減目標（中期目標）は，福田首相が2008年9月に退陣して，麻生政権が誕生してから決定された。2009年4月から5月にかけて，政府は中期目標の設定に関して，1990年比－25％（2005年比－30％）とする選択肢から，1990年比＋4％（2005年比－4％）とする選択肢まで，6つの案を示して国民の意見を募集した。6つの選択肢に込められた意図が説明されている。限界費用およびGDPを考慮して比較した場合の，米国やEUが掲げる削減率との同等性や，各選択肢がもたらす2020年までのGDPの減少や，失業率の増加，個人所得や家庭の光熱費への影響を試算した結果も添えられた。実現可能で国際的に公平な削減目標の選択を国民に迫る政府の強い意思が見て取れる。結局，中間目標は，福田首相が示唆した2005年比－14％に落ち着き，それに麻生首相が1％を政治加算して，最終的に－15％とされた。

（補注）　セクター別アプローチは，各国のセクターごとの生産・消費効率の高さを勘案してGHGの削減可能量を算出して積み上げる方式で，各国の省エネの進展度を反映させた公平な削減目標の設定が可能になるものと期待された。わが国は，COP13でポスト京都の枠組み作りの選択肢として，セクター別アプローチを提案している。

（4）地球温暖化対策計画

　現在の「地球温暖化対策計画」の 2030 年度の GHG 削減目標は，産業部門の目標が 2013 年度（基準年）に対して 7 ％削減であるのに比べて，業務・家庭部門に 40％近くもの削減を割り振っているのが目立つ。40％もの高い削減目標を達成するための方策として，国は 2016 年に国民運動のより積極的な展開を図るために必要として，「地球温暖化対策推進法」を改正した。しかし，これほどの削減を実現するためには，意識普及のレベルでは到底足りるものではなく，エネルギー供給システムと省エネ対策の革新が不可欠である。地球温暖化対策計画では個別の対策メニューが前面に押し出されていて，日本の 2030 年に向けたエネルギー需給のバランスをどのように確保するかについては，マクロな姿を読み取りにくい。

　地球温暖化対策計画の全体枠組は，2014 年 4 月に決定された第四次エネルギー基本計画を踏まえて 2015 年 7 月に策定された，資源エネルギー調査会の「長期エネルギー需給見通し」の中に，2030 年のエネルギー需給のフレームとして描かれている。具体的には，経済成長を年率 1.7％と見込んだ場合に，エネルギー需要は 2013 年実績の石油換算 3.61 億kℓから 3.76 億kℓ程度まで増加するが，これを省エネ対策によって石油換算で約 5,000 万kℓ低減し，3.26 億kℓまで抑制することを見込んでいる。一次エネルギー供給については原発依存度を可能な限り低減して 11〜10％とし，再生可能エネルギーを 13〜14％として，合計で 4.89 億kℓを見込んでいる。電源構成については，再生可能エネルギーを 22〜24％，原発比率を 20〜22％と見込んでいる。

　長期エネルギー需給見通しの中で，地球温暖化対策計画の目標達成の強い前提になっているのは，2030 年までにエネルギー効率が対 2013 年比で 35％向上することである。35％の拠り所として，石油危機が起こった 1970 年代から 1990 年代にかけての 15 年間にわが国が実現したエネルギー効率の向上率が 35％であったことを挙げている。そして，この 35％の効率向上は発電原単位の改善をはじめ，地球温暖化対策計画の策定根拠を示した公表資料の随所にみられる。より具体的には，2013 年度の全電源の CO_2 排出原単位 0.57 kg-CO_2/kWh が，2030 年度には 35％減の 0.37kg-CO_2/kWh に改善されることが計画の前提条件である。0.37kg-CO_2/kWh は，1997〜2000 年頃に原発の

平均稼働率が80％を超えた一時期の値に匹敵する（図7-12）。2030年の電源構成と1997〜2000年の時期の電源構成を比較してみると，2030年のゼロエミッション電源の比率は40％強で，1997〜2000年の35％前後を上回るが，2030年時点の火力発電のCO_2原単位がやや上昇することを見込んでいる。

　そのほか，地球温暖化対策計画に書き込まれた「二国間オフセット・クレジット制度（JCM）」は，途上国への低炭素技術の普及を通じて排出削減を図る趣旨のもので，わが国がCOP会合で繰り返し導入を提唱してきた。京都メカニズムと類似の市場メカニズムとしているが，パリ協定下での運用の詳細はまだ確定してない。適応計画についてはわが国の施策の経過の中で述べられているものの，地球温暖化対策計画そのものに組み込まれたものではない。すでに述べたように，2018年6月に気候変動適応法が制定され，同法に基づいて適応計画が策定されて，地球温暖化対策計画とは一線を画すことになった。

7.4.3　エネルギー政策としての地球温暖化対策

　一方，わが国のGHG排出削減対策においてもっとも強い，そして直接的な作用力を持ってきたのはエネルギー関連諸法である。エネルギー政策を所管する経済産業省の資源エネルギー庁は，環境政策とは一線を画しつつ，エネルギー政策の分野で果敢な行動を展開してきた。1970年代の二度にわたる石油危機を経験したわが国のエネルギー政策の柱は，省エネルギーの推進と，石油依存からの脱却を目指す石油代替エネルギーの導入促進にあり，最終的には国際的なエネルギー情勢の先行きを睨んだエネルギー安全保障の確保に置かれている。このようなエネルギー政策の方向性はそのまま温暖化対策のためのエネルギー戦略と一致するものとなっている。

　「エネルギー使用の合理化に関する法律」（省エネ法：1979年制定）が，京都議定書採択後の1998年に改正され，“トップランナー方式”[99]と呼ばれる省エネ基準の設定方式が導入された。省エネ法は化石エネルギーの使用合理化を目指

---

[99]　規制基準値策定時点で最も高い効率の機器等の値を超えることを目標とした最高基準値方式で，全ての対象機器等が基準値をクリアできるレベルに基準を設定する最低基準値方式や，対象機器等の全ての平均値レベルに基準を設定する平均基準値方式と対比的に説明される。

すもので，工場・事業場の管理・施設の導入計画等の基準，自動車の燃費基準，建築物の断熱性能基準や一次エネルギー消費量基準等による規制が行われてきた。また，「新エネルギー利用等の促進に関する特別措置法」（新エネ法：1997年）[100] と，電気事業者に一定量の新エネルギーの利用を義務付ける「電気事業者による新エネルギー等の利用に関する特別措置法」（RPS法：2002年）の制定によって，電気事業者への再生可能エネルギーの導入を促進する仕組みが用意された。なお，東日本大震災後に，再生可能エネルギーの導入促進策の強化が求められたことから，欧米で1990年代から導入されて高い効果が評価されてきた，固定価格買取制度（FIT）を導入するための法律，「電気事業者による再生可能エネルギー電気の調達に関する特別措置法」（再生可能エネルギー特別措置法又はFIT法）が2011年に制定され，翌年2012年7月から実施されている。これに伴いRPS法は廃止された。相前後するが，石油危機後に，非石油エネルギーの導入拡大によってわが国のエネルギー供給を安定化させる目的で制定された，「石油代替エネルギーの開発及び導入の促進に関する法律」（代エネ法：1980年）は，2009年に法律名を含めて改正され，エネルギー供給事業者（電力，石油，ガス及び熱供給事業者）の非化石燃料の利用拡大と化石燃料の効率的な利用を促進する目的をもって，「エネルギー供給構造高度化法」になった。同法もわが国のエネルギー構造を脱化石燃料化に誘導する意味で，地球温暖化対策に貢献するエネルギー関連法の一つになっている。

　このようにエネルギー関連法が多く制定される中で，エネルギー政策の基本方針を定め，長期的・総合的・計画的な施策推進を図る元締めとして，「エネルギー政策基本法」が2002年に制定された。この基本法の目的規定には，「地球環境保全と世界の経済社会の持続的な発展に貢献する」ことが含まれているが，省エネ法，新エネ法などの個別法では，「内外のエネルギーをめぐる経済的社会的環境に応じた」エネルギー対策を目的に掲げ，地球温暖化問題との直接的な関わりには触れていない。しかし，実際のところエネルギー起源のCO_2排出

---

100)　法律上の新エネルギーの定義はこれまで何回か変更されてきたが，現在では，非化石エネルギーのうち，普及が進まないために政策的に特に導入を促進すべきエネルギー源として，① 太陽光，② 風力，③ 中小水力，④ 地熱（バイナリー方式），⑤ 太陽熱，⑥ 温度差熱利用，⑦ 雪氷熱，⑧ バイオマス燃料製造・発電・熱利用が該当する。

量の管理が地球温暖化対策の基軸となっていることから，これらエネルギー関連諸法に基づく施策は，地球温暖化対策の主要なメニューをカバーしている。

　また，エネルギー政策基本法に基づいて策定される「エネルギー基本計画」が，国のエネルギー政策の基本方針と将来展望を規定している[101]。2014年4月に第四次エネルギー基本計画が閣議決定された。これが東日本大震災後の初めての改正だった。エネルギー白書によれば，この基本計画には，「安全性を前提とした上で，エネルギーの安定供給，経済効率性の向上，環境適合性を同時達成するため，徹底した省エネの推進，再エネの最大限の導入に取り組み，原発依存度を可能な限り低減させることが基本方針として盛り込まれた。」とされている。しかし，すでに述べたように，この計画の中には中長期的なエネルギーミックスの数量が示されず，2015年7月の「長期エネルギー需給見通し」の中で示され，それを受けて同月に，わが国は「約束草案」を提出している。その後，パリ協定が採択された後の2016年5月に，「地球温暖化対策計画」が策定されている。こうしたことからわかるように，地球温暖化対策計画の枢要なフレームはエネルギー政策に縁取りされている。遡ってみれば，2008年にも同様のことが起きている。同年に公表された長期需給見通しでは，2020年までのGHG排出量削減の見通しを2005年比で−14％と見込んでいる。この数値が，6つの選択肢を掲げて国民に意見を問うた上で2009年6月に決定された，わが国の2020年までの中期目標を，先取りする形になっているのである。

　その後，2018年7月に第五次エネルギー基本計画が閣議決定された。ここでは2050年のエネルギー選択として，「再生可能エネルギー，蓄電や水素，原子力，分散型エネルギーシステムなど，脱炭素化技術の全ての選択肢を維持し，その開発に官民協調で臨み，脱炭素化への挑戦を主導する。」とされたが，2050年までのエネルギー需給は示されていない。

---

[101]　エネルギー基本計画は2003年に第1次，2007年に第2次，2010年に第3次計画が策定されている。

|||||||||||||| 【コラム9】日本経団連の地球温暖化への対応 |||||||||||||||||||||||||||||||||||||||||||||

　気候変動政策に強い影響を与え続けてきたプレーヤーは，日本経団連を中心とする産業界である。経団連は，政府が地球温暖化防止行動計画を策定した半年後の1991年4月に「経団連地球環境憲章」を発表した。憲章では，「企業活動が全地球的規模で環境保全が達成される未来社会を実現するものでなければならない」との基本理念を謳い，地球温暖化問題に関しては，省エネルギーや省資源の面で有効で合理性のある対策は積極的に推進し，国際的な対策に積極的に参加することを掲げた。その後，1996年に発表した「経団連環境アピール」では，自主的で積極的な責任のある環境への取組みを進めるとして，気候変動問題に対しては具体的な目標と方策を織り込んだ，業種ごとの自主行動計画の策定と，定期的レビューの実施を公約している。「環境自主行動計画」は，翌1997年に策定され，一年後の1998年から経済産業省の諮問機関である産業構造審議会で，進捗状況が透明化された形でレビューされてきた。自主行動計画に参加する業界全体の削減目標は，エネルギー起源のCO_2排出量を90年レベル以下に抑制することとされていた。自主行動計画に参加する業界には主要な製造業とエネルギー転換部門等が含まれる。各業界が掲げる2008〜2012年の目標は，例えば，電気事業連合会では対90年比でCO_2排出原単位を20％削減すること，鉄鋼連盟はエネルギー使用量を10％削減することであった。

　経団連は，石油危機以来省エネ対策が進んだわが国で，京都議定書の目標である6％削減を実現することは，"乾いた雑巾を絞るようなもの"，京都メカニズムによる排出枠の海外からの購入に官民あわせて8,000億円もの"国富の流出を招いた"などの意見を機会あるごとに政府や国民に訴えてきた。全国紙に大々的な意見広告を掲載することもしばしばあった。例えば環境税導入への機運が高まった2005年11月には 環境税の効果には疑問があり，地球温暖化対策に逆行するとの趣旨の意見広告を張った。GHG削減に関する2020年目標の設定について政府の対応方針が注目される最中の2009年5月に，新聞広告を出して，国際的公平性，国民負担の大きさ及び実現可能性の観点から，2020年目標として政府が示した6つの選択肢（コラム8参照）のうち，2005年比－4％（1990年比＋4％）が適当であるとの主張を展開した。

　2012年12月16日の衆議院総選挙で政権が民主党から自民党に移ることが決まった直後の18日に，経団連は民主党政権時代に国際公約した1990年比－25％を，非現実的な目標であるとしてゼロベースで見直すことを求め，固定価格買取制度や炭素税の導入にも苦言を呈する意見を発表している。2015年4月にはCOP21に向けて政府が約束草案の提出を用意しつつあったタイミングで，注文を付ける形で産業界としての提言をしている。ここでの主張も，カーボン・リーケージ（温暖化規制が厳しい国から弱い国に排出量が流出すること）の回避と国際的な削減コストの公平性の確保を求め，炭素税，排出量取引及びFIT制

度の導入に反対するものだった。

　これと並行して日本経団連は，京都議定書の第一約束期間の終了以降の，自主行動計画の後継計画として2020年を目標とする「低炭素社会実行計画（フェーズⅠ）」を2013年1月から，また，2030年を目標とする「低炭素社会実行計画（フェーズⅡ）」を2015年4月から開始した。

　日本経団連の温暖化問題に対する立場は，わが国が世界でもっともエネルギー効率が高い国であることを自負し，技術的なブレークスルーによってGHGの排出量を削減することを目指し，政府の規制的な措置の導入や経済的な誘導策は日本の経済成長を阻害するとして，常に自主的な温暖化対策を率先して進める方針を貫いてきた。

　しかし，実際にはこうした日本経団連の主張に反して，1990年には世界最高水準だったわが国のエネルギー効率や炭素集約度は，2000年以降は国際順位を落とし，いまや欧州諸国の後塵を拝している状況にある。

7.4.4 地球温暖化対策と東日本大震災

福島第一原発事故が起こる前のわが国においては，発電単価が安く，準国産エネルギーと称されるほど燃料の安定供給が期待でき，発電規模が大きいのに燃料の嵩が小さくて港湾施設が軽便で済み，CO_2を排出しない原子力発電は，温暖化対策の切り札とされてきた。京都議定書第一約束期間の目標を達成するシナリオの中で，2010年前後までの短期間に確実に効果が見込める対策として政府がもっとも期待したのは原子力発電の普及だった。

1998年に政府は第一約束期間までに20基を新増設する果敢な構想を立てている。1995年度から2001年度にかけての7年間は，原発の平均稼働率が安定的に80％を超えて，わが国の歴史上もっとも原発が信頼された時期である。しかし，2002年以降は，相次ぐ人為的な事故と，地震による稼動停止などによって稼動率は低迷を続けてきた。2007年5月の新潟中越沖地震で火災を起こした，わが国最大の柏崎刈羽原子力発電所の7基の原子炉計820万kWはその後二年以上にわたって完全に停止した（図7-12参照）。

すでに述べたように，民主党政権下で2010年に策定された「第三次エネルギー基本計画」では，2030年には原発の電力量比率を50％に高めることが目されていた。しかし，福島第一原発の事故によって状況は一変した。すべての原発が稼働を停止して，再稼働の目途が立たない時期が続いた。代わって火力発電所の稼働率が高まり，2012年度の一般電気事業者のCO_2排出量は，2010年度の3.74億トン（CO_2換算）の30％増に当たる4.86億トンに達した。2012年度のわが国のGHGの総排出量も13.43億トンで，2010年に比べて7％増加した。

震災後の地球温暖化対策に関連する政策の変遷をみてみよう。2013年7月に改正原子炉等規制法に基づく原子炉の新安全基準が施行されて以降，休止中の原発の再稼働に向けて設置変更許可申請が相次いでだされた。2014年9月に九州電力の川内原発1，2号機が新基準に適合するとして審査を終了し，2015年に初の再稼働にこぎつけたが，新たな原発政策の全体像は不明なままで，地球温暖化対策の2030年目標の達成に，原発の再稼働がどこまで有効に作用するかは見えない。例えば，改正法に基づき原発の運転期間は原則40年とされたが，40年定年制がきちんと実施されれば2030年の26％削減に

は1,500万kW分もの原発の新増設が必要になるとの指摘もある（中村, 2015）。

　震災直後の緊急避難的な省エネ・節電対策を除けば，震災後のエネルギー政策はそれ以前に比べて再生可能エネルギーの拡大政策を重視するようになった。2009年から太陽光発電の余剰分の買取の仕組みが発足したが，本格的な固定価格買取制度（FIT）の法律案が国会に提出されたのは，震災直後の2011年4月5日である。制度導入の背景には太陽光パネル生産・販売の不振，2008年のリーマン・ショック以降の景気回復効果の狙いもあるとされるが，震災後は反原発の世論を追い風にして2011年8月に同法が制定され，2012年7月からFITが実施された。

　しかし，いくつかの問題も抱えている。太陽光や風力発電の規模が大きくなると電圧・周波数が不安定になるといった系統連系上の問題がある一方で，原発再稼働に備えてリザーブしている送電余力が過剰に見積もられているなども指摘されている。FITの買取価格が高い時期に発電設備の認可を得たまま，建設に着手しないケースが頻発するなどの問題も発生してきた。FITに期待されてきたのは発電コストの低下を誘導することである。2012年の制度導入以降，市民が負担する再エネ賦課金の料率が毎年高まっているが[102]，欧州諸国や中国に比べてわが国の発電コストが相対的に高いことも課題として指摘されている。電力の完全自由化，発送電分離，蓄電装置の整備等の電力システム全体の改革工程の中でFIT制度の再検討と適切な運用が求められている。

　震災後のエネルギー政策と温暖化政策の基本方針を示すために，2012年9月に民主党政権下で策定された「革新的エネルギー・環境戦略」では，2030年代までに原発ゼロの方針が盛り込まれた。また，温暖化対策の経済的手法として，以前から有効性が指摘されていたものの，産業界等の強い反対で導入できずにいた「地球温暖化対策税」が，石油石炭税の「地球温暖化対策のための課税の特例」として，2012年10月から導入されるという進展があった。税率は3年半かけて段階的に引き上げられ，2016年4月から最終税率

---

[102]　経済産業省作成の「日本のエネルギー『エネルギーの今を知る20の質問』」によると，FIT導入後の賦課金総額は2012年の制度導入以来増加を続け，2017年度には2兆円を超えている。同年度の賦課金単価は2.64円/kWhで，1家庭当たりの賦課金負担額は月額700円近くに達している。

になった。その税率は原油・石油製品，ガス，石炭に共通に，CO_2排出量1トン当たり298円である。税収は省エネルギー対策，再生可能エネルギー普及，化石燃料のクリーン化・効率化などのエネルギー起源CO_2排出抑制のための施策に使用されることとなっている。課税開始前の政府の説明によると，平年度の税収は年間2,600億円超で，2020年段階での課税の価格効果によるCO_2削減量は0.2％，財源効果は0.4〜2.1％を見込んでいる[103]。

東日本大震災と福島第一原発事故は，地球温暖化対策に関する政策上の優先順位と国民の関心を急速に低下させた。2007年に環境立国を宣言したわが国の政府が，いまでは積極的に緩和策を語れないほど震災の打撃は大きい。パリ協定の採択と発効にしても国民的な議論にはならず，最近の国民の関心は予想以上に早い温暖化の進行を実感させる，異常気象に向かっているように見える。1992年に予防措置として採択されたUNFCCCであったが，いまや予防どころか，気候変動のリスクをどう回避するかという防御的な対策の重みが増しつつある。わが国は2018年6月に「気候変動適応法」を制定し，同年11月に適応計画を閣議決定して，本格的に適応策の実施に向けて動き出した。

7.4.5 十年前の議論の再来

パリ協定に基づいてわが国に課された重要な責務の一つは，2020年までに「長期目標」（2050年までにGHGを80％削減）を達成するための長期戦略を提出することである。欧米諸国の多くがすでに提出していて，環境省がまとめた資料によれば，各国とも気候変動対策によって経済成長を実現する内容の戦略になっているという。わが国の政府全体の長期戦略の策定は遅れているが，関係府省が個別に先行して瀬踏みをしてきた。

中央環境審議会が2017年3月に打ち出した「長期低炭素ビジョン」では，"2030年目標のように，できることを積み上げる手法では達成できず，イノベーションが必要になる"と述べられている。また，2018年3月に環境省は「長期大幅削減に向けた基本的考え方」を公表している。一方，経産省は，

---

103) 嵩当たりの税率は化石燃料種によって異なり，石油系燃料で760円/kℓ，ガス系燃料で780円/トン，石炭では670円/トンとなっている。

2017年4月にプロジェクトチーム「長期地球温暖化対策プラットフォーム」の報告書を発表した。この報告書でも同様に，従来の温暖化対策の延長線上では達成が困難であり，"国内対策のみでは巨額のコスト負担や産業の衰退を起こしかねない"として，① 国際貢献，② グローバル・バリューチェーン及び ③ 革新的技術のイノベーションで，わが国の排出量を超える地球全体の排出削減に貢献すべきとの考え方を打ち出している。2030年目標（26%削減）の達成でも，二国間クレジットにかなり依存する可能性があり，2050年目標の自力での達成を放棄する雰囲気も漂う。

　2018年7月末に，再び官邸主導で長期戦略に関する基本的考え方を議論するためとして，内閣総理大臣決裁をもって「パリ協定に基づく成長戦略としての長期戦略策定に向けた懇談会」が発足した。これが長期戦略のフレーム策定の舞台になりそうである。この懇談会の発足は，2018年6月に閣議決定された「未来投資戦略2018」で，「2019年のG20議長国として環境と経済成長との好循環を実現し，世界のエネルギー転換・脱炭素化を牽引するとの決意の下に，成長戦略としてパリ協定に基づく，経済・社会の発展のための長期戦略を策定する」とされたことを踏まえたものである。また，2019年6月に大阪で開催されるG20までには「長期戦略」を決定することが方針となっている。こうして，今後のわが国の温暖化対策は，成長戦略という経済重視の政策フレームの中で議論されることになった。

　第1回目の懇談会で安倍首相は「もはや温暖化対策は，企業にとってコストではなく競争力の源泉。環境問題への対応に積極的な企業に世界中から金が集まり，環境と成長の好循環が進んでいる。日本企業の強みを生かしイノベーションを創出し，力強い成長につなげていく発想が必要。」と発言している（エネルギーと環境 No.2491，2018）。日本経団連，鉄鋼，自動車，金融の各業界と学界からの計10名からなるこの懇談会は，政策の局面にしてもメンバー構成にしても，2008年の「地球温暖化問題に関する懇談会」（コラム8参照）とよく似ている。

　あわせて思い出されるのは，2007年2月に，国立環境研究所等の研究チームが「2050年日本低炭素社会シナリオ：温室効果ガス70%削減可能性検討」と題する報告書を公表したことである。G8サミットでUNFCCCの究極目

的が議論され始めた時期のことである。この報告では，2050年までのGDP成長率が年率2％であり技術志向の「ドラえもん型」社会シナリオと，同1％のスローであり自然志向の「サツキとメイ型」社会シナリオを設定して，エネルギー需要の圧縮とエネルギー供給の低炭素化の可能性が検討された。ちなみに結論は，いずれのシナリオでも「国民福祉を維持しつつ70％削減の技術的ポテンシャルは存在する」というもので，具体的には省エネで最終エネルギー需要を40％減らし，一次エネルギー供給を40〜50％低炭素化することであるとされた。

それから十年を経たいま，再び同じ命題が議論されていることになる。十年前と違うのは，気候変動の脅威を日々の生活でもひしひしと感じられるほど事態が悪化していることと，政府が80％削減を国際約束として宣言した以上は，長期戦略の策定をもはや政治的パフォーマンスで片付けられなくなっていることである。

しかし考えてみれば，長期戦略も京都議定書と同じくトップダウン方式であるから，一致団結して2050年までに脱炭素社会を実現する確たる覚悟がわが国の国内にできあがっているわけではない。長期戦略がこれまでの計画と同様に行政文書として立派に策定されたところで，全国民的な"同床異夢"のままに進められてきた（あるいは論じられてきた）わが国の緩和策の流れに，特段に大きな変化が起こるとは思えない。

うやむやになった十年前の議論の二の舞にしないためには，脱炭素社会にむけた今世紀末までのGHG削減トラジェクトリーを国民的な合意のもとに設定し，それを実現するための社会・経済改革と技術革新のロードマップを法的拘束力のある方法で決定し，ロードマップの進捗を透明な方法で評価・管理する国の機関を設置するといった，強い政策手法を整える必要があるのではなかろうか。

おわりに

　本書を最後までお読みいただきありがとうございました。それにしてもなんと情念のこもらない環境論かと，訝しく感じられた読者もおられたかもしれません。水俣病問題を語るなら，苦しみ続けてきた被害者にじっくりと寄り添いながら，不条理をもっと論理立てて分析すべきであったかもしれません。あるいは，佐渡のトキが絶滅してから野生復帰を果たすまでの長い年月，蘇生に尽力してこられた多くの方々のご苦労と知恵を逐一説明しなければ，生物多様性保全と自然再生の意義が実感できないかもしれません。パリ協定が採択されるまでの，各国の外交官の権謀術数の数々をリアルに描写しなくては，クロニクルの価値がないとお考えの方もおられましょう。8年を経た今だからこそ，東日本大震災と福島第一原発事故が，わが国の社会にもたらした深い爪痕に，環境政策はどう向き合ってきたかを総括し，今後の展望を論じるべきだったかもしれません。

　しかし本書は，そうした一つひとつへのこだわりを捨てて，約半世紀の間に登場しては過ぎていった，環境保全に関わる数々のエピソードを，ひたすら淡々と固定カメラでモノクロ撮影し，無機質な文章で早送りに再生したように綴ってきました。しかも，解釈を定めきれない曖昧な言い回しのまま閉じてしまった章と節が何箇所もありました。そのことで焦燥感を抱かれたかもしれません。そうしたご意見も真摯に受け止めたいとは思いますが，筆者が本書に込めた意図が一つありますので，最後にそれを追記して筆を置きたいと思います。

　随所で申し上げてきたように，わが国の環境政策は，世界の持続可能な開発の理念に導かれて発展してきました。現在では，持続可能論と環境科学から生まれた，多くの国際環境法に依拠して進められています。ところが，よくよく考えてみても，持続可能な開発と環境保全との関係性が，すとんと胸に落ちてきません。最も新しい持続可能な開発に関する国連文書，2030アジェンダでは，"持続可能な開発目標（SDGs）は，統合され不可分なもので，

経済，社会及び環境の三側面を調和させるもの"とされています。文面上は
これが正しい関係性の解釈でしょう。確かに，経済・社会開発を抜きにして
環境ファッショを唱える時代ではありません。しかし，三側面の中で環境が
へこみ過ぎてはいけません。わが国では，悲惨な公害経験の後の一時期は環
境が元気でしたが，その後の環境は勢いを失いました。最近では，環境保全
の思想を始め，環境政策の課題設定も政策ツールの議論も，大部分が輸入品
で賄われていて，国内の環境保全の議論は決して活発とは言えません。

　今世紀に入ってから国内で環境思潮が高まった時期といえば，10年ほど
前にエコブームが起こり，地球温暖化懐疑論が台頭した頃でしょう。もっと
真剣であるべき環境の議論が，横滑りしたきらいがありました。時折，映画
やアニメやコミック作品に，環境問題がシリアスな素材として織り込まれて
共感を呼んだのも，多くの人々にとって環境が軽い話題だったからだともい
えます。そのために，東日本大震災を境に，エコブームは消滅しました。時
期を同じくして，わが国社会の環境への関心も一挙に引き潮になりました。
津波による多数の死傷者と多大な経済的損失，原発事故への対処とエネル
ギー政策の立て直し，こうした深刻な事態が日本社会を覆い尽くし，浮かれ
た環境の話どころではなくなったわけです。

　筆者が大学院に籍を置いたのはエコブームの時期からですが，院生だけで
なく学部学生を対象にした環境政策と環境科学に関する授業もいくつか担当
してきました。また，どの学部の学生でも履修できる，全学共通副専攻の「戦
略的環境研究」というコースのコーディネーターを務めてきました。そのた
め，全学的な学生の履修傾向を知ることができたのですが，学生の環境の履
修意欲も東日本大震災以降に急速に低下しました。しかも，あとから思い返
せば，震災以前の学生の環境への関心も，多くは正鵠を射たものではありま
せんでした。

　地球温暖化懐疑論の真偽，京都メカニズムとりわけ排出量取引の手法，企
業のCSR活動のあれこれ，環境ビジネスなどが主たる関心事でした。環境
への関心というよりも，環境のキーワードへの関心でした。就職活動のため
の戦略的な環境への関心だったかもしれません。かつての激甚な公害を経験
していない若い世代の人々の環境観は，成長する時代の環境状況やトピック

スの中で醸成されてきたものですから無理からぬことです。

　しかし，これは若い世代の教育の問題でなくて，環境保全という事柄の性格に由来しているように思えてきました。環境政策は社会が窮する深刻な問題が生まれたときに出番を与えられますが，喉元を過ぎれば社会から忘れ去られます。ですから，環境の議論は長く持続しませんし，経験やスキルが世代を超えて継承されません。環境トピックスの多くは一過性です。そのために，同じ問題が繰り返し論じられることが多いのです。1972年に成長の限界が投げかけた命題と，目下のSDGsの背景にある地球の未来への懸念はよく似たものですし，気候安定化のための究極目的の実現は，四半世紀の議論を重ねても一向に進歩しません。プラスチック文明の弊害を時折は嘆きながらも，1970年代からずっと解消できずにきました。

　本書では，環境のクロニクルを語り継いでいただくために，大雑把であるけれど全体を俯瞰できるよう，浅いけれども広い話題を集めました。環境の全体を総覧しておくと，これから新しく登場する環境トピックスをフォローする糸口をみつけやすくなります。また，異なる時代の異なる分野の環境のクロニクルを，相互に有機的につなげて眺めると，環境問題がより深く見えてきます。例えば，石油タンカー座礁，化学工場の爆発事故や健康被害事件など，事件・事故の教訓が生み出した環境原則が環境条約にどう具現されてきたか，「硫黄」と「塩素」がしばしば環境史に登場するのはなぜか，環境アセスメント法制と地球温暖化対策の抵抗勢力に共通する主張の根源は何か，様々な分野の自然科学，社会科学，人文科学が，環境政策の前進にどのように貢献してきたのか……といった具合にです。

　これからも環境政策に関連するさまざまなトピックスが報道されることでしょう。あなたがそれに関心をもった時，目下の報道から正確に文脈を理解するとともに，本書の中から糸口になるクロニクルを探しだしてください。本書にあるのは過去の事案の幹線部分だけですが，そのトピックスとつながる話題がどこかに埋まっているはずです。それを探し出して，眼前の環境トピックスと突合しながら検証してみてください。もし情報が不足なら，本書の記述から推定されるキーワードに目星をつけて，信頼できるサイトを検索して新しい情報を掘り当ててください。あなた自身が掘り出した情報と眼前

の報道を合わせれば，そのトピックスを取り巡る事情がより的確に判断できると思います。また，それに関連する環境政策の動きが鈍かったり，躊躇していたり，進路が外れたら，背後にどのような力が作用しているかについても考察していただきたいものです。

　これからも続く環境政策を読み解くためのハンドブックとして，本書を長くお役立ていただければたいへん幸いです。

　　　2019 年 6 月

　　　　　　　　　　　　　　　　　　　　　　　　　吉 田　徳 久

参考文献・参考資料

プロローグ

IPCC, *Climate Change 2014 Synthesis Report Summary for Policymakers*, 2014
  （文部科学省他訳『IPCC 第 5 次評価報告書統合報告書政策決定者向け要約』2014）

IPCC, *An IPCC Special Report on the impacts of global warming of 1.5℃ above pre-industrial levels and related global greenhouse gas emission pathways, in the context of strengthening the global response to the threat of climate change, sustainable development, and efforts to eradicate poverty*, 2018

UNEP, *The Emissions Gap Report 2017 A UN Environment Synthesis Report*, 2018

文化雨「パリ協定を巡る日中新聞報道の比較研究」（早稲田大学環境・エネルギー研究科修士論文）2018

第 1 章

広瀬弘忠『静かな時限爆弾―アスベスト災害』新曜社，1985

粟野仁雄『アスベスト禍―国家的不作為のツケ』（集英社新書）集英社，2006

環境再生保全機構『石綿健康被害救済制度 10 年の記録』2017

環境省『石綿による健康被害の救済に関する法律　逐条解説』2006

厚生労働省「都道府県（21 大都市再掲）別にみた中皮腫による死亡数の年次推移」2017

福岡三郎「大気汚染変化と対策（関東）」『日本の大気汚染の歴史 I』公健協会，2000，pp.78-93

European Environment Agency, *Late lessons from early warnings: the precautionary principle 1896-2000*, 2001（松崎早苗監訳『レイト・レッスンズ―14 の事例から学ぶ予防原則』七つ森書館，2005）

European Environment Agency, *Late lessons from early warnings: science, precaution, innovation Summary*, 2013

森田昌敏「1 ダイオキシン」『環境学入門 8 ―環境と健康』岩波書店，2005，pp.15-58

中南元『ダイオキシンファミリー～化学物質による地球汚染～』北斗出版，1999 年

環境省「第 4 次レッドリストの四訂版」2019 年

磯崎博司『知っておきたい環境条約ガイド』中央法規出版，2006

竹内敬二『地球温暖化の政治学』朝日出版社，1998

クロード・アレグレ　林昌宏訳『環境問題の本質』NTT 出版，2008

気象庁ホームページ　「オゾンホールの経年変化」　http://www.data.jma.go.jp/gmd/env/ozonehp/diag_o3hole_trend.html（2018 年 11 月閲覧）

気象庁「世界気象機関（WMO）／国連環境計画（UNEP）オゾン層破壊の科学アセスメント：2018―総括要旨の公表について」(気象庁報道発表資料)，2018

岡島成行「新聞の現状と課題」『環境メディア論』地球環境戦略研究機関，2001，pp.150-162

海上知明『環境思想』NTT 出版，2005

A. ドブソン編著　松尾眞／金克美／中尾ハジメ訳『原典で読み解く環境思想入門』ミネルヴァ書房，1999

ジェニファー・クラップ／ピーター・ドーヴァーニュ著・仲野修訳『地球環境の政治経済学　グリーンワールドへの道』法律文化社，2008

関谷直也・瀬川至朗編著『メディアは環境問題をどう伝えてきたか』ミネルヴァ書房，2015

第2章

東京大学地球惑星システム科学講座編『進化する地球惑星システム』東大出版会，2004

東京天文台編「理科年表　平成 29 年／第 90 冊」丸善出版，2016

横浜国立大学 21 世紀 COE 翻訳委員会『国連ミレニアム　エコシステム評価―生態系サービスと人類の将来』オーム社，2007（原著：*Ecosystems And Human Well-Being: Synthesis (The Millennium Ecosystem Assessment Series)* 2005, Island Press）

D.H. メドウズ／D.L. メドウズ他著　大来佐武郎監訳『成長の限界』ダイヤモンド社，1972

D.H. メドウズ／D.L. メドウズ他著　茅陽一監訳　松橋隆治・村井晶子訳『限界を超えて』ダイヤモンド社，1992

D.H. メドウズ／D.L. メドウズ他著　枝廣淳子訳『成長の限界―人類の選択』ダイヤモンド社，2005

環境庁長官官房国際課編『国連人間環境会議の記録』環境庁，1972

The World Commission on Environment and Development, *Our Common Future*, Oxford University Press, 1987

環境情報科学センター「特集　環境と開発に関する国連会議」『環境情報科学』Vol.21-3，1992，pp.2-98

赤尾信敏『地球は訴える―体験的環境外交論』世界の動き社，1993

外務省・環境庁編「国連環境開発会議資料集」1993

国連事務局　環境庁・外務省監訳『アジェンダ 21』海外環境協力センター，1993

『世界』臨時増刊「地球サミット」『世界を読むキーワード III』岩波書店，1992，pp.2-5

エネルギーと環境編集部『ヨハネスブルグ・サミットからの発信』エネルギージャーナル社，2003

加藤久和「持続可能な開発論の系譜」『講座［地球環境］3　地球環境と経済』中央法規，1990，pp.13-40

WWF Japan 訳『新・世界環境保全戦略―かけがえのない地球を大切に』小学館，1992（原著：IUCN/UNEP/WWF, *Caring for the Earth—A Strategy for Sustainable Living*）

地球環境法研究会編集『地球環境条約集』中央法規，1993

磯崎博司『知っておきたい環境条約ガイド』中央法規，2006

水上千之・西井正弘・臼杵知史編『国際環境法』有信堂光文社，2003

淡路剛久・川本隆史・植田和弘・長谷川公一編『リーディングス環境第 5 巻：持続可能な発展』有斐閣，2006

矢口克也「第 1 部第 2 章「持続可能な発展」理念の実践課程と到達点」『総合調査報告書

―持続可能な社会の構築』（調査資料 2009-4）国立国会図書館調査及び立法考査局，2010《http://www.ndl.go.jp/jp/diet/publication/document/2010/200904/03.pdf》

ブルントラント「回復力のある人々―回復力のある地球」ロバートワトソン編集代表　松下和夫監訳『環境と開発への提言』東京大学出版会，2015，pp.53-66

環境省「「ローカルアジェンダ 21」策定状況等調査結果について」（記者発表資料），2003

吉田徳久「サステイナビリティと市民社会」（小宮山宏編『サステイナビリティ学への挑戦』）岩波書店，2007，pp.132-143

Global Footprint Network, *Working Guidebook to the National Footprint Accounts*, 2018 《https://www.footprintnetwork.org/content/uploads/2018/05/2018-National-Footprint-Accounts-Guidebook.pdf》

第 3 章

環境庁 20 周年記念事業実行委員会『環境庁二十年史』環境庁，1991

奥田直久「生物多様性を保全する―生物多様性条約と生物多様性国家戦略」『日本の自然環境政策』東京大学出版会，2014，pp.115-144

武内和彦・奥田直久「自然とともに生きる―自然共生社会とはなにか」『日本の自然環境政策』東京大学出版会，2014，pp.1-11

水上千之・西井正弘・臼杵知史編『国際環境法』有信堂光文社，2003，pp.196-213

倉阪秀史『環境政策論（第 3 版）』信山社，2014

大塚直『環境法（第 3 版）』有斐閣，2013

原科幸彦『環境アセスメントとは何か―対応から戦略へ』岩波新書，2011

環境省「環境アセスメント制度のあらまし」2018

環境省環境影響評価情報支援ネットワーク《http://www.env.go.jp/policy/assess/index.php》

環境省自然環境局野生生物課「海ワシ類の風力発電施設バードストライク防止策の検討・実施手引き」2016

吉田徳久「東日本大震災からの復興と環境政策の変容―漂流するサステイナビリティ論」『震災後に考える』早稲田大学出版部，2015，pp.562-573

環境庁編『環境基本法の解説（第 3 版）』ぎょうせい，1994

環境基本法に基づく「環境基本計画（第一次～第五次）」

循環型社会形成推進基本法に基づく「循環型社会形成推進基本計画（第一次～第四次）」

生物多様性基本法に基づく「生物多様性国家戦略 2012-2020」

環境省　歴年の「環境白書・循環型社会白書・生物多様性白書」

第 4 章

OECD, *Environmental Policies in Japan*, 1977（環境庁国際課監修国際環境問題研究会訳『OECD レポート　日本の経験―環境政策は成功したか』日本環境協会，1978）

本郷滋『ドキュメント 0.25―日本版マスキー法は成功したか』日本環境協会，1978

地球環境経済研究会『日本の公害経験―環境に配慮しない経済の不経済』合同出版，1991

小賀野晶一「四日市喘息損害賠償請求事件」『別冊ジュリスト　環境法判例百選［第 2 版］』有斐閣，2011，pp.10-13

平岡久「二酸化窒素環境基準告示取消請求事件」『別冊ジュリスト　環境法判例百選［第2版］』有斐閣，2011，pp.28-29

日本の大気汚染経験検討会編『日本の大気汚染経験―持続可能な開発への挑戦』公害健康被害補償予防協会，1997

公害健康被害補償予防協会『日本の大気汚染の歴史　I―III巻』2000

橋本道夫『環境政策』（公務員研修双書人事院公務員研修所監修）ぎょうせい，1999

橋本道夫『私史環境行政』朝日新聞社，1988

環境省　「揮発性有機化合物（VOC）の排出抑制検討委員会報告」2003

中央環境審議会「今後の自動車排出ガス低減対策のあり方について」第1次～第13次答申（1996～2017）

中央環境審議会「今後の自動車排出ガス総合対策のあり方について（意見具申)」2007

中央環境審議会「微小粒子状物質に係る環境基準の設定について（答申)」2009

中央環境審議会微小粒子状物質等専門委員会「微小粒子状物質の国内における排出抑制策の在り方について　中間取りまとめ」2015

中央環境審議会大気・騒音振動部会「自動車排出ガス総合対策小委員会自動車排出窒素酸化物及び自動車排出粒子状物質の総量の削減に関する基本方針の中間レビュー（平成28年度)」2017

環境省　光化学オキシダント調査検討会「光化学オキシダント調査検討会報告書」2017

姜美堯「中国10都市における大気汚染状況と改善傾向の比較評価」（早稲田大学環境・エネルギー研究科修士論文)，2018

日本エネルギー経済研究所『エネルギー・経済統計要覧2017』省エネセンター，2017

環境庁公害健康被害補償制度研究会『公害健康被害補償・予防関係法令集』中央法規，1995

日本経団連「日本経団連タイムス No.2876-07，東京大気汚染訴訟の和解に伴う今後の公害健康被害予防基金のあり方」2007年

国土交通省『平成27年度水循環施策（水循環白書)』2015

日本水環境学会編集『日本の水環境行政（改訂版)』ぎょうせい，2009

Will Steffen 他，*Planetary boundaries: Guiding human development on a changing planet*，2015，Science VOL 347 ISSUE 6223

中央環境審議会「水生生物の保全に係る水質環境基準の項目追加等について（第一次答申)」2012年

原田正純『水俣病は終わっていない』（岩波新書）岩波書店，1985

橋本道夫／編集『水俣病の悲劇を繰り返さないために―水俣病の経験から学ぶもの』中央法規，2000

西村肇・岡本達明『水俣病の科学』日本評論社，2001

原田正純『水俣学講義』日本評論社，2004

津田敏秀『医学者は公害事件で何をしてきたのか』岩波書店，2004

永松俊雄『チッソ支援の政策学』成文堂，2007

水俣市「水俣病　その歴史と教訓 2015」2015

環境省「水俣病の教訓と日本の水銀対策」2013

衆議院環境調査局環境調査室「水俣病問題の概要」2015

瀬戸内海環境保全協会編『生きてきた瀬戸内海—瀬戸内法三〇年—』2004

環境省「平成 30 年度版 環境統計集」及び過年度版

環境省「平成 28 年度大気汚染状況」及び過年度版

環境省「平成 29 年度公共用水域水質測定結果」及び過年度版

第 5 章

森田昌敏・高野裕久『環境と健康』(環境学入門 8)岩波書店，2005

鈴木規之『環境リスク再考』丸善株式会社，2009

中央環境審議会「水生生物の保全に係る水質環境基準の項目追加等について（第一次答申）」2012 年 3 月

経産省「化審法概要と平成 21 年改正以降の取組状況について」(化審法施行状況検討会（第 1 回）配布資料) 2017

環境省「残留性有機汚染物質に関するストックホルム条約に基づく国内実施計画」2016

環境庁ダイオキシンリスク評価研究会監修『ダイオキシンのリスク評価』中央法規出版，1997

レイチェル・カーソン　青木簗一訳『沈黙の春』(55 刷) 新潮文庫，2000 (原著：Rachel Carson: *Silent Spring*, Houghton Mifflin 1962)

シーア・コルボーンら　長尾力訳『奪われし未来』翔泳社，1997 (原著：Theo Colborn, Dianne Dumanoski, and John Peterson Myers, *Our Stolen Future: Are We Threatening Our Fertility, Intelligence, and Survival?—A Scientific Detective Story*, DUTTON, 1996)

宮田秀明『ダイオキシン』(岩波新書) 岩波書店，1999

環境庁・厚生労働省等「関係省庁共通パンフレット　ダイオキシン」2012

環境省「日本人におけるダイオキシン類等の曝露量について」2011

Jack Lewis, *The Birth of EPA*, EPA Journal, November 1985

環境省「農薬環境懇談会報告書」2002

経済産業省・厚生労働省・環境省担当課編「化学物質の審査及び製造等の規制に関する法律【逐条解説】」2010

環境省・経産省「PRTR について」2012

環境省・経産省「平成 28 年度 PRTR データの概要」

早水輝好「環境汚染対策の進展と今後の課題—35 年間を回顧して　第 1 回　化学物質対策（国内編）」2019, 環境管理，Vol.55, No.1 pp.045-052

環境省「化学物質の内分泌かく乱作用に関する今後の対応—EXTEND 2016—」2016

OECD「環境保健安全プログラム」(日本語版) 2009

OECD, *The Environment, Health and Safety Programme*, 2013

環境省・経済産業省「平成 28 年度 PRTR データの概要」2018

European Environment Agency, *Late lessons from early warnings: the precautionary principle 1896-2000*, 2001 (松崎早苗監訳『レイト・レッスンズ—14 の事例から学ぶ予防原則』七つ森書館，2005)

第 6 章

杉戸大作他『廃棄物の基礎知識』環境産業新聞社，1982

堀口昌澄「かゆいところに手が届く廃棄物処理法　2017年改訂版」日経 BP 社，2017

衆議院公害対策並びに環境保全特別委員会議事録，昭和 50 年 9 月 9 日

環境省「日本の廃棄物処理の歴史と現状」2014

兵庫県ポリ塩化ビフェニル廃棄物処理計画（改訂案）に掲載の「兵庫県における PCB 廃棄物処理に関する現状と計画改訂の方針案」2016

廃棄物法令研究会編『ポリ塩化ビフェニル廃棄物の適正な処理の推進に関する特別措置法―逐条解説・Q&A』中央法規，2002

毎日新聞記事　東京朝刊 社会面「東京湾：五輪会場，埋め立て地帰属決着へ江東 86%，大田 14%」2017 年 9 月 30 日

環境省「平成 16 年度循環白書　序章　循環型社会構築の障害とその克服に向けて」2004

環境省「平成 28 年度廃家電の不法投棄等の状況について」2018

石渡正佳『産廃コネクション』WAVE 出版，2002

中央環境審議会「第三次循環型社会形成推進基本計画の進捗状況の第 3 回点検結果について」2017

循環型社会形成推進基本法に基づく循環型社会形成推進基本計画（第 1 次〜第四次計画）

環境省循環型社会推進室「日本の物質フロー 2006」2009

岡沢知好「循環型社会と 3R イニシアティブ―国際社会が挑戦する」『サステイナビリティ学 3　資源利用と循環型社会』東京大学出版会，2010

OECD, *Extended Producer Responsibility: A Guidance Manual for Governments*, 2001（クリーン・ジャパン・センター「拡大生産者責任政府向けガイダンス・マニュアル（仮訳）」2001）

OECD, *Extended Producer Responsibility Updated Guidance for Efficient Waste Management*, 2016（国立環境研究所・地球環境戦略研究機関「拡大生産者責任―効率的な廃棄物管理のためのアップデート・ガイダンス　日本語要約版」2016）

Jambeck et.al, *Plastic waste inputs from land into the ocean*, Science 2015, 13 February 2015, Vol 347, Issue 6223

プラスチック循環利用協会「プラスチック製品の生産・廃棄・再資源化・処理処分の状況―マテリアルフロー図」2016-2017

古紙再生促進センター「2017 年古紙需給統計（確定版）」2018

環境省「太陽光発電設備のリサイクル等の推進に向けたガイドライン」2016

中村邦広「海洋汚染防止と二酸化炭素の廃棄（貯留）」国立国会図書館，調査と情報，第 586 号

経済産業省「資源循環ハンドブック 2017　法制度と 3R の動向」2017

環境省・経済産業省・総務省「家電エコポイント制度の政策効果等について」2011

三菱総合研究所「平成 20 年度資源循環推進調査委託費（容器包装リサイクル推進調査）―容器包装使用合理化調査―報告書」2009

中央環境審議会「小型電気電子機器リサイクル制度の在り方について（第一次答申）」2012

中央環境審議会「家電リサイクル法の施行状況の評価・検討に関する報告書」2014

中央環境審議会「自動車リサイクル制度の施行状況の評価・検討に関する報告書」2015

環境省「平成 30 年度版 環境統計集」及び過年度版

第7章

エネルギージャーナル社「週刊エネルギーと環境」1993.4～2018.12 発行分

サイエンティフィックアメリカン編　須之部他訳『生態系としての地球』共立出版，1975

米国環境問題諮問委員会・国務省編　田中勉監訳『西暦 2000 年の地球』日本生産性本部，1980

IPCC　第 1 次～第 5 次評価報告書（第 1 ～第 3 分科会報告書及び統合報告書），1990-2014
National Centre for Atmospheric Science, Royal Metrological Society, *Report for Science Teachers-Climate Change Updates 10 New Figures from the 2013 IPCC*, 2014

IR3S/TIGS『地球温暖化懐疑論批判』(IR3S/TIGS 叢書 No.1) 2009

竹内敬二『地球温暖化の政治学』朝日出版社，1998

田邊敏明『地球温暖化と環境外交』時事通信社，1999

浜中裕徳編『京都議定書をめぐる国際交渉 COP3 以降の交渉経過』慶應義塾大学出版会，2006

資源エネルギー庁「エネルギー白書 2018」2018

経産省「総合資源エネルギー調査会基本政策分科会第 2 回会合提出資料」2012

環境省「温室効果ガス排出量について（1990-2016 年度分）」

IEA, *CO_2 Emissions from Fuel Combustion IEA (Excel File)*, 2016

国立環境研究所：温室効果ガスインベントリオフィスウェブサイト

国立環境研究所地球環境研究センターニュース，Vol.25，No.4「附属書 I 国の京都議定書（第一約束期間）の達成状況～すべての締約国が達成に目途～」2014

IEA, *Key CO_2 Emissions Trends, Excerpt from: CO_2 Emissions from Fuel Combustion*, 2016

IEA, *Energy, Climate Change & Environment*, 2016

UNFCCC, *Aggregate Effect of the Intended Nationally Determined Contributions: An Update*（https://unfccc.int/sites/default/files/resource/docs/2016/cop22/eng/02.pdf）

環境省「京都メカニズムクレジット取得事業の概要について」2016

参議院環境委員会調査室 安部慶三「COP21 合意と今後の課題」立法と調査，2016

IPCC, *Summary for Policymakers, An IPCC Special Report on the Impacts of Global Warming of 1.5℃ above Pre-industrial Levels and Related Global Greenhouse Gas Emission Pathways, in the Context of Strengthening the Global Response to the Threat of Climate Change, Sustainable Development, and Efforts to Eradicate Poverty*, 2018

（国連広報センター：「1.5℃ の地球温暖化：気候変動の脅威への世界的な対応の強化，持続可能な開発及び貧困撲滅への努力の文脈における，工業化以前の水準から 1.5℃ の地球温暖化による影響及び関連する地球全体での温室効果ガス（GHG）排出経路に関する IPCC 特別報告書政策決定者向要約」）

資源エネルギー庁「石炭が水素を生む!?―褐炭水素プロジェクト」
《http://www.enecho.meti.go.jp/about/special/johoteikyo/kattansuisoproject.html》（2019.2 閲覧）

中村悠一郎「日本の約束草案：2030 年目標の概要と課題」みずほ情報総研レポート vol.10，2015

日本経団連「日本経団連タイムス No.3020-03，COP16 に向けた政府の対処方針など」2010

吉田徳久「地球温暖化対策シナリオをどう立て直せばよいのか」『環境経済・政策研究』
　第 4 巻 2 号，2011，pp.77-80

Tokuhisa YOSHIDA, *The Process of Political Decision-making on Climate Change and Journalism in Japan, Sustainability Science Volume 2, Climate change and Global Sustainability: A Holistic Approach*, UNU Press, pp.217-240, 2011

邱聖娟・吉田徳久「中国の都市レベルの CO_2 排出構造の分析と政策的評価」『環境情報科
　学　学術研究論文集』32，環境情報科学センター，2018，pp.19-24

2050 日本低炭素社会シナリオチーム（国立環境研究所等）「2050 年日本低炭素社会シナリ
　オ：温室効果ガス 70％削減可能性検討」2007

索　引

わ 行

著者紹介

吉田 徳久 (よしだ とくひさ)

早稲田大学名誉教授。元早稲田大学大学院環境・エネルギー研究科教授（2007〜2020年）。同大学院政治学研究科ジャーナリズムコース兼任。専門は環境政策・科学。環境政策プロセスの分析を通じた環境レジームの研究・教育に携わる。大学院では環境政策・科学論，日中環境実践研究（北京大学と早稲田大学の共同実施授業）等の授業を担当。学部学生の全学共通副専攻「戦略的環境研究」のコーディネーターを務める。

1974年，東京大学大学院理学系研究科地球物理学専門課程（修士）修了。同年，環境庁（当時）に入庁し約30年にわたり，公害対策，化学物質対策，環境アセスメント，地球環境保全など幅広い分野の環境政策に従事。元環境省環境管理局水環境部長。

著書に，『サステイナビリティ学への挑戦』（共著：岩波書店，2007），『震災後に考える』（共著：早稲田大学出版部，2015），*Climate Change and Global Sustainability: A Holistic Approach*（共著：国連大学出版，2011）など。

環境政策のクロニクル
水俣病問題からパリ協定まで ［新装版］

2019年9月25日　初版第1刷発行
2021年3月19日　新装版第1刷発行
2022年3月30日　新装版第2刷発行

著　者	吉田 徳久
発行者	須賀 晃一
発行所	株式会社 早稲田大学出版部
	〒169-0051　東京都新宿区西早稲田1-9-12
	TEL03-3203-1551　http://www.waseda-up.co.jp
装　丁	笠井 亞子
印刷・製本	大日本法令印刷株式会社